행성시대 역사의 기후

The Climate of History in a Planetary Age

행성 시대 역사의 기후

초판 1쇄 인쇄일 2023년 5월 25일 **초판 1쇄 발행일** 2023년 5월 30일

지은이 디페시 차크라바르티 | **옮긴이** 이신철
펴낸이 박재환 | **편집** 유은재 | **관리** 조영란
펴낸곳 에코리브르 | **주소** 서울시 마포구 동교로15길 34 3층(04003) | **전화** 702-2530 | **팩스** 702-2532
이메일 ecolivres@hanmail.net | **블로그** http://blog.naver.com/ecolivres
출판등록 2001년 5월 7일 제201-10-2147호
종이 세종페이퍼 | **인쇄·제본** 상지사 P&B

ISBN **978-89-6263-252-1 93900**

책값은 뒤표지에 있습니다. 잘못된 책은 구입한 곳에서 바꿔드립니다.

행성 시대 역사의 기후

디페시 차크라바르티 지음 | 이신철 옮김

에코리브르

로초나와 아르코에게

2019~2020년 오스트레일리아의 화재폭풍과

2020년 벵골만의 사이클론 암판으로 사멸한 사람들과 다른 생명체들을 기억하며

차례

서론

행성적인 것의 고지

제 경우 이 문제들은 저를 웃음이나 눈물이 아니라 철학하기로, 인간 본성에 대한 좀더 면밀한 관찰로 이끕니다. 왜냐하면 저는 자연을 비웃거나 하물며 자연을 슬퍼하는 것이 옳지 않다고 생각하기 때문입니다. 인간이 다른 모든 것과 마찬가지로 자연의 한 부분일 뿐이라는 것과 내가 자연의 각 부분이 어떻게 전체와 조화를 이루고 다른 부분들과 어떻게 협력하는지 모른다는 것을 반성한다면 말입니다.

–바뤼흐 스피노자가 헨리 올덴부르크에게 보낸 편지(1665)[1]

만약 스피노자의 자칭 숭배자인 헤겔이 살아 있어 현재에 대한 우리 감각을 바닥까지 파헤친다면, 그는 매일의 뉴스 목록을 소비하는 사람들의 일상적인 역사 의식 속으로 감지할 수는 없지만 냉혹하게 스며드는 어떤 것, 즉 이 행성(planet)과 그 지구생물학적 역사에 대한 지각을 알아차릴 것이다. 이런 일이 어디서나 같은 속도로 일어나고 있는 것은 아니다. 지구적(global) 세계는 여전히 부인할 수 없을 정도로 불균등하기 때문이다. 현재의 팬데믹, 전 지구에 걸친 권위주의적이고 인종차별적이며 외국인 혐오적인 정권의 부상, 재생 가능 에너지, 화석연료, 기후변화, 극단적 기후 사건, 물 부족, 생물 다양성 상실, 인류세 등에 관한 논의, 이 모든 것은 아무리 모호하다고 할지라도 우리 행성에서 무언가 잘못되었고 이것이 인간의 행동과 관련된 것일 수 있다는 것을 우리에게 알리는 신호이다. 지질학적 사건들과 지금까지의 생명의 역사를 구성하는 사건들은 전문가와 전공자의 영역이었다. 그러나 지금 이 행성은 아무리 어렴풋이 감지될지라도 자본주의·불의·불평등에 대한 우리의 좀더 친숙한 우려와 더불어 광범위하고도 깊은 인간적 관심사로 떠오르고 있다. 코로나19 팬데믹은 확대되고 가속화하는 지구화 과정이 이 행성에서의 훨씬 더 장기적인 생명의 역사에 어떠한 변화를 일으킬 수 있는지를 보여주는 가장 최근의 비극적인 예시다.[2] 이 책은 인간적 관심에서 긴급하게 떠오르는 대상 범주인 행성과 그것이 우리의 익숙한 지구화 이야기에 미치는 영향을 다룬다. 이러한 개념적 전환은 나의 삶의 과정에서 일어났고, 그래서 몇 가지 자전적 소견을 밝히며 시작하더라도 용서해주기 바란다.

1960년대에 불평등하고 소란스러우며 좌경적인 도시인 캘커타(현 명칭은 콜카타—옮긴이)에서 성장한 나는 우리 세대의 다른 많은 인도인과 마찬가지로 평등주의적이고 정의로운 사회질서를 가치 있는 것으로 여기고 이를 갈망했다. 나의 청년기 열정은 나중에 노동사에 관한 나의 초기 작업과 사회적으로 종속된 사람들이 그들 자신의 역사를 만들어나가는 데서 수행하는 주도적 행위를 인정할 것을 목표로 한 인도의 **서벌턴 연구**(Subaltern Studies) 프로젝트와의 제휴에서 학문적 표현을 발견했다. 우리의 생각은 또한 오스트레일리아 학자 케네스 러스벤이 1990년대 초에 '새로운 인문학'이라는 제목 아래 거두어들인 포스트식민주의, 젠더, 문화, 소수자, 원주민 그리고 그 밖의 연구의 전 지구적 부상에서 깊은 영향을 받았다.[3]

지구화의 소용돌이치는 흐름이 나 같은 중산층 인도인의 평범한 삶에 가져온 심원한 역사적 변화에 휘말린 나는 이때 멜버른 대학에서 역사가이자 사회이론가로 일하고 있었다. 1995년에 시카고 대학으로 옮긴 후에도 여전히 나는 젊은 시절의 대중적 투쟁을 규정한 문제들, 즉 권리, 근대성과 자유, 그리고 내가 알고 있던 것보다 더 합리적이고 민주적인 세계로의 이행의 문제들에 몰두했다. 내 책 《유럽을 지방화하기: 포스트식민 사상과 역사적 차이(Provincializing Europe: Postcolonial Thought and Historical Difference)》(2000)는 이 시기의 산물이었다. 거기서 나는 포스트식민주의라는 틀을 통해 이전에 식민지화된 나라들에서 반식민주의적이고 근대화하는 엘리트들이 때때로 그들이 불가피하게 물려받은 제국주의 유럽의 지적 유산의 한계에서 일하면서 무엇을 했고 또 무엇을 할 수 있었는지를 이해하기 위한 수단을 발전시켰다. 이것은 유럽 제국들과 반식민주의적 근대화주의자들 및 전 지구적 자본이 함께 만들어낸 지구 이야기에 대한 논의에 내가 가져올 수 있었던 것, 즉 지난 세기의 마지막 몇십 년과 지금 이 세기에 이르기까지 역사학과 다른 해석적 분과들을 지배했던 주제였다.[4]

금세기 초에 나 자신의 관점을 바꾸게 한 일이 일어났다. 2003년, 오스트레일리아의 수도권에서 발생한 엄청난 산불은 얼마간의 인명뿐만 아니라 인간 이외의 많은 생명을 앗아갔고, 수백 채의 주택을 집어삼켰으며, 유명한 '숲이 우거진 수도' 캔버라 주변의 모든 숲과 공원을 파괴했다. 그곳은 내가 박사 학위 연구를 수행하면서 사랑한 장소들이었다. 이 비극적 상실이 불러일으킨 사별의 감각으로 인해 나는 이 특수한 화재들의 역사가 궁금해졌고, 곧 그 원인에 관해 읽으면서 인위개변적(anthropogenic) 기후변화의 소식이 내가 자리 잡고 있던 인간 중심적 사상 세계로 들어왔다. 과학자들은 수십억 명의 인간이 기술을 통해 행성 전체의 기후 시스템을 변화시켜 무시무시한 결과를 낳을 수 있는 지구물리학적 힘이 되었다고 주장했다. 나는 또한 인류세 가설에 관한 과학 문헌이 급증하고 있다는 것도 알았다. 이 가설은 행성에 대한 인간의 영향이, 행성이 (약 1만 1700년이 된) 충적세의 경계를 지나 인류세(Anthropocene)라는 새로운 이름을 얻을 만한 시대로 들어섰다는 것을 인정하는, 대지 역사의 지질학적 연대기상의 변화를 요청한다는 명제였다.[5]

인간의 형상은 나의 생애 동안 사실상 이중화되었다. 먼저 인간주의 역사들의 인간, 즉 환경과 일부 비인간 생명 형식들을 돌보면서 서로 다른 인간들 사이에서 평등과 공정성을 위해 투쟁할 수 있는 인간이 있었다(그리고 여전히 있다). 그러고 나서 또 다른 인간, 즉 (자본주의와 지구화에 관한 대부분의 서사와 같은) 순수하게 인간 중심적인 견해 내부로부터는 그 역사를 이야기할 수 없는 지질학적 행위자로서의 인간이 있었다. '지질학적 행위'라는 표현에서 **행위**(agency)라는 단어의 사용은 1960년대 나의 역사가-영웅들, 예를 들어 E. P. 톰슨(E. P. Thompson)이나 우리의 선생님인 라나지트 구하(Ranajit Guha)가 창시하고 찬양한 '행위' 개념과는 매우 달랐다. 이 행위는 톰슨이나 구하의 사회사에서처럼 자율적이고 의식적인 것이 아니라 비인격적이고 무의식적인 지구물리학적 힘의 행위, 집단적 인간 활동의 결과였다.

인위개변적이고 행성적인 기후변화라는 생각은 요즘에는 많은 학문적 도전에 직면하지 않지만, 인류세라는 생각은 과학자와 인문학자 모두에게서 많은 논쟁의 대상이 되어왔다.[6] 그 논쟁은 또한 이 용어를 오늘날 인문학에서 대중적이고—보통 그러한 논쟁들에서 그렇게 되듯이—다의적인 범주로 만들었다. 하지만 지질학자들이 언젠가 '인류세'라는 꼬리표를 공식화하는 데 동의하든 하지 않든, 런던의 국제층서위원회(International Commission on Stratigraphy)가 설립한 인류세 전문위원회에서 지난 몇 년 동안 수집하고 분석한 자료는 한 가지를 분명히 해준다. 즉, 우리 시대는 단지 지구적 시대가 아니다. 우리는 지구적 시대의 끝점이자 '행성적인 것(the planetary)'[7]이라 부를 수 있는 시대에 살고 있다. 인류 과거의 지난 몇 세기와 아직 오지 않은 인류의 미래를 생각하는 데서 우리는 지구(globe)라고 불러온 것과 행성(planet)이라 불리는 새로운 역사학적-철학적 실체 둘 다로 향할 필요가 있다. 후자는 지구나 대지(earth) 또는 세계(world), 즉 우리가 지금까지 근대 역사를 조직하기 위해 사용한 범주들과는 다르다. 자본주의적 지구화의 심화와 지구온난화의 위기는 이러한 현상들에 관한 연구에 수반한 모든 논쟁과 더불어 행성—또는 좀더 적절하게는 내가 여기서 사용하는 대지 시스템(Earth system)—이 심지어 인문학에서 학자들의 지적 지평들을 가로질러 우리의 시야로 들어올 수밖에 없게 했다.

나는 지구가 인간 중심적 구성물이라고 주장한다. 행성 또는 대지 시스템은 인간을 탈중심화한다. 인간의 이중화된 형상은 이제 우리가 생명의 다양한 형식들, 즉 우리 자신의 생명 형식과 다른 생명 형식들이 어떻게 해서 투사된 실체이자 이론적 범주로서의 지구와 행성을 결집하는 역사적 과정에 사로잡힐 수 있는지에 대해 생각하고, 그리하여 근대인과 인간주의 역사가들이 역사를 생각하는 제한된 시간 척도를 비인간적으로 광대한 깊은 역사(deep history)의 시간 척도와 혼합할 것을 요구한다.

자본과 기술 그리고 행성적인 것

지구와 행성은—지구화와 지구온난화라는 두 가지 서사를 대표하는 범주들로서—서로 연결되어 있다. 둘을 연결하는 것은 (이 용어를 느슨하게 사용하자면) 근대 자본주의와 기술이라는 현상인데, 둘 다 그 범위에서 지구적이다. 결국 온실가스 배출은 거의 오로지 산업적이고 포스트산업적인 형식의 근대화와 번영을 추구함으로써 증가했다. 어떤 국가도 그들의 서로에 대한 비판이 무엇이든지 간에 이 발전 모델을 내던진 적이 없다. 역사가 존 맥닐이 지적했듯이, 산업화의 확산 결과 20세기는 인간 역사에서 "엄청난 변화의 시대"가 되었다. "인구는 15억에서 60억으로 증가했고, 세계 경제는 15배 확대되었으며, 에너지 사용량은 13~14배 늘었고, 담수 사용량은 9배, 관개 지역은 5배쯤 증가했다."[8] 이러한 산업과 발전의 전 지구적 추구를 고려할 때, 기후 정의의 주창자들이 지구온난화를 계급·젠더·인종에 의해 왜곡된 불평등한 자본주의 발전의 결과로서 바라보고, 행성의 기후변화라는 주제에서도 덜 발전한 국가들에게 그들의 산업화에 필요한 '탄소 공간'을 부정하기 위한 시도로서 의심스럽게 바라본다는 것은 이해할 수 있는 일이다.

하지만 지금까지 말해왔듯이 자본주의의 역사만으로는 오늘날의 인간 상황을 이해하기에 충분하지 않다. 이 점은 오늘날의 '자연적' 재난 가운데 상당수가 대지 시스템 과학자들이 행성적인 것으로 간주하는 과정들에서 인간의 사회경제적 제도와 기술이 일으키는 변화의 결과라는 점점 분명해지는 깨달음과 관련된다. 그 과정들은 지금까지 대개 인간의 활동과는 독립적으로 작동했지만, 그럼에도 불구하고 인간 및 다른 생명 형식들이 번성하는 데 중심 역할을 했다. 새롭게 떠오르는 우리의 행성적 행위를 스스로 인정하면 할수록, 이제 우리가 인간이 평상시 일상적인 삶의 일을 해나가면서 당연하게 여길 뿐인 행성의 측면에 대해 생각해야 한다는 것은 그만큼 더 명확해진다. 대기와 그 안에서 차지하는 산소의 경우를 생각해보자. 대기는 숨 쉬는 단순한 행위만큼이나 우리의 존재에 근본적이다. 하지만 이 대기의 역사는 어떠한가? 오늘날 인간의 미래를 생각함에 있어 대기의 역사를 생각할 필요가 있는가? 물론이다. 우리는 그에 대해 생각해야 한다. 지난 3억 7500만 년 동안—즉 대규모 숲의 진화 이후—산소 농도는 행성에서의 일정한 과정에 의해 동물들이 산소 부족으로 질식하지 않고 숲이 산소 과잉으로 불타오르지 않도록 하는 수준에서 유지되어왔다. 다양한 동적 과정은 대기를 현재의 평형 상태로 유지한다. 산소는 반응성 가스로, 공기는 신선한 산소의 지속적 공급이 필요하다. 이 산소 일부는 플랑크톤과 같은 아주 작은 바다 생물들로부터도 나온다. 만약 바다에 영향을 미치는 인간의 활동이 그러한 플랑크톤을 완전히 파괴한다면, 그렇게 함으로써 우리는 주요한 산소 원천을 파괴할 것이다. 간단히 말해 인간은 행성 과정에 개입할 능력을 획득했지만, 그 행성 과정을 고칠 능력은 (적어도 아직은) 확실히 획득하지 못했다.

행성의 모습을 만들어내는 우리의 능력은 주로 기술적이며, 그래서 기술도 인간에 관해 펼쳐지는 이 이야기의 본질적인 부분이다. 지질학자 피터 해프는 최근 인간 기술의 지구적 시스템을 특징짓기 위해 '기술권(technosphere)' 개념을 도입했다.

> 지구를 가로지르는 기술의 확산이 기술권을 규정한다. 즉 기술권은 대지로부터 많은 양의 자유 에너지의 신속한 추출과 그에 이어지는 발전, 거의 동시적인 장거리 통신, 에너지와 대중의 신속한 장거리 수송, 현대적인 정부와 다른 관료 제도의 존재, 식품과 다른 재화의 지역적·대륙적·지구적 분배를 포함한 산업과 제조업의 고강도 작동 그리고 현대 문명과 그것을 구성하는 현재의 70억 인구를 존재할 수 있게 하는 수많은 추가적인 '인위적' 또는 '비자연적' 과정의 근저에 놓여 이를 가능하게 하는 일련의 네트워크화된 대규모 기술이다.[9]

해프의 주장에 따르면, 현재의 인구 규모는 "기술권의 존재에 크게 의존하며", 그것이 없으면 인구는 "석기시대의 1000만 명 이하로 빠르게 감소할 것이다".[10] 그렇다면 우리는 해프와 함께 기술이 생물학을 위한, 즉 그렇게 방대한 수의 인간이 행성 위에 존재하기 위한 조건이 되었다고 말할 수 있다.[11]

기술권에 관한 해프의 테제는 기술이 오늘날 어떻게, 카를 슈미트의 용어로 말하자면, '무연고적(unencumbered)'이게 되었는지, 그리고 기술의 권력을 고려할 때 인간이 이미 대지를 자기 자신과 (그들 자신의 존재를 인간의 번성에 의존하는) 다른 생명 형식들을 위한 우주선으로 만들었는지 알아볼 수 있게 해준다. 슈미트는 1958년의 〈새로운 공간에 관한 대화〉에서 허구의 인물인 알트만(옛 역사가)의 목소리를 통해 땅 위에서의 삶과 바다의 배 위에서의 삶의 근본적인 구별을 분명히 표현했다. 그는

"지상의 존재"의 핵심에는 가축 및 다른 동물들과 함께 "집과 재산, 결혼, 가족, 상속권"이 있다고 말했다. 기술은 이런 종류의 삶 속에 존재할 때 그러한 삶이 수반하는 모든 것과 연고가 있을 것이다. 기술은 그 자체로는 결코 이 삶을 떠맡지 않을 것이다. 하지만 바다의 정복과 함께 배는 슈미트가 "무연고적 기술"이라고 부르는 것을 구현하게 되었다. "지상의 존재"의 집과는 달리 "해상의 존재"의 핵심에는 배, 즉 "집보다 훨씬 더 집중적으로 …… 기술적인 수단"이 있었다. (오늘날의 비행기에서처럼) 배에서의 삶은 기술의 적절한 기능에 결정적으로 의존한다.[12] 기술이 실패하면 삶은 재앙에 직면한다. 기술권이 오늘날 70억(곧 90억이 될) 인간의 생존을 위한 제1차적 조건이 되었다는 해프의 주장이 옳다면, 우리 인간은 이미 지구를 우리의 수십억 생명을 지탱할 수 있는 그 능력이 이제 기술권 그 자체의 존재에 의존하는 슈미트의 배와 같은 것으로 만들었다고 말할 수 있다. "정치의 역할을 포함하여 세계 인민의 조건·동기·역사에 관여하는" 것인 "사회적 인류세"와 "지질학적 인류세"를 구별하는 나중의 논문에서 해프는 인간이 "기술권이 행위를 지니며, 그 행위가 우리 자신의 행위와 같은 것이 아님을 인식하는 것"이 중요하다고 반복한다.[13]

기술권은 "광산과 시추공 및 그 밖의 땅 밑 구조물을 통한 지하 암반"과 그와 마찬가지로 선박과 잠수함뿐만 아니라 또한 "해상의 석유 채굴 플랫폼과 파이프라인, 교각, 부두, 양식 구조물"을 통해 "해양 영역"으로도 깊이 확장된다.[14] 마른 땅에서 기술권은 "집과 공장, 농장"과 함께 우리의 "컴퓨터 시스템과 스마트폰, CD" 그리고 "쓰레기 매립장과 건설 현장 흙더미에서의 폐기물"을 포함한다. 기술권은 "그 규모가 엄청나 대지 표면의 1제곱미터당 50킬로그램이 넘는 질량을 나타내는 약 30조 톤에 달한다". 지질학자 마크 윌리엄스는 "기술권은 생물권에서 싹을 틔웠다고 할 수 있으며, 아마도 지금은 적어도 부분적으로 그에 기생하고 있다"고 말한다. 그리고 생물권과 비교하면, "그것은 우리의 쓰레기 매립지가 보여주듯이 그 자신의 재료를 재활용하는 데서 현저히 서투르다".[15]

마찬가지로 놀라운 것은 인간이 행성의 표면뿐만 아니라 대륙붕에 이르기까지 지구의 풍경을 재형성하는 데서 수행한 역할을 보여주는 수치들이다. 행성의 육지와 해저는 인간에 의해 변형되어왔다. "20세기 말에 해저 저인망 어업은 매년 약 1500만 제곱킬로미터의 지역에서 이루어졌다. 이는 지금 세계 대륙붕 대부분과 대륙붕 경사면 상부의 상당한 지역과 해산(海山)의 상부 표면을 포함한다."[16] 한 추정에 따르면 1994년에 "인간의 토양 이동으로 전 지구적으로 연간 300억 톤의 토양이 이동했다". 2001년의 한 추정은 연간 570억 톤이라는 수치를 제시한다. 이에 비해 매년 세계의 강들을 통해 대양으로 운반되는 퇴적량은 매년 83억~511억 톤에 이른다.[17] 지질학자 콜린 워터스와 그의 동료들은 인간이 "이제 이러한 방식〔채광과 채석〕으로 모든 자연적 과정을 합친 것(26Gt/yr)보다 더 많은 퇴적물을 이동시킨다"고 말한다.[18] 이 무시할 수 없는 지형학적·생물학적 역할은 자본주의와 지구온난화를 연결하는 역사로부터 분리될 수 없다.

이 모든 것과 행성에 미치는 인간의 영향과 관련된 그 밖의 많은 것이 대지 시스템 과학자들에게 행성이 충적세의 문턱을 통과하여 전적으로 새로운 지질학적 시대에 진입했을 수도 있다고 시사한다면, 인간으로서 우리는 현재 두 종류의 '지금-시간'(또는 독일어로 Jetztzeit라고 부르는 것)에서 동시에 살고 있다고 말할 수 있다. 우리 스스로에 대한 자기

인식에서 인간 역사의 '지금'은 지질학적이고 생물학적인 시간 척도의 장구한 '지금', 즉 인류 역사에서 이전에는 결코 일어난 적이 없었던 것과 뒤얽히게 되었다.[19] 사실 대지 규모의 현상—예를 들어 지진—은 의심할 바 없이 우리의 인간주의 서사에 밀고 들어왔지만, 대개 산의 융기나 침식과 같은 지질학적 사건들은 산이 인간 이야기의 항구적이고 불변적인 배경으로 보일 정도로 점진적으로 발생했다. 하지만 우리 자신의 생애에서 우리는 배경이 더는 그저 배경이 아니라는 것을 알게 되었다. 우리는 그 일부분이면서 지질학적 힘으로 작용하고 있고, 몇백 년 안에 여섯 번째 대멸종이 될지도 모르는 생물 다양성의 상실에 이바지하고 있다. 인류세는 그 용어가 공식화되어 있든 아니든 상관없이 우리 종이 대지의 지질학과 화학 및 생물학을 변용하고 있는 그 범위와 지속을 나타낸다.[20]

철저한 자본주의적 지구화가 지구온난화와 대멸종의 위협을 초래한 시대에 우리는 인간에 관한 역사적 사유에서 과거에 보통 분리되고 사실상 연결되지 않은 것으로 취급해온 개념적 범주들을 함께 결합할 필요가 있다. 우리는 깊은 역사와 기록된 역사를 연결하고, 지질학적 시간과 진화의 생물학적 시간이 인간의 역사 및 경험의 시간과 대화하게 해야 한다. 그리고 이것은 인간의 제국—식민지, 인종, 젠더적 억압—에 관한 이야기를 호모 사피엔스라는 특수한 생물 종과 그의 기술권 그리고 호모 사피엔스와 함께 진화하거나 그에 의존한 다른 종들이 어떻게 생물권과 암석권 그리고 이 행성의 대기를 지배하게 되었는지에 관한 더 큰 이야기와 동시에 말하는 것을 의미한다. 게다가 우리는 이 모든 것을 삶과 죽음 그리고 세계에 대한 자기 자신의 현상학적이고 일상적인 경험—오늘날에는 아이러니하게도 더는 단순히 주어진 것으로서 나타나지 않는 '세계'를 당연하게 여기는 경험—을 계속해서 처리해나가는 개별 인간에게서 눈을 떼지 않고 해나가야 한다.[21] 행성 수준의 위기는 매개된 형태로 우리의 일상적 삶에 스며들며, 우리는 그것이 심지어 부분적으로는 우리가 일상적 삶에서 내리는 (비행기를 타고, 고기를 먹고, 화석연료 에너지를 다른 방식으로 사용하는 것과 같은) 결정에서 생겨난다고 주장할 수 있다. 그러나 그것이 세계에 대한 인간의 현상학적 경험이 끝난다는 것을 의미하진 않는다. 사실 우리는 깊은 시간과 깊은 역사에서 결코 떨어져 있지 않다. 그것들은 우리의 몸과 삶을 관통한다. 인간은 일상적 삶에서 자신의 진화된 특성을 잊을 수도 있지만, 예를 들어 인간의 모든 인공물 디자인은 언제나 인간이 두 눈으로 본다는 것과 마주볼 수 있는 엄지손가락을 가지고 있다는 가정에 기초할 것이다. 크고 복잡한 뇌를 가지고 있다는 것은 우리의 크고 깊은 역사가 우리의 작고 얕은 과거와 나란히 그리고 그것을 통해 있을 수 있다는 것을, 그리고 예를 들어 현상학자들이 연구하는 우리의 내적 시간 감각이 언제나 진화적이거나 지질학적인 연대기와 일치하지는 않으리라는 것을 의미할 수도 있을 것이다.[22]

정치적인 것의 한계에서 정치적이기

인간적 척도와 비인간적 척도가 합쳐지면 정치적인 것이라는 범주를 사유하고 사용하는 이전의 방식에 의문을 제기하는 역설적인 형식의 정치적인 것이 산출된다.[23] **정치적**이라는 말의 나의 사용법은 한나 아렌트에게 빚지고 있는데, 그것은 내가 카를 슈미트를 읽음으로써 일부 수정되었다. 상호세대적 시간과 아렌트의 정치적인 것의 개념 사이에 존재하는 내재적 연관은 여러 세대의 삶을 포괄하는 기간에 걸친 기후변화를 다룰 목적으로 수행된 **어떤** 행위라도 (하나의 해결책이 모든 사람을 만족시키지는 않을지라도) 정치적이게 되는 이유를 알 수 있게 해준다.[24]

《인간의 조건(The Human Condition)》의 독자들은 아렌트가 인간사에서 새로운 것과 참신한 것을 창조할 수 있는 개인적 차이들—그녀의 용어로 하자면 **다원성**—을 이용하기 위한 인간의 능력을 '행위(action)'의 원천으로 보았음을 기억할 것이다. '행위'는 정치적인 것에 대한 그녀의 정의에서 기초적이다. 아렌트는 행위가 "다원성이라는 인간적 조건, 즉 사람(Man)이 아니라 사람들(men)이 대지 위에 살고 세계에 거주한다는 사실에 대응한다"고 썼다.[25] 행위는 "탁월한 정치적 활동이다". 행위는 또한 탄생성의 조건, 즉 우리가 모두 새롭고 독특한 개인으로 태어난다는 사실에 매여 있었다. 아렌트는 "행위는 정치체를 창설하고 보존하는 데 관여하는 한에서 탄생성이라는 인간의 조건과 가장 가까운 연관을 지닌다. 탄생에 내재하는 새로운 시작은 신참자가 어떤 것을 새롭게 시작하는, 즉 행위하는 능력을 소유하기 때문에만 세계 속에서 감지될 수 있다"고 쓴다.[26] 새로움, 즉 탄생성—아렌트는 "필멸성이 아니다"라고 덧붙인다—의 가능성은 "형이상학적인 것과 구별되는 정치적 사유의 중심 범주"로 머문다.[27] 아렌트는 후기 작품인 《정신의 삶(The Life of the Mind)》에서 탄생성의 이념으로 되돌아왔다. "단독자로 창조된 모든 사람[동물이나 종-존재와 달리, 라고 아렌트는 말한다]은 그의 탄생에 의해 새로운 시작이다."[28] 이 요점은 《정치의 약속(The Promise of Politics)》에서 다시 되풀이된다. "사람은 비정치적이다. 정치는 사람들 사이에서 발생하며, 그래서 전적으로 사람 외부에서 일어난다. 그러므로 정치적 실체는 없다. 정치는 사람들 사이에 놓여 있는 것에서 생겨나고 관계로서 확립된다."[29]

정치적인 것에 대한 아렌트의 생각은 때때로 그것이 지배·불의·불평등 그리고 나아가서는 민주주의의 관계에 관한 관심을 명백히 결여한다는 이유로 비판받아왔다.[30] 그러나 '정치적인 것'에 대한 그녀의 개념은 '행위'와 '작업'에 관한 그녀의 생각과 대화함으로써 아렌트의 비판자들이 그녀가 경시했다고 생각한 바로 그 쟁점들에 관한 관심을 허락하는 개념적 공간을 창조할 수 있다.[31] 아렌트가 《인간의 조건》을 시작하는 노동·작업·행위의 삼중 구별은 우리가 그 점을 좀더 명확히 볼 수 있게 해준다.[32] 아렌트는 "노동의 인간적 조건은 삶 그 자체이다"라고 쓴다. 그것은 문자 그대로 소비—우리가 생물학적 몸을 떠받치고 그 몸의 궁극적이고 불가피한 부패를 견디는 데 필요한 물질대사—에 관한 것이다. 노동이 떠받치는 것, 즉 개인의 몸은 개인의 생애를 넘어서 살지 않는다. 대조적으로 '작업'은 언어와 제도로부터 인간이 만든 사물들에 이르는 필연적으로 **상호세대적인** 온갖 종류의 인공물과 관련된다.[33] 작업은 "사물들의 세계"를 산출한다. 비록 이 '세계'에 "각 개인의 삶이 받아들여진다"고 할지라도, "세계 자체는 그 모든 것보다 오래가고 초월하지 않을 수 없다". 따라서 작업은 상호세대적 시간을 그 자신에 구성적인 것으로 만들어낸다. 이러한 상호세대적 시간 관념은 비록 분명하게도 사용이 그 내구성을 "닳아 없어지게" 함에도 불구하고 작업이 견뎌내는 물질을 발생시킨다는 주장에 요약되어 있다.[34] 시간상으로 앞서지만, 우리에게 자기의 지속적인 제도, 관념, 관행 그리고 사물들을 남겨주는 세계는 그 정향에서 상호세대적이어야 한다. 아렌트는 이를 거주라는 관념과 연결한다. "세계가 언제나 그래야 할 것, 즉 사람들이 지상에서 살아가는 동안 그들을 위한 집이 되기 위해서는 인간의 인공물(artifice)이 행위와 언어에 적합한 장소여야만 한다."[35] 인공물이 이러한 장소로서 작용하기 위해서는 그것들이 순수한 소비와 효용의 논리보다 더 오래 살아남아야 한다.[36]

이러한 의미에서 정치적 행위는 인간이 산 자의 시간을 넘어 지상의 집에 있도록 돕는 것이다. 모든 인공물이 현재 소비를 향하고 있는 소비 주도 자본주의는 결국 인간의 거주 논리에 반해 작용한다는 점에서 반정치적인 기계일 것이다. 거주는 산 자의 생애를 넘어 지속될 수 있는 인공물을 요구하기 때문이다. 소비 주도 자본주의는 아렌트의 '노동' 범주, 즉 모든 동물이 참여해야 하는 활동, 생물학적 삶을 계속하기 위해 먹을거리를 찾는 활동과 비슷할 것이다. 따라서 상호세대적 관심사는 비록 태어나지 않은 자들이 그 자리에 참석해 살아 있는 자들에게 자신의 주장을 밀어붙일 수 없다는 사실로 인해 어려운 일이겠지만 아렌트의 정치적인 것 개념의 핵심이다.[37] 부자와 빈자 사이에서뿐만 아니라 살아 있는 자와 태어나지 않은 자 사이에서의 기후 정의에 관한 물음은 이러한 견지에서 확실히 정치적인 것에 속한다. 인간이 어떻게 재생 에너지로 전환하고 지속가능한 사회를 발전시킬 수 있을까 하는 것과 여타 우려의 물음들도 같은 방식으로 정치적일 것이다. 말할 필요도 없이 그렇게 적용된 **정치적**이라는 말은 과학적·기술적·지구공학적 실험에서부터 정책 작업과 이용 가능한 모든 이데올로기 범위를 가로지르는 행동주의에 이르기까지 지구온난화의 결과와 따라서 그에 의해 정립되는 미래를 다루기 위해 수행된 모든 활동을 가리킬 것이다.

이러한 정치적인 것의 개념(나는 곧 여기에 슈미트적 수정을 덧붙일 것이다)으로 무장한 우리는 지난 세기의 포스트식민주의적이고 포스트제국주의적이며 전 지구적인 관심사에 인위개변적 기후변화와 인류세와 같은 쟁점들을 덧붙이면서 우리 자신의 시대를 어떻게 생각해야 할까? 이러한 후자의 문제들이 출현했다는 것은 포스트식민주의의 세계와 지구화의 맥락에서 중요해 보였던 문제들이 사라졌다는 것을 의미하지 않는다. 결국 우리는 여전히 '역사 없는 사람들'의 역사를 표현하는 것이 논쟁적인 문제로 남아 있고, 유럽의 점령자들과 침략자들에게 자신의 땅과 문명을 잃은 사람들의 주권 문제가 대답되지 않은 채(그리고 불안하게도 아마도 대답할 수 없는 채) 남아 있으며, 계급 간 불평등이 더욱더 날카로워지고 부가 이른바 1퍼센트의 손에 집중되며, 지구적 자본이 인간 노동의 미래를 급격히 변화시키고 위협하는 기술을 추구하는 동안 세계 속의 난민이나 나라 없는 사람들이 계속해서 불어나는 시대에 살고 있다. 지능형 기계에 도움이 되는 똑같은 디지털 기술도 민주주의 국가의 삶에서 야누스적 존재를 획득한다. 왓츠앱이나 페이스북 같은 소셜 미디어 응용 프로그램은 대중 동원을 도울 수 있지만, 민주적 심의가 요구하기도 하는 미묘한 논쟁과 논의에 반드시 이바지하는 것은 아니다.

행성적인 것과 인류세에 관해 이야기하는 것은 이 문제들을 부정하는 것이 아니라 그것들이 비유적으로도 실제적으로도 층을 이루게 하는 것이다. 인류세라는 지질학적 시간과 세계 자본의 그늘 속에 있는 우리의 일상적 삶의 시간은 서로 얽혀 있다. 지질학적인 것은 인간적-역사적 시간을 관통하며 넘어선다. 행성에 대한 인간 영향의 몇 가지 결과, 즉 열섬이 되는 도시들, 허리케인의 빈도와 강도 증가, 바다의 산성화는 역사적 시간 속에서 여전히 가시적이다. 인위개변적 기후변화가 200만 년 이상 이 행성의 역사를 특징지어온 빙하기-간빙기 주기에

사진 1 두 살배기 테오

미칠 수 있는 영향과 같은 다른 것들은 그렇지 않다. 대지를 움직일 수 있는 우리 능력의 결과들 가운데 일부는 가시적이고 종종 추하다. 인도의 라자스탄주에서 '사라진', 다시 말하면 그 나라의 건설 붐에 제공할 '원료'를 찾고 있는 범죄적 사업가에 의해 불법적으로 파괴된 31개의 언덕은 현대 인류와 그들의 기계가 지닌 대지 이동 능력의 추악한 증명이다.[38] 하지만 동네 공원에서 한 아이가 무의식적으로 대지 이동 기계 주위를 돌아다니다가 같은 기계의 모형 버전—인류세 장난감!—의 도움으로 모래 구덩이에서 모래를 움직이는 것을 볼 때, 나는 우리의 지형학적 행위가 얼마나 '자연화'되었는지 보게 된다(사진 1, 2). 인류세의

사진 2 테오와 친구들

시간을 우리의 삶과 역사의 인간적 시간으로부터 인위적으로 분리할 여지는 없다. 여러 가지 면에서 지구물리학적 힘으로 작용할 수 있는 우리의 능력은 현대의 많은 향유 형식에 연결되어 있다.

오히려 우리가 자본주의적 지구화의 문제로서 확인하는 문제들 가운데 여럿은 지구온난화가 증가함에 따라 더욱 격렬해질 것이다. 행성의 거주 적합성 감소, 기후 난민과 '불법 이민자' 수 증가, 물 부족, 잦은 극단적 기후 사건, 지구공학의 전망 등은 세계 평화를 위한 처방일 수 없다.[39] 그에 더하여 행성의 기후변화에 대한 거버넌스 메커니즘을 만들지 못한 우리의 지구적 실패도 우리가 지구적 거버넌스 기구인 유엔을 설립하여 다루기로 한 종류의 '지구적인' 문제를 다루지 못하고 있다는 것을 암시한다.

여기에는 시간성이라는 흥미로운 문제가 존재한다. 유엔 수준에서 국가들 사이의 협상은 보통 미정의 막연한 일정을 가정한다. 예를 들어 우리는 이스라엘 국가와 팔레스타인 주민 사이에 언제 평화가 존재할 것인지, 카슈미르 인민이 언젠가 과연 분할되지 않은 땅에서 살게 될 것인지 알지 못한다. 그것들은 미정의 막연한 일정에 속하는 문제들이다. 마찬가지로 우리는 인간이 언제 공정하고 공평한 세계의 도래를 알리는 데 성공할지 알지 못한다. 자본주의에 대항한 투쟁은 해결되어야 할 우리의 역사적 불의의 문제들에 대해 많은 시간이 존재한다고 가정한다. 반면 기후 문제와 '위험한' 기후변화에 관한 모든 이야기는 우리를 긴급한 행위의 유한한 일정에 직면하게 한다. 그러나 세계의 강대국들은 그 문제를 막연한 일정에 따라 행동하는 데 어울리는 기구를 가지고서 다루려고 해왔다. 1987년 몬트리올 의정서의 성공을 뒤따라 유엔은 인위개변적 기후변화를 유엔 메커니즘을 통해 해결해야 할—행성적이 아닌—'지구적인' 문제로서 다루었다. 이것이 유엔이 1988년에 정부간기후변화위원회(IPCC)를 설립한 이유이다. 하지만 흥미롭게도 예를 들어 지구의 탄소 예산과 관련해 IPCC가 권고하는 행동은 전 지구적 협상에 종속된 유한하고 명확한 일정을 가정한다. 예를 들어 보통 '위험한' 기후변화의 문턱으로 여겨지는 섭씨 2도는 막연한 행동 일정으로 향하는 유엔의 경향과 과학자들이 제안하는 유한한 일정 사이의 정치적 타협을 나타낸다. 행성의 기후변화가 유엔이 다루기로 설정되어 있지 않은 문제라는 것은 전적으로 가능한 일이다. 하지만 현재 우리는 더 나은 민주적 대안을 갖고 있지 않다. 따라서 기후변화와 인류세는 심원하게 정치적인 동시에 우리가 수용한 정치 제도와 상상력에 도전하는 문제이다.[40]

정치적인 것에 관한 아렌트의 생각에 인도되면서도, 비록 인간이 합리적이고 창조적일 수 있을지라도 단 하나의 이성적인 합의의 담지자로서 행위할 수 있는 인류는 존재하지 않는다는 슈미트의 통찰을 시야에서 놓치지 않는 것이 중요하다. 슈미트는 "정치적 세계는 단일한 세계(universe)가 아니라 다원적 세계(pluriverse)이다"라고 쓴다.[41] 우리는 인류의 역사가 어디로 어떻게 나아갈지 모른다. 우리의 시대는 또한 우리에게 슈미트도 아렌트도 다룬 적이 없는 또 다른 요점을 다룰 것을 요구한다. 그들은 둘 다 우리에게 정치적인 것에 대한 포용적인 이해를 주는 데서 도움이 된다. 하지만 이 이해는 여전히 인간에게만 초점을 맞추는 까닭에 불행하게도 충분히 포용적이지 않다. 동물과 그 밖의 비인간은 아렌트나 슈미트의 도식에서 정치적인 것의 부분일 수 없다. 하지만 행성의 환경 위기는 우리에게 정치와 정의의 관념을 생명체와 비생명체 모두를 포함한 비인간으로 확대할 것을 요구한다. 이러한 깨달음이 충분히 이해될수록 우리는 우리의 모든 정치적 제도와 개념이 얼마나 돌이킬 수 없을 정도로 인간 중심적인지를 더 많이 깨닫게 된다. 중요한 점은 기후 위기와 인류세 가설이 함께 인간에게 지적이고 정치적인 곤경을 나타내며, 내가 언젠가 '정치적 근대성'이라 불렀던 것의 중요성과 의미에 대한 새로운 해석을 보증한다는 것이다.[42] 따라서 정치적인 것을 인간적인 것 너머로 확장하는 이 문제를 오랫동안 연구해 온 브뤼노 라투르, 이사벨 스텐저스, 도나 해러웨이, 제인 베넷 등의 작업은 이 프로젝트와 관련이 있고 중요하다. 나는 이 문제를 해결했다고는 전혀 주장하지 않지만, 그에 대해 논평할 것이다.

지금쯤은 분명해졌겠지만, 인류세라는 꼬리표를 언젠가 지질학자들이 현재의 지질 시대의 이름으로 공식적으로 받아들일지 아닌지는 나의 주장에 문제가 되지 않는다. 잘라시에비치와 그의 동료들이 말하듯이 "개념으로서의" 그 용어의 "미래 지위"는 "일반적으로 안전하다고 여겨질 수 있지만, 공식적인 용어로는 불확실하다".[43] 제러미 데이비스, 에바 혼, 한네스 버그탈러 등이 인문학자에게 인류세에 관한 논의의 주된 이점이란 그것이 지구생물학적인 것을 보게 만들었다고 말하는 것은 옳다. 나의 특별한 관심은 기후변화의 과학과 대지 시스템 과학이 우리가 통과하고 있는 역사적 시기를 사유하려는 인문학자들에게 어떤 함의를 지닐 수 있는지 알아내는 것이었다. 하지만 나는 버나드 윌리엄스의 말을 빌리자면 종종 "놀랍게도 과학이 세계에 관한 진리를 전달하는 것보다 지식사회학이 과학에 관한 진리를 전달하는 더 나은 위치에 있다고 가정"[44]하는 일정한 과학 연구 분과들에서 발전한 전통 내부로부터 과학에 접근하지 않는다는 것을 분명히 해야 한다. 나는 과학의 추구가 여전히 계급, 젠더, 인종, 경제 체제, 과학 제도의 정치에 사로잡혀 있다는 것이야말로 논쟁의 여지가 없다고 생각한다. 따라서 특정한 과학자가 특정한 역사적 맥락에서 행사할 수 있는 현실적 권력과 권위에 관한 관심은 전적으로 정당하다. 하지만 나는 그러한 사로잡혀 있음이 과학적 분과의 **발견**을 동료 역사가나 사회과학자의 경험적 진술과 분석보다 더 자의적이거나 거짓으로 또는 단지 정치적일 뿐인 것으로 만든다고 믿지 않는다.[45] 과학이 없었다면, 대기 온난화와 불규칙한 날씨는 여전히 있었겠지만, '행성적 기후변화'나 '지구온난화' 또는 심지어 인류세라고 불리는 지적 문제는 없었을 것이다. 이것은 곳곳에서 지역적 지식·관습·전통·관행과 행성적 범위의 과학 사이에서 양방향의 실천적 번역을 산출할 필요성을 부정하는 것이 아니라 '지역적인 것'이 혼자서는, 가령 시베리아 영구 동토층을 포함하는 지역들이나 대양 그 자체처럼 인간이 희박하게 거주하거나 전혀 거주하지 않는 세계의 부분들이 행성 전체의 냉각화나 온난화를 규정하는 과정에서 수행하는 역할에 대한 어떤 이해를 우리에게 결코 주지 못했으리라는 것을 분명히 인정하는 것이다.[46]

이 책의 전개와 구조

행성적 기후변화에 대한 나 자신의 생각으로 인해 걱정하게 되고, 그러나 또한 인간의 지질학적 행위라는 문제가 인문학적 역사가로서의 평소 생각 습관에 제기한 방법론적 도전에 자극받아 나는 2009년에 〈역사의 기후: 네 가지 테제〉라는 논문을 발표했다. 내가 궁금히 여긴 것은 이 인류세 시대에 인류란 무엇인가였다. 우리는 다른 종들을 포함하는 기술적-사회경제적-생물학적 복합체 내에서 분화된 인류인 동시에 지배적인 파트너이다. 종의 멸종을 추동하는 것은 이 복합체이며, 따라서 그 자체가 이 행성에서의 생명 역사의 한 부분이다. 이것은 또한 이 복합체를 지질학적 행위자로 만든다. 살아 있는 기억 내부에서의 종의 역사와 지질학적 시간이라는 다수 연대기의 붕괴와 더불어 인간의 조건이 바뀌었다. 이러한 변화된 조건은 분화된 인간으로서, 종으로서 그리고 지질학적 행위자로서 인간의 서로 관계되지만 서로 다르기도 한 이야기들이 모두 하나의 큰 지구 이야기로 융합되었다는 것을, 그리고 이 행성과 그 위에서의 생명 역사의 단일한 이야기가 이제 인간주의 역사를 대신할 수 있다는 것을 의미하지 않는다. 나는 인간으로서의 우리가 인지적으로 추상적인 수준에서 알고 있는 인간이라는 존재의 이러한 다른 양식들을 서로 매개되지 않는 형식으로 경험할 방법이 없다고 주장했다. 내부적으로 분화된 다원적 인간, 종으로서의 인간, 인류세 형성자로서 인간은 서로 연결되지만 분석적으로 구별되는 세 개의 범주를 구성한다. 우리는 그들의 기록물들을 서로 다르게 구축하고, 그들을 역사적 행위자로서 파악하기 위해 그 종류가 서로 다른 훈련, 연구기술, 도구, 분석 전략을 채택한다. 그리고 그들은 매우 다양한 종류의 행위자이다.[47]

서로 다른 척도의 연대기들을 이렇게 의식적으로 결합하는 것은 내가 종종 추락의 느낌에 비유해온 느낌을 내 안에 만들어냈다. 권리·정의·민주주의의 정치적 쟁점에 관심이 있는 인문학적 역사가로서 나는 '깊은' 역사로, 깊은 지질학적 시간의 심연 속으로 빠져든 것 같았다. 이렇듯 '깊은' 역사에 빠져드는 것은 행성의 타자성과 인간이 의도하지 않게 그 일부가 된 매우 규모가 큰 공간적·시간적 과정의 인식이라는 일정한 충격을 동반한다. 당뇨병이 전염병 규모를 획득한 인도 아대륙 출신인 나는 훗날 이 경험을 인도인이 당뇨병으로 진단받았을 때 그 자신의 과거에 대한 감각이 얼마나 갑자기 순간적 팽창을 겪는지에 비유함으로써 설명한다. 당신은 당신 자신의 과거에 대한 (잠재적으로) 역사가의 견해, 즉 당신이 특정한 사회적·역사적 맥락 안에 놓을 수 있고 2, 3세대에 걸쳐 있는 전기를 가지고서 의사에게 간다. 하지만 그 진단은 정치 이론가 C. B. 맥퍼슨이 언젠가 훌륭하게 쓴 소유적-개인주의적 의미에서 한 사람이 소유할 수 없는 완전히 새롭고 비인격적이며 장기적인 과거를 열어준다.[48] 아대륙 사람은 십중팔구 (이제는 적어도 몇천 년 동안) 쌀을 먹어왔기 때문에 당뇨병에 대한 유전적 성향을 지닌다는 말을 듣게 될 것이다. 만약 그들이 그에 더하여 학식 있는 브라만이나 상위 카스트 가문 출신이라면, 적어도 몇백 년 동안 좌식 생활을 했을 것이다. 또한 아마도 당을 유지하고 방출하는 인간 근육의 능력은 인간이 그들 역사의 압도적인 부분 동안 수렵꾼과 채집꾼이었다는 사실과 관련이 있다는, 즉 갑작스럽게도 진화 및 깊은 역사와 관련이 있다는 설명을 들을 것이다![49] 당신은 이 장구한 역사에 경험적으로 접근할 수는 없지만, 갑자기 그 역사에 대한 인식에 빠져든다.

나의 2009년 논문은 많은 인정을 받았지만, 또한 비판의 큰 소용돌이에 직면했다. 비판자들은 내가 인간을 '지배적인 종'으로 지칭하고 〔자본세(capitalocene) 같은 것이 아니라〕 '인류세'라는 별칭을 사용하는 것은 책임의 문제, 자본주의와 제국, 불균등 발전의 역할 그리고 자본주의 축적을 향한 추동력으로부터 주의를 돌리게 함으로써 기후변화를 '탈정치화'할 위험이 있다고 주장했다. 그들은 부자들이 기후 위기에 훨씬 더 많은 책임이 있으며 항상 가난한 사람들보다 위기의 희생자가 훨씬 더 적을 것이라고 올바르게 지적했다. 나는 다른 곳에서 특정한 비판들 가운데 몇 가지에 대답했다.[50] 그 근거를 상세히 살펴보지는 않지만, 나는 간단히 그 비판의 일부가 서로 오해했을 수도 있다는 문학자 길렌 다르시 우드의 최근 평가에 동의한다고 말하고자 한다.[51]

하지만 내가 받은 그 비판이 인간과학에서 해석적 분과들의 최근 역사에 관해 우리에게 말해주는 것과 관련하여 그 비판의 요지에 대해 반성하는 것은 생산적일 수 있다. 포스트식민주의 역사와 이론 분야의 학자들은 과학이 1980년대 후반경에 신문 가판대를 두드리고 있었음에도 불구하고 지구온난화의 위기에 대응하는 데서 상대적으로 느렸다. 1988년을 살펴보자. 그해에 당시 NASA 고다르 우주센터의 책임자였던 제임스 핸슨은 미국 상원에서 연설하며 세 가지 주요한 결론을 제시했다. "첫째, 지구는 도구 측정의 역사에서 그 어느 때보다 1988년에 더 따뜻하다. 둘째, 지구온난화는 이제 온실효과의 인과 관계를 높은 정도의 신뢰를 지니고서 설명할 수 있을 만큼 충분히 크다. 그리고 셋째, 우리의 컴퓨터 기후 시뮬레이션은 온실효과가 여름 혹서와 같은 극단적 사건의 확률에 영향을 주기 시작할 정도로 이미 아주 크다는 것을 보여준다."[52] 유엔의 정부간기후변화위원회(IPCC)는 같은 해에 설립되었다.

20세기 후반에 비판이론에 깊은 영향을 미친 인문학의 한 분야인 포스트식민주의의 사유와 비평은 이러한 사건들보다 10년 전인 1978년에 에드워드 사이드의 논쟁적 고전 《오리엔탈리즘(Orientalism)》의 출판과 함께 그 여정을 시작했다고 할 수 있다.[53] 비판적 인종 이론, 페미니즘 비평, 반식민주의적이고 포스트식민주의적인 비평, 문화 연구, 소수자 연구와 같은 많은 사상 흐름이 1980년대에 함께 생겨났고, 그 후 인문학을 텍스트 연구, 수사학, 문헌학, 문법, 운율학 등등이 오랫동안 닻을 내리고 있었던 귀족적 기질에서 멀어지게 했다.[54] 한때는 인간성의 함양과 제국주의 엘리트와 다른 엘리트의 통치를 위한 문화적 요구를 확립하는 지식의 한 분야였던 인문학은 이 몇십 년 사이에 제임스 스콧이 언젠가 잊기 어렵게 "약자의 무기"라고 부른 것을 연구도 하고 생산도 하는 지식 분야로 변형되었다.[55] 1983년에 처음 출판된 《서벌턴 연구(Subaltern Studies)》는 대체로 인문학의 이러한 새로운 지향 안에서 구상되었다.[56] 1988년은 가야트리 차크라보티 스피박이 그녀의 유명한 논문 〈서벌턴은 말할 수 있는가(Can the Subaltern Speak?)〉를 출판한 때였다.[57] 그리고 그 논문이 출판된 지 몇 년 지나지 않아 호미 바바, 스튜어트 홀, 코베나 머서 등이 1995년에 협력하여 프란츠 파농에 관한 최초의 포스트식민 전시회와 회의를 기획했고, 그 결과 《검음의 사실(he Fact of Blackness)》의 출판으로 이어졌다.[58] 포스트식민주의 비평과 사유의 문제에 관한 바바 자신의 고전적 논문집인 《문화의 자리(The Location of Culture)》는 1994년에 나왔다.[59]

인문학에서의 이러한 새로운 지적 방향은 계시적 통찰을 만들어냈지만, 만약 내가 그에 관해 너무 세밀한 점을 지적하지 않고도 이렇게 말할 수 있다면, 환경적으로 맹점도 남겼다. 이것은 극단적인 진술처럼 들릴 수도 있으므로, 내가 의미하는 바가 무엇인지 간단히 설명하고자 한다. 1960년대 말과 1970년대에 세계 각지에서 환경운동이 급증했음은 물론이다. 유럽에서는 녹색 정당과 정치가 증가했다. 많은 경우 환경주의 운동과 사상은 (인도의 잘 알려진 환경주의자 반다나 시바의 글에서 볼 수 있듯이) 자본주의 성장 모델에 대한 일정한 비판으로 이어졌다. 레이첼 카슨이 1962년 《침묵의 봄(Silent Spring)》으로 울린 경종은, 작지 않은 정도로 1972년 미국 우주비행사들에 의해 대중화된 지구의 '푸른 대리석' 이미지 덕분에, 인간이 연약하고 유한하며 추출 자본주의의 유린과 산업화 이후의 삶의 방식에 취약한 이 '하나의 세계'—하나의 대기, 하나의 거대한 덩어리의 해양수, 하나의 구형 집—를 지닌다는 생각으로 이어졌다. 이 '유한한 대지'의 가장 두드러진 표현 가운데 하나는 도넬라와 데니스 메도즈 및 그들의 동료들이 저술한, 로마 클럽 보고서라고도 알려진 1972년의 《성장의 한계(The Limits to Growth)》였다.[60]

그러나 이러한 '하나의 세계주의'는 포스트식민주의 비평이 유래한 인문학 전통과는 그다지 어울리지 않았다. (역사와 인간학의 해석적 분과들을 포함하는) 인문학의 학자들은 근본적으로 인간 역사의 '융합자'가 아니라 '분할자'였던바, 요컨대 세계의 '하나임'에 관한 모든 주장은 그것들을 실제로 인간을 나누고 다양한 억압 체제의 기초를 형성하는 모든 것, 즉 식민지·인종·계급·젠더·성·이데올로기·이해관계 등등의 현실에 비추어 검토함으로써 근본적으로 의문시되어야 한다고 믿는 학자들이었다. 그들은 인간 세계의 다양성을 유한한 대지의 하나임으로 집어넣는 경향이 있는 주장들에 회의적이었다. 이러한 통합 움직임은 이데올로기적으로 의심스러워 보였고 언제나 권력을 위해 만들어진 것으로 보였다. 이 학자들은 이러한 분열들이 수반하는 갈등과 불의에 먼저 다가가 다루지 않고서는 언젠가 모든 인간을 해방하는 길이 발견될 수 없다고 믿었다. 실제로 우리는 융합자/하나의-세계주의자와 분할자/포스트식민주의자 사이의 이러한 대립이 오늘날 환경 정의나 기후 정의의 이름으로 제기되는 많은 정당한 요구를 관통하고 있는 것을 볼 수 있다.[61] 분할하는 반성은 이제 깊이 자리 잡고 있고 전적으로 이해할 만하다. 결국 인문학 분야의 학자들은 50년 이상 동안 전체성과 보편주의의 모든 주장에 대해 점점 더 극도의 의심을 품게 되었다. 나 자신은 이 전통의 아이였다.

나 자신의 생각도 한때 그에 종속돼 있던 이러한 '분할자'와 '융합자' 사이의 긴장을 고려하여, 나는 지난 10년 동안 내가 '네 가지 테제'라는 제목의 논문에서 제시한 그 네 가지 테제의 함의와 그것들을 둘러싼 논쟁을 헤쳐나가는 길을 발견하기 위해 노력해왔다. 이것이야말로 지금까지 많이 논의되고 비판되어왔음에도 불구하고 지금은 개정되고 '네 가지 테제'로 제목을 바꾼 그 논문 〈역사의 기후: 네 가지 테제〉가 이 프로젝트의 피할 수 없는 출발점으로 남아 이 책의 첫 장으로서 이바지하는 까닭이다. 나는 이 장에 간략한 보론을 덧붙여 이 장이 토대하고 있는 본래 논문의 일부 독자들을 괴롭힌 종(species)이나 '부정적 보편사

(negative universal history)' 같은 단어나 표현과 관련된 나의 용법을 명확히 하고자 했다.

방법론적으로 이 책은 나 자신이 발전시키고 도달한 길을 독자가 따르게 함으로써 논증을 제시한다. 그 발견의 길에서 결정적인 순간은 내가 **지구화**(globalization)라는 말에서의 **지구** 개념이 **지구온난화**(global warming)라는 표현에서의 **지구** 개념과 같은 것이 아니라는 깨달음에 부딪혔을 때 다가왔다. 같은 단어지만 그것들의 지시 대상은 달랐다. 이것은 내가 결국 지구/행성 구별로서 전개하게 될 생각이다. 강조하고 싶은 것은 이원적인 것이 아니라 서로 관련된 두 용어가 분석적으로 구별된다는 점이다. 내가 대지 시스템 과학에 대해 더 많이 읽고 나의 네 가지 테제가 자본주의의 올가미를 풀어놓는다는 비난에 대해 더 많이 생각하면 할수록 이 구별은 내게 더욱더 중요해 보였다. 이 책의 1부 전체는 이를 다룬다. 자본주의에 대해 몇 세기 동안 이어져온 이야기가 왜 우리에게 인위개변적 기후변화가 드러낸 인간 역사의 문제에 대한 충분한 지적 파악을 제공하지 못하는지에 관련된 몇 가지 기본적인 사상이 개진되는 2장 '결합된 역사들'은 지구/행성 구별을 준비해나간다. 그 구별이 완전히 전개되는 것은 3장 '행성: 인간주의적 범주'에서다. 이 장은 이 책의 논증이 전환되는 지적 받침대를 제공한다. '행성' 범주는 우리 자신의 시대를 성찰하기 위해서는 우리가 우리 자신을 두 가지 관점, 즉 행성적인 것과 지구적인 것에서 동시에 바라볼 필요가 있다는 것을 알게 해주었고, 궁극적으로 그렇게 말하게 해주었다. 지구적인 것은 인간 중심적 구조이다. 행성은 인간을 탈중심화한다.

'근대적이라는 것의 어려움'이라는 제목의 2부는—개인과 국민을 위해 기획된 것이든 인류 일반을 위해 기획된 것이든—자유의 근대적 이념들이, 그 밑에 놓인 가정들 상당수가 근대성과 근대화의 다양한 비판자들에게 정당하게 도전받은 후에도 왜 그 매력을 유지하는가 하는 물음을 다양하게 탐구하는 세 개의 장으로 구성된다. 그 가운데 첫 번째 장(4장) '근대적이라는 것의 어려움'에서 나는 포스트식민 국가들의 자유 개념과 역사적으로 주로 화석연료와 (강을 댐으로 막는 것과 같은) 다양한 '자연 지배' 프로젝트에 의해 증대된 에너지 필요 사이의 밀접한 연관을 분석한다. 두 번째 장(5장) '행성적 열망: 인도에서의 한 자살 읽기'는 2016년에 자살한 달리트(불가촉천민—옮긴이) 정체성의 젊은이가 인간성과 자유에 관해 자살 노트에 남긴 생각에 대한 독해이다. 이 장은 '달리트 몸'을 둘러싼 치욕과 상위 카스트 혐오의 역사를 정치적인 것의 지배적 개념에서 인간의 몸이 어떻게 생각되는지에 대한 일정한 한계를 지시하는 것으로 읽는다. 2부의 마지막 장(6장), 즉 칸트의 1786년 논문 〈인간 역사의 추측상의 기원〉에 대한 독해는 근대성에 근본적인 구별, 즉 이 위대한 철학자가 제시한 인간의 도덕적 삶과 동물적 삶의 구별이 현재의 생물권 위기에서 사실상 어떻게 실패하게 되었는지를 보여주려고 시도하는 인류세적 비판이다.

나는 이 책의 3부를 부분적으로는 정치 이론가 윌리엄 코널리의 책에 대한 오마주로서 그 책과 같은 제목 '행성적인 것 마주하기'라고 이름 지었다. 3부는 '인류세 시대'라는 장(7장)으로 시작하는데, 거기서 나는 지질학자 얀 잘라시에비치가 배타적으로 인간의 관심을 그 중심에 놓는 사상으로부터 구별하기 위해 행성 중심 사유 양식이라고 부르는 것을 해명하고자 한다. 그러고 나서 나는 계속하여 '인간학적 개간을 향하여'라는 제목의 장(8장)에서 행성적인 것과 지질학적인 것에 대한 우리의 최근 해명이 오늘날 인간의 조건에 대한 우리의 이해에 지니는 몇 가지 함축적 의미를 개진한다. 나는 현재의 위기를, 어떤 특수한 버전의 실천적이거나 활동적인 정치에 헌신하기 **전에** 인간의 조건을 사유하기 위한 개념적 장소를 형성하려고 하는 논증 형식인 카를 야스퍼스의 '신기원적 의식'이라는 이념을 향해 작업하기 위한 기회를 제공하는 것으로 바라본다. 인간의 일상적 삶에서 보이게 된, 1부에서 설명한 범주인 행성의 사실은 20세기의 많은 사상가가 물려받고 가정하고 찬양했던 인간과 대지/세계 사이의 상호성 관계가 오늘날 과연 견지할 수 없게 되었는지의 물음으로 우리를 이끈다. 현재의 생태학적 위기에 직면하여 우리는 이를테면 행성을 포함한 비인간에 대한 인간의 관계를 재정의하기 위해 새로운 '공동', 새로운 인간학(anthropology)의 구성을 향해 어떻게 움직이고 있는가? 나로서는 그것이야말로 이 책이, 역사에서 아직 도달하지 못한 결론의 시작과 함께 끝나는 곳이기를 바란다.

브뤼노 라투르와의 대화인 후기가 덧붙여져 있는데, 거기서는 이 책에서 이루어진 많은 논점이 검토된다.

이 책에 대한 앞의 기술에서 명백해지듯이, 인간의 세계들과 인간이 거주하는 행성에 대해 그 세계들이 맺는 관계에 대한 나의 설명은 어떤 즉각적이고 실천적인 의미에서 세계의 기후 관련 갈등에 대한 가능한 해결책에 이바지할 것을 목표로 하지 않는다. 내가 말했듯이 이러한 갈등은 행성적인 환경 위기와 그 위기가 불러일으키는 국경·물·음식·주택과 관련된 다른 긴장으로 인해 더욱 날카로워질 수도 있다. 나의 바람은 우리의 깊은 역사와 기록된 역사를 하나로 결합하는 이야기들이 이러한 갈등들을 고찰하고 간접적으로 그 완화에 이바지하는 새로운 관점을 창출하는 데 도움이 될 수 있었으면 하는 것이다. 나로서는 우리의 모든 분열과 불평등에도 불구하고 관건이 되는 것은 우리가 알아온 문명의 생존이라는 것을 더 많이 알수록, 그만큼 더 우리가 아렌트를 향해 고개를 끄덕이며, 오늘날 인간의 조건이라 부를 수 있는 것을 다루는 데서 필연적으로 당파적인 우리 견해의 불충분함을 보게 되기를 바란다.

인류세에 관한 책에서 철학자 스베레 라픈쇠는 칸트의 《논리학 입문(Introduction to Logic)》이 네 개의 근본적 물음을 지식의 네 가지 영역을 구별하는 데 결정적인 것으로 보았다는 것을 상기시킨다. '지식, 과학, 이론, 형이상학'의 기본 물음은 '나는 무엇을 알 수 있는가?'였다. 도덕적·실천적 사유의 기본 물음은 '나는 무엇을 해야 하는가?'였으며, 종교적·미학적 맥락에서의 물음은 '나는 무엇을 바랄 수 있는가?'였다. 라픈쇠는 계속해서 칸트가 이 세 가지 기본적인 물음을 "서로 뒤섞이고 상호 이바지하며 …… 네 번째의 씨앗과 같은 물음, 즉 '인간이란 무엇인가?〔Was ist der Mensch?〕'를 통해 명확히 되는 것"으로 보았다고 지적한다.[62] 칸트는 마지막 물음을 '인간학'이 대답할 수 있다고 썼다.[63] 인류세의 현상과 기후변화의 위기는 이 물음들 모두를 제기한다. 과학자들—그리고 사회과학자들—은 우리가 무엇을 알 수 있는지를 발견하는 데 가장 적절하다. 정치인, 활동가, 정책 사상가, 엔지니어들은 우리가 무엇을 할 수 있는지를 찾는 데 가장 적합하다. 우리가 무엇을 기대할 수 있는지를 제시하는 것은 종교와 미학 그리고 같은 계열의 사유 영역에 속한다. 인류의 현재 곤경은 인문학자에게 인간의 조건에 관한 물음을 다시 새롭게 제기한다. 그렇다면 이 보잘것없는 책은 새로운 철학적 인간학을 향한 우리의 길을 집단적으로 사유하는 데서 다른 인문학자들의 노력을 결합한다.

1부

지구와 행성

1

네 가지 테제

기후변화 또는 지구온난화의 행성적 위기는 개인과 집단 그리고 정부들에게서 부정과 분리, 무관심에서부터 다양한 종류와 정도의 참여 정신과 행동주의에 이르는 다양한 반응을 끌어낸다. 이러한 반응은 지금에 대한 우리의 감각에 스며든다. 앨런 와이즈먼의 베스트셀러 《우리 없는 세상(The World without Us)》은 우리의 현재를 경험하는 한 가지 방법으로서 사고 실험을 제안한다. "가장 나쁜 일이 일어났다고 가정하라. 인간의 멸종은 이미 완수된 사실이다. ……우리가 모두 갑자기 사라진 세상을 그려라. ……우리가 우주에 무언가 희미하고 지속적인 흔적을 남겼을까? 우리 없는 세상이 거대한 생물학적 안도의 한숨을 내쉬는 대신 우리를 그리워할 수 있을까?"[1] 내가 와이즈먼의 실험에 끌리는 것은 그 실험이 현재의 위기가 어떻게 미래를 역사적 감수성이 파악할 수 있는 것 너머에 놓음으로써 그러한 미래를 과거와 단절시키는 현재 감각을 촉진할 수 있는지 효과적으로 보여주기 때문이다. 역사 분과는 우리의 과거·현재·미래가 인간 경험의 일정한 연속성에 의해 연결되어 있다는 가정 위에 존재한다. 우리는 보통 우리에게 과거를 그릴 수 있도록 허락하는 것과 같은 능력의 도움을 받아 미래를 상상한다. 와이즈먼의 사고 실험은 인류의 유한성에 대한 현대의 불안과 염려 분위기에 깃든 역사주의적 역설을 보여준다. 와이즈먼의 실험을 따라가려면 우리는 '우리 없는' 미래를 시각화하기 위해 그 안으로 우리 자신을 집어넣어야 한다. 그리하여 우리가 개인적으로 접근할 수 없는 시대들인 과거와 미래를 시각화하는 보통의 역사적 실천, 곧 역사적 이해의 실행은 깊은 모순과 혼란으로 던져진다. 와이즈먼의 실험은 현재가 우리의 미래에 관한 관심을 불러일으키는 한에서 그러한 혼란이 어떻게 그 현재에 대한 우리의 현대적 감각에서 따라 나오는지를 보여준다. 따라서 와이즈먼의 버전에서 현재에 대한 우리의 역사적 감각은 우리의 일반적인 역사 감각에 대해 깊이 파괴적인 것이었다. 물론 역사라는 말로 내가 여기서 가리키는 것은 인간에게 초점을 맞추고 인간의 일상적 시간 감각에 닻을 내린 역사 쓰기의 인간주의적 기예이다.

이 장의 마지막 부분에서 나는 와이즈먼의 실험으로 돌아올 것이다. 기후변화 논쟁에는 역사에 대한 현대적 논의에 관여하는 사람들에게 흥미로운 것이 많다. 왜냐하면 지구온난화의 중대한 환경적 위험이 주로 화석연료의 연소와 인간에 의한 가축의 산업적 이용을 통해 산출된 온실가스의 대기 속 과도한 축적과 관련 있다는 생각이 점점 더 지지를 얻으면서, 우리가 인간의 역사나 고 C. A. 베일리가 언젠가 "근대 세계의 탄생"[2]이라고 부른 것을 생각하는 방식에 대해 심원하고 심지어 전환적인 의미를 지니는 일정한 과학적 명제들이 공공 영역에서 돌아다니게 되었기 때문이다. 실제로 과학자들이 기후변화에 대해 말한 것은 일반적으로 역사 분과를 떠받치는 인간에 관한 생각뿐만 아니라 포스트식민주의와 포스트제국주의 역사가들이 탈식민화와 지구화라는 전후 시나리오에 대응하여 지난 20년 동안 전개한 분석 전략에도 도전한다.

뒤에서 나는 역사가의 관점에서 현대의 위기에 대한 몇 가지 반응을 제시한다. 하지만 기후변화에 관한 문헌과 실제로는 위기 그 자체에 대한 나 자신의 관계에 관해 말하는 것이 순서일 수 있다. 나는 하나의 지식 형식으로서의 역사의 본성에 강한 관심을 지닌 실천적 역사가이며, 지구온난화 과학에 대한 나의 관계는 어느 정도 거리를 두고 과학자들과 박식한 다른 저술가들이 일반 대중의 교육을 위해 쓴 (때때로 그러한 글이 필요로 하는 필연적인 단순화로 인해 그들의 전문가 동료들을 분노케 할 위험이 있는) 것에서 유래한다. 지구온난화의 과학적 연구는 종종 1890년대에 스웨덴 과학자 스반테 아레니우스의 발견에서 비롯되었다고 한다. 그러나 공공 영역에서 지구온난화에 대한 자기의식적 논의는 1980년대 후반과 1990년대 초에 시작되었다. 사회과학자와 인문학자들은 같은 시기에 지구화를 논의하기 시작했다.[3] 하지만 이 논의들은 서로 평행하게 진행되었다. 일단 인식된 지구화가 인문학자와 사회과학자들에게 즉각적인 관심의 대상이 된 데 반해, 지구온난화는 1990년대에 출판된 상당수 책들에도 불구하고 2000년대까지 공적 관심사가 되지 못했다. 그 이유는 멀리서 찾을 필요가 없다. 이미 1988년에 당시 NASA의 고다르 우주연구소 소장이었던 제임스 핸슨은 상원위원회에서 지구온난화에 관해 이야기했고, 그러고 나서 같은 날 한 기자 집단에 다음과 같이 말했다. "미적지근한 태도는 그만두고 …… 온실효과가 여기 있고 우리의 기후에 영향을 미치고 있다고 말해야 할 때입니다."[4] 그러나 특수한 이해관계에 신세를 지고 정치적 비용을 경계하는 정부는 듣지 않았다. 당시 미국 대통령이었던 조지 H. W. 부시는 "백악관 효과"로 온실효과와 싸울 거라고 비꼰 것으로 유명하다.[5] 경고가 긴박해진 2000년대에 상황은 바뀌었고, 오스트레일리아의 가뭄, 잦은 사이클론과 산불, 세계 여러 곳에서의 흉작, 히말라야와 다른 산악 빙하 그리고 극지방 만년설의 융해, 바다의 산성도 증가와 먹이사슬의 손상과 같은 위기의 징후들은 정치적으로도 경제적으로도 피할 수 없게 되었다. 이에 더하여 많은 사람이 다른 종의 급속한 파괴와 2050년에 90억을 넘을 태세인 인구의 전 지구적 발자국에 대한 우려를 표명했다.[6]

위기가 지난 몇 년 동안 추동력을 모으면서 나는 지구화 이론, 마르크스주의 자본 분석, 서벌턴 연구 그리고 포스트식민주의 비평에 대한 지난 25년 동안의 나의 모든 독서가 지구화를 연구하는 데 엄청나게 유용하긴 했지만, 오늘날 인류가 처해 있는 이 행성적 사태를 내가 이해할 수 있도록 실제로는 준비해주지 못했다는 것을 깨달았다.[7] 지구화 분석에서의 분위기 변화는 고 조반니 아리기의 능수능란한 세계 자본주의 역사인 《기나긴 20세기(The Long Twentieth Century)》(1994)를, 특히 중국의 경제적 부상이 지닌 함의를 이해하고자 하는 그의 좀더 최근의 《베이징의 애덤 스미스(Adam Smith in Beijing)》(2007)와 비교함으로써 파악될 수 있다. 자본주의 경제에 내재하는 혼란에 대한 긴 성찰인 첫 번째 책은 자본주의가 인류를 "냉전 세계질서의 청산에 수반된 폭력 고조의 공포(또는 영광) 속에서" 불태운다는 생각으로 끝난다. 아리기의 이야기에서 세계를 불태우는 열기가 지구온난화가 아니라 자본주의의 엔진에서 나온다는 것은 분명하다. 하지만 아리기가 《베이징의 애덤 스미스》를 쓸 무렵, 그는 자본주의에 대한 생태학적 한계 문제에 훨씬 더 관심을 지니게 된다. 이 주제는 그 책의 결론을 제공하며, 아리기와 같은 비평가가 두 책의 출판을 분리하는 13년 동안 걸어간 거리를 시사한다.[8] 만약 지구화와 지구온난화가 서로 겹치는 과정에서 태어났다면, 문제는 세계에 대한 우리의 이해에서 그 둘을 어떻게 결합할 것인가이다.

나 또한 과학자가 아니면서도 기후변화의 과학에 관해 근본적인 가정을 한다. 나는 과학이 그 대강의 윤곽에서 옳다고 가정한다. 따라서 나는 특히 유엔 정부간기후변화위원회(IPCC)의 2007년 제4차 평가보고서 《기후변화의 경제에 관한 스턴 리뷰(Stern Review on the Economics of Climate Change)》에서, 그리고 지구온난화 과학을 설명하려고 하는 과학자들과 학자들이 출간한 많은 책에서 표명한 견해들이, 과학적 합의가 주요한 방식으로 바뀌지 않는 한, 인위개변적 기후변화 이론에 상당한 진실이 있다는 것을 받아들이기 위한 충분히 합리적인 근거를 내게 남겨준다고 생각한다.[9] 이러한 입장을 위해 나는 지금 하버드에서 일하고 있는 샌디에이고 캘리포니아 대학의 과학사학자 나오미 오레스케스가 보고한 다음과 같은 관찰에 의존한다. 1993년부터 2003년 사이에 전문적인 동료 검증 과학 저널들에 실린 지구온난화에 관한 928편의 논문을 조사한 오레스케스는 과학자들 사이에서 "인간이 초래한 기후변화의 현실에 관한 합의"를 반박하려는 사람은 단 한 명도 없다는 것을 발견했다. "사실상 모든 기후과학 전문가는 인간이 초래한 기후변화의 현실에 동의하지만, 그 속도와 양상에 대한 논쟁은 계속되고 있다"고 오레스케스는 쓴다.[10] 실제로 지금까지 읽은 것에서 나는 아직껏 지구온난화 회의론자로 남기 위한 어떠한 이유도 찾지 못했다.[11]

현재의 기후변화 위기가 인간이 만든 것이라는 명제를 둘러싼 과학적 합의는 내가 여기서 말해야 할 것의 기초를 형성한다. 명확성과 초점을 위해 나는 나의 명제들을 네 가지 테제 형식으로 제시한다. 나중의 세 가지 테제는 첫 번째 것에서 따라 나온다. 나는 인위개변적 기후변화 설명이 자연사와 인간 역사의—17세기에 널리 보급되었지만 19세기에는 실제로 지배적이었던—오래된 인간주의적 구별의 붕괴를 가져온다는 명제로부터 시작하며, 내가 출발점에 놓은 다음의 물음으로 되돌아옴으로써 끝맺는다. 기후변화의 위기는 어떻게 인간적 보편에 대한 우리의 감각에 호소하는 동시에 역사적 이해를 위한 우리의 능력에 도전하는가?[12]

테제 1: 인위개변적 기후변화 설명은 자연사와 인간 역사의 인간주의적 구별의 붕괴를 가져온다

철학자들과 역사학도들은 종종 인간 역사—또는 R. G. 콜링우드가 말한 대로 하자면 인간사의 이야기—를 자연사로부터 분리하려는 의식적 경향을 보여왔으며, 때로는 더 나아가 자연은 인간이 가지는 것과 같은 방식으로 역사를 가질 수 있다는 것을 부정하기도 했다. 이러한 관행 그 자체는 길고도 풍부한 과거를 지니지만, 이에 대해 나로서는 공간과 개인적 제한으로 인해 매우 잠정적이고 간결하며 어느 정도 자의적인 스케치만 제공할 수 있을 뿐이다.[13]

우리는 인간인 우리가 시민적 제도와 정치적 제도를 만들었기 때문에 그것들에 대해서만 적절한 지식을 가질 수 있으며, 그에 반해 자연은 신의 작품으로 남아 있고 궁극적으로 인간에게는 불가해하다는 오랜 비코-홉스적 관념에서 시작할 수 있을 것이다. "진리는 만들어진 것과 동일하다: verum ipsum factum"는 크로체가 비코의 유명한 언명을 요약한 것이다.[14] 비코 학자들은 때때로 비코가 크로체와 다른 사람들이 그의 글을 읽어들이는 것처럼 자연과학과 인간과학을 그렇게 철저하게 분리하지 않았다고 항의했지만, 그들조차도 그러한 독해가 널리 퍼져 있다는 것을 인정한다.[15]

이러한 비코적 이해는 19세기와 20세기에 역사가의 상식 일부가 될 수 있었다. 그것은 "인간은 그 자신의 역사를 만들지만, 자신이 원하는 대로 만들지는 않는다"는 마르크스의 유명한 말과 마르크스주의 고고학자 V. 고든 차일드의 잘 알려진 책 《인간은 자기 자신을 만든다(Man Makes Himself)》라는 제목으로 나아갔다.[16] 크로체는 "외로운 옥스퍼드 역사주의자" 콜링우드에 대한 영향을 통해 20세기 후반에 이러한 구별의 주요한 원천이었던 것으로 보인다. 다음으로 콜링우드는 E. H. 카의 1961년 책 《역사란 무엇인가(What Is History?)》에 깊은 영향을 미쳤는데, 이 책은 여전히 역사가의 기예에 관한 베스트셀러 가운데 하나일 것이다.[17] 우리는 크로체의 생각이 그의 유산 수령자도 모르는 사이에 예견할 수 없게 수정되어 포스트식민주의 시대에 역사에 대한 우리의 이해에서 승리를 거뒀다고 말할 수 있다. 크로체와 그의 헤겔 개작 배후에는, 그리고 선행자들에 대한 그의 창조적 오독에 숨겨져서는 비코라는 좀더 멀리 떨어진 기초적인 인물이 서 있다.[18] 또다시 여기서 그 연결은 많고 복잡하다. 지금으로서는 의미심장하게도 빌헬름 빈델반트에게 헌정된 크로체의 1911년 저작 《잠바티스타 비코의 철학(La filosofia di Giambattista Vico)》이 1913년에 다름 아닌 이탈리아 거장의 추종자는 아니더라도 숭배자인 콜링우드에 의해 영어로 번역되었다는 것을 말하는 것으로 충분하다.

자연사를 인간의 역사로부터 분리하기 위한 콜링우드 자신의 논증은 여전히 대체로 크로체에 의해 해석된 비코적 노선을 따르면서도 그 자신의 굴절을 전개했다. 콜링우드는 자연이 '내부'를 지니지 않는다고 말했다. "자연의 경우에 사건의 외부와 내부 사이의 구별은 일어나지 않는다. 자연의 사건들은 단순한 사건이지 과학자가 그 생각을 추적하려고 애쓰는 행위자들의 행위가 아니다." 따라서 "정당하게 역사라고 불리는 모든 역사는 인간사의 역사이다". 역사가의 임무는 "그 자신을 행동 안으로 집어넣어 생각하고, 그 행위자의 생각을 분간하는 것"이다. 그러므로 "역사적 인간 행동과 비역사적 인간 행동 사이에서는" 구별이 이루어져야 한다. "……인간의 행위가 그의 동물적 본성·충동·욕구라고 부를 수 있는 것에 의해 규정되는 한 그것은 비역사적이다. 그러한 활동들의 과정은 자연적 과정이다." 그리하여 콜링우드는 다음과 같이 말한다. "역사가는 인간이 먹고 잠자고 사랑을 나누며, 따라서 자연적 욕구를 충족시킨다는 사실에는 관심이 없다. 그러나 그는 인간이 생각을 지니고서 이러한 욕구가 관례와 도덕에 의해 시인되는 방식으로 충족되는 틀로서 창조하는 사회적 관습에 관심이 있다." 몸 그 자체의 역사가 아니라 몸의 사회적 구성의 역사만이 연구될 수 있다. 인간적인 것을 자연적인 것과 사회적이거나 문화적인 것으로 쪼갬으로써 콜링우드는 그 둘을 결합할 필요를 전혀 보지 못했다.[19]

콜링우드는 크로체의 1893년 논문 〈예술의 개념 아래 포섭된 역사〉를 논의하면서 다음과 같이 썼다. "크로체는 역사가 어쨌든 과학이라는 〔독일적 관념을〕 부정함으로써 일거에 자연주의에서 벗어나 자연과는 근본적으로 다른 것으로서의 역사의 이념을 향해 나아갔다."[20] 데이비드 로버츠는 크로체의 좀더 성숙한 입장에 대한 더욱 완전한 설명을 제공한다. 크로체는 에른스트 마흐와 앙리 푸앵카레의 저술을 바탕으로 "자연과학의 개념들은 인간의 목적을 위해 정교하게 만들어진 인간적 구성물"이라고 주장했다. 그는 "자연을 들여다볼 때 우리는 우리 자신만을 발견한다"고 말했다. 우리는 "우리 자신을 자연 세계의 일부로서는 가장 잘 이해하지" 못한다. 그래서 로버츠가 말하듯이, "크로체는 인간의 세계 이외에 세계가 없다고 선언하고 나서, 우리가 인간의 세계를 만들어냈기 때문에 그것을 알 수 있다는 비코의 중심 교설을 받아들였다". 그렇다면 크로체에게는 모든 물질적 대상이 인간의 사상 안으로 포섭되었다. 예를 들어 어떠한 바위도 그 자체로는 존재하지 않았다. 로버츠는 크로체의 관념론이 "예를 들어 바위가 그것을 생각하는 인간이 없으면 '존재하지 않는다'는 것을 의미하지 않는다. 인간의 관심과 언어를 떠나서 그것은 존재하지 않는다. 왜냐하면 '존재한다'는 것은 인간의 관심과 목적의 맥락 안에서만 의미를 지니는 인간적 개념이기 때문이다".[21] 그리하여 크로체와 콜링우드는 둘 다 인간의 역사와 자연을 후자가 역사를 지닌다고 말해질 수 있을 정도까지 의도적인 인간의 활동 안으로 포용할 것이다. 그 너머에 존재하는 것은 어떤 의미심장한 의미에서 인간에 대해 존재하지 않는 까닭에 '존재'하지 않는다.

하지만 20세기에는 좀더 사회학적이거나 유물론적인 다른 논증들이 비코의 것과 나란히 존재해왔다. 그런 논증들 역시 인간의 역사와 자연사의 분리를 계속해서 정당화해왔다. 영향력 있지만 아마도 악명 높은 하나의 예가 스탈린이 1938년에 출판한 마르크스주의 역사 철학에 관한 소책자 《변증법적 유물론과 역사적 유물론(Dialectical and Historical Materialism)》일 것이다. 다음은 스탈린이 이 문제를 어떻게 정립하는지 보여준다.

> 지리적 환경은 의심할 여지 없이 사회 발전의 항상적이고 불가결한 조건들 가운데 하나이며, 말할 것도 없이 …… 그것은 그 발전을 가속하거나 지연시킨다. 그러나 그 영향은 사회의 변화와 발전이 지리적 환경의 변화와 발전보다 비길 데 없이 빠른 속도로 진행되는 까닭에 결정적인 영향이 아니다. 유럽에서는 3000년간 원시 공산제, 노예제, 봉건제의 세 가지 서로 다른 사회 체제가 성공적으로 대체되었다. ……하지만 이 기간에 유럽의 지리적 조건은 전혀 변하지 않았거나 지리학이 전혀 주목하지 않을 정도로 조금 변했다. 그리고 그것은 아주 자연스럽다. 어느 정도 중요한 지리적 환경의 변화는 수백만 년을 필요로 하는 데 반해, 인간 사회 체제에서 아주 중요하기까지 한 변화를 위해서는 몇백 년이나 몇천 년만으로도 충분하다.[22]

교조적이고 틀에 박힌 어조에도 불구하고 스탈린의 구절은 아마도 20세기 중반의 역사가들에게 공통된 가정을 포착하고 있다. 인간의 환경은 변화했지만, 그 환경에 대해 인간이 맺는 관계의 역사를 거의 무시간적인 것으로 만들고 따라서 전혀 역사학의 주제로 만들지 못할 정도로 너무 느리게 변화했다는 것이다. 페르낭 브로델이 1930년대 후반에 자신이 마주친 역사 분과의 상태에 반란을 일으키고 그 반란을 나중에 1949년 그의 위대한 저작 《지중해(The Mediterranean)》를 통해 선포했을 때도, 그가 주로 환경을 단순히 자신들의 역사 이야기에 대한 말 없는 수동적 배경으로서, 즉 서론 격인 장에서 다루고 나서는, 브로델이 말하는 대로 하자면, 마치 "꽃들이 매년 봄 다시 돌아오지 않았고, 양떼가 매년 이동하지 않았으며, 배들이 계절과 더불어 변화하는 실제 바다를 항해하지 않았다"는 듯이 잊히는 어떤 것으로서 다루는 역사가들에 대해 반항한다는 것은 분명했다. 《지중해》를 저술하면서 브로델은 계절, 즉 "항상적인 반복, 계속해서 돌아오는 순환의 역사"와 자연의 다른 반복이 인간의 행동을 형성하는 데서 적극적인 역할을 하는 역사를 쓰려고 했다.[23] 그런 의미에서 환경은 브로델의 언급에서 행위자적 현존을 지닌다. 그러나 자연이 주로 반복적이라는 생각은 가다머가 요한 구스타프 드로이젠에 관한 논의에서 보여주듯이 유럽의 사상에서 길고도 오랜 역사를 지닌다.[24] 브로델의 입장은 의심할 바 없이 스탈린이 전개한 일종의 배경으로서의 자연 논증에 비해 커다란 진전이었다. 그러나 그것은 또한 스탈린이 채택한 입장과 근본적인 가정, 즉 "환경에 대한 인간의 관계"의 역사는 "거의 무시간적"일 정도로 느렸다는 가정을 공유했다.[25] 오늘날 기후학자의 용어로 하자면, 우리는 스탈린과 브로델과 그렇게 생각한 다른 이들이 현재 지구온난화에 관한 문헌에 널리 퍼져 있는 생각, 즉 기후와 그런 전반적인 환경이 때때로 인간 행동에 대한 이 느리고 언뜻 보기에 무시간적인 배경이 인간에게 재앙을 불러올 수 있는 속도로 스스로 변형되는 티핑 포인트에 도달 가능하다는 생각에 다다를 수 없었다고 말할 수 있을 것이다.

브로델이 어느 정도 자연/인간 역사의 이원성에 구멍을 냈다면, 우리는 20세기 말에 환경사의 부상이 그 구멍을 더 크게 만들었다고 말할 수 있다. 심지어는 환경사학자들이 때때로 사실상 인간의 자연사라고 불릴 수 있는 것을 만들어내는 쪽으로 전진했다고 주장할 수도 있다. 그러나 이 역사가 바탕으로 삼은 인간에 대한 이해와 기후변화에 관해 쓰는 과학자들이 현재 제안하고 있는 인간의 행위 사이에는 매우 중요한 차이가 존재한다. 간단히 말하자면, 환경사는—여기서 그것은 단적으로 문화사·사회사·경제사가 아니다—인간을 생물학적 행위자로 바라보았다. 그리하여 1970년대 초에 '새로운' 환경사를 개척하기 위해 많은 일을 한 《콜럼버스의 교환(The Columbian Exchange)》의 저자 앨프리드 크로스비 주니어는 초판의 서문에서 그 점을 다음과 같이 지적한다. "인간은 로마 가톨릭 신자나 자본가 또는 그 밖의 다른 누군가이기 전에 생물학적 존재이다."[26] 대니얼 로드 스메일의 최근 저작 《깊은 역사와 뇌에 대하여(On Deep History and the Brain)》는 진화 과학들과 신경과학에서 얻은 지식을 인간 역사와 연결하려고 하는 데서 모험적이다. 스메일의 책은 생물학과 문화 사이에서, 특히 인간 뇌의 역사와 문화사 사이에서 가능한 연관을 추구하지만, 언제나 생물학적 추론의 한계에 민감하다. 그러나 스메일에게 중요한 것은 인간 생물학의 역사이지 새롭게 획득된 인간의 지질학적 행위에 관한 최근의 테제들이 아니다.[27]

현재의 기후변화 위기에 대해 글을 쓰는 학자들은 실제로 지금까지 환경사학자들이 말한 것과는 상당히 다른 것을 말하고 있다. 자연사와 인간 역사 사이의 인위적이지만 유서 깊은 구별을 부지불식간에 파괴하는 데서 기후과학자들은 인간이 언제나 그래왔던 단순한 생물학적 행위자보다 훨씬 더 큰 어떤 것이 되었다고 가정한다. 인간은 이제 지질학적 힘을 휘두른다. 오레스케스는 다음과 같이 말한다.

> 지구온난화가 실재함을 부정하는 것은 정확하게는 인간이 대지의 가장 기본적인 물리적 과정을 변화시키는 지질학적 행위자가 되었다는 것을 부정하는 것이다.
>
> 수세기 동안 과학자들은 대지 과정이 너무나 크고 강력해서 우리가 할 수 있는 어떤 것도 그 과정을 변화시킬 수 없다고 생각했다. 이것은 지질과학의

기본 신조였다. 요컨대 인간의 연대기는 지질학적 시간의 광대함에 비해 보잘것없으며, 인간의 활동은 지질학적 과정의 힘에 비해 하찮다는 것이다. 그리고 이전엔 그러했다. 그러나 더는 아니다. 지금 우리 가운데 너무나 많은 사람이 너무나 많은 나무를 자르고 수십억 톤의 너무나 많은 화석연료를 태우고 있어서 우리는 실제로 지질학적 행위자가 되었다. 우리는 대기의 화학을 변화시켜 해수면이 상승하고 얼음이 녹고 기후가 변하게 했다. 달리 생각할 이유가 없다.[28]

생물학적 행위자와 지질학적 행위자는 매우 다른 결과를 지니는 두 개의 다른 이름이다. 환경사 분야의 기원과 상태에 대한 크로스비의 거창다운 조사에 따른 1995년의 환경사는 생물학이나 지리학과는 많은 관련이 있지만, 인간이 지질학적 규모로 행성에 미치는 영향은 거의 상상도 하지 못했다. 크로스비가 브로델을 인용하여 말했듯이, 그것은 여전히 "기후의 포로로서의" 인간 비전이었지 기후를 만드는 자로서의 인간 비전이 아니었다.[29] 인간을 지질학적 행위자라고 부르는 것은 인간에 대한 우리의 상상력을 확장하는 것이다. 인간은 집단으로나 개인으로나 생물학적 행위자다. 그들은 언제나 그래왔다. 인간이 생물학적 행위자가 아닌 순간은 인간 역사에 존재하지 않았다. 그러나 인간 행위에 대한 기후과학자들의 주장은 규모의 물음을 도입한다. 인간은 오직 역사적으로나 집단적으로만, 즉 우리가 행성 그 자체에 영향을 미치기에 충분히 큰 규모의 숫자에 도달하고 그러한 기술을 발명했을 때만 행성적인 지질학적 행위자가 될 수 있다. 우리 자신을 지구물리학적 힘이라 부르는 것은 종의 대량절멸이 있었던 다른 시기들에 방출된 것과 같은 규모의 힘을 우리에게 귀속시키는 것이다.[30] 우리는 현재 그러한 종류의 시기를 관통하고 있는 것으로 보인다. 전문가들은 현재의 "종의 다양성 상실 비율은 그 강도에서 공룡을 절멸시킨 약 6500만 년 전의 사건과 비슷하다"고 주장한다.[31] 우리의 발자국이 언제나 그렇게 크지는 않았다. 인간은 이러한 행위를 산업혁명 이후에 비로소 획득하기 시작했지만, 그 과정은 20세기 후반에 정말로 증대되었다. 그런 의미에서 우리는 인간 역사와 자연사 사이의 구별이—이 구별은 두 실체가 상호작용한다고 본 환경사에서도 대체로 유지되어왔다—붕괴하기 시작한 것은 아주 최근이라고 말할 수 있다. 왜냐하면 문제가 되는 것은 더이상 인간이 자연과 상호작용 관계를 지닌다는 것이 아니기 때문이다. 이것은 인간이 언제나 가지고 있었거나 적어도 일반적으로 서구 전통이라고 불리는 것의 대부분에서 인간이 상상되어온 모습이다.[32] 이제 인간은 지질학적 의미에서 자연의 힘이라고 주장되고 있다. 서구적(이고 현재 보편적인) 정치 사상의 근본적인 가정은 이 위기에서 몰락하게 되었다.[33]

테제 2: 인류세, 즉 인간이 지질학적 힘으로서 존재하는 새로운 지질학적 시기의 이념은 근대성/지구화의 인간주의 역사를 엄격하게 제한한다

인간의 문화적·역사적 다양성과 인간의 자유를 어떻게 결합할 것인가는 1750년부터 오늘날의 지구화 시대에 이르는 시기에 대해 쓰인 인간 역사의 핵심적인 기본 물음들 가운데 하나를 형성했다. 다양성은 가다머가 레오폴트 폰 랑케를 언급하며 지적했듯이 그 자체가 역사적 과정에 대한 역사가의 상상 속에서 자유의 표상이었다.[34] 물론 자유는 서로 다른 시대에 서로 다른 것을 의미했으며, 인권과 시민권의 이념으로부터 탈식민화와 자치에까지 걸쳐 있었다. 우리는 자유가 인간의 자율과 주권의 다양한 상상력을 위한 포괄적인 범주라고 말할 수 있을 것이다. 칸트와 헤겔 또는 마르크스의 작품들로부터 바라보면, 19세기의 진보와 계급 투쟁의 이념들, 노예제도에 대항한 투쟁, 러시아와 중국 혁명, 나치즘과 파시즘에 대한 저항, 1950년대와 1960년대의 탈식민화 운동과 쿠바와 베트남에서의 혁명, 권리 담론의 진화와 폭발, 아프리카계 미국인, 원주민, 인도의 달리트 및 다른 소수자들을 위한 시민권 투쟁 그리고 이를테면 아마르티아 센이 그의 책《자유로서의 개발(Development as Freedom)》에서 개진한 종류의 주장들, 요컨대 우리는 자유야말로 이 250년의 인간 역사에 대해 쓰인 설명의 가장 중요한 모티브였다고 말할 수 있다. 물론 내가 이미 주의해두었듯이 자유가 언제나 모든 사람에게 같은 의미를 지녔던 것은 아니다. 프랜시스 후쿠야마의 자유에 대한 이해는 센의 이해와 상당히 다를 것이다. 그러나 이 말의 이러한 의미론적 포괄성은 다만 그것이 지닌 수사학적 힘에 대해 말할 뿐이다.

계몽주의 이후 시기의 자유에 대한 어떠한 논의에도 인간이 자유의 획득과 동시에 그리고 그것과 밀접하게 연관되는 과정을 통해 획득하고 있는 지질학적 행위에 대한 인식은 존재한 적이 없었다. 자유의 철학자들은 주로 그리고 이해할 만하게 인간이 다른 인간이나 인간이 만든 시스템에 의해 강요된 불의·억압·불평등 또는 심지어 획일성을 어떻게 피할 것인지에 관심이 있었다. 지질학적 시간과 인간 역사의 연대기는 관계없는 것으로 머물렀다. 우리가 보았듯이 두 연표 사이의 이러한 거리는 기후과학자들이 지금 무너졌다고 주장하는 것이다. 또한 내가 언급한 시기, 즉 1750년부터 지금까지는 인간이 나무와 그 밖의 재생 가능한 연료에서 화석연료, 요컨대 처음에는 석탄, 다음에는 석유와 가스의 대규모 사용으로 전환한 시기이기도 하다. 현대 자유의 저택은 점점 더 확대되는 화석연료 사용이라는 기초 위에 서 있다. 지금까지 우리의 자유 대부분은 에너지 집약적이었다. 보통 우리가 오늘날 문명의 제도라고 생각하는 것, 즉 농업의 시작, 도시 건설, 우리가 알고 있는 종교의 부상, 글쓰기의 발명과 관련된 인간 역사의 시기는 행성이 하나의 지질학적 시기, 즉 마지막 빙하시대 또는 홍적세로부터 좀 더 최근의 더 온화한 충적세로 이동하면서 약 1만 2000년 전에 시작되었다. 충적세는 우리가 그 안에 있다고 생각되는 시기지만, 인위개변적 기후변화의 가능성은 그 종료의 문제를 제기했다. 이제 인간이 우리의 숫자, 기술, 화석연료의 연소 그리고 그 밖의 관련 활동들 덕분에 행성에서의 지질학적 행위자가 되었기 때문에, 일부 과학자들은 우리가 새로운 지질학적 시대, 즉 인간이 행성 환경의 주요 결정 요인으로 작용하는 시대의 시작을 인식해야 한다고 제안했다. 그들이 이 새로운 지질 시대를 위해 만든 이름이 인류세이다. 이 제안은 노벨상을 받은 화학자 파울 J. 크뤼천과 공저자인 해양 과학 전문가 유진 F. 스토머에 의해 처음 이루어졌다. 2000년에 발표된 짧은 성명서에서 그들은 다음과 같이 말했다. "대지와 대기에 대한 그리고 지구적인 것을 포함한 모든 규모에서 인간 활동의 주요하고 여전히 증대하는 충격을 …… 고려할 때, 현재의 지질 시대에 '인류세'라는 용어를 사용하자고 제안함으로써 지질학과 생태학에서 인류의 중심적 역할을 강조하는 것은 매우 적절해 보인다."[35] 크뤼천은 2002년 〈네이처〉에 발표한 짧은 글에서 이 제안에 대해 자세히 설명했다.

> 지난 3세기 동안, 인간이 지구 환경에 미치는 영향은 증대했다. 이산화탄소의 이러한 인위개변적 배출로 인해 지구 기후는 다가올 수천 년 동안 자연적 움직임에서 크게 벗어날 수 있다. '인류세'라는 용어를 현재의 …… 인간이 지배하는 지질학적 시대에 할당하여 충적세, 곧 지난 1만~1만 2000년의 따뜻한 시기를 보충하는 것이 적절해 보인다. 인류세는 극지의 얼음에 갇힌 공기에 대한 분석에서 이산화탄소와 메탄의 전 지구적 농도가 증가하기 시작한 18세기 후반에 출발했다고 말할 수 있다. 이 시기는 1784년에 제임스 와트가 증기기관을 설계한 때와도 일치한다.[36]

물론 크뤼천이 이렇게 말한다 해서 인류세가 지질학적 시기로 공인되는 것은 아니다. 마이크 데이비스가 말하듯이, "생물학이나 역사에서처럼 지질학에서도 시대 구분은 복잡하고 논쟁적인 기예이며" 언제나 활발한 토론과 논쟁을 수반한다.[37] 예를 들어 "지난 1만~1만 2000년의 빙하기 이후의 지질학 시대"[38]를 위한 충적세라는 명칭은 1833년에—분명히 찰스 라이엘 경에 의해—제안되었을 때 곧바로 수용되지 못했다. 국제 지질학 회의는 약 50년 후인 1885년에 볼로냐에서 열린 회의에서 그 명칭을 공식적으로 채택했다.[39] 인류세도 마찬가지다. 과학자들은 인류세가 정확히 언제 시작되었는지의 물음에 크뤼천과 그의 동료들을 끌어들였다. 그러나 미국 지질학회의 소식지 〈GSA 투데이〉의 2008년 2월호는 인류세에 대한 크뤼천의 정의와 연대(年代)를 받아들이는 런던 지질학회 층서위원회 회원들이 서명한 성명서와 함께 시작한다.[40] 그들은 '보수적' 접근법을 채택하면서 "현재 지구 환경 변화의 생생하면서도 비공식적인 은유인 인류세를 국제적 논의를 통해 공식화가 고려되는 새로운 지질학적 시대로서 인정하기 위한 층서학적으로 중대한(경과하기도 하고 임박하기도 한) 변화의 증거가 충분히 나타났다"고 결론짓는다.[41] 이 책 자체가 그 증거이듯이, 이 용어는 이제 인문학에서도 활발하게 논의되는 생명을 획득했다.[42]

그렇다면 1750년부터 지금까지의 시기는 자유의 시기였는가 아니면 인류세의 시기였는가? 인류세는 자유의 서사에 대한 비판인가? 인간의 지질학적 행위는 우리가 자유를 추구하기 위해 치르는 대가인가? 어떤 면에서는 그렇다. 에드워드 O. 윌슨이 《생명의 미래(The Future of Life)》에서 말했듯이, "인간은 지금까지 행성의 살해자 역할을 해왔고, 오직 그 자신의 단기적 생존에만 관심이 있었다. 우리는 생물 다양성으로부터 많은 핵심적인 것을 잘라냈다. ……수마트라 코뿔소인 에미가 말을 할 수 있다면, 그 녀석은 21세기도 여태까지는 예외가 아니라고 말할 것이다".[43] 그러나 자유라는 계몽주의의 주제와 인간적이고 지질학적인 연대기들의 와해 사이의 관계는 단순한 이원성이 허용하는 것보다 더 복잡하고 모순적으로 보인다. 인간이 자기 자신의 결정을 통해 갑자기 지질학적 행위자가 되었다는 것은 사실이다.[44] 우리는 인류세가 인간 선택의 의도하지 않은 결과였다고, 적어도 지구온난화의 과학이 일반적으로 알려지지 않았던 시기에 있어 '의도하지 않은' 결과였다고 말할 수 있을 것이다. 물론 이것이 지구온난화의 위험을 인지하게 된 후에도 '비전통적인' 석유를 추출하는 기술을 개발하는 엑손과 같은 기업들을 용서하지는 않지만 말이다.[45] 그러나 또한 인간에게 우리의 현재 곤경을 벗어나는 길에 관한 어떠한 생각도 지구적이고 집단적인 공공 생활에 이성을 배치하자는 이념을 지시할 수밖에 없다는 것도 분명하다. 윌슨의 표현대로 "우리는 지금 그 문제에 대해 더 많이 알고 있다. …… 우리는 무엇을 해야 할지 알고 있다".[46] 또는 크뤼천과 스토머의 말을

다시 인용하자면,

> 인류는 앞으로 수천 년, 어쩌면 수백만 년 동안 주요한 지질학적 힘으로 남을 것이다. 인간이 일으키는 스트레스에 맞서 생태계의 지속가능성으로 이끄는, 전 세계에서 수용하는 전략을 개발하는 일은 인류의 위대한 미래 과제 가운데 하나가 될 것이며, 집중적인 연구 노력과 그렇게 해서 획득된 지식의 지혜로운 적용을 요구할 것이다. ……흥미롭지만 어렵고도 힘겨운 과제가 인류를 지구적이고 지속가능한 환경 관리로 인도할 지구적인 연구 및 공학 공동체 앞에 놓여 있다.[47]

그렇다면 논리적으로 인류세 시대에 우리는 과거보다 훨씬 더 계몽(즉, 이성)이 필요하다. 그렇지만 이성의 역할에 대한 이러한 낙관주의를 제한해야만 하고 자유가 인간 사회에서 취하는 가장 일반적인 형태, 즉 정치와 관련되어야 하는 한 가지 성찰이 존재한다. 정치는 이성에만 기반한 적이 전혀 없다. 그리고 대중의 시대에 그리고 국가들 사이에서와 그들 내부에서 날카로운 불평등으로 인해 이미 복잡해진 세계에서 정치는 아무도 통제할 수 없는 어떤 것이다. 데이비스는 다음과 같이 쓴다. "순전히 인구학적인 추동력은 다음 40년 동안 세계의 도시 인구를 30억 명쯤(그 가운데 90퍼센트가 빈곤한 도시에서) 증가시킬 것이며, 누구도—절대적으로 누구도〔좌파 학자들도 포함해서라고 말할 수 있다〕—증대되는 식량과 에너지 위기를 지니게 될 빈민굴 행성이 어떻게 생물학적 생존과 더 나아가서는 기본적인 행복과 존엄성에 대한 불가피한 열망을 수용할 것인지 해결의 실마리를 갖고 있지 않다."[48]

기후변화 위기가 바로 우리가 시각화할 수 없는 미래를 둘러싼 불안을 산출한다는 것은 놀라운 일이 아니다. 이성이 우리를 현재의 곤경에서 벗어나게 해주기를 바라는 과학자들은 브뤼노 라투르가 그의 《자연의 정치(Politics of Nature)》에서 논의하는 과학의 신화와 과학의 실제 정치 사이의 사회적 대립을 연상시킨다.[49] 정치에 대한 어떠한 감각도 잃어버린 윌슨은 실천성에 대한 자신의 감각을 불안과 뒤섞인 철학자의 희망으로 표현할 수 있을 뿐이다. "아마도 우리는 머지않아 행동할 것이다."[50] 하지만 지구온난화의 과학은 필연적으로 정치적 명령을 만들어낸다. 예를 들어 팀 플래너리의 책은 '2084: 탄소 독재?'라는 제목의 장에서 "오웰의 악몽"이라는 어두운 전망을 제기한다.[51] 마크 매슬린은 그의 책을 몇 가지 우울한 생각으로 마무리한다. "지구 정치가 지구온난화를 해결할 것 같지 않다. 기술적 고안물은 위험하거나 그것이 고치려는 것만큼이나 나쁜 문제를 일으킨다. ……〔지구온난화는〕 국가들과 지역들이 향후 50년을 계획할 것을, 요컨대 대부분의 사회가 정치의 매우 단기적인 본성 때문에 할 수 없는 것을 요구한다." "우리는 가장 나쁜 것에 대해 준비하고 적응해야만 한다"는 그의 권고는 다가오는 "빈민굴 행성"에 대한 데이비스의 관찰과 짝을 이루어 인류의 자유 문제를 인류세의 구름 아래 둔다.[52]

테제 3: 인류세에 관한 지질학적 가설은 자본의 지구적 역사와 인간종의 역사 간의 대화를 요구한다

자본주의적 지구화에 대한 비판을 통해 자유의 문제를 다루는 분석틀은 기후변화의 시대에 어떤 식으로든 쓸모없게 되지 않았다. 데이비스가 보여주듯이 오히려 기후변화는 가난하고 취약한 사람들의 이익이 무시된다면 결국 자본주의 세계질서의 모든 불평등을 두드러지게 할 것이다.[53] 자본주의적 지구화는 존재한다. 그에 대한 비판도 마찬가지다. 그러나 일단 우리가 기후변화의 위기가 우리와 함께 여기에 있고 자본주의보다 훨씬 더 오랫동안 또는 자본주의가 더 많은 역사적 변이를 겪은 이후에도 오랫동안 이 행성의 일부로서 존재할 수 있다는 것을 받아들인다면 이러한 비판으로 인간의 역사를 적절히 파악하진 못한다. 지구화의 문제틀은 우리로 하여금 기후변화를 자본주의적 관리의 위기로만 읽게 한다. 기후변화가 자본의 역사와 깊이 관련되어 있다는 것을 부인할 수는 없지만, 자본에 대한 비판일 뿐인 비판은 일단 기후변화의 위기가 인정되고 인류세가 우리 현재의 지평 위에 나타나기 시작했다면 인간의 역사와 관련된 문제들을 다루기에 불충분하다. 인류세의 지질학적 현재는 인간 역사의 현재와 뒤얽히게 되었다.

기후변화의 위기와 세계적 규모로 떠오르는 다른 생태학적 문제들과 관련하여 인간을 연구하는 학자들은 인간의 기록된 역사와 인간의 깊은 역사를 구별한다. 기록된 역사는 아주 일반적으로는 농경의 발명 이후 지나간 1만 1000년 정도를 가리키지만, 보통은 쓰인 기록이 존재하는 지난 4000년 정도를 가리킨다. 근대와 '초기 근대'의 역사가들은 대개 지난 500년 동안의 기록물들에서 움직인다. 이러한 쓰인 기록의 세월을 넘어서는 인간의 역사는 (전문 역사가가 아니라) 인간의 과거를 공부하는 다른 학생들이 선사(先史)라고 부르는 것과 그것을 넘어서는 깊은 역사를 구성한다. 이 구별의 주요한 옹호자 가운데 한 사람인 윌슨은 다음과 같이 쓴다. "인간의 행동은 그저 기록된 역사, 최근 1만 년이 아니라 깊은 역사, 즉 수십만 년에 걸쳐 인류를 창조한 유전적 변화와 문화적 변화의 결합 산물로서 파악된다."[54] 물론 전문 역사가들에게 깊은 역사의 지적 호소력을 설명하려고 시도한 것은 스메일의 공로이다.[55]

인류의 깊은 역사에 대한 그러한 지식이 없다면 기후변화가 왜 인간에게 위기를 구성하는지에 대한 현세적 이해에 도달하기 어려울 것이다. 지질학자들과 기후학자들은 이전에 일어난 행성의 온난화와는 구별되는 지구온난화의 현재 단계가 왜 그 본성에서 인위개변적인지 설명할 수 있겠지만, 그 온난화의 결과를 해명하지 않는다면 그로부터 이어질 인간에 대한 위기를 이해할 수 없다. 그 온난화의 결과는 우리가 인간을 생명의 한 형식으로 생각하고 인류 역사를 이 행성에서의 생명 역사의 부분으로 볼 때만 이해된다. 결국 행성의 온난화가 위협하는 것은 지질학적 행성 그 자체가 아니라 인간종뿐만 아니라 생명의 다른 형식들의 생존이 그에 의존하는 생물학적이고 지질학적인 조건이기 때문이다. 현재의 생물 다양성 위기가 실제로 행성의 역사에서 여섯 번째 종의 대멸종으로 부풀어오를 수 있다는 널리 인정되는 위협은 행성의 기후변화에 대한 여러 주류 이야기의 사건 지평을 구성한다.

윌슨이나 크뤼천과 같은 학자들이 인간적 형식과 그 밖의 생명 형식들에서의 생명을 지칭하기 위해 사용하는 단어는 **종**이다. 그들은 종으로서의 인간을 말하고 그 범주가 현재의 위기의 본성에 대해 생각하는데 유용하다고 생각한다. 그것은 지구화에 대한 좌파 학자들의 어떤 표준적인 역사나 정치적-경제적 분석에서도 절대로 나타나지 않을 단어이다. 왜냐하면 지구화에 대한 분석은 그럴듯한 이유들로 인해 최근에 기록된 인간의 역사만 지시하기 때문이다. 반면 종을 생각한다는 것은 깊은 역사의 기획과 연결된다. 나아가 윌슨과 크뤼천은 실제로 그러한 생각이 인간의 안녕을 시각화하는 데 필수적이라고 생각한다. 윌슨은 다음과 같이 쓴다. "우리는 …… 우리 종을 이해하기 위해서뿐만 아니라 그 미래를 확고히 하기 위해 이러한 더 장구한 견해가 필요하다."[56] 따라서 기후변화의 위기를 역사적으로 자리매김해야 하는 과제는 우리에게 행성사와 지구사, 깊은 역사와 기록된 역사, 종을 생각하는 것과 자본에 대한 비판과 같이 얼마간은 서로 긴장 관계에 있는 지적 구성체들의 결합을 요구한다.

이렇게 말함으로써 나는 지구화와 세계사에 대한 역사가들의 생각을 거스르고 있다. 1995년에 출간된 〈지구 시대의 세계사〉라는 제목의 획기적인 논문에서 마이클 가이어와 찰스 브라이트는 다음과 같이 썼다. "20세기 말 우리는 보편화하고 단일한 근대가 아니라 다원적이고 다원화하는 근대성의 통합된 세계에 부딪힌다." 그들은 "세계사에 관한 한 보편화하는 정신은 없다. ……그 대신 비판적 반성과 역사학적 연구를 기다리는 매우 특수하고 매우 물질적이며 실용적인 실천들이 존재한다"고 말했다. 하지만 무역과 제국 그리고 자본주의가 만들어낸 전 지구적 연결 덕분에 "우리는 놀라운 새로운 조건에 직면한다. 수세기 동안 여러 문명에 대해 세계사의 주제였던 인류는 이제 모든 인간의 시야에 들어섰다. 이 인류는 부자와 빈자로 극단적으로 양극화되었다".[57] 가이어와 브라이트는 차이 철학의 정신에서 암암리에 이 인류가 하나가 아니라고 주장한다. 그들은 인류가 "단일한 동종적 문명을 형성"하지 않는다고 쓴다. 그들은 어느 정도 실존주의적인 태도로 "또한 이 인류는 더는 단순한 종이나 자연적 조건이 아니다. 처음으로 인간으로서 우리는 집단적으로 우리 자신을 구성하고, 따라서 우리 자신에게 책임이 있다"고 말한다.[58] 인류세라는 생각을 옹호하는 과학자들은 분명히 정반대의 것을 말하고 있다. 그들은 인간이 특수한 종류의 종을 구성하는 까닭에 다른 종을 지배하는 과정에서 지질학적 힘의 지위를 획득할 수 있다고 주장한다. 다시 말해서 인간은 적어도 오늘날에는 자연적 조건이 되었다. 우리는 이 두 입장 사이에서 어떻게 대화를 창출할 것인가?

생물학적으로 들리는 종 이야기가 역사가들을 걱정시킨다는 것은 이해할 만하다. 그들은 자신들이 섬세하게 연마한 인간사에서의 우발성·차이·자유의 감각을 세계에 대한 좀더 결정론적인 견해에 양도해야 한다는 점을 우려한다. 게다가 스메일이 인정하듯이 생물학을 정치적으로 이용한 위험한 역사적 예는 언제나 존재한다.[59] 그에 더하여 종의 관념이 인간에 대한 우리의 이해에 강력한 정도의 본질주의를 도입할 수 있다는 우려도 있다. 나는 1부 뒤쪽에서 우발성 문제로 되돌아오겠지만, 본질주의라는 쟁점에 대해 왜 종이 본질주의적 용어로 생각될 수 없는지 지적하는 스메일의 견해는 도움이 된다.

> 다윈에 따르면 종은 창조주가 그들 안에 불어넣은 자연적 본질을 지닌 고정된 실체가 아니다. ……자연선택은 종의 개체들을 균질화하지 않는다〔그렇지 않으면 자연선택이 작용하지 않을 것이기 때문이다〕. ……이러한 사태를 고려할 때,〔어떤 특정한 종의〕 정상적인 …… 본성과 체형에 대한 탐색은 헛되다. 그래서 '인간의 본성'을 밝히려는 똑같이 헛된 탐구에 대해서도 마찬가지로 말할 수 있다. 여기에서는 아주 많은 영역에서와 마찬가지로 생물학과 문화 연구가 근본적으로 일치한다.[60]

서로 다른 학문 분과들이 인간을 어떻게 볼 것인지의 물음과 관련하여 각 분과의 실행자들을 서로 다르게 자리매김한다는 것은 분명하다. 모든 분과는 자기의 연구 대상을 창조해야 한다. 의학이나 생물학이 인간을 그에 대한 어떤 특정한 이해로 환원한다면, 인간주의 역사가들은 종종 자기 이야기의 주인공들, 즉 사람들 역시 환원들이라는 것을 깨닫지 못한다. 사람다움이 없으면, 역사의 인간적 주체는 존재하지 않는다. 이것은 데리다가 광기의 역사에서 광기 그 자체가 말할 수 있게 하거나 허용하려는 어떠한 욕구도 그 프로젝트의 "가장 미친 측면"일 것이라고 지적함으로써 푸코의 분노를 사게 된 이유이다.[61] 그럼에도 불구하고 모든 전통의 인간주의자들에게 결정적인 중요성을 지닌 대상인 사람다움은 해부학 수업에서 논의되는 인간의 골격에 못지않게 구체적인 전체적 인간의 환원 또는 그로부터의 추상화이다.

기후변화의 위기는 학자들에게 자신의 분과적 편견을 넘어설 것을 요구한다. 왜냐하면 그것은 여러 차원의 위기이기 때문이다. 그런 맥락에서 이 위기의 본성을 조사하고 설명하는 데서 이미 역사가보다 더 멀리 나아간 경제학자들을 포함한 학자들 사이에서 종이라는 범주가 수행하기 시작한 역할을 관찰하는 것은 흥미롭다. 교육받았지만 평범한 대중을 염두에 둔 경제학자 제프리 삭스의 저서 《커먼웰스(Common Wealth)》는 종 개념을 그 논증에 중심적인 것으로 사용하며 인류세에 한 장 전체를 바친다.[62] 사실 삭스가 자기 책에 대한 서문을 부탁한 학자는 다름 아닌 에드워드 윌슨이었다. 윌슨의 서문에서 종 개념은 마르크스주의 저술에서의 다중(多衆) 또는 대중과 같은 방식으로 의사(擬似)-헤겔주의적인 역할을 한다. 다양한 경향의 마르크스주의자들이 서로 다른 시대에, 인류의 선은 억압받는 자나 다중이 자기의식화 과정을 통해 그들 자신의 지구적 통일을 실현할 것이라는 전망에 놓여 있다고 생각했다면, 윌슨은 한 종으로서 우리의 집단적 자기인식으로 가능한 통일에 희망을 걸고 있다. "인류는 이전보다 더 좋은 상태에 있기 위해 지구의 대체할 수 없는 자원을 충분히 소비하거나 변형시켰다. 우리는 충분히 똑똑하고, 이제 우리는 통일된 종으로서 자기이해를 획득할 수 있을 만큼 충분히 잘 안다. ……우리는 우리 자신을 하나의 종으로 볼 만큼 현명할 것이다."[63]

하지만 기후변화 맥락에서의 종 개념 사용에 대한 의심은 가시지 않으며, 그래서 좌파 비판자들 사이에서 쉽게 생겨날 수 있는 의심을 다루는 것이 좋을 것이다. 예를 들면 지구온난화에 이바지하는 모든 인위개변적 요인, 가령 화석연료의 연소, 가축의 산업화, 열대림과 다른 숲의 개간 등은 결국 더 큰 이야기, 즉 서구에서의 자본주의 전개와 세계의 나머지에 대한 서구의 제국적이거나 의사-제국적인 지배의 부분이라는 반대가 제기될 수 있다. 중국·일본·인도·러시아·브라질의 엘리트가 자본주의의 경제적·기술적·군사적 힘을 통해 초강대국 정치와 지구적 지배를 향한 그들 자신의 궤도를 개발하려고 시도하는 데서 영감을 끌어낸 것은 서구의 최근 역사로부터이다. 이것이 대체로 사실이라면, 종이나 인류에 관한 이야기는 단적으로 자본주의 생산의 현실과 그것이 촉진하는 제국적 지배, 즉 공식적이고 비공식적인 또는 들뢰즈의 의미에서 기계적인 지배를 숨기는 데 이바지하는 것이 아닐까? 현재의 위기에 대한 책임이 공정하게 일차적으로 부유한 나라들과 가난한 나라들의 더 부유한 계급의 문 앞에 놓여야 할 때, 왜 우리가 **종**이나 **인류**와 같은 모두를 포괄하는 용어를 사용함으로써 세계의 가난한 사람들, 어쨌거나 그 탄소 발자국이 작은 사람들을 포함해야 한단 말인가?

우리는 이 물음에 조금 더 오래 머물 필요가 있다. 그렇지 않으면 현재의 지구화 역사학과 인위개변적 기후변화 이론이 요구하는 역사학의 차이가 우리에게 분명하지 않을 것이다. 비록 몇몇 과학자가 농업이 발명된 때부터, 일부는 훨씬 일찍부터—예를 들자면 호미닌(hominin)의 불 통제로부터—인류세의 연대를 정하고자 할지라도, 내가 읽은 것들은 대개 우리가 (우리 자신을 의식적으로 지질학적 행위자로서 간주하기 시작하는) 인류세의 현 단계에 들어서는 것은 고대의 사건도 아니고 불가피한 일도 아니었다고 시사한다. 인류 문명은 확실히 인류가 그 역사의 어느 날 나무에서 석탄으로, 석탄에서 석유와 가스로 옮겨가야 한다는 조건에서 시작되지 않았다. 주요 에너지원이 나무에서 석탄으로 전환하는 데에 많은 역사적 우발성이 있었다는 것은 케네스 포메란츠가 그의 신기원적 저작 《대분기(The Great Divergence)》에서 강력히 증명했다.[64] 우연한 일들과 역사적 사건들은 다른 역사들에 그렇게 하듯이 석유, 석유재벌, 자동차 산업의 '발견' 이야기들을 어지럽힌다.[65] 자본주의 사회 자체는 자본주의가 시작된 이후로 똑같이 머물지 않았다.[66] 인구도 제2차 세계대전 이후 극적으로 증가했다. 인도만 해도 지금 1947년 독립 때보다 4배 이상 인구가 많다. 분명히 누구도 인간종에 내재한 무언가가 우리를 마침내 인류세로 밀어넣었다고 주장할 수 없다. 우리는 우연히 빠져들었다. 그에 이르는 길은 의심할 여지 없이 산업 문명을 통해서였다. (나는 여기서 지금까지 우리가 그래왔던 것처럼 자본주의 사회와 사회주의 사회를 구별하지 않는다. 화석연료 사용에서는 그들 사이에 어떠한 원칙적 차이도 없었기 때문이다.)

산업적 삶의 방식이 우리를 이 위기에 빠뜨린 것이라면, 문제는 왜 종, 요컨대 확실히 훨씬 더 긴 역사에 속하는 범주의 관점에서 생각하는가 하는 것이다. 자본주의 이야기는—따라서 그에 대한 비판은—왜 기후변화의 역사를 묻고 그 결과를 이해하는 틀로서 충분할 수 없을까? 자본주의 산업화가 창출하고 촉진한 사회의 고에너지 소비 모델이 필연적으로 기후변화의 위기를 초래한 것은 참인 것으로 보인다. 하지만 현재의 위기는 자본주의, 국가주의 또는 사회주의 정체성의 논리와 본질적인 연관을 지니지 않는 인간적 형식의 생명이 존재하기 위한 일정한 다른 조건들을 보게 했다. 그것들은 오히려 이 행성에서의 생명의 역사, 서로 다른 생명 형식들이 서로 연결되는 방식 및 한 종의 대량멸종이 다른 종에 대한 위험을 불러올 수 있는 방식과 연관된다. 그러한 생명의 역사가 없다면 기후변화의 위기는 어떠한 인간적 '의미'도 지니지 않는다. 앞에서 말했듯이 그것은 그 어떤 의미심장한 의미에서든 무기(無機)적 행성의 위기가 아니기 때문이다.

다시 말하면 산업적 삶의 방식은 마치 앨리스 이야기에서의 토끼굴처럼 작용했다. 우리는 근대성에 대한 우리의 생각에서 중심을 이루는 제도들의 존재를 위한 규정적인(즉, 한계짓는) 조건들 가운데 몇 가지와 우리가 그로부터 끌어내는 의미들을 인식하도록 우리에게 강요하는 사물의 상태로 미끄러져 들어갔다. 설명을 위해 약 1만 1700년 전의 이른바 농업 혁명의 예를 살펴보자. 그것은 단지 인간 창의성의 표현인 것만이 아니었다. 그것은 대기 중 이산화탄소량의 일정한 변화, 기후의 일정한 안정 그리고 빙하시대(홍적세 시대)의 종언에 뒤따르는 행성의 온난화 정도, 요컨대 인간이 통제할 수 없는 것들에 의해 가능했다. 《빙하시대 말의 인간(Humans at the End of the Ice Age)》의 편집자들 가운데 한 사람은 다음과 같이 쓴다. "빙하시대의 쇠퇴라는 기본적 현상이 밀란코비치 현상, 즉 지구와 태양 사이의 궤도와 기울기 관계의 결과였다는 것은 거의 의심할 여지가 없다."[67] 행성 온도는 특정한 종류의 풀이 번성할 수 있도록 허용하는 구역 내에서 안정되었다. 보리와 밀은 그러한 풀들 가운데 가장 오래된 것들에 속한다. 이러한 운 좋은 '긴 여름'이나 한 기후학자가 행성의 역사에서 자연의 "예외적인" "요행"이라고 부른 것이 없었다면, 우리의 산업적-농경적 삶의 방식은 가능하지 않았을 것이다.[68] 다시 말하면 우리의 사회경제적이고 기술적인 선택이 무엇이든, 우리가 우리의 자유로서 찬양하고자 하는 권리가 무엇이든, 우리는 인간 존재의 한계짓는 매개 변수처럼 작용하는 (포유동물이나 식물 생명체가 살아남는 온도대와 같은) 조건들을 불안정하게 할 여유가 없다. 이러한 매개 변수들은 자본주의나 사회주의와는 별개이다. 그것들은 이러한 제도들의 역사보다 훨씬 더 오랫동안 안정적이었고 인간이 대지 위에서 지배적인 종이 될 수 있도록 해주었다. 불행하게도 우리는 이제 우리 자신의 존재에 필요한 이러한 규정적 조건들을 저해하는 지질학적 행위자가 되었다.[69]

이것은 세계의 더 부유한 주로 서구 국가들이 온실가스를 배출하는 데서 해온 역사적 역할을 부정하는 것이 아니다. 종을 생각하는 것에 대해 이야기하는 것은 온실가스 배출 감축과 관련하여 중국과 인도 및 다른 개발도상국이 열심히 추구하는 것처럼 보이는 "공동의 그러나 차별화된 책임"의 정치에 저항하는 것이 아니다.[70] 우리가 기후변화의 책임을 되돌이켜 볼 때 유죄인 자들에게, 즉 과거의 성과로 인해 서구에 돌릴 것인지 아니면 앞을 내다볼 때 유죄인 자들에게 돌릴 것인지는—중국은 1인당은 아니지만, 이제 막 미국을 능가하여 이산화탄소의 최대 배출국이 되었다—의심할 바 없이 자본주의와 근대화의 역사에 매여 있는 문제이다.[71] 그러나 이 과정에서 인간이 지질학적 행위자가 되었다는 사실을 과학자들이 발견한 것은 우리가 모두 빠져든 공동의 재앙을 지시한다. 크뤼천과 스토머는 그 재앙을 다음과 같이 기술한다.

> 인류의 팽창은 …… 놀라웠다. ……지난 3세기 동안 인구는 60억으로 10배 증가했으며, 이는 예를 들어 14억의 가축 수(평균 크기의 가족당 약 1마리의 소) 증가를 동반했다. ……몇 세대가 안 되어 인류는 수억 년 동안 생성된 화석 연료를 고갈시키고 있다. 석탄과 석유 연소에 의한 대기권으로의 …… 이산화황 방출은 모든 자연적 배출량의 합보다 적어도 2배 더 크다. ……접근 가능한 모든 담수의 절반 이상이 인류에 의해 사용된다. 인간의 활동은 열대 우림에서 종 멸종률을 1000~1만 배 증가시켰다. ……게다가 인류는 환경에 많은 독성 물질을 방출한다. ……증명된 효과는 대규모 담수 시스템에서의 지구화학적 순환의 변형을 포함하며, 제1차적 원천에서 멀리 떨어진 시스템에서 발생한다.[72]

이 재앙을 설명하는 것은 1만 2000년 전의 농업 혁명이 세 분과, 즉 지질학·고고학·역사학의 융합을 통해서만 설명 가능했던 것과 같은 방식으로 분과들 사이 그리고 인간의 기록된 역사와 깊은 역사 사이의 대화를 요구한다.[73]

윌슨이나 크뤼천 같은 과학자들은 이성이 우리의 효과적인 집단적 선택에서 우리를 인도하는 모든 것이 아닐 수도 있다는 것을, 다시 말하면 우리가 집단적으로 결국 비합리적 선택을 할 수도 있다는 것을 인식하지 못한다는 점에서 정치적으로 순진할 수 있다. 그러나 나는 그들이 계몽의 언어를 이야기하는 것이 흥미롭고도 징후적이라고 생각한다. 그들이 반드시 반자본주의 학자들인 것은 아니다. 하지만 분명히 그들은 또한 일상적인 자본주의를 위한 학자들도 아니다. 그들은 지식과 이성이 인간에게 현재의 이 위기에서 벗어나는 방법뿐만 아니라 미래에 우리가 해를 입지 않도록 해주는 방법도 제공한다고 여긴다. 예를 들어 윌슨은 명백히 칸트적으로 들리는 방식으로 "자원의 좀더 지혜로운 사용"을 고안하는 것에 대해 말한다.[74] 그러나 문제의 지식은 종, 즉 그 자신의 존재를 위해 다른 종에 의존하는 종, 생명의 일반적 역사의 일부로서의 인간에 대한 지식이다. 기후를—점증하는 행성의 평균 기온뿐만 아니라 또한 해양의 산성도와 해수면을—변화시키는 것과 먹이사슬을 파괴하는 것은 우리의 생명을 위한 것일 수 없는 행동이다. 생물다양성은 우리의 정치적 선택과 상관없이 인간의 번성에 중요하다. 따라서 이러한 과학자들이 제시하는 명제들에 관여하지 않고는 지구온난화를 위기로 이해하기가 불가능하다. 동시에 자본의 이야기, 즉 우리가 인류세에 빠져든 우발적 역사는 종의 관념에 호소하여 부인할 수 있는 것이 아니다. 왜냐하면 인류세는 산업화의 역사가 없었다면 이론으로서도 가능하지 않았을 것이기 때문이다. 계몽주의 이후의 세계사를 생각할 때 우리는 어떻게 그 둘을 하나로 결합할 것인가? 보편적인 것에 대한 우리의 포스트식민주의적 의혹에서 명백히 가치 있는 것을 유지하면서 우리는 어떻게 생명의 보편사, 즉 보편적 사상에 관계하는가? 기후변화의 위기는 동시에 두 목록에서 생각할 것을, 요컨대 자본의 역사와 종의 역사라는 섞이지 않는 연대기들을 함께 섞을 것을 요구한다. 하지만 이 결합은 아주 근본적인 방식으로 역사적 이해라는 바로 그 생각을 확장한다.

테제 4: 종의 역사와 자본의 역사를 그물로 엮는 것은 역사적 이해의 한계를 조사하는 과정이다

딜타이 전통을 따른다고 말할 수 있는 역사적 이해는 인간의 경험에 관한 몇 가지 일반적 생각에 호소하는 비판적 사고를 수반한다. 가다머가 지적했듯이 딜타이는 "개인의 사적인 경험 세계를, 생생한 위치 바꿈에서 자기의 사적 경험의 비좁음과 우연함을 역사적 세계를 재경험함으로써 얻을 수 있는 무한한 것으로 채우는 확장의 출발점으로" 보았다. 따라서 이 전통에서 "역사적 의식"은 자기 자신과 타자(역사적 행위자)의 경험에 대한 비판적 반성을 통해 모은 "자기 앎의 한 양식"이다.[75] 자본주의의 인간주의적 역사는 언제나 자본주의의 경험이라고 불리는 것을 인정할 것이다. 예를 들어 자본주의 노동에 대한 노동자 계급의 경험을 재구성하려는 E. P. 톰슨의 뛰어난 시도는 그러한 가정이 없다면 말이 되지 않는다.[76] 인간주의적 역사는 과거의 경험을 재구성할 뿐만 아니라 콜링우드가 말했듯이 우리 자신의 정신 속에서 재현할 수 있는 우리의 능력에 호소함으로써 의미를 산출하는 역사이다.

그렇다면 윌슨이 우리의 집단적 미래를 위해 우리가 종으로서의 자기이해를 획득할 것을 권고할 때, 그 진술은 인간 경험에 연속성의 요소가 있다는 가정을 통해서 과거를 이해하고 미래와 연결하는 어떤 역사적 방법과도 일치하지 않는다. (앞에서 언급한 가다머의 요점 참조.) 그 우리는 누구인가? 우리 인간은 결코 우리 자신을 하나의 종으로서 경험하지 않는다. 우리는 오직 지적으로만 인간종의 존재를 파악하거나 추론할 수 있을 뿐 결코 그것을 그 자체로서 경험하지 못한다. 하나의 종으로서 우리에 대한 현상학은 있을 수 없을 것이다. 우리는 **인류**와 같은 단어와 감정적으로는 동일시할 수 있을지라도 종이라는 것이 무엇인지 알지 못할 것이다. 왜냐하면 종의 역사에서 인간은 실제로 다른 생명 형식이 그러하듯이 종이라는 개념의 한 예일 뿐이기 때문이다. 그러나 우리는 개념이라는 것을 결코 경험하지 못한다. 유명한 일이지만 언젠가 알튀세르는 스피노자에게 의지하여 개라는 개념은 짖지 않는다고 말했다![77]

나는 여기서 하나의 여담으로 이 장이 그 최초 버전인 하나의 논문으로 발표된 후 "우리는 하나의 개념(종)이라는 것을 결코 경험하지 못한다"는 나의 진술에 대한 우르술라 하이즈의 사려 깊은 이의 제기를 언급할 수 있을 것이다. 그녀는 다음과 같이 썼다. "인간이 보통 자기 자신을 하나의 종으로서 경험할 수 없다면, 그와 마찬가지로 인간은 그 자신을 하나의 국민으로서 경험할 수 없다. 즉, 공동체가 지각할 수 있고 생동하는 경험의 틀 같은 추상적 범주를 확립하는 제도·법률·상징·수사의 형식을 만들어내지 않는다면 말이다."[78] 데리다와 다른 이들이 지적했듯이 우리가 정확히 공유하고 우리 주변의 다른 동물들과는 공유하지 않는 것을 통해 '인간'종의 개별 구성원이라는 일상적 감각을 지닌다는 것은 의심할 여지 없이 참이다.[79] 그러나 지배의 일정한 구성체를 구성하는 인간, 즉 인간과 그들의 기술 그리고 인간과의 연합을 통해 번성하는 동물종의 복합체에 대해 말할 때, 나는 그 자신의 일부로서 비생물(즉, 기술)도 포함하는 어떤 지배적인 집단성에 대해 말한다.[80] 내가 인지적으로 이용할 수 있는 이 집단성은 세계에 대한 나의 현상학적 경험에는 여전히 이용될 수 없다. 하이즈가 옳다. '국가'나 '노동'과 같은 추상적 범주는 우리의 일상생활에 들어오는데, 바로 유엔이나 노동부 장관 또는 노동조합과 같이 이 범주들을 중심으로 조직된 제도들이 존재하기 때문이다. 만약 대지의 역사가 예를 들어 북극곰이 인간에 대해 불만을 표명하고 판결을 요구할 수 있도록 하는 다종적 통치 조직, 이를테면 라투르가 말하는 세계 의회나 다종적 통치를 위한 연합조직과 같은 것에 다다르게 된다면, '지배적 종'이라는 범주는 실제로 하이즈가 "살아 있고 실존적〔이며 정치적인〕 관계"라고 부르는 것의 부분이 되어 우리의 일상적 경험에서 의미를 지닐 수 있게 될 것이다.[81] 하지만 그것은 여전히 멀리 떨어진 이야기이다.

그렇다면 기후변화 위기에 대한 논의는, 지구물리학적 힘으로서의 인간 행위의 행성적이고 경험에서 멀리 떨어진 성격을 고려할 때, 역사적 이해의 한계에서 작용하는 집단적인 인간의 과거와 미래에 대한 영향과 지식을 만들어낼 수 있다. 우리는 위기의 특수한 결과를 경험하지만, 현상 전체는 경험하지 않는다. 이것은 종종 기후변화의 과학을 땅 위의 지역 공동체들에 전달하는 문제이다.—특수한 영향은 구체적이고 경험할 수 있지만, 과학은 너무나 추상적이고 행성적이다. 그렇다면 우리는 가이어나 브라이트와 함께 "인간은 더는 '생각'을 통해 존재하지 않는다"[82]라고 말하는가? 아니면 푸코와 함께 "인간은 더는 어떤 역사도 지니지 않는다"[83]라고 말하는가? 가이어와 브라이트는 계속해서 푸코적 정신으로 다음과 같이 쓴다. "그것〔세계사〕의 과제는 인간을 하나의 인류로 압축하는, 정보에 의해 뒷받침된 권력의 윤곽을 투명하게 만드는 것이다."[84]

물론 인류를 권력의 효과로 보는 이 비판은 그것이 포스트식민주의 학문에 가르친 모든 의혹의 해석학에 대해 가치가 있다. 그것은 국가적이고 지구적인 지배 구성체를 다루는 데서 효과를 발휘하는 결정적 도구이다. 그러나 나는 그것이 지구온난화의 위기를 다루는 데 적합하다고는 생각하지 않는다. 첫째, 우리 모두에 대한 초기 형상들과 인류에 대한 다른 상상들은 변함없이 현재의 위기에 대한 우리의 감각에 따라 다닌다. 그렇지 않다면 《우리 없는 세상》이라는 와이즈먼의 책 제목이나 '우리'가 사라진 후 뉴욕의 경험을 묘사하려는 그의 불가능하지만 재기발랄한 시도의 매력을 우리가 어떻게 이해할 것인가![85] 둘째, 인간의 역사와 자연사 사이의 벽이 뚫렸다. 우리는 우리 자신을 지질학적 행위자로서 경험하지 못할 수도 있지만, 우리가 하나의 종이고, 지구적 기술을 소유하며, 행성의 생명을 지배하는 수준에서 그러한 행위자가 된 것으로 보인다. 그리고 (앞에서 설명한 현상학적 의미에서의) 역사적 이해를 거부하는 그러한 지식이 없다면, 우리 모두에게 영향을 미치는 현재의 위기를 이해할 수 없다. 지구적 자본을 통해 굴절된 기후변화는 의심할 여지 없이 자본의 지배를 관통하는 불평등의 논리를 두드러지게 할 것이다. 어떤 사람들은 의심할 여지 없이 일시적으로 다른 사람들을 희생시켜 이익을 얻을 것이다. 그러나 위기 전체가 자본주의 이야기로 환원될 수는 없다. 자본주의의 위기에서와는 달리 여기에서는 (오스트레일리아에서 자주 발생하는 산불이나 캘리포니아의 부유한 지역에서 최근에 발생한 화재가 증언하듯이) 부자와 특권층을 위한 구명보트가 없다.[86] 2019년 12월 이 문장을 쓸 때 화재가 두 곳을 다시 덮치고 있다.

지구온난화가 불러일으키는 불안은 많은 사람이 지구적 핵전쟁을 두려워했던 시절을 연상시킨다. 하지만 매우 중요한 차이가 있다. 핵전쟁은 권력 편에서의 의식적 결정이었을 것이다. 기후변화는 주로 연속적인 인간의 결정과 행동의 의도한 결과와 의도하지 않은 결과의 조합이었으며, 과학적 분석을 통해서만 종으로서의 우리 행동의 장기적인 행성적 결과를 보여준다. 진화, 대량멸종, 자연선택에 대한 과학적 설명은 종과 종 분화와 같은 범주가 없으면 작용하지 않지만, '종'이라는 범주는 오랫동안 데이비드 스타모스가 "실재론", "개념론", "유명론"이라고 부른 것의 철학적 문제에 시달려온 것으로 인식되어왔다.[87] 나의 논증에서 **종**은 실제로 기후변화라는 위험의 순간에 불붙어 떠오르는 인간의 새로운 보편사를 위한 플레이스홀더(placeholder)의 이름일 수도 있다. 그러나 우리는 결코 이 보편적인 것을 (딜타이의 의미에서) **이해**할 수 없다. 그것은 역사의 운동으로부터 변증법적으로 발생하는 헤겔의 보편적인 것이나 현재의 위기에 의해 산출되는 자본의 보편적인 것이 아니다. 가이어와 브라이트가 그 두 가지 종류의 보편적인 것을 거부하는 것은 옳다. 하지만 기후변화는 우리에게 인간의 집단성, 즉 세계를 경험할 수 있는 우리의 능력을 벗어나는 보편적인 것의 형상에 관한 문제를 제기한다. 그것은 오히려 재앙에 대한 공유된 감각에서 발생하는 보편적인 것에 가깝다. 그것은 지구적 동일성의 신화 없는 정치에 대한 지구적 접근을 요구한다. 왜냐하면 그것은 헤겔의 보편적인 것과는 달리 특수성을 포섭할 수 없기 때문이다. 아도르노의 표현을 빌리자면, 우리는 잠정적으로 그것을 "부정적 보편사"라고 부를 수 있다.[88]

보론: 종과 부정적 보편사에 대한 주해

내가 이 장의 처음 버전에서 결론으로 삼은 고찰은 우르술라 하이즈의 흥미롭고도 날카로운 논평을 끌어냈다. 그녀의 비판은 관여할 만한 가치가 있는데, 왜냐하면 나로서는 그 논의가 이 책에서 내가 하려고 하는 더 큰 주장을 조명해주기를 바라기 때문이다. 하이즈는 다음과 같이 썼다.

차크라바르티가 집단적 정체성을 근거지을 수 있을 개념으로서 종을 거부한 것은 내가 인용하고 비판한, 데일 제이미슨이 비인간과의 상호작용 관련 범주로서 종을 거부한 것과 공명한다. ……종 사유에 대한 차크라바르티의 회의주의는 본질적으로 다른 이론적 담론에서 일종의 세계주의로서 언급될 요청인 그의 논증에 긍정적인 내용을 남기지 않는다. 그가 결국 상상하는 것은 다른 공동체가 그에 의해 측정되어야 하는 패러다임으로서 특정 공동체의 일부 특성을 요청할 수밖에 없다는 점에서 언제나 보편적이지는 않을 구체적 내용을 받아들일 수 없는 '부정적 보편주의'이다.[89]

내가 불러내고자 하는 '부정적 보편자'가 '구체적인' 긍정적 내용을 지니지 않는다는 것에 하이즈가 주목한 것은 옳다. 그것은 아직 특수하고 구체적인 내용이 없는 떠오르는 개념이라는 점에서 공허하다. 하지만 그렇다면 여기에는 문제가 있다. 기후 위기를 역사적 시기에 해결해야 할 문제로서 생각할 때, 우리는 이론적으로 보아 모든 상상된 해결책이 인간과 (대지와 같은 비생물을 포함한) 비인간 사이의 무언가 안정적이고 지속가능한 관계를 가정한다는 점에서 인간과 비인간을 포괄하지는 않는다고 할지라도 그에 영향을 미치는 해결책을 생각한다. 이것은 하이즈가 올바르게도 새로운 형태의 세계주의로서 인정하는 것을 향한 포부이다.

우리는 다른 해설자들에게서도 현재의 위기에 대한 이러한 정당한 포부를 관찰할 수 있다. 예를 들어 제이슨 무어는 그의 《생명의 그물 속 자본주의(Capitalism in the Web of Life)》를 "모든 생명을 위한 해방의 정치"에 대한 거의 신비적인 추구에서 시작한다.[90] 그러나 무어의 상상력이 지닌 포부는 분명하다. 그것은 인간보다 더 많은 '모든 것'을 향해 손을 뻗고 있다. 마찬가지로 마르크스주의 생태학자 존 벨라미 포스터와 브렛 클라크 그리고 리처드 요크는 그들의 책 《생태학적 단층(The Ecological Rift)》에서 "자본주의 시스템"을 "대지 위에서 수백만의 다른 종들을 위한 생명 조건"을 유지하는 데 도움이 될, 마찬가지로 신비적인 "새로운 인간 전체"로 대체할 것을 요구하는 지속가능한 발전에 대한 자신들의 비전을 묘사한다.[91]

우리는 인간보다 더 큰 이 '우리'의 전체성을 어떻게 상상하는가? 아도르노 같은 사람이 역사와 자유의 문제를 생각하는 데서 '부정적 보편사'를 생각해야 했던 이유는 인류의 '모두'에 대해 긍정적인 내용을 정립하는 것이 사실상 인류의 한 특수한 부분이 보편이나 전체의 이름으로 또 다른 특수한 부분을 억압하는 것으로 이어지리라는 것을 알고 있었기 때문이다. 아도르노는 그러한 상황에서 전체성을 대표한다고 주장하는 것과 차이를 표현한다고 주장하는 것, 즉 "다소간에 자연적 범주인 것의 형식"을 취할 수 있지만 "단지 좀더 오랜 역사적 시기의 유물일 뿐"인 비동일적인 것 둘 다 "고약한 냄새가 나고 유독해진다"고 주장했다. 아도르노는 "그것들은 보편적 원리와 마주칠 때 그러한 것과 마찬가지로 고약한 냄새가 난다"고 썼다. 아도르노의 예는 벨기에 군대가 개입된 1960년대 중반 (당시) 벨기에령 콩고(1971년부터는 자이르, 1997년부터는 콩고민주공화국)의 내전이었다. 아도르노는 자신의 테제를 "전혀 쉽지 않겠지만, 실제로 우리가 그렇게 할 용기를 낼 수 있다면, 아프리카에서의 최근 사건들에 비추어" 시험해볼 수 있다고 생각했다.

> 그럼에도 불구하고 전체성의 지배하에 그것에 반대하는 특수한 것도 재앙의 거미줄을 짜는 데 협력한다는 것은 실제로 사실이다. 그것은 단지 특수

성으로 변함으로써가 아니라 유독하고 나쁜 것으로 변질됨으로써 그렇게 한다. 다시 말하면 아프리카에서 마지막으로 야생 상태에서 사는 이 원주민들은 …… 그들에게 이성을 보게 하려고, 즉 진보적 문명의 이익을 받아들이게 하려고 애쓰고 있는 야만적인 낙하산 부대원들보다 조금도 낫지 않다. …… 이 거대한 역사적 경향은 대립적이고 반항적인 모든 것에서 골수를 빨아들인다.[92]

그러므로 '부정적 보편사'는 특수자가 전체성 속에 겹쳐져 있는 것을 부인하지 않고서 그렇게 겹쳐진 것에 대한 저항을 표현할 수 있도록 허락하는 그런 것이다.

해리엇 존슨은 아도르노의 '부정적 보편사'에 대한 연구를 다음과 같이 말함으로써 마무리한다. "인류세는 우리에게 새로운 보편사를 해독하는 과제를 제기한다. 왜냐하면 우리는 아직은 우리의 삶에 대한 규정적 요인이 아니어서 우리 삶에서 직접적인 경험 대상일 수 없는 일련의 행성적 힘들과 시간적 척도들과 마주치기 때문이다. 아도르노는 이제 사회적 역사의 현존하는 권력관계를 자연화하지 않고서도 그러한 이야기를 할 방법을 찾았기 때문에 중요하다."[93] 이 명제를 존슨의 논문에서 그것이 유래하는 인류 역사의 영역을 넘어서서 취하는 것을 상상해보라. 인류세 시대의 '부정적 보편사'는 단적으로 그저 인간에 관한 것일 수 없다. 동시에 그것은 전체성에 관한 것일 수 없다. 왜냐하면 그 경우 단적으로 아도르노가 자기의 명제를 부정적인 것의 형상 주위에서 정식화하도록 만든 모든 문제를 재산출할 것이기 때문이다. 인류 역사에서 그렇듯이 여기서도 전체성과 동일하지 않은 것은 자기가 전체성에 짜 넣어져 있을 때도 그렇게 완전히 합체되는 것에 저항함으로써 자기 자신을 표현할 수 있어야 한다. '유럽을 지방화하기' 프로젝트가 그렇듯이 말이다. 마찬가지로 인류세의 '부정적 보편사'에서도 비인간은 의인화될 필요가 없거나 인간의 언어를 말할 필요 없이 그 자신이 청취되도록 할 수 있어야 한다.[94]

◆ ◆ ◆

우리는 아직은 그러한 전망이 실제적인 것으로 보이는 지구사의 시점에 있지 않다. 하지만 우리는 원주민의 역사로 다가가 여기에 포함된 몇 가지 원칙에 대한 모범적인 교훈을 배울 수 있다.[95] 인류세의 '부정적 보편사', 즉 실제로 인간적인 것 그 이상일 수 있는 '우리'를 가리키는 역사는 이 시점에서는 윤리적 조언일 수 있을 뿐이다. 그것의 경험적 내용은 현재는 필연적으로 공허한 것으로 남아 있다. 왜냐하면 '당위' 입장은 비록 우리 현대의 논쟁들에 그것들을 미리 판단하거나 선취하지 않고서 우리에게 부수적 관점—가령 카를 야스퍼스의 '신기원적 의식'과 같은 것—을 줄 수 있을지라도, 역사의 현실적 결과의 산출을 지시하지는 않기 때문이다.[96] 인류세의 부정적 보편사의 '우리'를 인간과 비인간의 구체적인 정체성으로 채우는 것은 언젠가 가능할 수 있을 것이다. 아니, 그렇지 않을 수도 있다.

2

결합된 역사들

앞 장에서 논의했듯이 인위개변적 지구온난화는 인간 역사의 관점에서 보통 온갖 실천적 목적을 위해 서로 분리된 과정으로 다루어지고 서로 다르고 구별된 속도로 작용한다고 가정되는 세 가지 역사의 충돌—또는 서로에 대한 만남—을 보게 한다. 이 세 가지 역사란 대지 시스템의 역사, 행성 위에서의 인간 진화의 역사를 포함한 생명의 역사, 산업 문명(많은 이에게는 자본주의)의 좀더 최근 역사이다. 인간은 이제 의도치 않게 서로 다른 척도와 서로 다른 속도로 작동하는 이 세 가지 역사에 걸쳐 있다.

우리가 기후 위기에 대해 말하는 일상 언어에는 시간의 인간적 척도와 비인간적 척도라는 이 문제가 스며들어 있다. 우리의 일상적 이야기에서 아주 흔한, 재생 불가능한 에너지 원천과 '재생 가능한 것'의 구분을 살펴보자. 우리는 화석연료를 우리 생각대로 재생할 수 없다고 생각하지만, 브리티시 페트롤리엄의 고문과 런던 지질학회 전임 회장인 지질학자 브라이언 러벨이 지적하듯이 화석연료는 (그의 용어로) **비인간적** 척도에서 생각하기만 한다면 재생될 수 있다. “지금부터 2억 년 후, 어떤 목적을 위해 풍부한 석유가 필요한 삶의 형식은 우리 시대 이래로 많은 것이 형성되었다는 것을 발견할 것이다.”[1] 실제로 현재의 인위개변적 기후변화 위기를 생각하는 한 가지 방법은 그것을 시간적 불일치의 문제로 생각하는 것이다. 인간의 제도와 관행은 시간과 역사에 대한 인간의 감각에 맞춰져 있다. 그러나 우리는 이제 이 제도들을 훨씬 더 큰 시간 척도 위에서 펼쳐지는 과정을 다루기 위해 이용해야 한다.

예를 들어 고기후학자들은 인위개변적 지구온난화의 중요성을 설명해야 할 때 매우 긴 역사를 말한다. 무엇보다도 우선 증거의 문제가 있다. 80만 년 이상 된 고대 공기의 얼음 코어 샘플은 현재 온난화의 인위개변적 성격을 확립하는 데 결정적이었다.[2] 게다가 화석과 다른 지질학적 자료에는 과거의 고기후학적 기록이 있다. 기후 위기에 대한—비록 반대되는 엑손의 예가 있긴 하지만 항상 또는 한결같이 부정적인 것은 아닌—석유 산업의 대응을 다룬 명료한 책에서 러벨은 온실가스 배출이 인류의 미래에 제기한 심각한 도전의 강력한 증거를 제공한 산업 내부의 사람들은 “5500만 년 전에 일어난 극적인 온난화 사건”의 결과를 보기 위해 퇴적암에 묻힌 깊은 기후 역사를 읽을 수 있는 지질학자들이었다고 쓴다. 이 사건은 대지 표면 온도의 온난화가 생명의 역사에 미칠 수 있는 영향을 설명하기 위해 종종 인용되었다. 그것은 후기 팔레오세-에오세 최대온난기(PETM)라고 알려져 있다.

〔그 당시〕 대기로 방출된 탄소의 양……과 우리가 지금 스스로 방출하는 양

은 우리가 실제로 주요한 지구적 도전에 직면해 있다는 것을 강력하게 암시한다. 우리는 10만 년 동안 대지를 붕괴시킨 5500만 년 전의 지구온난화 사건을 반복할 위험에 처해 있다. 그 사건은 호모 사피엔스가 마치 모닥불처럼 빛을 발하기 훨씬 전에 일어났다.[3]

현재의 기후 위기를 설명하는 지질학적 역사의 호(弧)가 미래로 얼마나 멀리까지 뻗어나가는지는 데이비드 아처의 《긴 해빙: 인간은 대지 기후의 다음 10만 년을 어떻게 변화시키고 있는가(The Long Thaw: How Humans Are Changing the Next 100,000 Years of Earth's Climate)》의 부제에서 빠르게 알아볼 수 있다. 아처는 "인류는 빙하 주기를 움직이는 궤도 변화에 필적하는 기후의 힘이 되고 있다"고 쓴다.[4] 그는 다음과 같이 계속한다. "화석연료 CO_2의 긴 수명은 화석연료를 에너지원으로 사용하는 것에 관한 덧없는 어리석음의 감각을 만들어낸다. 1억 년 된 우리의 화석연료 매장물은 몇 세기 안에 사라질 수 있고, 수십만 년 동안 지속될 기후 영향을 남길 것이다. 대기 중의 화석연료 CO_2의 수명은 몇 세기이고, 25퍼센트 이상은 본질적으로 영구히 지속한다."[5] 지구의 탄소 순환은, 아처가 설명하고 커트 스테이저가 반복하듯이, 결국 우리가 대기 중에 내놓은 초과 CO_2를 정화하겠지만, 그것은 비인간적으로 긴 시간 척도에서 작용한다.[6]

따라서 기후 위기는 우리가 매우 다르고 종종 양립할 수 없는 시간 척도에서 생각하는 문제들을 만들어낸다. 정책 전문가들은 몇 년, 몇십 년, 기껏해야 몇 세기 규모로 생각한다. 반면에 민주주의의 정치인들은 선거 주기의 관점에서 생각한다. 인위개변적 기후변화가 무엇인지, 그 영향이 얼마나 오래 지속될 수 있는지를 이해하는 것은 인간사를 특징짓는 보통의 시간 단위에 도전하는 척도를 포함하여 매우 큰 척도와 작은 척도를 동시에 생각할 것을 요구한다. 이것은 기후변화의 포괄적 정치를 발전시키기 어렵게 만드는 또 다른 이유이다. 아처는 여기서 행성의 탄소 순환에서 백만 년이라는 시간 척도가 "인간의 시간 척도에서 기후변화를 정치적으로 고려하는 것과 무관하다"는 것을 인정할 때 문제의 핵심으로 나아간다. 하지만 그는 그것이 "궁극적으로 지구온난화 기후 사건은 작용하는 데 이러한 느린 과정이 걸리는 한에서 지속될 것이기" 때문에, 인위개변적 기후변화에 대한 어떠한 이해와도 관련된다고 주장한다.[7]

그리하여 기후 문제에 관한 기존의 문헌에서는 인식과 행동 사이에서, 요컨대 우리가 그에 대해 과학적으로 알고 있는 것—예를 들어 그 비인간적 척도의 거대함—과 우리가 그것을 우리의 재량에 맡겨진 인간적 수단과 제도에 의해 다루어져야 할 문제로서 취급할 때 어떻게 생각하는지 사이에서 상당한 간격이 벌어진다. 후자는 우리가 익숙한 시간 척도에서 직면하는 문제들을 다루기 위해 개발되었다. 나는 우리 생각의 전망에서 이러한 간격이나 빈틈을 단층이라 부르는데, 왜냐하면 그것은 겉보기에 연속적인 표면에서의 단층선과 같기 때문이다. 우리는 기후변화에 대해 생각하거나 말할 때 계속해서 그 단층들을 가로지르거나 그 위에 걸터앉아야 한다. 그것들은 우리의 생각에 어느 정도의 모순을 주입한다. 왜냐하면 우리는 서로 다른 척도에 대해 동시에 생각하도록 요구받고 있기 때문이다.

여기서 나는 그러한 세 가지 단층을 논의하고자 한다. 그 세 가지는 근대 경제에서 우리의 일상적 삶을 지배하고 이제 기후의 근본적 불확실성에 대한 우리의 지식으로 보완되어야 하는 다양한 확률〔개연성〕 체제들, 행성 위의 하나의 종, 지배적인 종으로서 집단적인 삶의 이야기로 보완되어야 하는 우리의 필연적으로 분화된 개별 인간들의 삶의 이야기, 그리고 우리의 불가피한 인간 중심적 사고 내부에 인간을 최우선으로 하지 않는 행성을 향한 배치 형식을 위한 공간을 만들어내야 하는 필요성이다. 우리는 이러한 딜레마들의 어느 한 편에 단호하게 서기에는 아직은 이 딜레마들을 극복하지 못했다. 그것들은 여전히 단층들로서 남아 있다.

이하에서 나는 자본(또는 시장)의 분석이 자본주의 문제를 어떠한 견지에서 바라보는지와는 무관하게 정책과 정치의 영역에서 필요하긴 하지만, 우리가 인위개변적 기후변화의 역사적 의미를 파악하는 데 도움을 주기에는 불충분한 도구라고 하는 것을 증명하기 위해 이 단층들을 자세히 설명하고자 한다. 나는 계속해서 기후 위기가 지구온난화와 인류세의 인간적 의미(들)에 관한 관점을 개발하기 위해 좀더 탐구될 필요가 있는 지구와 행성이라는 범주들 사이의 이제 막 떠오르는 결정적 구별을 가시화한다고 제안함으로써 매듭지을 것이다. 3장은 이 구별을 전개하는 과제를 다룬다.

확률과 근본적 불확실성

근대적 삶은 확률론적 사고 체제에 의해 지배된다. 보험 통계의 목적을 위해 생명을 평가하는 것에서부터 화폐와 주식시장의 작용에 이르기까지 우리는 위험을 계산하고 그것에 확률값을 할당함으로써 우리 사회를 관리한다.[8] 찰스 피어슨은 "경제학은 종종 결과의 확률이 알려진 위험과 확률이 알려지지 않고 아마도 알 수 없을 불확실성을 구별한다"고 쓴다.[9] 이것은 확실히 하나의 분과로서의 경제학이 오늘날 사회 관리의 주요한 기예(또는 일부 사람들이 그렇게 생각하고 싶어 하듯이 '과학')로서 떠오른 한 가지 이유이다.[10] 따라서 기후 정의 문헌과 기후 정책 문헌—후자는 경제학자나 경제학자처럼 생각하는 법학자가 관할한다—둘 다에는, 행성의 기후를 연구하는 고기후학자나 지구물리학자들이 기후변화에 대해 역사적으로 말해야 하는 것이 아니라 확률과 비율의 예측될 수 있고 고립된 일련의 관계를 종종 제시하는 이른바 지구온난화에 초점을 맞추는 이해할 수 있는 경향이 존재한다. 대기 중의 온실가스 비율이 x로 올라가면, 대지의 평균 표면 온도가 그만큼 올라갈 확률은 y이다.[11]

그러한 사고방식은 티핑 포인트의 더 커다란 위험에 좀더 초점을 맞추는 고기후학자들이 종종 가정하지 않는, 온난화하는 대기 일부에서의—아무리 확률론적이라고 하더라도—일종의 안정성이나 예측 가능성을 가정한다. 이는 정책 사상가들이 기후변화의 위험에 대해 걱정하지 않기 때문도 아니고 온실가스와 행성의 평균 표면 온도 상승 사이의 관계가 지닌 근본적으로 비선형적인 본성에 대해 무지하기 때문도 아니다. 그러나 그들의 방법은 기후변화를 (인정되고 평가된 위험으로 그 불확실성을 전환하는) 널리 알려진 변수로 유지하거나 일괄하는 가운데 인간이 함께 노력하거나 심지어 그들끼리 서로 다투면서 창조할 수 있는 실질적인 선택지를 만들어내는 것처럼 보이는 그러한 것이다. 다시 말하면 세계 기후 시스템은 그들이 정책 처방을 만들어낼 수 있는 한에서 그들의 계산에서 와일드카드가 될 수 있는 중요한 능력을 지니지 않는다. 그것은 인간의 창의력과 정치적 동원으로 관리될 수 있는 비교적 예측 가능한 형태로 거기에 존재한다.[12]

반면에 기후학자들이 대중을 설득하기 위해 쓰는 글에서 그들의 수사학은 종종 두드러지게 생기론적이다. 인위개변적 기후변화의 위험을 설명하면서 그들은 종종 기후 시스템을 살아 있는 유기체로 묘사하는 언어에 의존한다. 행성의 생명을 가이아라고 명명된 단일한 살아 있는 유기체에 비유하는 제임스 러브록의 유명한 사례만 있는 것이 아니다.—이는 "맑은 정신의" 아처조차도 지구의 탄소 순환에 대한 자신의 입문서에서 공정하지만 "철학적인 정의"로서 받아들이고 있는 점이다.[13] 아처 자신은 "대지의 탄소 순환"을 "살아 있는 것"이라고 묘사한다.[14] 신경질적인 동물로서의 기후 이미지는 또한 월리스(월리) 브뢰커의 언어에도 깃들인다. 그리하여 그는 로버트 쿤지그의 도움을 받아 기후 연구의 방법으로서 역사의 중요성을 강조하면서 자신의 연구를 다음과 같이 기술한다.

> 때때로 …… 자연은 기후 야수에게 상당히 빠른 발길질을 하기로 결정했다. 그리고 야수는 야수들이 하고자 하는 대로, 요컨대 폭력적이고 약간 예측할 수 없게 응수했다. 컴퓨터 모델은 …… 확실히 타당한 접근법이다. 하지만 야수가 과거에 스트레스를 받을 때 어떻게 응수했는지 연구하는 것은 우리가 직접 그 야수를 때릴 때 일어날 수 있는 일에 대비하는 또 다른 방법이다. 그것은 지난 25년 동안 브뢰커를 사로잡은 아이디어이며, 해가 갈수록 더욱더 긴급해 보이게 되었다.[15]

또는 핸슨이 기후변화를 설명하는 데서 "무기력(lethargy)"이라는 생기론적 이미지를 어떻게 사용하는지 주목할 수 있을 것이다.

> 빙하기-간빙기 변화의 속도는 지구 궤도의 변화를 위한 2만 년, 4만 년, 10만 년의 시간 척도에 의해 결정된다. 하지만 이것은 기후 시스템이 본질적으로 그렇게 무기력하다는 것을 의미하지 않는다. 그 반대이다. 인간이 만든 기후 강제력은 고기후 기준에 비추어 크며, 수만 년이 아니라 수십 년 안에 변화한다.[16]

이러한 이야기의 생기론은 기후학자들이 경제학자나 정책 입안자보다 덜 '과학적'이기 때문에 일어나는 것이 아니다. 그것은 대지 기후에 관한 다음 두 가지 초점, 즉 대지 기후의 많은 불확실성은 기존의 인간 지식에 의해 완전히 길들여질 수 없다는 것과 그것의 정확한 티핑 포인트는 본질적으로 알 수 없다는 것을 전달하고 강조하려는 기후학자의 염려에서 비롯된다. 아처는 다음과 같이 말한다.

> 다가오는 세기의 기후변화에 대한 정부간기후변화위원회(IPCC) 예측은 기온의 대체로 부드러운 상승에 대한 것이다. ……하지만 과거의 실제 기후변화는 가파른 경향이 있었다. ……기후 모델은 …… 대부분 과거 기후 기록에서의 급변을 제대로 시뮬레이션할 수 없다.[17]

사실 경제학뿐만 아니라 좌파 편에서의 정치적 참여에서 영감을 받은 문헌에서 빠져 있는 것은 이러한 신경질적인 '기후 야수'에 대한 감각이다. IPCC 2007 보고서의 전문위원회 III의 수석 저자이자 그 자신이 경제학자로 변신한 철학자인 존 브룸은 기후 모델이 "다양한 가능성에 할당되어야 하는" 확률을 지속해서 "좁혀나가는" 미래를 기대한다. 경제적 추론이 세계를 더 잘 파악하기 위해서는 "확률에 대한 상세한 정보"가 필요하며, "우리는 그것을 과학자들이 제공하기를 기다리고 있다"고 브룸은 덧붙인다.[18] 그러나 이것은 행성의 기후와 그에 대해 인간이 만들어내는 모형의 본성을 오해할 수 있다. 기후 불확실성은 언제나 측정 가능한 위험과 같은 것일 수 없다. "우리는 실제로 대지가 얼마나 온난화할 것인지에 관해 지금 아는 것보다 더 많이 알아야 할 필요가 있을까? 우리는 더 많이 알 수 있을까?"라고 폴 에드워즈는 수사적으로 묻는다. "이제 이산화탄소 농도가 금세기 중반 언젠가 550ppm(두 배 증가)에 이를 것은 사실상 확실하며", 행성은 "거의 확실하게 이산화탄소를 두 배 넘게 증가시킬 것이다". 그는 기후학자들이 "**우리는 아마도 우리가 이미 가지고 있는 것보다 더 정확한 추정치를 결코 얻을 수 없을 것**"이라고 추측하고 있다고 보고한다.[19]

에드워즈의 진술 배후의 추론은 내 주장과 관련된다. 에드워즈는 "엔지니어가 사회학자라면 기후학자는 역사가이다"라고 쓴다. 역사가와 마찬가지로 "모든 세대의 기후학자는 같은 데이터와 같은 사건들로 되돌아와 새로운 증거를 찾아내고 이전의 해석을 수정하기 위해 기록을 파헤친다" 등등. 그리고 "인간의 역사와 마찬가지로, 우리는 지구 기후의 과거에 대한 단일하고 흔들림 없는 이야기를 절대로 얻을 수 없을 것이다. 대신 우리는 …… 수렴하지만, 절대로 똑같지는 않은 대기의 버전들을 얻는다".[20] 더 나아가 "오늘날의 모든 분석은 우리가 역사적 시기에 경험한 기후에 기초한다". 그는 과학자 마일즈 앨런과 데이비드 프레임을 인용한다. "일단 세계가 섭씨 4도쯤 따뜻해지면, 상태는 오늘날 우리가 관찰할 수 있는 것과는 다를(그리고 마지막 빙하시대와는 훨씬 더 다를) 것이며, 그래서 본질적으로 그 온난화가 언제 그칠 것인지 말하기 어렵다." 에드워즈는 그들의 요점이 다음과 같다고 설명한다. 우리는 과연 인간을 위해 "기후를 '안정'시킬 온실가스의 어떤 '안전한' 수준이 존재하는지" 알지 못할 뿐만 아니라, 인위개변적 지구온난화 덕분에 우리는 과연 그러한 안정화 지점이 인간의 시간 척도 안에 존재할 수 있는지 "절대로" 알 수 없을 것이다.[21]

그리하여 내가 말하는 첫 번째 단층은 기후의 티핑 포인트, 즉 그것을 넘어서면 지구온난화가 인간에게 재앙이 될 수 있는 지점의 문제를 중심으로 조직된다. 그러한 가능성이 존재한다는 것은 의심의 여지가 없다. 고기후학자들은 행성이 지질학적 과거에 〔팔레오세-에오세 최대온난기(PETM) 사건의 경우에서와 같은〕 그러한 온난화를 겪었다는 것을 알고 있다. 그러나 우리는 그러한 지점에 얼마나 빨리 다다를지 예측할 수 없다. 위험 관리 전략의 필수적 부분인 보통의 비용-편익 분석을 할 수 없는 불확실성이 남아 있다. 피어슨이 설명하듯이, "BC〔편익-비용 분석〕는 재앙 정책을 만드는 데 그리 적합하지 않으며", 그는 "지구온난화에서 불확실성을 구별하는 특별한 특징은 비선형성, 임계점과 잠재적인 티핑 포인트, 비가역성 그리고 장기적 지평의 현존이라는" 점을 인정한다.[22] 그는 다음과 같이 쓴다. "불확실성, 임계점, 티핑 포인트의 함의는 우리가 예방적 접근을 해야 한다는 것", "오늘날 비가역적 변화로 이어지는 조처를 하지 않아야 한다는 것이다."[23] 그러나 캐스 선스타인이 설명하듯이 "예방 원칙"은 비용-편익 분석과 무언가 확률 추정도 포함한다. "확실히 우리는 심각한 해악(이를테면 10만 명 사망)의 작은 확률(이를테면 10만분의 1)이 극도로 진지하게 주의할 만하다는 것을 인정해야 한다."[24] 하지만 우리는 단적으로 앞으로 수십 년 동안이나 2100년에 티핑 포인트에 도달할 확률을 알지 못한다. 왜냐하면 티핑 포인트는 지구 온도 상승과 다수의 예측할 수 없는 증폭 피드백 루프가 함께 작용하는 함수이기 때문이다. 이런 상황에서 제임스 핸슨이 정책 사상가들에게 권고하는 한 가지 원칙은 연료로서의 석탄 사용에 관계된다. 그는 "기후 문제를 해결하려면 우리는 석탄 배출량을 단계적으로 줄여야만 한다. 이상"이라고 쓴다.[25] 그저 "예방 원칙"이 아니라 위험에 관한 문헌에서 "최소 극대화 원칙"으로 알려진 것, 즉 "최악의 경우에 최선이 되는 정책을 선택하라".[26] 그러나 이것은 전 세계의 정부와 기업에 받아들여질 수 없는 것으로 보일 것이다. 중국과 인도가 여전히 상당한 정도로(그들의 에너지 공급의 68~70퍼센트) 의존하는 석탄이 없다면, 세계 빈곤층의 대다수가 어떻게 다음 몇십 년 사이에 빈곤에서 벗어날 수 있겠으며, 따라서 기후변화의 영향에 적응할 준비를 할 수 있겠는가? 아니면 기후의 티핑 포인트를 피하려고 안간힘을 쓰는 세계는 결국 지구 경제 그 자체를 넘어뜨리고 인간의 말할 수 없는 불행을 불러일으킬 것인가? 따라서 다음의 물음이 생겨난다. 특히 우리가 다가오는 몇십 년 안에 티핑 포인트에 도달할 확률을 모를 때 '해'를 피하는 것 그 자체가 더 큰 해를 끼치게 될 것인가? 이것은 선스타인과 피어슨 모두가 설명하듯이 여기서 예방 원칙이나 최소 극대화 원칙의 적용과 함께 생겨나는 딜레마이다.[27] 기후변화의 맥락에서 비용-편익 분석을 다루는 스티븐 가디너의 글이 '비용-편익 마비'라는 제목을 달고 있는 것은 놀라운 일이 아니다.[28]

이러한 단층의 핵심에는 척도의 문제가 놓여 있다. 그들이 행성의 역사를 배치하는 훨씬 더 확대된 캔버스에서 고기후학자들은 기후의 티핑 포인트와 그에 수반하여 나타날 수 있는—팔레오세-에오세 최대온난기(PETM) 동안 일어난 것과 같은—광범위한 종 멸종의 가능성을, 우리가 이를 모형화할 수 있든 없든 완벽하게 반복 가능한 현상으로 바라본다. 하지만 우리의 위험 관리 전략은 비용과 그럴듯한 인간적 시간 척도에서의 그 확률에 대한 좀더 인간적인 계산에서 생겨난다. 기후 위기는 우리가 이러한 서로 다른 척도들 위에서 생각하는 것 사이에서 동시에 왔다 갔다 할 것을 요구한다.

인간들로 나누어진 삶과 지배적 종으로서의 집단적 삶

인간이 유발한 기후변화는 정의의 크고 다양한 쟁점들, 즉 세대들 사이의 정의, 작은 섬나라들과 오염 국가들(과거뿐만 아니라 미래의) 사이의 정의 그리고 (역사적으로 대부분의 배출에 책임이 있는) 발전되고 산업화한 국가들과 새로 산업화하고 있는 국가들 사이의 정의 문제를 불러일으킨다. 피터 뉴웰과 매튜 패터슨은 "인간이 유발한 기후변화"라는 표현에서 인간이라는 단어를 사용하는 것에 대해 당혹감을 표현한다. 그들은 다음과 같이 쓴다. "기후변화를 모든 인류에게 공통된 위협으로 묘사하기 위해 사용되는 아늑한 언어 배후에서 명확한 것은 어떤 사람과 나라는 그것에 불균형적으로 기여하고, 다른 사람과 나라는 그 결과의 타격을 정면에서 받는다는 점이다." 그들은 계속해서 말한다 "그것을 특히 다루기 어려운 쟁점으로 만드는 것은 현재 그 문제에 가장 적게 이바지하는 이들, 즉 개발도상 세계의 가난한 이들이 가장 큰 고통을 겪게 될 사람들이라는 점이다. 종종 과학적 문제로 논의됨에도 불구하고 기후변화는 **무엇보다도 우선** 철저히 정치적이고 도덕적인 문제이다."[29] 이 책을 보증하면서 인도의 환경운동가 수니타 나라인은 "우리가 알고 있는 기후변화는 본질적으로 세계의 경제성장 모델과 연결되어 있다"고 말한다.[30] 존 벨라미 포스터, 브렛 클라크, 리처드 요크는 그들의 중요한 저서 《생태학적 단층》에서 기후 위기란 "근본적으로 사회적 단층, 즉 인간에 의한 인간 지배의 산물이다. 그 추동력은 계급과 불평등 그리고 끝없는 획득에 토대한 사회이다"라고 쓴다.[31]

유엔 경제사회국(DESA)이 《개발 촉진과 행성 구원(Promoting Development, Saving the Planet)》이라는 제목을 달고 있는 보고서를 발표한 2009년에 매우 유사한 입장이 제시되었다.[32] 보고서에 사인하면서 유엔 경제사회국 부국장인 사쭈캉(沙祖康)은 이렇게 썼다. "기후 위기는 지난 2세기 동안 전개된 매우 고르지 못한 경제 발전 패턴의 결과이다. 그것은 오늘날의 부유한 나라들이 부분적으로 지금 다른 나라들의 삶과 생계를 위협하는 환경 피해를 책임질 필요가 없다는 점에 의해 그들의 현재 소득 수준을 달성할 수 있게 해주었다."[33] 기후변화를 "개발 도전"으로 특징짓는 샤는 계속해서 신뢰의 일정한 결손이 서구에 대한 비서구 나라들의 태도를 어떻게 특징짓고 있는지 언급했다.[34] 보고서는 그의 요점을 확대했다. "개발도상국들이 탄소 강제적인 세계에서 성장 따라잡기와 경제적 수렴을 어떻게 성취할 수 있을지와 선진국들이 그들의 우려를 덜어주기 위해 무엇을 해야만 하는지는 국가적이고 국제적인 수준에서 정책 입안자들에게 주요한 문제가 되었다."[35] 이러한 입장의 원래 정식화는, 내가 아는 한, 잘 알려져 있고 존경받는 두 명의 인도 환경운동가인 고 아닐 아가르왈과 수니타 나라인이 그들의 조직, 즉 델리의 과학과 환경 센터에서 출간한 소책자 《불평등한 세계의 지구온난화: 환경 식민주의 사례(Global Warming in an Unequal World: A Case of Environmental Colonialism)》를 저술한 1991년으로 거슬러 올라간다.[36] 이 소책자는 **공동의 그러나 차별화된 책임**이라는 생각과 교토 의정서의 일

부분으로서 대중화된 1인당 온실가스 배출량 수치를 두고 논쟁하는 경향을 창출하는 데 이바지했다.[37]

정의의 문제가 생겨나는 데는 그럴 만한 이유가 존재한다. 역사적으로 지금까지 온실가스의 배출 대부분에 책임이 있는 것은 오직 소수의 국가(지난 10여 년 동안의 중국과 인도를 포함한 12~14개국)와 인류의 일부(약 5분의 1)뿐이다. 이것은 사실이다. 그러나 미래와 관련된 세대 간 윤리의 문제는 차치하더라도 인위개변적 기후변화가 본질적으로, 즉 논리적으로 과거의 또는 축적된 인간 내 불의의 문제가 아니라는 것을 깨닫지 못한다면, 우리는 이 위기에서 행위자들로서의 인간들과 하나의 행위자로서의 행성 자체를 구분할 수 없을 것이다.

여기서 나의 요점은 두 실체 사이의 필연적이고 논리적인 관계와 우발적이고 역사적인 관계 사이에서 종종 이루어지는 구별의 타당성에 달려 있다. 이러한 구별을 통해 나는 나의 작업틀 내에 인간 사회가 내부적으로 어떻게 구조화되어 있는지와 상관없이 작동하는 행성적 과정을 위한 여지를 만들어낼 수 있다. 행성의 표면 온도는 대기 중으로 배출되는 온실가스의 정도에 달려 있다. 대기는 그 가스가 거대한 화산 폭발에서 나오는지 아니면 내부적으로 불공정한 인간 사회에서 나오는지 상관하지 않는다. 이렇게 말함으로써 우리가 지구 자본주의라고 생각하는 것에 의해 행해진 **역사적** 역할을 부정하는 것은 아니다. 역사적으로 말하면 더 부유한 나라들이 불평등한 세계를 만들어낸 개발 모델을 추구하면서 온실가스 배출 대부분에 책임이 있다는 것은 말할 것도 없이 사실이다. 그러나 오늘날과 같은 수의 사람들로 구성되고 화석연료에서 공급된 값싼 에너지의 착취에 토대한 좀더 평등하게 번영하고 정의로운 세계라는 반(反)사실적 현실을 상상해보라. 그러한 세계는 의심할 여지 없이 적어도 소득과 부의 분배 측면에서 좀더 평등주의적이고 정의롭겠지만, 기후 위기는 더 나쁠 수도 있다! 우리의 집단적 탄소 발자국은 오늘날보다 더 클 수도 있었을 것이다. 왜냐하면 세계의 가난한 자는 많이 소비하지 않고 온실가스의 생산에 거의 이바지하지 않기 때문이다. 기후 위기는 훨씬 더 빨리 그리고 훨씬 더 극적인 방식으로 우리에게 닥칠 수 있었을 것이다. 역설적으로 가난한 사람들 덕분에, 즉 개발이 불평등하고 불공정하다는 사실 덕분에 우리는 실제로 우리가 하는 것보다 더 많은 양의 온실가스를 대기에 투입하지 않는다. 따라서 논리적으로 말해서 온난화 위기는 실제로 우리가 대기 중으로 배출하는 온실가스의 양에 관한 문제이다. 기후변화를 인과적으로 현대 세계의 경제적 불평등의 역사적 기원/형성과 연결하는 사람들은 역사적 불평등에 관한 타당한 물음을 제기한다. 하지만 그것을 유일한 원인으로서 바라보는 것은 기후변화 문제를 (근대 유럽의 팽창과 제국의 역사 안으로 접혀 넣어진) 자본주의의 문제로 환원하는 것만이 아니다. 그것은 또한 우리가 대지 시스템 과정의 작용—또는 그렇게 부르고자 한다면 행위—과 그 비인간적 시간성을 보지 못하도록 한다. 결국 우리는 상대적으로 단기적인 인간의 역사 과정과 대지 시스템 역사와 행성 위에서의 생명의 역사에 속하는 훨씬 더 장기적인 다른 과정이 함께 결합함으로써 정의되는 우리 현재의 본성을 보지 못하게 된다.

하지만 대양과 같은 자연적 탄소 흡수원이 지구적 공유지의 일부분이며 따라서 세계가 "지구 정의, 형평성, 지속가능성과 같은 고상한 이상을" 열망할 수 있으려면 1인당 동등한 접근의 원칙을 적용함으로써 국가들 사이에 가장 잘 분배된다는 아가르왈과 나라인의 주장은 함축적으로 매우 중요한 쟁점을 제기한다. 즉, 인정되는 동시에 부인되는 인구 문제이다.[38] 기후변화에 대한 논의에서 인구는 종종 모두가 다 알지만 꺼내기를 꺼리는 화제이다. 인구는 복잡한 문제이며, 과거에 그것과 종종 연관되어 그에 대한 어떠한 논의도 수행하기 어렵게 했던 맬서스주의라는 유령을 끄집어낼 필요는 없다.[39] 포괄적인 '인구 문제'는 존재하지 않는다. 인구 문제가 복잡한 것은 '인구 과잉'이라는 문제도 단순하지 않기 때문이다. 예를 들어 아마도 우리는 단적으로 소비 수치를 보게 되면 선진국들이 '인구 과잉'이라고 주장할 수 있을 것이다. 반면에 점점 더 확대되는 빈곤과 빠르게 도시화하는 인구로 인해 서식지를 잃는 야생동물들은 인도와 같은 곳의 특징적인 문제일 수 있다. 현재 행성 위에 있는 막대한 수의 인간은 확실히 부분적으로 현대 의학, 공중 보건 조치, 개인 위생, 전염병의 근절, 인공 비료 사용 등에 기인하는 반면, 어떤 노골적인 방식으로 약탈적이고 자본주의적인 서구의 논리로 돌려질 수 없다. 왜냐하면 중국도 인도도 그들의 인구가 폭발한 수십 년 동안 무절제한 자본주의를 추구하지는 않았기 때문이다. 만약 인도가 인구 통제나 경제 발전에 좀더 성공했다면, 그곳의 1인당 배출 수치는 더 높았을 것이다(인도의 부유층이 서구식 소비 스타일과 기준을 모방하기를 원한다는 것은 어떤 관찰자에게도 명백할 것이다). 실제로 환경과 숲을 담당하는 인도의 장관인 자이람 라메시는 2009년 인도 의회 연설에서 다음과 같이 말했다. "인구수는 역사의 우연이다. 우리가 우리의 인구를 통제하지 못하는 일이 벌어졌다."[40]

하지만 인구는 기후 위기가 어떻게 진행될 것인가 하는 문제에서 여전히 매우 중요한 요인이다. 중국과 인도 정부는 석탄 화력 발전소를 계속 건설하는데, 긴급히 빈곤에서 벗어나야 하는 사람들의 숫자를 언급함으로써 이 움직임을 정당화한다. 석탄은 여전히 이 목적을 달성하기 위한 가장 저렴한 선택지로 남아 있다. 인도 정부는 현재의 환경 위기에 대해 간디를 인용하기를 좋아한다. "대지〔prithvi〕는 각각의 모든 사람의 필요를 충족시키기에 충분하지만, 각각의 모든 사람의 탐욕에는 충분하지 않다."[41] 하지만 화석연료 가운데 최악의 범죄자인 석탄의 지속적 사용을 옹호하는 논쟁에서 '탐욕'과 '필요'는 서로 구별될 수 없다. 인도와 중국은 석탄을 원한다. 오스트레일리아와 또 다른 나라들은 석탄 수출을 원한다. 그것은 여전히 가장 저렴한 종류의 화석연료이다. 2011년에 "석탄은 세계 에너지의 30퍼센트를 차지했으며" 그것은 "1969년 이후 기록한 가장 높은 점유율"이었다.[42] 석탄 사용은 2035년까지 50퍼센트 증가할 것으로 예상되어 남아메리카의 기업에 막대한 수출 기회를 가져다주었다. 〈뉴욕타임스〉의 한 기사는 다음과 같이 보도했다. "미국의 석탄회사들은 와이오밍과 몬태나의 파우더 강 유역의 이 나라에서 가장 생산적인 광산에서 석탄을 몹시도 수출하고 싶어 한다." 그들은 중국과 인도 덕분에 장기적으로 석탄의 미래가 "주로 그 경쟁 상대보다 더 싸기 때문에 밝아" 보인다고 보았다.[43] 이러한 거대한 석탄 시장은 가난한 사람들의 요구를 언급함으로써 석탄 사용을 정당화하는 중국과 인도가 없었다면 생기지 않았을 것이다. 그래서 아미타브 고시가 《대혼란의 시대(The Great Derangement)》에서 지적하듯이 기후위기에 명백히 아시아적인 미래를 부여하는 것은 이 두 나라의 인구 규모이다.[44] 물리학자 P. W. 앤더슨은 1972년에 "더 많은 것은 다르다"고 하는 유명한 말을 했다.[45] 1900년 이후 세계에서 일어났던 것처럼 이미 인구가 많은 사회에서 급속한 인구 증가는 인간 사회와 생물권 사이의 관계를 변화시킨다. 많은 사람이 지적했듯이 20세기에 인구의 기하급수적 증가는 그 자체로 인공 비료와 살충제 및 관개 펌프의 사용을 통해

화석연료와 많은 관련이 있었다.[46]

인구는 또 다른 의미에서도 문제이다. 인류의 총 크기와 분포는 기후 위기가 어떻게 전개되는지에서, 특히 종 멸종과 관련하여 중요하다. 인간이 지금 꽤 오랫동안 다른 종에 압력을 가해오고 있다는 널리 받아들여지는 요점이 존재한다. 나는 그것을 장황하게 검토할 필요가 없다. 실제로 (종 사이의 관련성 전통에도 불구하고) 인간과 코뿔소, 코끼리, 원숭이, 고양잇과 큰 동물들과 같은 동물 사이의 전쟁은 인도의 많은 도시와 마을에서 매일 볼 수 있다.[47] 우리가 많은 종류의 해양 생물을 소비하여 없애버렸다는 것도 일반적으로 받아들여진다. 해양 산성화는 많은 종의 생명을 위협한다.[48]

그러나 인간 진화의 역사와 오늘날 인간의 총 숫자가 왜 행성이 온난화하면서 우리가 종의 생존이라는 문제에 도달했을 때 문제가 되는지 또 다른 이유가 존재한다. 지구온난화로 위협받는 종들이 살아남기 위해 시도하게 될 한 가지 방법은 그들의 생존에 더 도움이 되는 지역으로 이주하는 것이다. 이것은 그들이 과거 행성의 기후 조건 변화에서 살아남은 방법이다. 그러나 지금은 우리 인간이 아주 많이 있고 이 행성에 너무 널리 퍼져 있어 우리가 그들의 길을 막는다. 커트 스테이저는 이 점을 분명히 밝힌다.

> 비록 우리가 미래로의 비교적 온건한 배출 경로를 취함으로써 최후의 극지방과 고산 피난처의 파괴와 〔예상되는〕 규모의 온난화를 피하기를 희망하더라도 …… 여전히 많은 종을 더 높은 위도와 고도로 밀어낼 것이다. 과거에는 종들이 단순하게 움직일 수 있었다. ……그러나 이번에 그들은 우리의 현존으로 인해 대개 고정된 서식지의 경계 안에 갇혀 있을 것이다. ……인류세

온난화가 아직은 특정되지 않는 정점을 향해 치달으면서 오랫동안 고통받아 온 우리의 생물 이웃들은 빙하시대와 간빙기의 길고 극적인 역사에서 이전에 만난 적이 없었던 상황에 직면한다.[49]

그들은 우리 인간이 길을 가로막고 있는 까닭에 움직일 수 없다.

이 점의 아이러니는 더 깊이 나아간다. 전 세계로의 인간 집단의 확산—가장 먼 태평양의 섬들이 지금부터 약 3000년 전에 마지막으로 정착한 곳이었다[50]—과 산업 시대의 인구 증가는 이제 인간 기후 난민들이 더 안전하고 좀더 거주 적합한 지역으로 이동하는 것을 어렵게 만든다. 다른 인간들이 그들의 앞을 가로막을 것이다. 버튼 리히터는 그 점을 다음과 같이 지적한다.

우리〔인간〕는 과거의 〔기후〕 변화에 적응할 수 있었다. ……그러나 지구가 이번에 뜨거워지는 데는 수백 년밖에 걸리지 않은 것에 비해 이전에 각각의 변동에는 수만 년이 걸렸다. 변화의 느린 속도는 그 당시 상대적으로 적은 인구가 움직일 수 있게 했고, 그것은 빙하시대를 포함하여 과거의 많은 온도 변화 동안에 있었던 일이다. 지금 인구는 너무 커서 집단으로 움직일 수 없으며, 그래서 우리는 우리가 야기하는 피해를 제한하기 위해 최선을 다하는 것이 좋다.[51]

따라서 인구의 역사는 동시에 두 가지 역사에 속한다. 우리의 숫자와 기대 수명에서의 성장을 수반하고 가능하게 한 산업적 생활방식—요컨대 현대 의학, 기술, 화석연료(비료, 살충제, 관개)—의 매우 단기적인 역사와 우리 종의 훨씬 더 장기적인 진화의 깊은 역사, 즉 우리가 행성의 지배적인 종으로 진화하여 행성의 모든 곳으로 퍼지고 이제 다른 많은 생명 형식들의 존재를 위협하게 된 역사이다. 가난한 사람들도 부자들만큼이나 인간 진화의 그 공유된 역사에 참여한다. 여기에 우리가 이 책의 서론에서 논의했던 기술권에 대한 피터 해프의 논의를 덧붙이자. 그는 기술권이 대표하는 연결망이 없다면, 대지 위의 전체 인구도 급격히 붕괴할 것이라고 주장한다. '기술권'은 부자와 가난한 자 모두 이 행성에서 살며 그 지배적인 종으로서 행위할 수 있게 하는 가능성의 조건이 되었다.[52]

1인당 배출 수치는 기후변화의 정치경제학에서 필요하고 교정적인 논쟁점을 만드는 데 유용하지만, 비록 다르기는 해도 부자와 가난한 자 모두가 함께하는 종의 더 큰 역사를 숨긴다. 인구는 분명히 부당한 근대화의 단기적 역사와 우리 호모 사피엔스와 다른 종들 관계의 훨씬 장기적인 역사를 결합하는 범주이다.

인간은 특별한가? 인류세의 도덕적 단층

기후 위기는 인류의 기록된 역사와 깊은 역사, 종의 역사와 대지 시스템의 역사라는 통상적으로 분리된 구문론적 순서의 갑작스러운 결합—어쩌면 연속—을 드러내고, 행성적 과정과 생물학적 생명의 역사가 상호작용하는 깊은 연관을 드러낸다. 하지만 이러한 지식으로부터 인간이 우리를 하나로 묶는 동시에 분열시키는 너무나도 인간적인 야망과 다툼을 원기 왕성하고도 복수심에 찬 채 추구하는 것을 그만둘 거라는 전망이 따라 나오지는 않을 것이다. 윌 스테펜, 파울 크뤼천, 존 맥닐은 대략 1945년부터 2015년까지의 인간 역사에서 그들이 폴라니를 따라 '거대한 가속'의 시기라고 부르는 것에 우리가 주목하게 했다. 그때는 인구, 실질 GDP, 외국인 직접투자, 강의 댐 막이, 물 사용, 비료 소비, 도시 인구, 종이 소비, 수송용 자동차, 전화, 국제 관광, 맥도날드 레스토랑(그렇지!), 그 모든 것의 전 지구적 수치가 기하급수적으로 급증하기 시작했다.[53] 그들은 이 시기가 인류세는 언제 시작되었는가라는 물음에 대한 대답의 강력한 후보가 될 수 있다고 제안한다. 인류세는 우리가 오늘날 집단으로서 직면하고 있는 수많은 환경 문제를 잘 나타낼 수 있겠지만, 인간사의 역사가로서 내가 이른바 거대한 가속의 시기란 또한 유럽의 제국 열강들에 의해 지배되고 그 후 수십 년 동안 근대화(예를 들어 강의 댐 막이)를 향해 그리고 지난 20년의 지구화와 더불어 어느 정도의 소비 민주화를 향해 움직인 나라들에서의 거대한 탈식민화 시기이기도 하다는 것을 알아차리지 못할 수 없다. 나는 '거대한 가속'이 여성에 대해 '해방적'이라고 선전된 서구 가정에서의 냉장고나 세탁기와 같은 내구 소비재의 생산과 소비를 포함한다는 사실을 무시할 수 없다.[54] 또한 나는 오늘날 가장 평범하고 가난한 인도 시민이 자신의 스마트폰이나 그것의 값싼 대용품을 가지고 있다는 자부심도 잊을 수 없다.[55] 인류세로의 갑작스러운 기울어짐은 적어도 소비 영역에서는 전 지구적으로 오랫동안 기대했던 사회 정의의 이야기이기도 했다.

하지만 인간들 사이의 이러한 정의는 대가를 치르게 된다. 인간의 소비 증가의 결과는 생물권의 거의 완전한 인간 전유였다. 얀 잘라시에비치는 바클라브 스밀의 연구에서 어느 정도 냉정한 통계를 인용한다.

스밀은 우리의 척도를 모든 것 중에 가장 객관적인 기준인 집단적 무게에서 취했다. 단순히 몸무게로 따지면 …… 우리의 크기는 현재 대지 위 육상 척추동물 몸무게의 약 3분의 1에 달한다. 다른 3분의 2 대부분은 같은 척도로 우리가 계속해서 먹을 수 있는 것, 즉 소·돼지·양 등을 포함한다. 5퍼센트 미만, 어쩌면 3퍼센트 정도가 지금 진짜 야생 동물, 요컨대 치타·코끼리·영양 등으로 이루어져 있다. ……제4기〔지난 200만 년〕 초에 …… 인간은 약 350여 종의 큰 …… 척추동물 가운데 하나일 뿐이었다.

잘라시에비치는 "야생 척추동물의 수가 급감한 것을 보면 척추동물 생물 총량이 전체적으로 줄어들었다고 상상할 수 있을 것"이라고 쓴다. 그는 계속해서 다음과 같이 말한다. "그렇지 않다. 인간은 우선 처음에는 대기로부터 질소를 그리고 땅으로부터 인을 불러냄으로써 식물의 성장률을 높이는 데 아주 능숙해졌고, 이어 그 초과 성장은 우리의 포로가 된 짐승들의 짧은 체류로 이어졌으며, 그러고 나서는 우리에게 …… 척추동물의 총 생물량은 '자연적' 수준 이상의 크기 상태에 접근하는 것으로 늘어났다(경이롭지 않은가)."[56] 스밀은 자신의 광범위한 연구를 담고 있는 저서 《생물권 수확하기(Harvesting the Biosphere)》를 다음과 같이 경고하는 말로 마무리한다. "저소득 국가의 수십억의 가난한 사람들이 풍족한 경제에서 지배적인 현재 1인당 수확량의 절반이라도 주장한다면, 대지의 주요 생산물 가운데 너무 적은 것이 자연 상태에 남겨질 것이고, 우리 이외의 포유류 종에게는 거의 아무것도 남지 않을 것이다."[57]

이것은 유럽인들이 다른 민족의 땅을 강제적으로나 다른 방법으로 점령했을 때 종종 자기 자신에게 물었던 물음과 현저한 유사성을 지닌 물음을 제기한다. 어떤 권리로 또는 어떤 이유에서 우리는 인간의 필요를 위해 행성의 생물권을 전유하겠다는 거의 배타적인 주장을 내세우는 것인가? 존 브룸은 "온난화하는 세계의 윤리"에 관한 책에서 이 물음에 직면한다. '궁극적으로 좋은 것은 무엇인가?'라는 제목의 한 절에서 브룸은 기후변화가 다음의 물음, "특히 자연, 즉 종·생태계·황무지·풍경이 그 자체로 가치를 가지는가 하는 물음"을 제기한다고 인정한다. 그는 그 물음이 자신의 책에 대해 "너무 크다"고 결정하지만, 여전히 자연의 가치에 관한 다음과 같은 생각들을 제공하는 데로 나아간다. "자연은 의심할 여지 없이 가치가 있다. 사람들에게 좋기 때문이다. 자연은 물질적 재화와 서비스를 제공한다. 강은 우리에게 깨끗한 물을 가지고 오고, 우리의 더러운 물을 가지고 간다. 야생 식물은 우리에게 많은 약을 제공한다. ……자연은 또한 사람들에게 감정적으로 좋은 것을 가져다준다. 그러나 기후변화가 제기하는 중요한 물음은 자연이 그 자체로 가치를 가지는가 하는 것이다. ……이 물음은 이 책에 대해 너무 크다. 나는 사람들에게 좋은 것에 집중할 것이다."[58]

하지만 "사람들에게 좋은 것"이 의문의 여지 없이 좋은 것일까? 우리는 특별한가? 아처도 그의 책 《긴 해빙》을 바로 이 물음을 다루면서 시작한다. 아처는 과학이 인간에 대해 겸손하다고 생각한다. 왜냐하면 과학은 인간의 특별함을 뒷받침하지 않기 때문이다. 과학은 오히려 우리가 "생물학적으로 '특별하지'" 않다고 말한다. "우리는 원숭이의 후손이고, 심지어는 더 겸손한 기원에서 내려왔다." 그는 더 나아가 지질학적 증거는 우리에게 다음과 같이 말해준다고 쓴다. "세계는 우리보다 훨씬 오래되었고, 특별히 우리를 위해 창조되었다는 증거는 없다. ……이것은 너무나도 비천하게 만든다."[59] 하지만 인간의 특별함을 가정하는 교활한 물음은 우리를 자본의 그것보다 훨씬 더 오랜 과거로 그리고 자본 통치의 불평등과 불의에 대해 생각하는 데서 우리가 결코 건넌 적이 없는 영토로 데려간다.

물론 인간이 특별하다는 생각은 오랜 역사를 지닌다. 우리는 아마도 여기서 인간중심주의를 복수로 말해야 할 것이다. 예를 들어 인간이 최초의 도시 문명 중심지를 세우고 초월적 신의 관념을 창조하고서 오랜 시간이 지난 후에 나타난 종교들로부터 근대 사회과학에 이르는, 인간을 세계의 자연적 부분에 대립시킨 생각의 긴 노선이 존재한다. 이러한 나중의 종교들은 (우리가 동물 행성의 부분이지 단순히 바보상자 바깥에서 그것을 쳐다보는 것이 아닌 것처럼) 종종 인간을 동물적 삶의 부분으로서 바라보는 사냥-수렵 민족(나는 여기서 오스트레일리아의 원주민과 그들의 이야기에 대해 생각한다)의 훨씬 더 고대의 종교들과 강하게 대조되는 것으로 보인다. 인간은 이러한 고대 종교들에서 반드시 특별하지 않았다. 토테미즘에 대한 에밀 뒤르켐의 입장을 떠올려보라. 토테미즘의 믿음 도식에서 "인간의 자리"를 결정하는 데서 뒤르켐은 토테미즘이 이중으로 파악된 인간 또는 그가 말하는 인간의 "이중적 본성"을 가리킨다는 것을 분명히 했다. "두 존재, 인간과 동물이 그 내부에 공존한다." 그리고 더 나아가 다음과 같이 말한다. "우리는 토테미즘을 일종의 동물숭배로 간주하지 않도록 주의해야만 한다. ……그들〔사람들과 그들의 토템들〕의 관계는 오히려 같은 수준과 동등한 가치를 지닌 것들의 관계이다."[60]

바로 그 초월적 신의 관념은 인간을 창조주와 그의 창조물, 즉 세계와의 특별한 관계에 놓는다. 이 점에 대해서는 별도의 좀더 긴 논의가 필요하지만, 지금 당장은 이것의 완전히 무작위적이고 임의적인—요컨대 내가 힌두교를 포함한 다른 종교 전통들에서 예를 선택할 수 있었을 것이기 때문에 임의적인—예를 위해 파즐루르 라만의 다음 발언을 고려하고자 한다. 라만은 코란이 신의 본성을 표현하기 위해 또 다른 단어, 즉 '명령'을 의미하는 아므르(amr)와의 밀접한 연관에서 사용하는, '힘과 측정' 둘 다를 의미하는 카다르(qadar)라는 용어에 대한 설명을 거쳐서 자연을 통해 매개된 것으로서의 인간에 대한 신의 관계에 대해 이렇게 말한다.

> 전능하고 목적이 있으며 자비로운 신은 …… 모든 것을 '측정하고' 모든 것에 적절한 범위의 그 잠재력, 그 행동 법칙, 요컨대 그 성격을 부여한다. 이러한 측정은 한편으로는 자연의 질서를 보장하고 다른 한편으로는 신의 본성과 인간의 본성 사이의 가장 근본적이고 다리를 놓을 수 없는 차이를 표현한다. 창조주의 측정은 어떠한 측정된 피조물도 그에 …… 말 그대로 참여할 수 없는 무한함을 함축한다.

이것이야말로 "자연이 신의 명령〔amr〕에 따르지 않거나 그럴 수 없으며 자연법을 어길 수 없는" 이유이다.[61] 이것은 아주 분명히 인간이 신의 역할을 해서는 안 된다고 명령하지만, 라만이 명확히 하듯이 "인간이 그 법칙들을 발견하지 못하고 인간의 좋음을 위해 그것들을 적용할 수 없다"는 것을 의미하지 않는다.[62] 신은 친절하다. 그는 우리를 위해 세계에 많은 것을 예비해놓았기 때문이다.[63] 환경주의자들은 이와 유사하게 오래전부터 〈창세기〉의 한 구절을 인용해왔다. "주님은 '사람들이 온 땅 위의 …… 땅 위에 기어 다니는 모든 길짐승을 다스리게 하자'고 말한다. 그는 인간에게 '생육하고 번성하여 땅에 충만하고 땅을 정복해라'라고 명령한다."[64]

따라서 기후변화에 관한 문헌은 환경윤리에 관심이 있는 철학자와

학자들에게 오랫동안 영향력을 행사해온 인간중심주의와 이른바 비인간중심주의에 관한 좀더 오랜 논쟁을 재구성한다. 우리는 비인간을 그 자체로 소중히 여기는가 아니면 우리에게 좋기 때문인가?[65] 하지만 비인간중심주의는 사실상 망상일 수 있는데, 왜냐하면 한펑(韓鋒)이 다른 맥락에서 지적하듯이 "인간의 가치는 언제나 인간(또는 인간 중심)의 관점에서 나올 것"이기 때문이다.[66] 1980년대의 생태학적 정신을 지닌 철학자들은 인간중심주의의 '약한' 버전과 '강한' 버전을 구별하면서 더 약한 버전을 지지했다. 강한 인간중심주의는 순전히 인간적인 선호를 위한 비반성적이고 본능적인 자연의 사용이나 착취와 관련이 있었다. 약한 인간중심주의는 인간 이외의 것이 왜 인간의 번성에 중요한지에 대한 합리적인 반성을 통해 도달한 입장으로 여겨졌다.[67]

하지만 기후변화에 관한 러브록의 작업은 이를테면 단층의 반대편에서 근본적으로 다른 입장을 만들어낸다. 그는 이를 그의 책 《가이아의 사라지는 얼굴(The Vanishing Face of Gaia)》에서 거의 표어로서 작동하는 간결한 명제에 담는다. "인류의 복지가 우선이라는 제약 없이 지구의 건강을 고려하는 것."[68] 그는 다음과 같이 강조한다. "나는 지구의 건강이 일차적이라고 본다. 왜냐하면 우리는 생존을 위해 건강한 행성에 전적으로 의존하기 때문이다."[69] 인간의 피할 수 없는 인간중심주의를 고려할 때 인간이 "지구를 일차적인 것으로" 생각하거나 세계가 "특별히 우리를 위해 창조"되지 않았다는 아처의 진술이 지닌 함축을 성찰하는 것은 무엇을 의미하는가? 나는 이 물음을 이 장의 뒤따르는 결론 절에서 고찰한 후 그에 이어지는 장들에서 계속해서 추적할 것이다.

기후와 자본, 지구적인 것과 행성적인 것

내가 여기서 논의한 모든 단층은 인간의 시간과 대지 시스템 역사의 형성에 이바지하는 지구생물학적 과정의 더 깊고 더 긴 시간적 리듬 사이의 차이로 향한다. 우리가 이 차이에 머물 것인지 아니면 그것을 다시 인간의 제도와 그 역사의 시간성 안으로 접어넣으려고 할 것인지는 이 책이 그 안에 놓인 논쟁의 골자를 구성하는 물음이다. 《종말의 시대에 살아가기(Living in the End Times)》에서 슬라보예 지젝은 내가 이 프로젝트에 착수하면서 제시한 논증을 비판했다. 그의 논평 가운데 일부는 헤겔 변증법의 '참된' 본성과 관련된 요점에 관계되는데, 나는 그것을 여기서는 논의하지 않을 것이다. 그러나 그는 또한 인위개변적 기후변화와 '자본주의 생산양식' 간의 관계를 역설하기도 하는데, 그 관계는 내가 여기서 마지막 발걸음을 내디딜 수 있게 한다. 종으로서의 우리 존재에 대해 자본주의냐 사회주의냐의 선택과는 비교적 독립적인 '자연적 매개 변수들'이 존재하며, 따라서 우리는 종의 깊은 역사와 자본의 훨씬 더 짧은 역사를 함께 생각할 필요가 있다는 나의 지적에 응답하여 지젝은 다음과 같이 말했다.

> 물론 우리 환경의 자연적 매개 변수들은 "자본주의나 사회주의에 독립적"이다. 그것들은 경제 발전, 정치 체제 등과는 독립적으로 우리 모두에게 잠재적인 위협을 품고 있다. 하지만 그럼에도 불구하고 그것들의 안정성이 지구적 자본주의의 역동성에 의해 위협받아왔다는 사실은 차크라바르티가 허용한 것보다 더 강한 의미를 함축한다. 어떤 면에서 우리는 전체가 그 부분에 포함된다는 것, 전체의 운명(대지 위의 삶)이 이전에 그것의 부분들 가운데 하

나였던 것(대지 위의 종들 가운데 하나의 사회경제적 생산양식)에서 무슨 일이 일어나는지에 달려 있다는 것을 인정해야 한다.

이 전제를 고려할 때, 그의 결론은 다음과 같다.

〔우리도〕 …… 핵심 투쟁이 특수한 것이라는 그 역설을 받아들여야 한다. 우리는 자본주의 생산양식의 특수한 교착상태를 먼저 해결함으로써만 (인간종의 생존이라는) 보편적 문제를 해결할 수 있다. ……생태학적 위기의 열쇠는 생태학 그 자체에 존재하지 않는다.[70]

기후변화 드라마에서 자본주의적 생산양식의 역할에 관련된 지젝의 명제는 내가 이 장에서 제안한 것을 넘어선다. 값싼 화석연료 에너지의 대규모 이용 가능성에 의존하는 자본주의 또는 산업 문명이 기후 위기의 최근 원인 또는 작용인이라는 것은 의심할 여지가 없다. 나는 그 점에 대해 대부분 학자에게 동의한다. 그러나 지젝은 자본주의만을 운전석에 앉힌다. 그것은 지금 '전체'를 규정하는 '부분'이다.

우르술라 하이즈는 왜 지젝의 변증법이 지구온난화 위기를 다루는 데 단적으로 도움이 되지 않는지를 날카롭게 지적했다. 그녀는 행성 온난화가 "내일 멈추지 않을 것이다. 대안적 경제 체제를 개발하려는 집단적 의지가 행성의 몇몇 지배적 국가들에서 출현할 수 있을지라도, 그러한 체제로의 이행은 거의 확실히 몇십 년(좀더 그럴듯하게는 한 세기나 그 이상)이 걸릴 것이다. 이것은 현재의 기후 위기에 결정적 영향을 미치기에는 너무 늦다. 자본주의를 극복하는 것이 기후 위기를 해결하기 위한 전제 조건이라는 지젝의 가정은 실제로는 그것을 절충할 가능성을 단

적으로 부인한다”.[71]

게다가 지젝의 이해 그 자체에는 더 커다란 문제가 있다. 특수한 인간 제도의 역사와 논리가 (우리 자신을 포함하여 여러 종의 생명을 압박하는) 대지 시스템과 진화 역사의 훨씬 더 큰 과정에 휘말렸다고 말하는 것은 인간의 역사가 이러한 대규모 과정의 추동력이라고 말하는 것이 아니다. 이러한 후자의 과정은 자본주의의 그것보다 훨씬 큰 규모의 공간과 시간에 걸쳐 계속된다. 이로부터 우리가 논의한 단층이 나타난다. 스테이저와 아처가 지적했듯이, 오늘날 우리가 아무리 “과잉” 이산화탄소를 많이 내놓더라도, 대지 시스템의 장기 과정, 예를 들어 수백만 년의 탄소 순환은 틀림없이 언젠가 인간적으로든 아니든 간에 “그것을 청소할” 것이다.[72] 이것은 이러한 장기적 대지 시스템 과정을 지구온난화 드라마의 공동 배우로 보는 것이 논리적으로 더 일관되게 여겨지는 이유이다. 이것은 또한 부의 축적이나 소득 불평등의 문제 또는 지구화에 의해 제기되는 문제와는 달리 인위개변적 기후변화 문제가 자본의 논리를 연구하기 위해 배치된 보통의 틀 안에서 예측될 수 없었던 사실에 의해서도 시사된다. 정치적-경제적 조사와 분석의 방법은 보통 80만 년 된 얼음 코어 샘플을 파내거나 행성 표면의 평균 온도 변화를 위성으로 관찰하는 것을 수반하지 않는다. 기후변화는 정치경제학의 학생들과는 다른 연구 방법, 분석 전략, 일련의 숙련도를 지니는 기후과학자들에 의해 정의되고 구성되는 문제이다.

일단 우리가 지구와 생명의 더 깊은 역사에 속하는 과정들에게, 현재의 위기에서 인간적이고 비인간적인 척도 양쪽에서 작용하는 공동 배우의 역할을 부여하면, 얼마 전에 가야트리 차크라보르티 스피박이 쓴 문장의 통찰이 시야에 들어온다. “행성은 또 다른 시스템에 속하는 타자성의 종에 존재한다. 하지만 우리는 거기에 거주한다."[73] 스피박은 무언가 눈치채고 있었다. 그녀의 정식화는 기후변화의 과학을 알리고 뒷받침하는 행성 연구의 인간적 함축에 대한 숙고로 나아간다.

이 과학은 우리가 지구적인 것이라는 기존의 개념에 관계되긴 하지만 그것과는 다른 행성적인 것이라는 새롭게 떠오르는 개념을 개발하도록 도와준다. 왜냐하면 비록 지구 대기 온난화의 현 단계가 실제로 인위개변적이라 할지라도, 그것은 부수적으로만 그렇기 때문이다. 인간은 행성 온난화의 과학 그 자체에서 수행할 내재적 역할을 지니지 않는다. 그 과학은 이 행성에만 특유하지도 않다. 그것은 이른바 행성 과학의 일부분이다. 그것은 대지에 구속된 상상력에 속하지 않는다. 많은 지구물리학 학과에서 행성 온난화를 가르치기 위해 사용하는 교과서는 단순히 《행성 기후의 원리(Principles of Planetary Climate)》라고 불린다.[74] 우리의 현재 온난화는 이 행성과 다른 행성들에서 인간과 인간 아닌 것에 대해 서로 다른 결과를 지니고서 발생한 행성 온난화의 한 예이다. 인간의 행위로 인한 지구의 현재 온난화는 그저 그렇게 우연히 일어난 일일 뿐이다.

따라서 기후변화의 과학적 문제는 이른바 비교 행성 연구에서 출현하며 일정한 정도의 행성 간 연구와 사유를 수반한다. 여기서 작용하는 상상력은 인간 중심적인 것이 아니다. 그것은 우리의 의식에서 지구적인 것, 즉 두드러지게 인간적인 이야기와 행성적인 것, 즉 인간이 그에 대해 부수적인 관점 사이에서 점증하는 갈라짐에 대해 말한다.[75] 기후 위기는 행성의 타자성이라는 냉혹한 충격을 이제 막 깨우치고 있다. 이 행성은 또다시 스피박의 말을 빌리자면 "또 다른 시스템에 속하는 타자성의 종에 존재한다". 그리고 그녀가 제시하듯이 "하지만 우리는 거기에 거주한다". 만약 기후변화의 포괄적 정치학이 존재해야 한다면, 그것은 이러한 관점에서 시작해야 한다. 인간—부유하든지 가난하든지 모든 인간—이 행성의 삶에 늦게 와서 소유주라기보다는 오히려 지나가는 손님의 위치에 머무른다는 깨달음은 우리가 인위개변적 기후변화의 부당한 영향과 관련된 문제들에서, 정의에 대한 너무나도 인간적이지만 정당한 탐구를 추구할 때 취하는 관점의 통합적 부분이어야 한다.

3

행성

인간주의적 범주

대지 시스템 과학(ESS), 무엇보다도 우선 행성의 온난화와 냉각화를 설명하는 과학은 사건을 매우 다른 시간 척도로 정의하는 세 개의 (그리고 현재 다양하게 상호의존적인) 역사, 즉 행성의 역사, 행성 위에서의 생명의 역사 그리고 제국·자본·기술의 논리에 의해 만들어진 지구 역사의 결합에 인간을 자리하게 함으로써 그 인간에게 매우 길고 다층적이며 이질적인 시간의 과거를 준다. 그러므로 우리는 대지 시스템 과학자들을 역사성의 새롭게 출현하는 체제 내에서 글쓰는 역사가로 읽을 수 있다. 우리는 이것을 많은 인간주의적이고 사회과학적인 역사가들이 기후변화의 주제나 인류세라는 생각을 다룰 수 있게 해준 역사성의 지구적 체제와 구별하기 위해 역사성의 행성적 또는 인류세적 체제라 부를 수 있을 것이다. 하지만 역사성의 지구적 체제에서 역사가들은 인류세를 근대 제국과 식민지의 역사, 유럽의 팽창과 항해 및 그 밖의 통신 기술의 발전, 근대성과 자본주의적 지구화 그리고 과학과 기술이 연관된 지구

적 역사와 관계시키려 한다.[1]

나의 주장은 우리가 이 두 기록 위에서 산출된 역사들을 당연히 그렇게 해야만 하듯이 함께 읽을 때, **행성** 범주가 인간주의 사상의 범주로서, 즉 인간에 대한 실존적이고 따라서 철학적인 관심의 범주로서 나타난다는 것이다. 마르틴 하이데거는 1936년에 **대지**를 철학적 범주로 도입할 때 **행성**이라는 말을 철학자들에게 관심이 없는 것으로서 선언하고, 대지를 행성이라는 말과 신중하게 구별했다. 그는 "이 〔대지라는〕 말이 말하는 것은 어딘가에 퇴적된 물질 덩어리의 관념이나 단지 천문학적일 뿐인 행성 관념과 연관되는 것이 아니다"라고 썼다.[2] 그해에 프랑크푸르트에서 처음 행해진 '예술작품의 근원'에 관한 그의 강의는 '대지'를 삶을 가능하게 하는 것으로서 설명했다. 그것은 인간의 거주하려는 시도를 위한 근거였다. "대지 위에서 그리고 그 안에서 역사적 인간은 세계에 자신의 거주를 근거짓는다."[3] 또는 또 다른 논문에서는 다음과 같이 언급한다. "대지는 꽃 피우고 열매 맺으며, 바위와 물속으로 퍼져나가고, 식물과 동물로 솟아오르는 섬기는 담지자이다."[4] 죽을 수밖에 없는 자들이 대지 위에 거주할 때, 그들은 대지를 "구원했다". 하이데거는 "구원한다는 것은 어떤 것을 위험에서 구출하는 것만이 아니다. ……대지를 구원한다는 것은 그것을 이용하거나 심지어 지치게 하는 것 이상이다. 대지를 구원하는 것은 대지를 지배하지 않고 그것을 정복하지 않는바, 그것은 약탈로부터 단지 한 걸음일 뿐이다"라고 설명했다.[5] 인간 세계와 대지는 투쟁의 관계에 있다. 즉, 그것은 결코 단순히 조화의 관계가 아니며 예를 들어 거주의 부분으로서 불안을 낳을 수 있다. 하이데거는 다음과 같이 쓴다. "세계와 대지는 본질적으로 서로 다르지만, 결코 분리되어 있지 않다. 세계는 대지에 근거하며, 대지는 세계를 관통한다. ……세계와 대지의 대립은 하나의 항쟁이다."[6]

대지를 철학하는 것으로 향한 하이데거의 전회는 그의 추종자들 사이에서 사소한 지적 소동을 낳았다. 〈예술작품의 진리〉(1960)에서 한스 게오르크 가다머는 '대지'라는 범주를 그렇게 하이데거의 '세계' 개념에 대한 장식으로서 도입한 것이 얼마나 "새롭고 놀라운 것"인지 기억했다.[7] 14년 후 하이데거의 85번째 생일을 맞아 글을 쓰면서 가다머는 이 주제로 돌아와 "대지와 하늘, 그리고 마치 이것들이 형이상학 전통이 질료와 형상 개념을 다루었던 것과 같은 방식으로 다룰 수 있는 사유의 개념인 것처럼 둘 사이의 투쟁에 관한 이야기를 듣는 것이 얼마나 특이했는지" 언급했다.[8]

대지/세계의 구별과 대지/행성의 구별은 오늘날 하이데거의 독자들에게는 다른 방식으로 나타난다. 하이데거의 대지/세계 구별이 그에게 인간 거주에 관한 생각을 정식화할 수 있도록 도와주었다면, 그의 대지/행성 구별은 그와 대조적으로 대체로 일부 대지 시스템 과학자들이 생명의 유지에 결정적인 행성의 지대, 즉 임계 지대라고 불리는 것과 행성의 암석으로 이루어진 뜨겁고 용해된 내부를 구분하는 것에 위치한다. '임계 지대'는 "나무의 꼭대기에서 가장 깊은 지하수에 이르는 대지의 가까운 표면층인데, 여기서 대지 표면과 인간의 상호작용 대부분이 일어나는바, 그것은 지형학적 활동 대부분의 장소이다".[9] 하이데거의 언어를 사용하자면, 우리는 이익과 권력을 점점 더 추구하는 가운데 대지에 더욱더 강하게 작용하면 할수록 행성과 더 많이 마주친다고 말할 수 있다. 행성은 지구화 프로젝트에서, 요컨대 '파괴'와 인간 지배의 헛된 프로젝트(하이데거가 "의지의 무기력"이라고 부르는 것)에서 출현했다.[10] 하지만 그것은 지구도 세계도 아니고 확실히 대지도 아니다. 그것은 이 행성이 그 자신을 천문학적이고 지질학적인 연구의 대상으로서 그리고 생명의 역사를 담고 있는 매우 특별한 사례로서 드러내는 영역에 속한다. 그리고 이 모든 차원은 공간과 시간의 인간적 현실을 크게 능가한다.

심원한 차이가 행성을 우리가 지금까지 세계나 지구의 역사를 생각할 때 함께 생각해온 다음 세 가지 범주와 분리시킨다. 세계와 대지 및 (때때로 행성과 동의어로 취급되는) 지구가 그것이다. 세 가지 모두 다양한 방식으로 인간적인 것을 지칭하는 범주들이다. 그것들은 이러한 방향성을 공유한다. 우리는 지구를 인간의 제도와 기술에 의해 창조된 것으로 본다. 인간과 대지는 하이데거가 보았듯이 대면 관계에 서 있다.[11] 하이데거의 생각에 대지는 이를테면 언어의 출현을 기다려야 했다. 언어를 사용할 수 있는 생물이 진화했을 때 비로소 존재의 물음—곧 있어야 하는 것의 의미—이 대지에 대해 허용될 수 있었기 때문이다.[12] 그러나 행성은 다르다. 우리는 그것을 인간과의 의사소통 관계에 둘 수 없다. 행성은 이를테면 하이데거의 '대지'—또는 심지어 제임스 러브록이나 브뤼노 라투르의 가이아—와는 달리 스스로 인간에게 말 걸지 않는다.[13] 생각 속에서 행성을 만난다는 것은, 인간 존재의 조건이지만 그 존재에 대해 계속해서 깊이 무관심한 어떤 것을 만나는 것이다.

인간은 경험적으로 행성—깊은 대지—을 그들의 역사에서 가령 지진, 화산 폭발, 쓰나미로서 언제나 마주쳐왔지만, 반드시 인간주의 사상에서의 한 범주로서 마주친 것은 아니었다. 인간은 예를 들어 1755년 리스본 지진 후에 라이프니츠와 볼테르의 논쟁이나 1934년 비하르 지진 이후 타고르와 간디의 논쟁이 보여주듯이 행성을 다루었지만, 바로 그 이름으로 부를 필요는 없었다.[14] 행성은 도덕과 신정론(神正論)에 관한 논쟁 안으로 그리고 최근에는 자연재해에 관한 생각 속으로 들어왔다.[15] 그러나 자연/인간의 구별이 궁극적으로 지속 불가능하며, 전 세계적인 인간 활동이 지진과 쓰나미 그리고 다른 '자연' 재해의 빈도 증가에 이바지할 수도 있다는 증거가 모이면서 행성 **그 자체**는 내가 역사성의 행성적 또는 인류세적 체제라고 부른 것에서 그것의 역사를 쓰는 사람들에게 실존적 관심의 장소로 떠올랐다. 그들은 다름 아닌 대지 시스템 과학자들 자신이다. 그들의 설명은 대지 시스템이 심각하게 교란될 위험에 처해 있음을 보여준다. 요컨대 이 역사는 행성을, 인류의 미래를 논의할 때 고려해야 할 실체로서 드러낸 것이다. 행성은 이런 이야기에서 게으른 단어가 아니다. 그것은 G. W. F. 헤겔의 국가나 카를 마르크스의 자본과 마찬가지로 관계들의 역동적 총체, 대지 시스템을 구성하는 총체이다. 행성(즉, 대지 시스템)이 인간주의 사상의 범주로서 떠오르는 것은 대지 시스템의 상태에 대해 과학자들이 우려를 표현하는 그러한 순간에서다. 과학에 대항한 하이데거의 자세와 인간 거주의 본성이 '천문학적' 대상, 즉 우리 행성에 대해 사유하지 않고서 상상될 수 있다는 그의 가정은 인류세 시대에는 우리가 지지할 수 없는 입장이다.

내가 보기에 이러한 새로운 범주인 **행성**의 본성은 과거에 종종 그것과 동일시되었던 지구라는 관념과 구별함으로써 가장 잘 탐구된다. 나는 지구와 행성의 이 구별을 상세히 설명함으로써 시작하고자 한다. 이러한 과제와 관련되지만 여기서 직접 다루지는 않는 **대지**라는 범주는 우리가 보게 되듯이 내가 나의 전반적인 논증을 틀 짓기 위해 끌어들이고자 하는 인간 거주에 대한 카를 슈미트의 생각에서 늘 중심적이었다.[16] 물론 나는 행성적 전회를 수행하는 첫 번째 사람이 아니다. 지구/행성 구별에 대한 나의 사유는 앞 장에서 가야트리 차크라보티 스피박이 행성성을 불러내는 것과의 만남에서 시작되었다. 하지만 독자들이

보게 되듯이 나는 이제 그 사유를 특정한 방향으로 밀어붙였다.[17]

지구적인 것과 행성적인 것: 지구화의 지구[18]

지구화에 관한 문헌에 등장해온 **지구**라는 말은 **지구온난화**라는 표현에서의 **지구**라는 말과 같은 것이 아니다.[19] 지구화 이야기는 그 중심에 인간을 지니며, 인간이 역사적으로 어떻게 지구에 대한 인간의 감각으로 이어졌는지 서술한다. 세계사나 지구사와 같은 분야들은 그 모든 차이에도 불구하고 이 과정에 대한 우리의 이해에 이바지했다. 300년 이상의 시간 간극이 있는 두 텍스트—토머스 홉스의 《리바이어던(Leviathan)》(1651)과 한나 아렌트의 《인간의 조건》(1958)—를 들어보자. 하나는 근대 정치 사상을 개시하는 것이고, 다른 하나는 우주여행이 막 시작된 시대에 정치 철학을 새롭게 하는 것이다. 대지가 인간에게 무엇인지에 대한 그들의 감각("대지의 얼굴에 대한 지식")이 몇 세기를 가로질러서도 항해와 이동성 수단의 발전에 따른 유럽의 팽창, 무역, 바다(와 결국 공중)의 지도 제작과 항해의 역사, 다시 말하면 지구에 대한 근대적 감각을 창조한 과정과 제도에 의해 얼마나 많이 조건지어져 있는지 주목할 수 있을 것이다.[20] 그것은 마치 국가의 부상과 더불어 인간의 조건이 어떻게 변했는지를 기술하는, 홉스의 가장 많이 기억되는 구절들 가운데 하나에서의 역사적 언급—"〔국가가 없는〕 그러한 상태에서 산업을 위한 장소는 없다. 그 열매가 불확실하기 때문이다. 따라서 대지〔여기서 대지는 **경작되는 땅**으로 이해된다〕의 문화가 없다. 항해도, 바다를 통해 수입할 수 있는 상품의 사용도 없다. ……많은 힘을 요구하는 것들을 옮기고 제거하는 도구도 없다. 대지의 얼굴에 대한 지식도 없다. 시간에 대한 설명도 없다"—이 아렌트가 1950년대 후반에 자리 잡고서 홉스가 그 발전의 초기 단계에서 보았던 것과 같은 역사적 과정을 관찰할 때 그야말로 말 그대로 반복되었던 듯하다.[21] 그녀는 다음과 같이 썼다. "사실상"

> 대지의 발견, 그 땅의 지도 제작과 그 바다에 대한 특권 부여[다시 한번 땅/바다 구별]는 수세기가 걸렸고 이제야 막 끝나기 시작했다. 이제야 인간은 자신의 이 세상 거주지를 완전히 소유하고 무한한 지평선을 …… 그 장엄한 윤곽과 상세한 표면을 자기 손바닥의 손금처럼 알고 있는 지구 안으로 모아들였다. 대지 위의 이용 가능한 공간의 광대함이 발견된 바로 그때, 지구의 유명한 수축이 시작되었고, 결국 우리 세계에 이르기까지 …… 각자는 자기 나라의 거주자인 만큼이나 자기 대지의 거주자이다. 사람들은 이제 대지 전체에 걸친 연속적 전체 속에서 살고 있다. ……확실히 그 어떤 것도 그 종결 과정보다 근대 초기의 탐험가들과 세계 일주자들의 목적에 더 이질적일 수는 없었다. 그들은 대지를 하나의 공으로 축소하기 위해서가 아니라 확대하기 위해 갔다. ……오직 사후 통찰의 지혜만이 명백한 것, 즉 측정될 수 있다면 어떤 것도 광대한 것으로 남을 수 없다는 것을 본다.[22]

유럽 전통의 두 근본적인 사상가에게서 찾은 이 인용문들은 유럽 팽창의 이야기가 그들의 지구 형성 서사에서 얼마나 중심적인지 보여준다.

슈미트의 《대지의 노모스(The Nomos of the Earth)》는 비교적 오래되었지만, 우리가 이 특정한 버전의 지구 역사를 다룰 수 있게 하기에 충분할 만큼 여전히 통찰력이 있다. 슈미트는 팽창하는 제국주의적인 유럽에 바다가 열렸을 때 어떻게 법의 관념이 땅과 주거로서 이해된 대지와의 연관성에서 분리되었는지에 관해 이야기한다. 노모스(법)는 원래 땅에 매여 있었고 땅의 전유에 관한 것이었으며, 슈미트가 논의하는 과정은 (이를테면 오스트레일리아 원주민의 경우 가장 명확하게 보이듯이) 땅과 영토에 대한 인간의 근본적 지향과 따라서 땅의 전유를 둘러싼 인간들 사이의 투쟁 및 전쟁과 깊이 연관되어 있었다.[23] 바다는 경계를 허용하지 않는 광대한 표면일 뿐이었다. 노모스에 관한 인간의 모든 생각은 특정 토지의 점유와 그 경계를 세우는 실행에 확고히 근거하고 있었다. 슈미트는 바다가 없는 이상적인 행성에 대한 인간의 상상력을 보여주는 성서 구절을 인용하기까지 한다.[24] 인간이 사회 형성을 위해 요구되는 과정에 참여할 수 있는 것은 "이주와 식민지화 그리고 정복"에 의해 비로소 땅의 전유가 확보되었을 때였다. 슈미트가 말하는 "분배"는 질서의 설정을 의미했고, "생산"은 사회의 경제생활을 조직하는 것을 가리켰다.[25] 따라서 슈미트의 도식에서 논리의 사슬은 다음과 같이 진행되었다. 전유 → 분배 → 생산. 특정한 장소에서 집에 있다는 느낌은 전유 과정이 완료된 후에야 생겨날 수 있었다. 그러므로 전유는 거주의 관념과 관련되었다. 하지만 슈미트가 쓰고 있듯이 "분배는 전유보다 기억에 더 강하게 남는다. 후자가 전자의 전제 조건이었지만 말이다".[26] 그렇지만 슈미트는 "세계 최초의 노모스"의 이러한 땅에 매인 감각은 "대양이 열린 약 500년 전에 파괴되었다"고 덧붙인다.[27]

노모스는 점차 땅에 기반하고 따라서 인간에게로 향한 어떤 것이기를 그쳤다. 그것은 거주와의 연결을 잃었다. 법학적 사유의 지적 수준에서 당위와 존재 사이에서, 노모스와 퓌시스(physis) 사이에서 분리가 생겨났다(이 분리는 무엇보다도 우선 국제법의 전제 조건이다). 항공 여행의 도래와 결국 우주 시대는 이러한 노모스와 퓌시스의 분리를 확대할 뿐이고,

미래에 인간에게 두 가지 선택지, 즉 (지구가 누구에게도 집이 아니라는) '집 없는' 느낌이나 모든 인간이 지구를 자기 집으로 여기게 되는 통일을 향한 작업을 남겨줄 것이다.

지구화의 역사는 대부분 슈미트의 도식에 머물러 땅과 바다 또는 우주를 전유하기 위한 인간들 사이의 투쟁이 이제 끝났다고 가정한다. 인간은 이제 지구 전역으로 퍼져 있다. 그 밖에 갈 곳은 아무 데도 없다. 우리는 하늘과 바다를 통제한다. 이 이야기에서 우리는 포스트제국주의 시대에 있으며, 그래서 우리의 투쟁은 슈미트가 "분배"라고 부른 것, 즉 노모스의 관념이 계속해서 퓌시스에 관계없이 머물도록 정의로운 질서를 확립하는 것에 관한 영역 안에 있다. 예를 들어 많은 기후 정의 논증은 추상적이고 전 지구적인 탄소 공간의 정의로운 분배와 관계된다. 슈미트의 논증에서 특수하고 세세한 점은 여기서 나의 관심사가 아니다. 이주민과 난민이 있는 황폐해진 기후의 세계가 전유에 관한 논증을 다시 열어놓을 수 있다는 점을 제외하면 말이다. 여기서 중요한 점은 슈미트나 다른 사람들의 지구 형성 역사에서 슈미트 자신의 용법이 드러내듯이 **행성**과 **지구**라는 말이 동의어로 남아 있다는 것이다.

> 새로운 지구적 지리 개념에 따라 전체로서의 대지를 나누려는 국제법에서의 최초의 시도들은 1492년 직후에 시작되었다. 이것들은 세계의 새로운 행성적 이미지에 대한 최초의 적응이기도 했다.[28]

> "지구적인 선형적 사고"라는 복합어는 …… 대지 전체를 가리키긴 하지만 그 분할의 특징적 유형을 포착하지 못하는 "행성적인" 또는 그와 비슷한 명칭보다 더 낫다.[29]

〔1713년 위트레흐트 조약 당시〕 영국 섬은 이 유럽의 행성적 질서의 일부 또는 오히려 중심으로 남아 있었다.[30]

나는 대지의 새로운 노모스에 관해 이야기한다. 그것은 내가 대지, 즉 우리가 사는 행성을 전체로서, 지구로서 생각하며, 그 지구적 분할과 질서를 이해하고자 한다는 것을 의미한다.[31]

행성을 지구와 동일시하는 이 방식은 《땅과 바다(Land and Sea)》와 같은 슈미트의 후기 텍스트들에도 남아 있었다. "〔19세기의 독일 지리학자 에른스트〕 카프가 언급했듯이, 나침반은 사람이 자기의 배에 대한 강한 애착, 일종의 친숙성이나 친밀감을 개발할 수 있게 하는 영적 차원을 배에 부여했다. 그때부터 가장 멀리 떨어진 대양의 땅들이 서로 접촉할 수 있었고, 행성은 자기 자신을 인간에게 열었다."[32] 여기서 "행성"은 단순히 지구를 위한 또 다른 단어였다. 그것은 우리가 사는 행성, "전체로서" 취해진 대지를 가리켰다.

덧붙이자면, 이는 하이데거가 실제로 **행성**이나 **행성적**이라는 말을 사용했을 때 그의 용법에서도 참이다. "행성적 제국주의"라는 표현은 하이데거의 〈세계상의 시대〉 거의 끝에서 나타나는데, 그것은 우주에서 찍은 대지의 이미지에 대한 최근의 사유에 많은 영향을 미쳤다.[33] 그는 "기술적으로 조직된 인간의 행성적 제국주의에서 인간의 주관주의는 그 절정에 이르고, 그로부터 조직된 균일성의 수준으로 내려가 거기서 자기 자신을 확고히 확립한다. 이 균일성은 대지에 대한 전체적인, 즉 기술적인 지배의 가장 확실한 도구가 된다"고 쓴다.[34] 여기서 "행성적"은 다른 행성들과 비교하여 연구된 것이 아니라 그 자체로 취해진 단일한 행성으로서의 대지를 가리킨다. 이 점은 하이데거가 또 다른 논문에서 "행성"을 "전진하는 세계사"에 할당하는 방식에서도 명백하다.[35] 제국주의와 세계사 모두 인간 역사의 범주이기 때문에 하이데거의 용법에서 **행성**이라는 말은 지구 이외의 다른 것을 가리키지 않는다. 사실 하이데거가 이러한 "행성적 제국주의"에 대한 비판을 더 나아가 특정한 지배적인 "인간학"에 대한 강력한 비판을 발생시키는 방식으로 발전시킬 수 있도록 하는 것은 그가 "인간의" "행성적 제국주의", "인간의" 기술적 통치와 "인간의" 주관주의의 정점으로의 부상 사이에서 만들어내는 연관이다.

> 세계가 상이 될 때, 그 전체성에서 존재하는 것은 인간이 그에 대해 준비되어 있고, 그에 따라 자기 앞으로 가져와서 자기 앞에 지니며, 결과적으로 결정적인 의미에서 자기 앞자리에 놓고자 하는 것으로서 나란히 놓인다. …… 존재하는 것이 무엇이든 그 존재는 후자의 재현성에서 찾아지고 발견된다.[36]

지구화의 지구는 이러한 인간 중심적이고 인간학적인 표현 관행을 구현한다.

지구적인 것과 행성적인 것: 지구온난화의 지구

인위개변적 지구온난화는 의심할 바 없이 지구화의 이야기로 연결된다. 심지어 이제 "거대한 가속"(1950년 이후)으로 알려진 지구화 역사의 일정한 시기가 이러한 연결을 만들어내는 데 압도적으로 이바지했다고 주장할 수도 있는데, 그래서 일부 학자들은 인류세의 시작을 이 시기 자체로 못 박을 정도였다.[37] 그러나 지구온난화의 과학은 우리를 대지와 인간에 묶인 상상력으로부터 멀어지게 한다. 이러한 이유로 그것은 또한 지구화 이야기의 심원한 동요를 가져오기도 한다. 대지 시스템 과학은 지구화의 지구와는 대조적으로 이 행성이 어떻게 작동하는지에 대한 모델을 창조하기 위해 **반드시 다른 행성들을 고려하며**(그리고 여기에 포함된 재현의 원리는 지구를 불러내는 데 포함된 것과는 다르다) 이 행성을 바라보는 방식이다. 우리가 상상할 수 있는 것과는 달리 지구온난화의 과학은 이 행성에 특수한 것도 아니다. 그것은 이른바 행성 과학의 부분이다.[38] 사실 우리의 현재 온난화는 단순히 행성 온난화라고 불리는 것의 한 예일 뿐이다. 그러한 온난화는 이 행성과 다른 행성들 모두에서 발생해 매우 다른 결과를 낳았다. 다만 우연하게도 대지의 현재 온난화는 주로 인간 행동의 결과이다.

이 과학과 관련하여 기초를 이룬 과학자들 가운데 두 사람, 제임스 러브록과 제임스 핸슨이 각각 화성과 금성 연구에 참여함으로써 경력을 쌓기 시작한 것은 전혀 우연이 아니다. 핸슨은 처음에는 금성에서의 행성 온난화를 연구하는 학생이었고, 나중에야 자기의 관심을 걱정과 호기심에서 대지로 옮겼다. 핸슨은 "1978년에도 나는 여전히 금성을 공부하고 있었다"고 쓴다. 그는 대지 연구로 옮겨간 까닭을 다음과 같이 말한다.

> 우리 고향 행성의 대기는 우리 눈앞에서, 점점 더 빠르게 변하고 있었다. ……가장 중요한 변화는 화석연료의 연소로 공기에 더해지는 이산화탄소의 수준이었다. 우리는 이산화탄소가 화성과 금성의 기후를 결정한다는 것을 알

> 고 있었다. 결국 나는 금성을 감싸고 있는 구름의 베일을 연구하기보다는 우리 자신의 행성 기후가 어떻게 변할지 이해하는 데 도움을 주는 편이 더 유용하고 흥미로울 것으로 생각했다.

그는 연구 현장을 이 행성을 생각하는 것으로 옮겼고, 명백한 아이러니 수법으로 그것이 "일시적인 사로잡힘"일 것이라고 쓴다.[39]

대지 시스템 과학은 냉전과 그것이 우주에서 낳은 군사적 및 민간 경쟁의 산물이었다. 이 역사는 조슈아 하우와 스펜서 위어트 그리고 최근에는 이언 앵거스와 클라이브 해밀턴이 자세히 이야기했으며, 여기서 이를 상세하게 반복할 필요는 없다.[40] 대지 시스템 과학과 관련된 기본 아이디어 가운데 일부는 19세기와 20세기 초로 거슬러 올라가지만, NASA는 이 행성이 하나의 전체로서 서로 다른 종류의 과학자들에 의해 연구될 필요가 있다는 것을 깨달은 1983년에 처음 자체적으로 대지 시스템 과학 위원회를 설립했다.[41] 그것은 "지질학, 생물학, 화학, 물리학 및 수학의 요소들"을 종합하는 철저히 학제 간 과학이다.[42] 1987년에 시작된 국제 지구권-생물권 프로그램은 대지 시스템을 다음과 같이 정의했다.

> '대지 시스템'이라는 용어는 대지의 상호작용하는 물리적·화학적·생물학적 과정을 가리킨다. 이 시스템은 땅·바다·대기·극으로 구성된다. 그것은 행성의 자연적 순환, 즉 탄소·물·질소·인·황 및 다른 순환과 깊은 대지 과정을 포함한다. 생물도 대지 시스템의 필수적 부분이다. 생물은 탄소·질소·물·산소 그리고 다른 많은 순환과 과정에 영향을 미친다. 대지 시스템은 이제 인간 사회를 포함한다. 우리의 사회적·경제적 체계는 이제 대지 시스템 안에

내장되어 있다. 많은 경우에 인간의 체계들은 이제 대지 시스템에서 변화의 주요 동인이다.[43]

그리하여 대지 시스템 과학자 윌 스테펜은 이 떠오르는 과학의 지적 범위를 다음과 같이 설명했다.

이 관점의 출현에서 결정적인 것은 행성 지위의 두 가지 근본적 측면에 대한 인식이 밝아진 것이었다. 첫 번째는 대지 자체가 그 안에서 생물권이 활동적이고 본질적인 구성 요소인 단일한 시스템이라는 것이다. ……둘째, 인간의 활동은 이제 어디에나 침투하고 심원하다. ……그것은 복잡하고 상호작용적이며 가속적인 방식으로 전 지구적인 규모에서 대지에 영향을 미친다. ……그것은 인간들이 의존하는 생물적이고 비생물적인 바로 그 과정과 구성 요소들을 위협한다.[44]

시스템은 대지 시스템 과학에서 연구되는 행성 과정의 체계적 성격을 강조하기 위해 단수로 사용된다.

브뤼노 라투르와 팀 렌턴은 최근에 이른바 대지 시스템이 정말로 하나의 시스템인지 아니면 우리가 그에 대해 '전체'를 구성하는 것으로서 생각해야 하는지의 물음을 제기했다.[45] 비전문가인 내게 그들의 물음은 확실히 정당하게 들린다. 나는 대지 과정에서의 다양하고 상이하지만 상호작용하는 흐름들과 피드백 회로가 실제로 **단일한** 시스템을 구성하는지 아닌지 모른다. 그러나 주의해야 하는 것은 이 입장이 "행성의 표면에 생명의 조건을 정립하기 위해 함께 상호작용하는 많은 과정"이 "매우 일관된 시스템"을 구성한다는 렌턴과 앤드루 왓슨의 진술과 어느 정도 긴장 관계에 있다는 점이다.[46] 분명히 이 영역의 과학자들 사이에는 매우 널리 공유되는 작업상의 합의가 있을 뿐만 아니라 또한 아마도 이 학제 간 과학이 여전히 얼마나 젊은지를 나타내는 몇 가지 주요한 차이점도 존재한다. 예를 들어 렌턴은 대지 시스템 과학에 관한 그의 입문서에서 "대지 시스템에 대한 불분명한 하부 경계"에 대해 쓰고 있다.

> 유혹은 행성의 내부 전체를 대지 시스템에 포함하는 것이다. 그리고 이것은 바로 NASA의 1986년 보고서가 가장 긴 시간 척도를 고려할 때 했던 일이다. ……하지만 많은 대지 시스템 과학자에게 행성 대지는 실제로 두 개의 시스템으로 구성되어 있다. 즉, 생명을 지원하는 표면 대지 시스템과 그 아래 내부 대지의 대부분이 그것이다.

렌턴은 신중하게 "대지 표면 시스템의 얇은 층과 그것의 주목할 만한 속성들", 즉 내가 앞에서 언급한 임계 지대에 초점을 맞춘다.[47] 다른 한편 리 R. 컴프, 제임스 F. 캐스팅, 로버트 G. 크레인의 《대지 시스템(The Earth System)》은 저자들이 대지 시스템의 "네 부분"으로 간주하는 것, 즉 대기, 수권, 생물상, 고체 대지를 다룬다. 그들의 텍스트가 명확히 하도록 도와주는 것은 이 새로운 과학이 대지가 어떻게 "작용"하는지에 대한 체계적 접근에 관한 것인 만큼이나 "대지 표면에서 활동하는 과정이" "이 모든 과정에서 중요한 역할"을 하는 생물상—생명—과 더불어 "기후, 해양과 대기의 순환 그리고 〔탄소·질소·산소 등의〕 원소들의 재순환을 조절하기 위해 어떻게 **함께 기능**하는지"를 관찰하는 것이기도 하다는 점이다.[48]

행성의 더 깊은 부분은 (예를 들어 판 구조나 화산 분화가 그렇듯이) 확실히 생물권에 영향을 미치며, 지구화학적으로 신선한 풍경을 공급하는 데 근본적으로 중요하다. 문제는 그것이 대지 시스템의 일부를 구성하는가이다.[49] 이것이 해결된다고 할지라도 다른 척도에서 작동하고 생명체와 비생명체 모두의 행동을 포함하는 행성 과정들이 종종 복잡하고 복합적이며 불안정한 방식으로 맞물려 있다는 것은 부인할 수 없으며, **대지 시스템**이라는 용어의 사용으로 강조되는 것은 그것들이 서로 맞물려 상호작용한다는 사실이다. 얼 C. 엘리스에게 대지 시스템의 관찰과 컴퓨터 모형화는 1990년대에 "인간의 활동이 대지의 대기, 암석권, 수권, 생물권 및 기후에서의 변화와 함께 변화하고 있다"는 것을 분명히 보여주었으며, 국제 지구권-생물권 프로그램과 관련된 과학자들과 다른 전문가들이 2001년에 한목소리로—이것은 지구적 변화에 관한 암스테르담 선언으로 알려져 있다—"대지 시스템은 물리적·화학적·생물학적 그리고 인간적 구성 요소로 이루어진 단일한 조절 체계로 작용한다"고 발표하도록 이끌었다.[50] 이 선언이 물리적·화학적·생물학적 구성 요소와 "인간적 구성 요소"를 분리했어야 했다는 것은 얼마간 이상하지만, 분명히 정치적 초점은 그러한 분리에 의해 만들어졌다.

앞에서 언급했듯이 이러한 학제 간 과학의 직접적 뿌리는 1960년대 냉전 시대로 거슬러 올라간다. 그때 NASA의 칼 세이건 팀에서 일하고 있던 러브록은 대지 위의 생명이 마치 대지가 단일한 초유기체로서 행동하는 것처럼 자기의 지속적인 유지를 위한 조건을 만들어낸다고 제안하는, 가이아에 관한 지금은 유명해진 아이디어를 개발했다. 그는 그것을 윌리엄 골딩의 조언에 따라 가이아라고 명명했다.[51] 이 개념은 1970년대에 린 마굴리스가 더욱 발전시켰다. 러브록의 초기 동적 평형의 행성관은 과학적 회의주의를 견디지 못했지만, 대지를 그렇게 꾸준히 생명의 거주에 적합하게 만든 것이 무엇인지에 대한, 즉 두 이웃하는 행성인 화성과 금성은 어째서 그렇지 못한지에 대한 그의 근본적인 물음은 살아남아, 예를 들어 오늘날 우주생물학과 같은 분과들이나 우주에서 대지와 같은 외계행성을 찾는 것에 중심적인 이른바 거주 적합성 문제로서 대지 시스템 과학 안으로 들어왔다.

우리의 논의에 대해 중요한 점은 대지 시스템 과학이 말하는 이야기의 주요 주인공이 인간이나 인간의 삶이 아니라 복잡하고 다세포적인 생명 일반이라는 것이다. 자본주의적 지구화 이야기와는 달리 이 전망은 인간이 이야기의 중심에 있지 않은, 인간과 그 밖의 다른 생명 형식들에 대한 관점을 제시한다. 우리는 다만 그 이야기에서 주인공이 되기에는 너무 늦게 올 뿐이다. 물론 이 과학은 인간에 의해 만들어지며, 따라서 비인간중심주의의 인간적 버전, 즉 이를테면 (지질학과 진화생물학이라는 역사적 과학들이 일상적으로 그렇게 하듯이) 인간 이야기의 바깥에 섬으로써 자기 자신의 이야기를 이해하고자 하는 인간에 의한 시도를 실천한다. 게다가 러브록 자신이 지적했듯이 대지 시스템 과학은 행성에 대한 본질적으로 밖으로부터 취해진 시야를 수반한다. 러브록은 "내 생각에 우주 연구에서 나온 뛰어난 부산물은 새로운 기술이 아니다. 진정한 보너스는 인류 역사상 처음으로 우리가 우주에서 대지를 볼 수 있는 기회를 지녔고, 그 모든 지구적 아름다움 안에 있는 우리의 푸른 녹색 행성을 **밖으로부터 보는** 데서 얻어진 정보가 일련의 새로운 물음들과 대답들 전체를 낳았다는 것이다"라고 썼다.[52]

우주여행이 행성을 밖으로부터 볼 수 있는 기회를 인간에게 제공했다고 러브록이 말한 것은 옳았다. 하지만 우리는 이것이 사실상 몇몇 인간이 실제로 자신의 행성을 전체로서 본 처음이었지만, 인간은 적어도 유럽 역사에서 오랫동안 밖으로부터 행성을 상상해왔다는 점에 주의해야 한다. 아이샤 라마찬드란의 《세계제작자들(The Worldmakers)》은 16세기 유럽의 상상력이 지닌 이러한 측면에 관한 매혹적인 연구를 제시한다. 라마찬드란은 헤라하르트뒤스 메르카토르의 《아틀라스(Atlas)》가 "세계의 전체성을 마음속에 그림으로써 지적인 분수령을 규정했다"고 쓴다. 그의 1569년 항해 투영도는 여전히 "구글 맵스와 ArcGIS 시스템에서 사용되는 웹 메르카토르 플랫폼"을 위한 "기초"를 제공한다.[53] 또한 카타스코포스(kataskopos)라는 원래는 스토아적인 것이었지만 나중에 기독교화한 개념—"사람이 자기 자신을 세계 내에 갇힌 자에서 밖으로부터 관찰하는 자로 변형시킬 수 있게 하는" 상상적인 "360도 '위로부터의 시선'"—도 이러한 전통에서 영향력이 있었다. 이 개념은 키케로의 《공화국에 대하여(De re publica)》(기원전 54~기원전 51)의 부분인 〈스키피오의 꿈(Somnium Scipionis)〉에 대해 마크로비우스가 5세기에 행한 대중적 주해를 통해 르네상스기 유럽에 보급되었다.[54] 그것은 저 위의 별이 빛나는 천구에서 대지를 내려다보기를 꿈꾸는 로마 장군 스키피오 아이밀리아누스를 묘사했다.

하지만 이것은 하늘의 어딘가에 자리한 인간의 맨눈에 나타날 수도 있었던 대로 대지를 상상하려는 시도였다. 우리는 현대의 우주 여행자들이 우주로부터 되비춘 대지의 이미지가 이 역사에서 정점을 나타낸다고 논의할 수 있을 것이다.[55] 러브록이 이야기하는 "일련의 새로운 물음들"을 구별시켜주는 것은 그것들이 상상된 것이든 실재적인 것이든 우주에서 행성을 단순한 맨눈으로 보는 것에서 비롯된 것이 아니라는 점이다. 왜 "약 3억 7000만 년〔그 이상〕 전에 식물과 특히 숲이 땅 표면에 자리 잡은 이후, 산소가 대기의 17~30퍼센트에 머물렀는지"에 관한 물음은 물리학·화학·지질학·생물학의 물음들을 묻지 않고서는, 그리고 화성이나 금성과 같은 행성들과 이 행성을 비교하지 않고서는 제기되거나 대답될 수 없었을 것이다.[56] 러브록을 다시 인용하자면, "화성의 생명에 대해 생각하는 것은 우리 가운데 일부에게 대지의 생명을 고찰할 수 있는 신선한 입장을 제공했고, 우리가 대지와 그 생물권 사이의 관계에 대한 새로운 개념을 정식화하거나 아마도 아주 오래된 개념을 되살리도록 이끌었다".[57] 행성적인 것은 필연적으로 비교학적인 기획이다.

다시 말하면 대지 시스템 과학의 대지 시스템은 단순히 행성에 대한 외부로부터의 물리적 시선에 의해서가 아니라 **다른 행성들을 단지 암묵적일지라도 언제나 시야에 넣는 가운데**—우주에 자리 잡은 위성으로부터뿐만 아니라 또한 고대의 얼음 코어 샘플로부터 얻은 정보를 포함한—과학의 도움을 받아 행성을 상상 속의 추상적인 형상으로 재구성함으로써 만들어진다. 대지 시스템 과학은 재구성된 행성, 대지 시스템, 요컨대 아무도 물리적으로 마주친 적은 없지만, 빅데이터의 사용을 통해 (재)창조된 행성의 기후 시스템과 같은, 티머시 모턴의 용어로 하자면, 상호 연결된 일련의 "초객체들(hyperobjects)"을 만들어낸다.[58] 델프 로스는 인류세가 인간과 같은 지구인에게서 물러서 있으며 또 접근할 수 없다고 적절히 언급했다. 로스는 다음과 같이 쓴다. 그것은 "똑같이 총체화하고 물러서 있다. 그것은 새로운 행성적 실재, 직접적으로 알려지거나 감지될 수 없는 대지 시스템 전체의 상태 변화이다".[59]

그러므로 대지 시스템 과학과 가이아의 관념 사이에는 흥미로운 긴장이 남아 있다. 러브록은 대지 시스템 과학이라는 이름에 결코 만족하지 않았으며, 그것을 '진통제'로 보았다(앞의 주 51 참조). 그에 반해 렌턴과 왓슨은 그들의 책을 다음과 같은 언급으로 시작한다. "'가이아'와 '대지 시스템'은 우리에게 동의어에 가깝다. ……〔그러나〕 '대지 시스템 과학'은 …… 덜 인격화되고 덜 양극화되어 있다."[60] 대지 시스템 과학은 관찰되고 시뮬레이션된 데이터와 그에 대한 분석으로 이루어진 실증 과학이지만, 나중에 가이아라고 불리게 된 관념이 러브록의 머릿속에서 번쩍이는 순간과 같은 과학적-시적 직관의 일정한 순간이 언제나 그것을 따라다닌다.

지구적인 것과 행성적인 것이 갈라지다

아렌트는 우주로 모험을 떠난 최초의 인공위성인 소련 스푸트니크의 그늘에서 《인간의 조건》을 완성했다. 그녀는 우주 기술이 자신이 인간의 "대지 소외"라고 언급한 것을 알리고 있으며, 필요하다면 대지에 매여 있다는 심원한 감각을 잃는 커다란 대가를 치르고서 다른 행성에서 생존을 확보할 수 있는 인간종의 능력을 가리킨다고 생각했다.[61] 일련의 유명한 독일 사상가들, 요컨대 슈펭글러, 하이데거, 야스퍼스, 가다머, 아렌트 그리고 특히 슈미트는 지구 기술의 빠른 전진을 예감하며 지켜보았고, 인간의 최종적인 "뿌리뽑힘", 즉 대지를 세계화함으로써 인간의 항상적 거주 프로젝트의 붕괴를 두려워했다.[62] 하지만 대지 시스템 과학의 역사에서 우리가 보는 것은 자본주의적 지구화 프로젝트의 끝이 아니라 지구적인 것이 인간에게 행성적인 것의 영역을 드러내는 역사의 한 지점의 도래이다. 대지 시스템 과학의 개시 순간을 구성한 러브록의 비전이 지닌 시적 본성을 명심할 필요가 있다. 사실 가이아 이론의 전조가 있었지만, 가이아에 대한 러브록의 생각을 깨달은 사람은 아무도 없었다. 러브록은 이렇게 쓴다. "대지가 일종의 살아 있는 유기체라는 생각은 …… 가장 존경할 만한 과학적 환경에서 생겨났다. ……그것은 거기서 나의 작업이 내게 대지의 대기를 위에서 아래로, 우주에서 바라보게 했기 때문에 나타났다. ……공기는 어떻게든 언제나 그 구성이 일정하게 유지되는 혼합물이다. 그날 오후 나의 깨달음의 섬광은 〔공기의 구성을〕 일정하게 유지하기 위해서는 무언가가 그것을 조절하고 있어야만 하며, 어떻게든 표면에 생명이 개입되어 있다는 생각이었다."[63]

대지 시스템 과학이 우리를 안내한다는 의식은 존 밀턴이 초기 광산을 묘사한 대로 하자면 "어머니 대지의 내장"뿐만 아니라 또한 겉보기에 공허한 창공과 저 너머에 놓여 있는 모든 것에도 무언가를 "새겨넣은" 기술의 발전 없이는 단적으로 생겨날 수 없었을 것이다.[64] 다음의 것, 즉 결국 가이아의 순간을 우리의 인식에 들여온 것은 바로 냉전에서 나온 우주 탐사 기술과 대기와 우주의 증대되는 무기화였다는 것을 생각해보라. 또는 깊은 대지를 탐사할 수 있는 우리의 능력을 생각해보라. 만약 미국의 국방 조직과 많이 비난받는 석유 및 광산 회사들이 시추를 위해 필요한 기술을 개발하고 그 후 얼음을 다루기 위해 그 기술을 조정하지 않았다면, 기후과학자들은 80만 년 전의 얼음 속으로 뚫고 들어갈 수 없었을 것이다.[65]

지속가능성과 거주 적합성: 지구적인 것을 행성적인 것과 구별하기

지구적인 것과 행성적인 것의 차이를 가장 잘 설명하는 것은 아마도 여기서 문제되는 두 범주, 즉 지구와 행성에 각각 중심적인 두 가지 관념 사이의 빠른 대비일 것이다. 바로 지속가능성과 거주 적합성이라는 관념이다.

지속가능성은 **정치**라는 말의 아렌트적 의미에서 철저히 정치적인 관념이다. 그것은 언제나 태어나지 않은 자들의 복지에 대한 약간의 논의를 포함하는 방식으로 인간사에서 새로움이 출현할 수 있게 해준다. 이 관념의 발전은 유럽의 팽창 시기에 유럽의 농경과 농업의 경험에 빚지고 있으며, 따라서 지구적인 것의 역사에 확고히 속한다.[66] 지속가능한 개발에 대한 가장 널리 사용되는 정의는 그 의장인 게오 브룬트란트의 이름을 따서 브룬트란트 위원회로 알려진 세계환경개발위원회가 1983년에 출판물 《우리 공동의 미래(Our Common Future)》에서 채택한 것이다. "미래 세대가 그들의 필요를 충족시키는 능력을 훼손하지 않으면서 현세대의 필요를 충족시키는 개발."[67] 폴 워드는 17세기로부터 이어진 그 관념의 분화된 역사를 썼다. ―Nachhaltigkeit(지속성 또는 지속가능성을 뜻하는 독일어)는 영국과 독일 그리고 프랑스의 농업과 임업의 경영에 관한 텍스트들에서는 1650년대까지 그 초기 형식을 추적할 수 있다. 그의 논문은 다음과 같이 밝힌다.

> 지속가능성의 현대적 개념은 토양 과학과 농업 관행에 대한 새로운 이해들이 결합하여 생태학 내에서 필수 영양소의 순환이라는 아이디어를 개발하고, 따라서 순환 과정의 붕괴가 영구적 퇴화로 이어질 수 있다는 인식을 허락하

는 18세기 후반과 19세기 초에 개발된 아이디어에 크게 의지했다.[68]

그가 언급하는 선구자 가운데 한 사람은 유스투스 폰 리비히, 곧 "화학자이자 알렉산더 폰 훔볼트의 숭배자이자 추종자"이다. 워드는 리비히의 작업에서 "지속가능성의 현대적 개념과 같은 것, 즉 사회의 발전은 근본적인 생물학적 및 화학적 과정에 신세 지고 있다는 것, 그러나 또한 이것은 피드백 효과를 지닌 복잡한 동적 시스템이라는 것"을 발견한다.[69]

워드의 진술은 대지 과정에 대한 일정한 단초적 의식, 이를테면 단초적인 행성 의식이 인간 문명을 지속시키는 문제가 제기될 때마다 언제나 어떻게 배경에 숨어 있는지 볼 수 있게 해준다. 그러나 그것은 **배경에 숨어 있다.** 지속가능성의 관념은 인간의 관심을 우선시한다. 도널드 워스터는 유한한 무언가로서의 대지라는 바로 그 관념이, 환경과 지속가능성이 두 가지 중요한 구성원인 철저히 인간 중심적인 관념들의 가족에 속한다는 것을 보여준다. 워스터는 윌리엄 보그트의 《파멸에 이르는 길(Road to Ruin)》(1948)을 "'환경'이라는 단어를 사용한 최초의 텍스트들 가운데 하나"라고 기술한다. 보그트는 **환경**을 "**모든 인간이 의존하는** 토양·물·식물·동물의 총합"이라고 정의했다.[70] 따라서 **환경**이라는 말은 마치 환경을 이루는 어떤 것에 대해 말하는 유일한 이유가 그 어떤 것이 우리의 것이라는 듯이 인간 중심적인 관심을 표현하는 것이 되었다. 같은 해에 출판된 페어필드 오스본의 《우리의 약탈당한 행성(Our Plundered Planet)》(1948)은 인간종을 "하나의 위대한 생물학적 도식의 부분"으로 볼 준비가 되어 있는 동시에 빈부 격차에 민감했다. 그는 그 시대에 이해된 대로 행성의 깊은 역사의 사실들에 친숙했지만, 다른 사람들과 마찬가지로 그 역사가 인간에게 의미하는 바에 대해 확고하게 훈련된 시각을 지니고 있었다. 그의 목표는 인간이 "자연과 그 전체의 부분으로서의 인간의 더 커다란 선을 돌보는 법을 배우도록" 돕는 것이었다. 이 경우 "전체"라는 관념은 인간과 그들의 대지 환경 사이의 균형과 조화와 같은 문제를 가리킨다.[71]

지속가능성의 이러한 인간 중심적 관념은 20세기를 지배했고, 그것을 넘어서서 녹색 자본주의의 주문으로서 계속된다.[72] 그러한 인간 중심적 개념의 터무니없는 극단은 지난 세기 초에 "과학적인" 삼림 경영의 역사에서 각색된 "최대 지속가능 어획량"이라는 생각이 "어업 경영"에 관한 문헌에서 주도적인 것이 되었을 때 증명되었다. 피터 앤서니 라킨은 1976년 미국 수산학회 연례회의에서 기조연설을 할 때 이 문제를 유머러스하게 표현했다.

> 약 30년 전, 대학원생이었을 때, 최대 지속가능 어획량을 위해 어업을 경영한다는 생각이 이제 막 인기를 얻기 시작하고 있었습니다. ……간략하게 말하면 그 도그마는 다음과 같습니다. 어떤 종이든 해마다 수확할 수 있는 잉여를 생산한다. 그만큼만 가져간다면, 우리는 그것을 영원히 계속해서 얻을 수 있다(아멘). ……더 나아가 동물들은 사물들의 도식에서 그들의 역할로 무엇이 그들을 위해 조직되고 있는지 잘 알고 있다고 가정되었습니다. 유기체는 그들 자신의 종 개체들과 함께 번식하거나 다른 종 개체들과 상호작용할 수 있었지만, 최대 지속 수확량을 상쇄하는 방식으로는 아니었습니다.[73]

지속가능성에 관한 문헌에서 대지의 과정은 인간의 활동을 위한 말없는 배경을 구성한다. 지속가능성 주제에 관한 스티븐 모스의 저서는 전체 259쪽 가운데 1쪽만을 행성에서의 생명 역사에 할애하는데, 그조차 그가 지속가능성 문제를 대지의 맥락에서 제시할 필요가 있었기 때문이다. 그러나 그는 **지속가능성**이라는 말이 이 행성에서 생명의 연속성을 기술하는 데 "많이 사용되지" 않는다고 지적한다. "그 대신 우리는 생명의 '내구성'이나 '회복력', 즉 이 행성의 탄생 이후 많이 있었던 충격과 융기 이후 지속하는 생명의 능력에 관해 이야기한다." 이제 그러한 문장 단편에서는 행성 의식에 대한 희미한 감지가 빛을 발하고 있다. 그러나 모스가 올바르게 주장하듯이 지속가능성이라는 말은 인간에게만 적용된다. 그는 그것이 "인간 중심적 용어"이며, "사람들과 우리가 우리의 환경과 가지는 상호작용에 적용된다"고 인정한다. "따라서 지속가능성 안에서 생물학의 역할에 관해 이야기할 때, 우리가 의미하는 것은 생물학이 인간과 마주하여 수행하는 역할이며" 생명의 역사에 관련된 사람들과 "관계된 매우 짧은 시간 척도에 관해 우리는 이야기하고 있다".[74]

지구적 사상에서의 지속가능성 관념과 마주 놓을 수 있는 행성적 사유의 핵심 용어는 **거주 적합성**이다. 거주 적합성은 인간을 참조하지 않는다. 그 중심 관심사는 생명—복잡하고 다세포적인 생명 일반—과 인간만이 아닌 **그것**을 지속할 수 있게 만드는 것이다. 대지 시스템 과학 전문가들은 묻는다. 행성을 수억 년 동안 복잡한 생명에 우호적이게 만드는 것은 무엇인가? 그러므로 거주 적합성 문제는 생명 정치라는 규정 아래 인문학에서 진행되어온 생명에 대한 논의와 구별되어야 한다. 생명을 규율 권력, 국가, 자본주의 등의 문제와 연결하고 "생명의 생물학적이거나 형이상학적인 주제화"를 거부하는 생명 정치의 이념은 분명히 내가 여기서 지구적 사고로 특징지어온 것의 부분일 것이다.[75] 거주 적합성 문제의 중심에 놓여 있는 문제는 생명이 무엇인지나 그것이 어떻게 권력의 이익을 위해 관리되는가가 아니라 무엇이 행성을 복잡한 생명의 지속적인 존재에 우호적이게 만드는가이다.

물론 무엇이 행성을 거주 적합하게 하는지를 논의할 때 과학자들이 직면하는 어려움은 지금까지 연구를 위해 이용할 수 있는 거주 적합한 행성의 표본 크기가 하나일 뿐이라는 점이다. 따라서 행성적인 것에 필수적인 다원주의는 생명과 거주 적합성의 물음과 함께 어느 정도 실패하게 되는 것으로 보인다. 그러나 랭뮤어와 브뢰커가 썼듯이 "대지의 역사는 불가피하게 한 행성의 이야기로서 특수하지만, 〔자연선택에 의한 진화나 '네트워크를 통한 안정성 증대와 에너지에 대한 접근 및 그 이용 증가와 같은'〕 그것이 구현하는 원리들은 보편적 척도로 적용될 수 있어 보인다".[76] 직접적으로 관련된 요점은 인간이 거주 적합성 문제의 중심이 아니라 거주 적합성이 인간의 존재에 중심적이라는 것이다. 만약 이 행성이 복잡한 생명에 대해 거주 적합하지 않다면, 단적으로 우리는 여기에 있지 않을 것이다. 이것은 예를 들어 대기 중 산소의 비율을 가지고 설명되는데, 그 비율은 현재 약 21퍼센트이고 매우 오랫동안 안정되어왔다.[77] 랭뮤어와 브뢰커가 지적하듯이 이것은 "O_2가 매우 반응성이 높은 분자이기 때문에 두드러진 불균형 상태"이다. 산소는 "금속, 탄소, 황 그리고 다른 원자들과 반응하여 산화물을 형성한다".[78] "오늘날 대기 중 O_2 농도를 조절하는 것은 무엇인가?"라고 컴프와 캐스팅 그리고 크레인은 대지 시스템 과학에 관한 그들의 책에서 묻고 있다.

> 놀랍게도 대답은 비록 연구자들이 많은 아이디어를 가지고 있음에도 불구하고 우리가 확실하게 알지 못한다는 것이다. 산소 조절 메커니즘이 무엇이든

간에, 그것은 매우 효율적으로 보인다. 현대 대기의 O_2 수준은 부피로 21퍼센트 또는 0.21바(bar)이다. 약 3억 6000만 년 전의 데본기 말 이후 O_2 농도가 이 수준에서 ±50퍼센트 이상 벗어난 적은 없는 듯하다. 그 증거는 그 시기 이후로 숲이 존재해왔고, 숲은 언제나 불에 탈 수 있었지만, 완전히 사라진 적은 없었다는 것이다.[79]

O_2 분자는 대지의 지각에 흡수되기 전에 400만 년 동안 대기 속에 존재한다. 렌턴은 "이것은 오랜 시간처럼 들릴지 모른다. 하지만 이 행성에 산소를 숨 쉬는 동물들이 있었던 것은 5억 5000만 년 정도보다 훨씬 짧다. 또한 숲이 있게 된 것도 3억 7000만 년보다 훨씬 짧다"고 말한다. 그는 다음과 같이 결론짓는다. "그러므로 놀랍게도 대기 중 산소의 양은 모든 산소 분자가 백 번 이상 대체되었음에도 불구하고 복잡한 동물과 식물 생명에 대해 거주 가능한 범위 내에 머물러왔다."[80] 우리가 숨 쉴 수 있도록 하는 대기 중 산소 비율의 놀라운 안정성은 대지 시스템이나 내가 '행성'이라고 부른 것에 의해 보장된다.

대지 시스템 과학자들은 육지와 바다에서 생명의 서로 다른 형식들, 바다에서 유기 탄소의 수장 비율 그리고 행성의 인(燐)과 장기적인 탄소 사이클이 모두 복잡한 생명이 번성할 수 있게 하는 대기 중 산소 비율을 다시 보충하고 유지하는 역할을 한다는 데 동의하는 것으로 보인다.[81] 이것은 바로 행성적 사고방식 안에서 인류세의 위협이 단순히 직접적인 인간의 미래에 대해서뿐만 아니라 장기적인 미래에 대해서도 의미를 지닐 수 있는 이유이다. 지구온난화는 대지 시스템 과학자들에게 이 행성이 좀더 원초적인 수준의 생물 다양성으로 퇴보하게 할 수 있는—다음 300년에서 600년 사이에 가능한—생명의 또 다른 대멸종에 대한 두려움을 만들어낸다.[82] 랭뮤어와 브뢰커가 주장하듯이 화석연료와 토양 그리고 생물 다양성은 인간의 번성에 결정적이며, 그것들은 두 가지 공통점을 지닌다. 모두 이 행성에서의 생명의 역사에 관계되며, 그것들 가운데 어느 것도 인간적 시간 척도에서는 재생될 수 없다는 점이다.[83] 행성적인 것은 궁극적으로 생명 있는 것과 생명 없는 것을 포함하는 매우 장기적인 몇 가지 행성 과정이 어떻게 인간의 존재와 번성을 가능케 하는 조건을 제공했고 계속 제공하고 있는지에 관한 것이다. 하지만 이러한 과정들 일부에 대한 우리의 최근 간섭은 인간에게 특히 다루기 힘든 물음, 요컨대 이를 환기시키는 윌리엄 코널리의 말을 사용하자면 "행성적인 것 마주하기"의 물음을 급박하게 제기했다.[84]

행성적인 것 마주하기

그 모든 차이에도 불구하고 지구적으로 생각하는 것과 행성적 방식으로 생각하는 것은 인간에게 이것이냐 저것이냐의 물음이 아니다. 행성적인 것이 지금 우리의 일상적 의식을 향해 돌진해 오는 것은 바로 지난 70여 년 동안 지구적인 것의 강조—"거대한 가속"이라는 표현으로 요약되는 모든 것—가 인간주의 지식인들에게 행성적인 것의 영역을 열어젖혔기 때문이다. 앞에서 논의했듯이 재생 가능한 에너지원과 재생 불가능한 에너지원 사이의 일상적인 구별조차도 함축적으로 인간적 시간 척도와 지질학적 시간 척도, 이 행성이 화석연료를 갱신하는 데 걸리는 수억 년의 세월을 끊임없이 언급한다. 마찬가지로 대기 중 '과잉'

이산화탄소의 존재에 관한 모든 이야기는 이 행성의 탄소 웅덩이가 이 가스를 흡수하는 정상적인 비율을 암묵적으로 가리킨다. 랭뮤어와 브뢰커는 단순히 화석연료만이 아니라 토양과 생물 다양성을 "재생 불가능한 자원"에 포함하여 생각하는 것이 인간에 대해 지니는 결정적인 중요성을 강조한다.[85] 태양을 산업 사회와 산업화하고 있는 사회를 위한 무한한 에너지원으로 사용하는 기술을 개발함으로써 이익을 얻으려는 실천 계획들은 우리가 행성적인 것이라고 부른 것의 한 측면을 지구적인 것 안으로 끌어들이려는 시도들이다. 우리는 모두 인정하든 인정하지 않든 지구적인 것과 행성적인 것이 마주치는 끝점에 살고 있다. 지구적인 것 그 자체의 시대는 끝나가고 있다. 그럼에도 불구하고 매일같이 벌어지는 일은 행성적인 것을 불러들이면서도 그다음 순간 그것을 시야에서 놓치고 있다는 것이다.

이것은 문제를 잊는 것인가? 코널리는 이렇게 물었다. 그는 다음과 같이 쓴다. "'행성적인 것'에 의해"

> 내가 의미하는 것은 다양한 정도로 자기조직화 능력을 보여주고 다양한 방식으로 서로와 인간의 삶에 영향을 미치는 기후 패턴, 가뭄 지역, 해양 컨베이어 시스템, 종 진화, 빙하 흐름, 허리케인과 같은 일련의 시간적 힘의 장이다. ……자본주의 과정들의 조합과 비인간의 지질학적 힘들에서의 증폭기들은 함께 마주쳐야만 한다. 그러한 조합은 오늘날 실존적 문제를 제기한다.[86]

코널리가 "자본주의 과정들의 조합"과 행성적인 것들이 "함께 마주쳐야" 한다고 말하는 것은 옳다. 그러나 그것들을 "함께" 마주치게 한다는 것은 무엇을 의미하는가? 그것들이 가리키는 현상이 서로 뒤얽힌 것으로 보이고, 지구적인 것과 행성적인 것—각각 인간 중심적인 강조와 비인간 중심적인 강조를 지니며 엄청나게 서로 다르고 같은 표준으로 잴 수 없는 시간 척도를 지니는 것들—이 종종 우리가 그 위에서 그리고 그로부터 살아가는 실체에 대한 두 개의 어느 정도 다른 정향을 나타낼 때도 하나는 그 종류가 다른 사유 형식들과 정확히 어떻게 (사고에서) **함께** 마주치는가?

내가 말했듯이 지구적인 것은, 그 과정들이 행성적인 공간 척도를 포함할 수 있긴 하지만, 인간적인 시간 지평—실존적·상호세대적·역사적 시간의 다수 지평—안에서 일어나는 문제들을 가리킨다. 인간이 간섭한 것을 포함한 행성적 과정은 다양한 시간표에서 작동하는데, 일부는 인간의 시간과 양립하며, 다른 일부는 인간적 계산에 관련된 것보다 엄청나게 더 크다. 따라서 공기와 지표수는 많은 금속과 마찬가지로 "짧은 순환 시간"을 지니지만, 토양과 지하수는 다시 공급되는 데 "수천 년"이 걸린다. 랭뮤어와 브뢰커는 "생물 다양성은 과거의 대량멸종에서 알려진 그 보충의 시간 척도가 수천만 년인, 아마도 가장 귀중한 행성적 자원일 것"이라고 쓴다.[87] 오늘날 인간은 이러한 매우 장기적인 과정 가운데 일부에 간섭할 수 있다는 점에서 행성적인 힘이 되었다. 그러나 기술의 도움을 받아 "그것들을 고정시키는 것"은 여전히 우리의 현재 능력을 훨씬 뛰어넘는다. 우리가 우리의 사고에서 이 모든 서로 다른 시간 척도를 결합하고 코널리의 용어로 하자면 그것들을 마주한다는 것은 무엇을 의미할까?

하지만 시간성이 지구적인 것과 행성적인 것을 구별하는 유일한 것은 아니다. 두 가지 사고방식은 서로 다른 두 종류의 지식을, 그리고 인간에 대해서는 그가 자기 자신을 발견하는 세계에 대해 행동하는 두 가지 서로 다른 방식을 나타낸다.[88] 그 중심에 인간이 있는 지구적인 것은 궁극적으로 모두 형식들과 가치들에 관한 것이다. 이것은 바로 행성이 지구와 동일시될 때 정치화될 수 있는 이유이다(우리는 엑손 모빌에 의한 그것의 의도적인 파괴나 "행성적 주권"의 창조에 대해 이야기할 수 있다).[89] 기후 정의, 기후 난민과 그들의 권리, 민주주의와 지구온난화, 기후변화와 소득·인종·성별의 불평등 그리고 좋은 인류세와 나쁜 인류세 같은 쟁점들에 관한 논쟁은, 비록 경쟁하는 생각들에 의해 의문시되기는 하지만, 상황을 판단하고 진술할 수 있기 위해 정의·권리·민주주의 등의 이상적인 형식들에 관한 이념을 우리가 지닌다는 가정하에 진행된다. 형식들의 물음과 그것들을 두고 논쟁하는 정치를 깊숙이 끌어들이는 이러한 물음들은 지구적인 것에 속한다.

그러나 비인간적 차원의 광대한 과정을 드러내는 행성적인 것은 어떤 이상적인 형식에 의지하여 파악될 수 없다. 행성으로서의 지구나 그 역사 또는 어떤 다른 행성의 역사에 대한 이상적인 형식은 존재하지 않는다. 행성적 사고방식이 거주 적합성의 물음을 던지고, 거주 적합성은 호모 사피엔스를 포함한 다양한 생명 형식의 존재를 가능케 하는 몇 가지 핵심 조건을 가리키는 데 반해, 행성의 역사에는 도덕적 명령의 지위를 주장할 수 있는 것이 아무것도 없다. 우리가 행성 생명의 지난 5억 년, 요컨대 대지 나이의 마지막 8분의 1을 강조하는 것은 인간으로서만 가능하다. 왜냐하면 그때는 캄브리아기에 생명 형식의 폭발이 일어나 그것이 없었다면 인간이 존재하지 않았을 조건을 창조한 시기이기 때문이다. 하지만 약 24억 5000만 년 전 대기의 거대한 산소화 이전에 행성의 표면에 살았던 혐기성 박테리아의 관점에서 대기는 (인간이 부여한 산소 홀로코스트라는 이름이 인정하고 있듯이) 재앙의 역사처럼 보일 수도 있다. 퀑탱 메이야수가 말하듯이, 이 행성은 "사고의 출현과 심지어 생명의 출현보다 앞서는 것으로서" 존재하는바, 즉 "**세계에 대한 인간의 모든 형식의 관계에 앞서는 것으로서 상정된다**".[90]

행성과 정치적인 것

하지만 이 행성의 근본적 타자성에 직면하여 많은 과학자 편에서의 깊이 현상학적인 충동은 현재의 인간적-역사적 시대로 되돌아가 이 행성을 심원한 인간적 관심사로서, 즉 인간 미래의 중대한 문제로서 그리고 인간이 통제하는 실체로서 다루는 것이다. 그러나 지속가능성의 측면에서 제기되든 거주 적합성의 측면에서 제기되든 거버넌스 문제는 근본적으로 현재에만 속할 수 있는 실존적 관심사이다. 결정적 차이는 이 실존적 물음에 답하는 데서 대지 시스템 과학자들의 관념이 인간이 대지 위에 어떻게 거주해야 하는지를 파악하는 데서 심원한 변화를 지시한다는 점이다. 그것은 마치 슈미트의 땅/바다 대립, 즉 휴식·안정·집·재산·결혼·가족 등에 대한 욕구를 의미하는 우리의 "지상적 존재양식(eines terranen Daseins)"과 기술 추동적이고 제국주의 유럽적인 원양 항해선의 쉼 없는 영구적 움직임으로 상징되는 우리의 "해상적 존재" 사이의 대립이 우주의 무한한 바다를 항해하는 지구공학적인 "지적" 행성이라는 그림에서 마침내 실현된 듯하다.[91]

1992년에 포츠담 기후 영향 연구소를 설립한 물리학자 한스 요아힘 셸른후버는 1999년에 얼 엘리스가 인류세의 "중추적인 물음"으로 간주하는 것을 물었다. "'프로메테우스가 왜 가이아의 도움을 서두르지 말아야 하는가?' ……인간은 인류와 비인간적 자연 모두를 위한 더 나은 결과를 향해 대지의 궤도를 구부리도록 도울 수 있을까?"[92] 엘리스는 조심스럽긴 하지만 그 견해를 지지한다. "전문 기술자 프로메테우스에 대한 희망은 단순한 몽상 그 이상이다. ……우리가 지금 창조하고 있는 것보다 훨씬 더 좋은 인류세에 대한 전망은 매우 실제적이다."[93] 렌턴은 이렇게 쓴다. "행성의 인간적 변형은 처음에는 무의식적이었지만, 이제 우리는 점점 더 집단적으로 그것을 인지하고 있다. ……이것은 대지 시스템을 근본적으로 변화시킨다. 왜냐하면 그것은 하나의 종이 의식적이고 집단적으로 우리 행성의 미래 궤도를 형성할 수 있다는 것을 의미하기 때문이다." 이러한 진화하는 "인간의 의식" 그 자체가 "대지 시스템의 새로운 속성"이 된다.[94] 랭뮤어와 브뢰커에게서는 다음과 같은 이야기를 듣는다. "인간 문명은 단일 종 최초의 지구적 공동체, 수십억 년 동안 축적된 자원의 파괴, 대기 구성의 변화, 행성의 네 번째 에너지 혁명 그리고 대량멸종으로 이어졌다." 하지만 그들은 "대지가 '거주 적합한 행성'에서 '거주하고 있는 행성'으로, 즉 행성과 그것의 모든 생명의 이익과 발전을 위해 지구적 척도에서 지성과 의식을 담지하는 행성으로 이행할 가능성이 있다"고 주장한다.[95]

이러한 인간의 관심은 참으로 행성적이지만 곧바로 인간적 지평선으로 되돌려지는 또 다른 논증으로 열린다. 랭뮤어와 브뢰커는 고도로 발달한 기술 문명이 얼마나 오래 지속될 수 있는지 묻는다. "**그러한 문명은 몇백 년 안에 자멸하는가 아니면 수백만 년 동안 지속하는가? 그러한 문명이 지속하기 위해서는 기술을 추동하는 종이 (의식적이고 집단적으로) 행성 자원을 파괴하기보다는 행성의 거주 적합성을 유지하고 촉진해야만 한다.**"[96] 따라서 그들은 인간이 언젠가 "자기 자신을 행성 시스템의 통합적이고 책임 있는 부분으로 보고 행동"할 수 있을 것이라 희망한다.[97] 그들은 대지 시스템의 역사에 관한 책을 매듭지으면서 이것이야말로 "더 나아간 행성의 진화를 허용하고 아마도 그에 참여할 수도 있는 자연 시스템의 부분이 되는 인간 문명의 도전"이라고 쓴다.[98]

렌턴과 라투르는 "정치에서는 눈먼 자가 눈먼 자를 이끈다"는 것을 인정하면서도 희망이 "시민, 활동가, 정치인"과 협력하는 과학자들에게 놓일 수 있으며, 그리하여 (눈먼 사람의 흰 지팡이의 과학적-기술적 등가물인) 충분한 "센서"가 그들 모두 "일이 잘못되고 있음을 빨리 깨닫게〔그리고 아마도 고치게〕" 할 수 있는 자리에 놓일 수 있다는 견해를 밝힌다. 그들은 그렇게 "환경 변화와 사회의 반응 사이의 시차"를 추적할 수 있는 것은 "우리가 가이아의 자기조절에 무언가 자각을 덧붙일 수 있기를 **희망**할 수 있는 유일한 실천적 방법"이라고 덧붙인다.[99] 인간의 과거와 정치학의 학생으로서 나는 과학자, 활동가, 정치인 그리고 정치인들 각각의 선거인이 매우 커다란 사회적 규모로 이루어지는 오류를 인식하기 위해 "빨리" 움직이는 이러한 미래 비전을 확실히 합리적이라고, 그러나 아마도 그럴 것 같지 않다고 생각한다.

어쨌든 희망(과 절망)의 언어는 우리가 행성과 만날 때 우리를 현재로 향하도록 한다. 왜냐하면 희망과 절망이란 **지금** 행성적인 것이 인간을 비인간적인 배경에 맞서 놓는 가운데 우리가 인간에게서 행하는 것들이기 때문이다. 행성적인 것의 시간 척도와 인간의 희망과 절망이 일어나는 시간 사이의 이러한 겉보기의 화해는 지적으로 취약하다. 그것은 인간들이 어떻게든 바로 현재 자신들의 모습인, 그리고 슈미트가 그의 유명한 개념인 정치적인 것에서의 친구/적 구별을 위한 근거로 보았던 일종의 "다원적 세계"를 우회할 수 있다는 가정으로 인해 여전히 비판받고 있다.[100] 우리는 슈미트를 따라 인간의 정치적인 것이 구조적으로 복수이며, 기후변화를 관리하기 위한 전략을 만들어내려고 하는 정부간기후변화위원회(IPCC)의 문제에서 알 수 있듯이, 그것은 어떠한 하나의 합리적인 전략에도 쉽게 종속될 수 없다고 말할 수 있을 것이다. 대지 시스템 과학에서 볼 수 있는 대로의 인류세적인 역사성 체제는 인간을 인간 경험과 기대의 시간적 지평 안으로부터, 요컨대 지구적인 역사성 체제 안으로부터 필연적으로 다루어질 수 없는 관계와 시간 배경에 맞서게 한다. 하지만 그것은 대지 시스템 과학자들도 인간 미래의 역사가로서 성취하고자 하는 화해이다. 당연하게도 그들의 인간적이고 현재주의적인 관심은 결국 그들의 연구도 드러내는 행성의 심원한 타자성을 모호하게 만든다.

인간이 언젠가 지질학적 시간 척도로 뻗어가는 기간 동안 생물권과 공생하거나 조화로운 관계에 머물 기술을 개발할 것이라는 희망, 그러한 희망은 합리적인 유토피아의 영역에 속한다.[101] 정신 면에서 그것은 펠릭스 가타리가 언젠가 기후를 인지하지 못한 《세 가지 생태학(The Three Ecologies)》(1989)에서 쓴 것과 다르지 않다. 오늘날에는—지구공학과 "신종(God species)"으로서의 인간에 관한 모든 논쟁 후에는—적어도 약간 의심스럽게 들리지 않을 수 없는 예언 감각을 지니고서 가타리는 다음과 같이 썼다. 행성 대지의 "건강"은

> 점점 더 인간의 개입에 의존할 것이며, 대지의 대기 중 산소·오존·이산화탄소 사이의 관계를 조절하기 위해 광대한 프로그램이 설정될 필요가 있을 때가 다가올 것이다. ……미래에는 자연에 대한 단순한 방어 그 이상이 요구될 것이다. 우리는 예를 들어 아마존의 '폐'를 수리할 수 있으려면 주도권을 발

휘해야 할 것이다.[102]

"아마존의 '폐'"는 대서양의 컨베이어벨트(북대서양 자오선 역전 순환류)와 마찬가지로 대지 시스템의 부분일 수 있으며, 인간의 시대에 인간에게는 아마도 그러한 부분을 고치는 것보다 파괴하는 것이 훨씬 더 쉬울 것이다. 대지 시스템—우리의 몸들이 거기서 결절점과 같은 것인 여러 연결망, 단적으로 많은 연결이 통과하는 장소—에 대한 우리의 새로운 이해로부터 윤리적이거나 도덕적인 교훈을 끌어내고자 하는 것은 지구적인 것(형식과 가치의, 따라서 정치적인 것의 영역)의 범위 안으로 행성적인 것, 즉 인간적인 척도를 넘어설 뿐만 아니라 또한, 내가 말했듯이, 그에 관해 도덕적이거나 윤리적이거나 규범적인 것을 지니지 않는 그러한 것을 끌어들이고자 하는 것이다. 이러한 충동 그 자체는 인류세라는 곤경에 징후적이다. 그것은 지구적인 것, 즉 가타리가 통합된 세계 자본주의라고 부르는 것의 범위가 그 에너지의 강화를 통해 근대성에 대한 모든 논의에서 아주 오랫동안 당연시해온 자연/사회 또는 주체(인간)/객체(자연) 구분을 완전히 불신하게 되었다는 깨달음에서 생겨난다.[103] 더 나아가 기술을 포함하여 인간 문명의 제도들은 몇 가지 결정적인 행성 과정에 간섭했다. 행성의 기후변화는 정확히 이 점의 예이다. 인간은 인간의 제도와 기술이 아직은 재순환시킬 수 없는 과도한 양의 이산화탄소를 생산함으로써 행성의 단기적 탄소 순환을 깨뜨렸다.

그렇다면 행성적인 것 마주하기는 인간이 자기 자신을 대지·세계·지구와 같은 범주를 통해 그 안에 자연적으로 위치한다고 보는 의사소통적 설정이 적어도 부분적으로는 이제 붕괴했다는 것을 인정하도록 우리에게 요구한다. 몇몇 종교적 전통을 포함하여 많은 사상 전통은 대지-인간의 관계를 특별하게 여겨왔다. 하지만 행성과 관련하여 우리는 다른 생명 형식보다 더 특별하지 않다. 행성은 우리를 다른 생물과 같은 위치에 놓는다.[104] 집단적으로 고려되는 우리의 생물적인 삶은 한 종으로서 우리의 경쟁적인 동물 생활, 칸트에게는 실례지만, 인간이 단적으로 벗어날 수 없는 삶이다.[105] 이 점은 오스트레일리아가 2019년 말과 2020년 초에 겪은 파국적인 화재 동안 비극적으로 예증되었다. 그때 사우스오스트레일리아주 정부의 환경부는 야생 낙타들이 "부족한 먹을거리와 마실 물"을 두고 시골의 원주민 공동체와 직접 경쟁하고 있는 까닭에, "동물 복지의 최고 기준에 따라" 야생 낙타를 만 마리까지 "파괴"할 것을 결정했다.[106] 이 이야기에서 인간과 낙타는 다만 같은 자원을 놓고 경쟁하는 두 개의 지상 생물일 뿐이다. 따라서 인간주의 사상에서 행성과의 대면은 자본주의와 우리 종의 삶을 우리의 직접적인 인간적 관심과 열망 내에서뿐만 아니라 또한 그에 반해서도 **함께** 생각할 수 있는 철학적 인간학의 출현 가능성을 위한 개념적 공간을 열어준다.

17세기 이후의 정치 사상은 인간의 생명과 재산을 안전하게 한다는 생각에 근거해왔다. 이 생각은 근본적으로 인간의 숫자에 대해 계속해서 무관심했다. 생명의 담지자, 권리의 소유자 그리고 마지막으로 복지의 수혜자는 결국 인간 개인이라는 듯이 말이다. 인간의 전체 숫자에 대한 이러한 무관심은 생물권에 대한 무관심으로 옮겨졌고, 지배적인 가정은 인간이 대지에 대해 아무리 많은 것을 요구해도 지구는 인간적-정치적 프로젝트를 영구적으로 뒷받침할 수 있을 만큼 언제나 충분한 자원을 지니고 있다는 것이었다. 그러나 행성이나 대지 시스템과 우리의 만남은 이러한 전통의 기본적 가정들 가운데 몇 가지가 이제 어떻게 도전받고 있는지를 볼 수 있게 해준다. 우리가 거대한 수의 인간을 이 세계에서 번성시킬 것을 추구하여 대지를 상대로 더 열심히 '일'하면 할수록, 우리는 행성을 더 많이 만나게 된다. 지금까지 인간의 삶을 '확보'하기 위해 협력하며 일해온 인간의 제도, 기술, 이윤 추구가 행성적 순환이 붕괴할 정도로 확대되고, 바다는 점점 따뜻해지고 더 산성화하며, 숲은 사라지고, 생물 다양성이 압박받고 종 멸종이 빨라지며, 세계의 난민 수(현재는 약 6500만 명으로 추산)가 세 배로 늘고, '기상이변'의 빈도가 증가하며, 인간과 동물의 노동이 인공지능의 작업으로 대체되면, 그러한 인간 역사의 과정에서 심원하고 비극적인 아이러니가 모습을 드러낼 것이다. 인간이 인간의 삶을 확보하기 위해 지금까지 사용해온 제도들은 인간의 삶을 확보한다는 인간 정치의 매우 근본적인 바로 그 전제가 훼손되는 팽창과 발전의 지점에 도달했다. 후기 자본주의는 이러한 의미에서 전 세계의 인간적-정치적 프로젝트를 파괴한다. 그러한 상황에서는 라투르가 지적하듯이 확실히 세계의 재야만화, 즉 오늘날 많은 권위주의 지도자들과 정당들이 암묵적으로나 명시적으로 체현하며 드러내고 있는 전망의 위험이 존재한다.[107]

인간 번성의 기후 위기가 과거에 인간이 단순히 무시하고 일괄하거나 당연시한 행성 과정을 보게 한다면, 인간이 "물질의 생명력을 분별할 수 있는 능력을 기르는 일상적 전술"을 개발할 수 있도록 하는 윤리를 요구하는 것은 온당하다.[108] 그러나 우리는 또한 제인 베넷의 말에 동의해야 한다. 그러한 "물질과 그 힘에 대한 주의 깊음은 인간의 착취나 억압의 문제를 해결하지 못할 것이다. ……그것은 밀집된 관계망에 헤어날 수 없게 뒤얽혀 있다는 의미에서 모든 몸이 친족인 그 규모에 대한 더 확장된 감각을 고무할 수 있[을 뿐이]다".[109] 포스트휴머니즘은 그 자체로 정치적인 것을 다룰 수 없다. 오늘날 인간이 직면하고 있는 행성 위기에 적합한 정치 이론은 인간의 삶을 지킨다는 동일한 오랜 전제에서 시작해야겠지만, 이제는 새로운 철학적 인간학, 즉 생명의 망에서와 지구와 행성의 서로 연결되지만 상이한 역사에서의 변화하는 위치에 대한 새로운 이해에 근거해야 할 것이다.

지질학자 얀 잘라시에비치가 언젠가 주목했듯이, "인간들이 인류에 대한 전망을 지니기는 어렵다".[110] 실제로 대지 시스템 과학이 제공하는 전망은 무엇인가? 아우구스티누스는 자기가 자기 자신에게 "문제"가 되었다는 것을 깨달았을 때 《고백록(Confessions)》을 쓰기 시작했다.[111] 만약 대지 시스템 과학을 인간이 그 자신에 대해 문제가 되었을 때 인간의 자서전을 제공하는 것으로 읽는다면, 우리는 이와 유사하게 물을 수 있다. 실제로 이 이야기에 동기를 부여하는 그 물음은 무엇인가? 물음 그 자체는 여전히 물어지지 않고 있지만, 많은 이차적이고 파생적인 물음이 그 중력장에서 헤엄쳐 다닌다. 인간은 이제 '신종'인가? 인간은 다른 비인간 존재들과 친족이 되어야 하는가? 인간 사회는 행성의 자연적 시스템의 일부가 되는 것을 목표로 해야 하는가? 대지는 기술권과 생물권의 통합 덕분에 '지성적' 행성이 될 것인가? 아직은 대답할 수 없지만, 날이 갈수록 힘을 얻고 있는 그러한 물음들은 행성이 **대지, 세계, 지구**라는 우리의 오랜 범주들과 똑같은 방식으로 말 걸지 않는다는 것을 우리가 깨닫게 될 때도, 그 **행성**이라는 범주가 인간의 실존적 관심사로서 인간주의 사상에 어떻게 들어가는지를 보여준다. 우리는 이 책의 끝에서 이 물음들로 돌아올 것이다. 하지만 이 책의 다음 부분은 행성적 척도에 대한 이러한 각성이 어떻게 우리를 근대성과 근대화의 지구적 역사에서 핵심이 되는 몇몇 주제를 재고하게 하는지 탐구한다.

2부
근대적이라는 것의 어려움

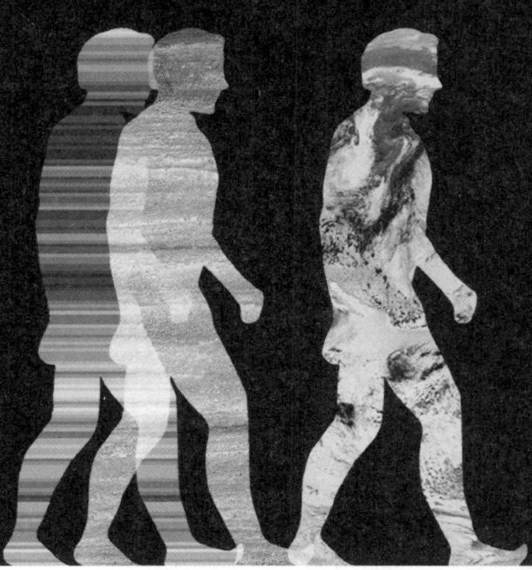

4

근대적이라는 것의 어려움

기후변화 담론의 중요한 부분이 있는데, 이를테면 이것은 스스로를 지구화의 불평등에 대한 비판의 연속으로 바라보며, 따라서 우리가 앞 장에서 논의한 슈미트의 전유 → 분배 → 생산 도식과 단적으로 양립할 수 있다. 이것은 '기후 정의' 문제에 관한 문헌이다. 그러나 우리는 하나의 중요한 측면에서 슈미트의 도식을 수정할 필요가 있다. 온난화하는 바다와 그 수면 상승, 증가하는 가뭄과 초강력 폭풍 그리고 직접적으로든 간접적으로든 기후변화로 인해 증가하는 난민 수와 더불어 오늘날의 투쟁은 단지 분배나 정의에 관한 것만이 아니다. 그것은 또한 전유, 즉 직접적으로 안보 연구와 국제 관계를 다루고 주권에 관한 근본적인 정치적 물음을 건드리는 주제에 관한 것이기도 하다. 이 점을 설명하기 위해서는 많은 예를 인용할 수 있겠지만, 2009년 컬럼비아 대학에 새롭게 설립된 기후변화 및 법률 센터에서 연설한 유엔 주재 마셜 제도 대사 필립 뮬러의 말만 인용해보자.

바다가 상승하고 있으며, 10년 정도 후에 하와이와 오스트레일리아 사이의 중간에 자리한 29개의 산호초와 5개의 섬 가운데 어느 나라가 물속에 있게 될지 아무도 모릅니다. 그런 일이 일어나면, 많은 새로운 법적 의문이 생겨날 것입니다. 한 나라가 물속에 있다면, 여전히 국가인가요? 여전히 유엔에 한 자리를 가집니까? 그 나라의 배타적 경제수역은 어떻게 되고, 그 나라가 생계의 많은 부분을 의존하는 어업권은 어떻게 되나요? 어떤 나라들이 그 나라에서 쫓겨난 사람들을 데려갈 것이며, 그들이 도착하면 어떤 권리를 가질 것입니까? 그들은 온실가스를 배출함으로써 이러한 곤경을 초래한 나라들에 대해 어떤 청구권을 지니는 것입니까?[1]

이 인용문에서 기후변화의 충격은 슈미트의 도식, 즉 주권과 정의(분배), 생산(어업권), 전유(토지 상실, 배타적 경제수역, 다른 곳으로 가는 난민)의 도식을 특징지은 모든 쟁점을 제기한다. 정의의 문제는 여기서 지구화의 역사에 속하는 정치적 용어로 정식화된다. 즉, 기후변화의 충격을 받는 국가와 민족이, 그 대사가 표현하는 대로 하자면, "온실가스를 배출함으로써" 그들의 곤경을 "초래한 나라들에 대해 어떤 청구권을 지니는 것입니까?" 기후 문제의 핵심에서 정의의 물음은 '불균등 발전'의 문제를 도입한다. 틀림없이 인간 중심적 관심이지만, 그것은 자본주의 발전과 세계 시장을 둘러싼 논쟁과 직접 연결되는 관심이다.

그러나 기후변화 충격의 불평등에 대한 개발도상국들의 불만의 근저에 놓여 있고 내가 기후와 지구적 자본의 관계에 관한 논증에 결정적이라고 생각하는 그들의 또 다른 관심사가 존재한다. 그것은 우리가 무어라고 부르든 간에 세계의 덜 발전한 국가들에서 널리 퍼져 있는 성장·근대화·개발에 대한 욕구이다. 개발—사실은 개발에 대한 권리—의 문제는 1991년에, 즉 정부간기후변화위원회(IPCC)의 최초 보고서가 출간된 지 1년 후에 우리가 앞에서 언급한 인도의 환경운동가 아닐 아가르왈과 수니타 나라인이 개시한 이른바 기후-정의 논쟁의 중심에 놓여 있었다. 내가 알기에 그들은 온실가스의 국가 배출량을 1인당 기준으로 계산하자고 제안한 최초의 사람들이었다. 아가르왈과 나라인은 **인간**이라는 말의 포괄적 사용—그들의 직접적 표적은 '지구 환경'에 관한 세계자원연구소(WRI)의 보고서였다—과 그들이 서구의 가짜 "하나의 세계-주의"로 본 것에 반대했다.[2] 아가르왈과 나라인은 이 모든 것을 "환경 식민주의의 탁월한 예"로 보았는데, 그들은 환경 식민주의가 "이 온실가스가 대지의 대기에 축적된 것이 주로 발전한 나라들, 특히 미국의 거대한 소비의 결과일" 때 "지구온난화에 대해 '개발도상국'을 비난함으로써 대지의 환경과 그 자원 사용에서의 지구적 불평등을 영구화할 것을 의도"하고 있다고 의심했다.[3]

아가르왈과 나라인에게는 마치 기후변화가 잔인하고 불공정한 "역사성의 체제"를 예고하는 것 같았다. 이 체제는 인도와 중국이 1940년대 말에 두 독립 국가가 되면서, 그리고 1980년대 이후에는 좀더 강력하게 스스로 추구한다고 보았던 미래, 즉 제2차 세계대전 이후 미국과 소련이 영감을 불어넣은 근대화의 열린 전망을 폐쇄하겠다고 위협하는 것이었다.[4]

> 많은 개발도상국은 제안된 기후 협약〔리우 1992〕이 특히 석탄에서 에너지를 생산하고 …… 벼농사와 축산 프로그램을 수행하는 능력을 제한함으로써 자신들의 개발에 심각한 제동을 걸 것을 우려한다. ……오늘날 〔서구에서〕 초점은 가난한 개발도상국에 놓여 있으며, 그들의 잠재적인 소비 증가에 대한

히스테리가 쌓이면서 그들의 아주 적은 자원 사용에 눈살을 찌푸린다. …… 냉장고를 소유하겠다는 모든 중국인의 꿈은 저주처럼 묘사된다.[5]

따라서 '기후 정의'로 알려진 주장은 인도나 중국과 같은 국가를 위해 역사적 시간의 개발 체제를 위한 사실상 더 긴 삶을 협상하려는 전략으로 여겨질 수도 있다(이것이 기후 정의에 관한 그들의 요점을 부정하는 것은 아니다).

우리는 '개발' 이슈가 역사의 서벌턴 근대화주의자들에게 어떤 영향을 미치는지 살펴보지 않고서는 기후변화의 정치를 논의할 수 없다. 인도 에어컨 시장의 간단한 문제를 살펴보자. 2016년 10월 12일, 170개국에서 온 협상가들이 르완다 키갈리에서 만나 인도와 같은 나라에서 종종 사회적 계층이 낮은, 그러나 열망을 지닌 가정들이 구매하기 시작한 아주 값싼 에어컨을 만드는 데 사용되는 열 포획 하이드로플루오로카본(HFCs, 수소불화탄소)의 사용을 단계적으로 폐지하기로 합의했다. 에어컨은 그들이 해마다 점점 더 더워지는 여름을 감당할 수 있게 해준다. HFCs는 이산화탄소보다 열을 1000배 더 효과적으로 가두어놓는다.[6]

경제학자 마이클 그린스톤은 〈뉴욕타임스〉에 미국 가구의 87퍼센트가 에어컨을 가지고 있지만, 인도의 수치는 5퍼센트(또는 다른 이들에 따르면 6~9퍼센트)라고 보고한다. 매년 델리는 평균 기온이 화씨 95도가 넘는 날이 5~6일에 달한다. 21세기가 끝날 무렵에는 그러한 날의 숫자가 75일로 증가하리라 예상된다. 화씨 95도 이상인 날이 하루씩 추가될 때의 사망률 효과는 "1960년에서 2004년 사이에 에어컨 사용이 열 관련 사망자 수를 80퍼센트 감소시킨 미국에서보다 인도에서 25배 더 크다".[7] 〈뉴욕타임스〉의 또 다른 기사에서 엘렌 배리와 캐럴 대븐포트는 과학자들이

"HFC가 채워진 에어컨 사용의 급증만으로도, 단지 3도의 온난화가 행성을 해수면 상승, 더 강력한 폭풍과 홍수, 극심한 가뭄, 식량 부족 그리고 다른 파괴적인 영향의 돌이킬 수 없는 미래로 몰아넣을 수 있는 환경에서, 거의 화씨 1도의 대기 온난화에 이바지할 것이다"라고 주장한다고 보고한다. 하지만 이러한 "급증"은 같은 보고에 따르면 "두 번째나 세 번째 것이 아니라 첫 번째 에어컨의 구입이 성장을 추동하고 있는" 인도에서 정확히 일어나고 있는 일이다. 배리와 대븐포트는 한 인도 관리의 말을 빌려 "봉급이 상승할 때마다" 도시 노동자 계급 가족에서도 "에어컨 구매가 급증한다"고 쓴다.[8]

배리와 대븐포트의 보고는 우리가 라나지트 구하를 따라 현대사의 "작은 목소리"라고 부를 수 있는 것, 즉 사회적 이동성과 근대화에 대한 열망을 표현하고 추구하면서도 온난화하는 세계를 다루어야 하는 사람들의 목소리를 포착한다.[9] 또한 인도, 특히 도시에서의 인구 증가라는 주제를 염두에 둘 필요가 있다. 전 지구적으로 현재와 2100년 사이의 인구 증가의 50퍼센트는 8개 나라에서 나올 것으로 생각되며, 그 가운데 둘이 인도와 파키스탄이다(다른 나라는 모두 아프리카에 있는 나이지리아, 탄자니아, 콩고민주공화국, 니제르, 우간다, 에티오피아이다).[10] 인구 문제의 특정한 측면에서는 실제로—교육과 취업 기회, 피임에 대한 여성의 접근을 보장함으로써—발전을 통해 인구를 민주적으로 줄이는 더 큰 과제와 맞물려 그런 열망과 젠더 정의가 실현될 수 있지만, 여전히 거대도시, 요컨대 마이크 데이비스가 "빈민가의 행성"이라고 적절히 명명한 세계의 급속한 발전이라는 문제가 남는다.[11] 2001년과 2011년 사이에 인도의 전체 인구는 약 17~18퍼센트 증가했다. 벵갈루루시는 "무려 47퍼센트" 증가했으며, "그 밀도는 1991년에 제곱킬로미터당 2985명에서 2010년에 4378명으로 높아졌다. 델리는 2001년과 2011년 사이에 21퍼센트 증가했다".[12]

그렇다면 "또 다른 노동자 계급 가족이 집으로 첫 에어컨을 가져올 때마다 어떤 전율이 델리 카말푸르 C 블록 12번지로 내려갑니다. 보통 온 가족이 자는 방을 식히기 위해 몇 시간 동안 전원을 켜면 5월에 열이 117도에 달하는 이 숨 막히는 콘크리트 미로의 삶이 바뀌죠"라는 것을 읽게 되는 것은 놀라운 일이 아니다. 주부인 카우실리야 데비는 "우리는 완전히 개운하게 일어나죠"라고 말한다. 그녀의 남편은 지난 5월에 한 대를 샀다. 그녀는 "우리가 중산층이라고 말하지는 않겠지만, 우리는 더 가깝습니다"라고 덧붙인다. 은행장인 S. S. 파탁은 에어컨 덕분에 자녀들이 의대 입학시험을 위해 공부할 수 있었다는 것에 대해 감사한다. 그들은 이제 "졸거나 병을 옮기는 모기에 물리지 않고 심야 공부를 할 수 있어요". 또 다른 인터뷰 대상자인 산디야 차우한과 그녀의 가족은 "여름밤에 숨이 막히는 듯하고 땀에 젖은 여섯 명의 성인이 아침까지 안절부절못하고서 뒤척이는 두 개의 곰팡내 나고 창문도 없는 지하 방에서 살지요".

> 그러나 그것은 차우한 부인의 친구들이 대지가 태양과 충돌하고 있다고 생각할 정도로 온도가 높아진 이번〔2016년〕 5월만큼 끔찍하지 않았다. ……의사가 차우한 부인에게 열탈진으로 큰아들의 건강이 영향받고 있다고 경고한 후, 그녀의 남편은 외상으로 에어컨을 샀다. ……그 구매는 그들이 자신을 보는 방식을 바꾸었다. ……그녀는 "교육은 사람들에게 자신을 돌보라고 가르치고 있어요. 이제 에어컨에 익숙해져서 다시는 돌아가지 않을 겁니다"라고 말했다.[13]

이 젠더화되고 하층 계급적이며 열망으로 가득 찬 목소리들은 온난화하고 있는 세계에서 평범한 인간의 번성과 심지어 민주주의에 대한 우리의 감각이 값싸고 풍부한 온갖 에너지를 이용할 수 있게 하는 것에 달려 있음을 밝혀준다. 그러한 일상적 열망에 대한 아르준 아파두라이의 통찰력 있는 말은 이 점을 되풀이한다.

> 좋은 삶에 대한 열망은 모종의 관념 체계의 부분이다. ……그것은 그 열망을 …… 삶과 죽음, 세속적인 소유의 본성, 사회적 관계에 대한 물질적 자산의 중요성, 사회에 대한 사회적 영속성의 상대적 환상, 평화와 전쟁의 가치에 관한 지역적 관념과 믿음들 …… 결혼·일·여가·편리함·존경·우정·건강·미덕에 관한 지역적 관념들의 더 커다란 지도 안에 자리하게 한다.[14]

하지만 국가들이 HFCs에 대한 대안으로 전환하기로 함에 따라 카우실리야 데비와 산디야 차우한이 직면하게 될 미래를 상상해보라. 에어 컨디셔닝과 냉난방 연구소 소장인 스티븐 유렉은 대체품이 “가연성과 독성이 더 강하며” 따라서 더 잘 설계되고 더 비싼 에어컨 장치와 그것을 설치할 더 잘 훈련된 작업자를 필요로 한다고 말한다. 이해할 수 있는 일이지만, 인도는 느린 이행을 요구했다. 냉방 붐이 일어나기 전에 HFC를 금지하는 것이 중요하다고 그 전문가들이 말하는 선진국들로부터 어느 정도의 원조가 제공된다는 것을 전제로, 2031년까지 HFCs의 근절을 지연시키고 2050년까지 2029년 수준의 약 15퍼센트로 단계적으로 낮추어가자는 것이다. 중국에서는 1990년대에 도시 거주자의 5퍼센트만이 에어컨을 가지고 있었다. 10년 만에 그 수치는 100퍼센트로 상승했다.[15] 그린스톤은 그 상황의 명백한 아이러니에 대해 말한다. “기후변화로부터 사람들을 보호하는 데 도움이 될 수 있는 바로 그 기술이 또한 기후변화의 속도를 더 빠르게 한다." 그러나 현재로서는 "인도는 미국과 같은 부유한 나라에 존재하지 않는 위험에 직면한 현재의 거주자들에게 집중하고 있다".[16] 다가오는 수십 년에 인도의 총리가 누구이든지 간에 그가 HFCs에 대한 인도의 국제적 의무를 이행하기 위해서는 카우실리야 데비와 산디야 차우한과 같은 사람들의 동의가 필요할 것이다.

포스트휴먼과 포스트식민

우리는 선거 주기와 제도 정치 위에서 펼쳐지는 이러한 대중적 열망의 현실을, 대지 시스템 과학과 우리가 '포스트휴머니즘'이라는 규정 아래 모아들이는 것에서 나오는 학문적 목소리가 우리에게 뒤얽힌 세계, 분산된 행위자, 행성 과정의 역할, 비인간 등등에 대해 말해주는 것에 어떻게 적응시키는가? 앞에서 인용한 마셜 제도의 대사는 섬 주민들이 그들의 배타적 경제수역에서 참치를 잡을 수 있는 권리를 말할지 모르지만, 참치의 역할을 생각해보라! 해양 온도의 변화에 따라 참치는 자신들의 거주와 번식의 논리에 더 우호적인 다른 해역으로 향하기로 아주 잘 결정할 수 있다.

앞 장에서 논의했듯이 세계에 대한 비인간 중심적 관점은 대지 시스템 과학에 필수적이며, 따라서 우리가 '생명 망 속의 자본주의'에 대해 이야기하든 '자본세'에 대해 말하든 간에 기후변화의 문제를 고려할 때 비인간과 비생명체의 행위를 무시하는 것은 불가능하지는 않을지라도 어렵다. 기후변화의 행성적 위기가 폭넓게 포스트휴머니즘이라는 규정 아래 글 쓰는 사람들, 요컨대 브뤼노 라투르, 도나 해러웨이, 애나 T. 싱, 제인 베넷, 로시 브라이도티 등의 논평을 불러내는 것은 전혀 놀랍지 않다. 엘리자베스 포비넬리의 《땅 존재론들(Geontologies)》, 데보라 다노프스키와 비베이로스 데 카스트로의 《세계의 목적(The Ends of the World)》, 정치 이론가 윌리엄 코널리의 《행성적인 것 마주하기(Facing the Planetary)》, 마이클 노스콧의 《기후변화의 정치 신학(A Political Theology of Climate Change)》은 인간과 비인간의 행위들을 결합하는 새로운 정치의 문법을 만들어내려는 시도들이다.[17] 세계에 대한 포스트휴먼적인 묘사를 향한 이러한 움직임의 인식론적 호소와 그에 상응하는 정치적인 것에 대한 감각을 창조하려는 욕망(라투르의 '사물들의 의회'라는 이념을 생각해 보라)은 실제로 제인 베넷의 《활력이 넘치는 물질: 사물들의 정치적 생태학(Vibrant Matter: A Political Ecology of Things)》에서 아주 잘 표현된다. 거기서 그녀는 자연/문화 구별을 우리에게 세계에 대한 잘못된 것이라기보다는 "얇은" 기술(記述)을 제공하는 것으로 묘사한다. 그녀의 책이 두껍고 얇은 것 사이의 기어츠적 대립을 창조적으로 사용하여 제안하듯이, 포스트휴먼 연구는 절실히 요구되는 "두꺼운" 설명의 교정을 제공한다. "활동적 주체와 수동적 객체의 세계를 가정하는 민주주의 이론은 인간, 바이러스, 동물, 기술적 신체 사이의 상호작용이 점점 더 강해지는 시기에 얇은 기술로 나타나기 시작한다."[18]

비록 행위를 인간과 비인간 사이에 배분된 것으로 보는 견해가 아마도 우리에게 행성과 그 위에서의 생명이 현실적으로 어떻게 작용하는지에 대한 더 나은 설명을 제공한다는 것을 인정할지라도, 결정적인 물음은 여전히 남을 것이다. 왜 근대 인간은 이러한 지식에도 불구하고 자연/문화의 구별, 즉 베넷이 실재에 대한 "얇은 기술"이라고 부르는 것에 계속해서 더 집착하는가? 모든 곳에서 대부분은 아닐지라도 많은 사람 사이에서 나타나는 근대성이나 이른바 개발에 대한 욕구 또는 적어도 근대화의 편리함에 대한 욕구는 어떻게 설명될 수 있을까? 아시아, 아프리카, 태평양 그리고 그 밖의 곳에서 1950~1960년대에 과거 식민지였던 국가 또는 '신생' 국가의 반식민주의적 근대화주의자들에 의해 제3세계에서 시작된 근대화 프로젝트, 즉 인도나 중국과 같이 인구가 조밀한 국가의 자본주의적 성장이나 진보에 대한 열망은 오늘날의 기후 위기와 무슨 관계가 있는가?

인문과학에서의 기존 기후변화 논쟁은, 심지어 그것이 '기후 정의' 입장의 합리성을 인정할 때도(그리고 대개 인정한다), 이러한 제3세계 욕망의 역사에 대한, 즉 인도와 중국, 식민지 이후 이집트와 인도네시아 또는 파푸아뉴기니에서 왜, 어떻게, 어떤 종류의 지적이고 사회적인 역사를 통해 개발과 진보가 그렇게 가치 있는 개념이 되었는지에 대한 통찰력을 주지 못한다. 그리고 욕망만이 아니다. 자연에 대한 기술적 지배는 이른바 서구의 경계를 훨씬 넘어서서 남성성으로서 경험되었다. 나 자신이 속한, 경제적으로 궁핍한 식민지 벵골-힌두 중산층의 역사에서도 재능 있고 젊으며 나중에 잘 알려지게 된 시인 프레멘드라 미트라(1904~1988)는 "서양 인류"의 노동—아렌트의 **노동하는 동물**—이 거둔 겉보기에 승리로 가득 찬 성공에 도취하여 그것을 인간 노동의 역사 전체의 정점을 나타내는 것으로 여겼다(그의 시에서 **게으르게**라는 말의 사용에 주목하라). 그리하여 그는 전적으로 남성적인 방식으로 대지 자체가 약탈당하기를 원한다고 묘사함으로써 인간이 대지를 그렇게 약탈하는 것을 크게 기뻐했다.

대지는 쟁기의 추력을 구걸하고
대양은 키를 바라네.
금속은 깊음의 궁전에 감금되어
사람〔의 손길〕에 수척해지네.
사나운 강은 쇠사슬에 묶이고
다리에 속박되기를 바라지.
아, 세계의 아름다움을 게으르게
지켜볼 시간 없다네.[19]

지구온난화의 뿌리를 지구적 자본주의 이야기에서 찾는 마르크스주의 비평가들은 인류세라는 이름을 바꾸고 그것을 자본세 또는 그 사회적 기원을 암시하는 다른 것으로 부르고 싶어 한다. 그러나 그들은 근대화된 미래의 비전이 어떻게 또는 왜 한때 유럽 열강의 식민지였던 국가의 중류층과 다른 계급들의 상상력을 사로잡게 되었는지의 물음에 침묵한다. 자본세에 관한 마르크스주의 문헌에 구체적인 인간의 행위, 즉 자본의 추상적 논리에 돌려질 수 있는 것을 초과하는 행위가 있다면, 그것은 아시아와 아프리카의 엘리트 계급, 중간 또는 하위 계급이 아니라 경제적 결정을 내리는 이사회와 정부의 산업 지도자와 엘리트들에 속한다.[20] 브뤼노 라투르는 2015년의 밀레니엄 콘퍼런스에서 행한 기조연설에서 이러한 인식론적 "값"(자연/문화 구별)을 기꺼이 치르려는 인류의 의지를 그 실제적 "이점"을 언급함으로써 설명했다. "물론 이 값은 많은 상황에서 치를 만한 가치가 있다. 부품을 현지화하고, 관계를 추가하며, 메커니즘을 구축하고, 요소를 인과 관계와 연결하며, 전체 설정의 규모 모델을 구축하는 사람들에 의해 커다란 진보가 이루어진다. 그러한 절차의 이점은 의문의 여지가 없다."[21]

◆ ◆ ◆

자연/문화의 분리 또는 비인간으로부터 인간의 존재론적 분리에 해당하는 것은 라투르가 그의 고전적 저서 《우리는 결코 근대인이었던 적이 없다(We Have Never Been Modern)》에서 지적했듯이 일정한 '정제' 프로젝트들로 귀결된다. 근대성과 자본주의 생산양식은 가정된 순수성 상태의 다양한 실체를 '자연'으로부터 추출하는, 요컨대 그 프로젝트들에 수반되는 지적이면서도 실천적이기도 한 과정을 가지고서는 실제로 생각할 수 없다. 이것은 제인 베넷이 자연에 대한 "얇은 기술"로 작업한다고 말하는 것이다. '땅'과 같이 기초적인 상품을 생각해보라. 한 뙈기의 땅이 팔리면, 그것은 한 조각의 추상, 이를테면 아마도 인간에 대한 직접적인 화폐 가치의 형식을 제외하면 그 땅에 거주하는 어떤 생명 형식도 없는 지도 위의 2차원적 형상으로서 팔린다. 또는 금속과 광물을 생각해보라. 그것들은 자연에서 순수한 형식으로 나타나는 경우가 거의 없다. 그리고 석유 공장이 '증류소'를 갖는 것은 이상하지 않다. 바로 그 이름이 모든 것을 말해준다. 잘라시에비치와 그의 동료들이 말하듯이, 순수하거나 합금화된 금속은

> 비인간의 대지에서는 드물었다. 거기서는 금과 (덜 일반적으로는) 구리와 철이 채굴될 수 있는 양으로 자연적으로 발생하는 것으로 발견되었다. 충적세에서 비로소 시작하여 …… 인간은 금속 혼합물을 제련함으로써 납·은·주석에서 시작하여 금속을 분리했다(구리와 철 대부분도 혼합물 광석에서 추출해야 했다).

18세기 후반부터 20세기 중반까지 혁신의 폭발로 마그네슘·칼슘·나트륨·바나듐·몰리브덴과 같이 이전에는 자연적인 형식으로 존재한다고 알려진 적이 없는 금속과 알루미늄·티타늄·아연과 같이 극소량만 나타나는 금속을 포함하여 대부분의 금속이 분리되었다.[22]

새로운 금속 합금으로는 청동, 황동, 백랍, 철-탄소 합금이 있는데, 그것들은 "종종 크롬, 몰리브덴 그리고 다른 금속들과 결합한다". 그리고 이러한 순수성의 생산은 라투르가 "하이브리드"라고 말하는 것의 증식으로 이어졌다. 인간은 이제 질화붕소와 같은, 레이저에서 사용하기 위한 "광범위한 합성 광물 …… 가넷의 새로운 형태들 …… 결정 물질들", "산업용 연마제"를 만들어냈다. 탄화붕소는 탱크 장갑과 방탄조끼에 사용되는 또 다른 하이브리드 금속이며, "반면 텅스텐 탄화물은 볼펜에 있는 볼로 사용된다". 무기 결정 구조 데이터베이스에는 인간이 만든 "18만 가지가 넘는 다양한 종류의 '합성' 물질과 같은 혼합물"이 목록에 올라 있다고 잘라시에비치와 그의 동료들은 쓴다.[23] 이 목록에는 또한 종종 광업과 연관된("광물 슬래그 풍화, 광산 배수 시스템의 결정화 또는 터널 벽의 침전물뿐만 아니라 고고학 유물 주변의 부식 산물에 의해" 만들어진) "새로운 인공 광물"(처음에는 "인간 매개 광물")과 "포틀랜드 시멘트와 같이 곳곳에 있는 대량생산된 건축 재료"(콘크리트의 기초) 및 "자기, 벽돌과 같이 점토를 구운 산물"과 같은 합성 광물 등의 혼합물을 덧붙일 수 있다. "반도체 장치, 자석, 형광체, 그 밖의 전자 애플리케이션에 사용되는 것을 포함한 기술적 결정들"은 그 양이 덜하지만, 똑같이 널리 퍼져 있다.[24] 라투르는 절대적으로 옳다. 정제 프로젝트는 하이브리드의 확산과 함께 나아간다. 라투르가 주장하듯이 이 과정은 자연을 "얇게 하거나"

"순수한" 상태의 실체를 생산하는 프로젝트를 전적으로 가능하게 하는 바로 그 자연/사회 또는 자연/문화 대립을 약화한다.

이 모든 것이 인정된다. 그러나 다음과 같은 중요한 점도 생각해보라. 방대한 비서구 중간 계급의 근대화/개발에 대한 욕구가 단지 유용성, 실용적 이익, 탐욕 또는 이윤의 문제일 뿐이라면, 이 욕구는 단순히 아둔하고 도덕적으로 방어할 수 없는 것처럼 보일 것이다. 그렇다면 우리는 확신하는 도덕적 분노를 지니고서, 세계는 모든 사람의 필요를 충족시킬 만큼 충분하지만 모든 사람의 탐욕을 충족하기에는 결코 충분하지 않다는, 간디의 것으로 보이는 아포리즘을 되풀이할 수 있을 것이며, 근대화를 비판하는 것으로 끝낼 수 있을 것이다. 만약 그것이 개발과 근대화에 대해 할 수 있는 전부라면, 아마르티아 센(그리고 마사 누스바움 등)과 같은 사상가들은 그 문제에 대한 유명한 "역량 접근"을 구축하거나 "자유로서의 개발"을 기술할 수 없었을 것이다.[25] 우리는 오늘날 인간적 곤경의 깊이를 재고자 한다면, 그러한 욕구의 윤리적 측면을 이해할 필요가 있다.

내 생각에는 바로 이 지점에서 반식민주의적인 제3세계 근대화주의자들의 이야기를 고려해야 한다. 예를 들어 인류세에 대한 라투르의 관여는 그가 잊기 어렵게 "근대의 헌법"이라고 부르는 것에 대한 그의 초기 비판에 근거해왔다. 이 특유한 헌법은 사회로부터 자연의 (이를테면 17세기로부터 계속된) 절대적 분리, 즉 자연/문화 대립의 한 버전 덕분에 수많은 하이브리드(순수하게 자연적인 것도 아니고 순수하게 사회적인 것도 아닌 것)의 확산을 허용하면서도 하이브리드를 존재하게 한 두 극 사이에서 현실적인 변용 작업을 부정하고, 하이브리드가 두 개의 분리된 순수한 형식들의 단순한 혼합물, 즉 매개일 뿐이라고 주장했다.[26] 그의 비판의 표적이 분명히 그가 "서구", "서양", "서구 사회"라고 부른 실체, 그리고 근대성과 근대화라는 주제를 만들어냄으로써 그것이 그 외부에 있는 것과 또한 그 자신의 인구를 지배하도록 도와준 자연-사회 분리의 오만한 도식이었다는 것을 파악하기는 어렵지 않다.

라투르는 어떤 은밀한 언명을 통해 이 서구—근대의 제조자이자 제조물—에 역사가 없지는 않다고 시사한다. 하지만 우리가 가지고 있는 것은 근대의 헌법이 그 자신의 모순으로 부담을 지니게 되었다고 주장하는 것과 같이 매우 짧고 재기발랄하며 암시적인 정식화들이다. 근대의 헌법 이야기를 개략적으로 정리하는 것도 어렵지 않다. 그러한 정리는 라투르의 서술에서 가시화된다. (샤핀과 셰퍼가 보고한 바와 같은) 17세기의 보일-홉스 논쟁의 시대에서 출발하여 오늘날에 이르기까지 내내 근대인들은 요컨대 자연과 문화의 하이브리드 생산을 이러한 구별의 유지에 의존하는 헌법이 붕괴 지점에 도달할 정도로까지 확대해왔다. 기후변화는 이 위기의 깊이를 확증한다. 물론 식민지와 유럽 모두에서 근대 헌법의 주체가 되는 사람들이 있다. 그들은 우리에게 인류의 역사가 이 헌법보다 훨씬 오래되었고, 또한 규모의 측면과는 별도로 누구도 실제로 근대적이었던 적은 없으며 자기의 근대성을 공공연히 선언하는 자들은 확실히 근대적이지 않았다고 말한다. 라투르의 프로젝트는 어떤 종류의 유럽 중심주의에서 벗어나는 것만이 아니다. 그것은 또한 이러한 근대의 헌법이 세계가 현실적으로 어떻게 작동하는지를, 즉 그가 자신의 대작 《존재 양식들에 관한 탐구(An Inquiry Into Modes of Existence)》에서 가시화하려고 하는 현실적인 뒤얽힘의 네트워크를 기술하고 있다는 주장에서도 벗어난다.[27]

라투르의 프로젝트는 근대 헌법이 가능하게 한 세계에 대한 심원한 비판을 여러 가지 방식으로 제공한다. 그는 이 헌법의 핵심에 있는 자연/사회 대립을 비판하면서 나아가며, 그리하여 새로운 세계질서, 즉 〔《프랑스의 파스퇴르화(The Pasteurization of France)》에서 암시되고, 《우리는 결코 근대인이었던 적이 없다》에서 얼마간 전개되고, 《자연의 정치》에서 완전하게 제시된〕 사물들의 의회를 도입하려고 시도한다.[28] 라투르가—적어도 그가 관대하게 공개하고 친구와 동료들과 공유한 에든버러 강의의 초안에서—인류세와 기후변화에 관여했을 때, 그의 캔버스는 제임스 러브록의 가이아 가설을 받아들이기 위해 확장되었으며, 그는 종교 문제를 제기하기 위해 그 가설을 능란하게 기동시켰다. 이것은 완전히 정당했다. 무엇보다 가이아 그 자체가 종교적 형상이었다. 라투르는 근대 헌법에 의해 살아가고 싶지 않은 가이아의 사람들과 그렇게 하고 싶은 사람들(과학의 사람들) 사이의 전쟁을 무대에 올렸다. 그의 사상은 '자연 종교'에 대한 흄의 연구를 통해 작품을 짜 나아감으로써 '초기 근대성'의 시대로 거슬러 올라갔다. 그러나 '과학'에 의해 살아간 상상 속의 사람들은 라투르 독자들에게 친숙한 많은 주제에 다시 귀 기울였다. 근대의 헌법을 비판하는 것은 그저 형식적으로가 아니라 좀더 평등하고 실질적으로 민주주의적인 세계를 위한 프로젝트이다.[29]

나는 라투르의 주장이 "전반적으로 매우 설득력" 있다는 필리프 데스콜라의 말에 전적으로 동의한다.[30] 그러나 이 이야기에서 아시아와 아프리카의 반식민주의적이고 후기 근대적이며 후기 근대화주의적인 지도자들, 즉 네루, 나세르, 수카르노, 니에레레, 상고르, 프란츠 파농과 같은 이들은 어디에 있는가? 《우리는 결코 근대인이었던 적이 없다》와 그 밖의 곳에서 라투르의 논증은 여전히 한편으로는 "서구 세계에서 온 우리 근대인들"이나 "서구인들과 백인들(그들에게 주고 싶은 별명이 무엇이든지 간에)"과 다른 한편으로는 아메리카의 원주민들 사이의, 특히 에콰도르와 페루 국경에 사는 아추아르족에 대한 데스콜라의 민족지에서 표현되는 바의 대결 위에 세워져 있다.[31] 우리는 서구를 '따라잡고자' 하는 욕망, 요컨대 여전히 인도와 중국의 정치를 추동하는 욕망(덩샤오핑의 '4대 근대화' 캠페인을 기억하는가?)을 지닌 반식민주의 지도자들이 단순히 서구 선구자들의 창백하고 독창적이지 않은 사본—서구의 어리석음을 역사적으로 되풀이한다며 비난받는 모방적이고 파생적인 욕망—을 주창하고 있다고, 그리하여 유럽의 근대화주의자들을 비판하는 것은 그들의 경우도 마찬가지로 염두에 둔 것이라고 가정해야 하는가? 라투르는 앤서니 아피아로부터 호미 바바에 이르기까지 포스트식민주의 비평가들을 사로잡은 근대성에 관한 논쟁을 논의하지 않는다. 그가 더 염려하는 것은 근대화 프로젝트가 어떻게 실패할 운명인가 하는 것이다. 그는 가이아에 관한 여섯 번째 에든버러 강연에서 "'우리는 결코 근대인이었던 적이 없었는지' 아닌지에 대해 여전히 논쟁을 벌일 수 있다면, 이제 '우리'가 우리의 끝없는 경계를 북아메리카와 같은 발전 수준으로 밀어붙이는 데 필요한 ('지구적 헥타르'에 의한 계산에 따라) 다섯 개 행성은 없기에 대지를 결코 근대화할 수 없으리라는 것을 누가 의문시하겠는가?"라고 말했다.[32] 따라서 많은 사람이 지금까지 근대적이기를 욕망해온 것이 사실일지라도, 모든 인간이 언젠가 근대화의 이익에 동등하게 참여하게 될 단계에 도달하는 것은 생태학적으로 거의 불가능해 보인다고 주장할 수 있다. 거기서는 우리가 근대적이었던 적이 있든 없든 간에, 우리는 아마도 결코 근대적으로 되지 않거나 어쨌든 우리가 모두 그렇게 되지는 않을 것이다!

이것은 아주 공정한 이야기다. 그러나 우리는 라투르, 베넷, 데스콜라 등등이 인식론적으로 건전하지 않다고 생각하는 자연/문화 구분이 왜 식민지화된 사람들의 상상력에서 새롭고도 독창적인 표현을 발견했는지 이해하지 못한다면 기후 정책 논쟁에서 어떠한 진전도 이루어내지 못할 것이다. 내 생각에 포스트식민주의 비평이 이 논의에 몇 가지 독특한 이바지를 할 수 있는 것은 바로 이 물음에 대해서이다.

자치에 충분할 만큼 '근대적'일 때까지 기다려야 한다는 이야기를 들어온 식민지화된 자들의 꿈을 이해하지 못한다면, 우리는 모든 식민지에서 제기된 불평을 이해하지 못할 것이다. 그 불평은 식민지 담론에 관한 책의 1장 마지막 단락에서 유럽인들의 식민 통치가 의도적으로 성취하지 않은 채 남겨놓은 약속에 해당한다는 에메 세제르의 유명한 말이 있다. "그 증거는 현재 학교를 요구하는 것은 아프리카와 아시아의 원주민들이고 이를 거부하는 것은 식민주의자 유럽이라는 것, 항구와 도로를 요구하는 것은 아프리카인이고 그 숙원에 인색한 것은 식민주의자 유럽이라는 것, 앞으로 나아가고자 하는 것은 식민지화된 사람이고 일을 뒤로 물리고자 하는 것은 식민지화하는 사람이라는 것이다."[33] 세제르가 강조하듯이 모든 반식민주의적 민족주의는 강령적으로 근대화, 즉 국가를 근대적으로 만드는 프로젝트에 헌신했다. 네루, 나세르, 마오쩌둥, 호치민, 줄리어스 니에레레, 수카르노, 레오폴 상고르, 에메 세제르, 이 모두는 각 나라 주민에 대한 관계에서 교육적인 급진적 근대화주의자들이자 에너지를 게걸스럽게 먹어 치우는 인간의 미래로 판명될 것에 대한 이상주의적 비전을 지닌 자들이었다. 그들 자신의 국가적 맥락에서 거인 같은 인물들이고, 미국식에서 소련식에 이르는 다양한 경제 발전 모델에서 영감을 받은 이들은 유럽 국가들이 세계를 지배하는 지위로 부상한 이후 언제나 근대적이기를 원했던 세계인들의 욕망을 구현한 사람들이었다.[34] 그들은 라투르의 눈부시게 논쟁적이고 심원한 작업을 특징짓는 비판적 자세에서 이미 설명되고 있는가? 나는 아니라고 생각한다.

근대화와 자연/문화 구별의 윤리학

에너지 집약적이고 대부분 화석연료에 의해 추동되는 근대화에 대한 이러한 열정적인 제3세계의 욕망이 얼마나 영적이고 이상주의적이었는지 보여주기 위해 네루의 진술에서 나온 몇 가지 예를 살펴보고자 한다. 이는 소비주의적 지구화의 흐름이 세계를 휩쓸기 30~40년 전이었고 1970년대의 제2세대 페미니즘과 환경보호 운동을 포함한 새로운 사회운동으로부터 약 15년 떨어져 있었다. 네루는 인도의 초대 총리로서 임기가 시작될 때(1947)부터 (1943년까지 이어진) 영국 통치하에서 중대한 기근을 겪은 나라에서 역점을 두고 다루어야 할 근본적인 문제는 식용 곡물의 가용성이라고 보았다.[35] 관개는 더 많은 곡식 재배에 필수적이었고, 관개에서 가장 중요한 것은 권력의 문제였다. 네루에게는 히말라야 빙하와 거기서 인도로 흘러나오는 모든 강이 일종의 '상비 예비군'이었다. 그는 강물을 댐으로 막아 그로부터 관개수와 전기를 뽑아내는 일을 자신의 최우선 과제로 여겼다. 1949년 캘커타에서 열린 공개 회의에서 네루는 다음과 같이 말했다.

> 우리 앞의 커다란 계획: ……2~3년 안에 우리는 다모다르 계곡, 마하나디 기획, 바크라 댐 등의 강 계곡 프로젝트를 남부에서 북부에 이르기까지 나라

전체에 걸쳐 성공적으로 완료할 것이며, 그렇게 되면 많은 구역에 관개할 수 있을 것입니다. 운하가 완성되면 우리는 더 많은 식량과 전기를 생산할 것입니다. 그래서 5년에서 7년 안에 식량 문제를 해결할 것입니다. 그러나 우리는 또한 식량 문제를 해결할 즉각적인 계획을 하고 있습니다. ……우리는 운하의 물을 얻은 후에 라자스탄 사막에서 대규모 농업이 성공하기를 희망합니다. ……그 일은 일어날 것입니다.[36]

오늘날 빙하가 많이 줄어들고 있는 히말라야 산맥은 네루의 연설에서 매혹적인 현존을 지닌다. 히말라야는 두 개의 추상 수준에서, 요컨대 그의 총리실에서의 정치적이고 지형적인 지도로서, 그러고 나서는 히말라야에 대한 그의 상상력으로서 나타난다. 그는 낭만적 정신에서 산을 좋아했다. 하지만 그 안의 총리는 "나 자신이 히말라야를 좋아합니다. 나는 산과 그 모든 것을 좋아합니다" 같은 모든 감정을 밀어내고 그 구릉들에서 무언가를 좀더 뽑아내려는 비전으로 빈 공간을 채우려 한다. "인도의 지도를 보고 히말라야 산맥을 바라볼 때 …… 나는 그곳에 집중된, 그러나 사용되지 않고 있고 사용될 수 있으며 적절히 이용한다면 엄청난 속도로 인도 전체를 실제로 변화시킬 수 있는 광대한 힘을 생각합니다." "힘의 원천"으로서 산들은 너무도 "놀라울 정도"이고, 아마도 "강과 광물 그리고 다른 자원들을 지닌 이 히말라야 산맥은 세계에서 …… 가장 큰 원천"인 것으로 보였다. 바로 이것이 구릉에서 발원하는 모든 강이 국가의 진보를 위해 "개발"되어야만 했던 이유이다. 이것이 바로 그가 "일단 시작되면 여러분을 앞으로 밀고 나갈 그러한 큰 강 계곡 기획, 댐, 저수지, 수력 발전과 화력 발전의 개발에 더 많은 중요성", 즉 그의 낭만적 정서가 강조한 것보다 더 많은 중요성을 부여

한 이유이다.[37]

구릉에 대한 이러한 실용적이지만 이상주의적인 추상은—최소한 그 안의 총리에게서는—그의 두 주요 저서, 즉 부분적으로 H. G. 웰스에게서 영감을 받은 《세계사 편력(Glimpses of World History)》과 여전히 교실에서 민족주의적인 상상력과 관련해 읽히는 텍스트인 그의 고전 《인도의 발견(The Discovery of India)》에서 언제나 '세계사'와 인도 역사의 이야기를 펼쳐 보였던 학자에 대해 승리를 거둘 것이다.[38] 네루는 1948년 12월 중앙관개위원회 연설에서 다음과 같이 말했다. "아시아와 인도의 지도를 보십시오. 그것은 내 방과 내 사무실에서 나를 응시합니다. 그리고 내가 지도를 바라볼 때마다 온갖 종류의 그림이 내 마음에 들어옵니다." 어떤 종류의 그림인가? 그 자신의 이야기에 따르면, 그의 마음에 떠오른 첫 번째 이미지는 산업적 진보의 이미지가 아니라 "우리 역사의 오랜 과거, 초기 단계부터 인간의 점진적 발전, 위대한 캐러밴 루트, 문화·문명·농경의 초기 시작 그리고 아마도 최초의 운하와 관개 공사를 마친 초기와 그로부터 흘러나오는 모든 것"의 훨씬 더 온화한 그림이었다. 그러나 그는 "그러고 나서"라고 자기 사유에서의 중요한 전환을 나타내면서 "나는 미래에 대해 생각합니다"라고 말했다. 그 미래는 코젤렉이 말한 노이차이트(Neuzeit), 즉 근대를 연상시키는 방식으로 그 기대 지평을 역사적 경험의 공간에서가 아니라 다른 어딘가, 즉 (데리다의 표현으로) 우크로니아(uchronia)에서 끌어낸다.[39] 네루는 미래에 대해 생각할 때 자기의 주의는 "우리의 북동쪽 국경을 지키는 히말라야라고 불리는 대규모 산들의 거대한 덩어리에 집중할 것"이라고 말했다. "히말라야를 보세요. 그것에 대해 생각하세요"라고 그는 자기에게 귀 기울이는 자들에게 권고한다. "나는 히말라야 산맥과 거기서 나와 강을 이루는 물만큼 엄청난 힘을 간직한 세계의 다른 곳을 알지 못합니다. 우리는 그것을 어떻게 이용해야 할까요?"[40]

네루는 이 주제로 되풀이하여 돌아온다. "인도 지도를 볼 때—저는 아주 자주 바라보죠—그 지도는 내 사무실에서 나를 빤히 응시합니다"라고 그는 1952년 11월 17일 뉴델리의 중앙 관개 및 전력 위원회의 제25주년을 기념하는 제23차 연례회의 개막 연설에서 말했다. "저는 종종 거대한 산의 사슬이 인도의 경계라는 사실뿐만 아니라 …… 그것이 보초처럼 솟아올라 있다는 것뿐만 아니라, 그리고 그것이 과거에 우리 문화와 사상의 많은 영감이었다는 것뿐만 아니라 또한 그 강력한 사슬이 광대한 에너지의 억눌린 원천이라는 것에 대해 생각합니다. 그 에너지는 그 산에서 나오는 거대한 강으로 흘러나와 인도의 평원에 물을 대고 바다로 흘러 들어갑니다. 그러고 나서는 광물과 그 밖의 형태를 취합니다." 그러고 나서 그의 유토피아가 연주되었다. "그러니까 제게는 여기에 우리가 하려고만 한다면 완전한 목적으로 이용할 수 있는 거대한 에너지 저장소가 있는 것으로 보입니다. 우리가 그것을 어떻게 할 수 없을까요?"[41]

◆ ◆ ◆

과학과 기술은 그러한 비전에 중심적인 중요성을 지녀야 했을 것이다. 네루는 1947년 12월(즉, 독립 4개월 후에) 델리에서 열린 산업 회의에서 연설하면서 "많은 것이 지난 전쟁의 승리에 공헌했지만, 제 생각에 최종적 이유는 두 가지, 즉 미국 산업과 과학 연구의 놀라운 능력이었다고 생각합니다"라고 말했다.[42] 잘 알려진 대로 댐의 경우에 그리했듯이, 그는 인도의 과학 실험실도 인도의 "근대적 사원"이라 지칭했다. "나는 그것〔과학 실험실〕을 우리 조국에 봉사하기 위해 세워진 과학의 사원으로 바라봅니다. ……과학에 대한 봉사는 인도에 대한 진정한 봉사입니다. 아니, 전 세계에 대한 봉사입니다. 과학에는 국경이 없습니다."[43] 1년 후인 1948년 12월 5일, 뉴델리 중앙관개위원회의 제19회 연례회의에서 연설하며 그는 과학에 대한 이러한 믿음을 되풀이했다.

> 과거에는 …… 세계의 자원이 실제로 세계 인구의 생활 수준을 원하는 정도까지 높이기에 충분하지 않다고 어느 정도 정확하게 말할 수 있었던 때가 있었습니다. 이제 저는 세계의 현재 자원을 적절히 이용함으로써, 한층 더한 발전이나 당신이 원한다면 세계도 제쳐두고, 우리가 인도의 기준을 높일 수 있다는 것을 가장 평범한 지성에게도 명확히 해야만 한다고 생각합니다. 이것은 연필과 종이를 가지고서 보여줄 수 있습니다. ……우리는 이 방대한 잠재력을 현실로 전환해야만 합니다.[44]

만약 우리가 네루나 마오쩌둥 또는 나세르나 니에레레를 에너지나 물 공급 문제의 기술 관료적 해결책에 대한 단순하고도 순진한 믿음을 표현하는 실용주의자들로 생각한다면, 그들과 같은 사람들을 잘못 이해하게 될 것이다. 네루는 국가를 '진보'하게 만드는 과제를 다름 아닌 영적 사명으로, 즉 기술 관료 편에서의 이상주의와 믿음—그러나 기술적 효과의 문제를 훨씬 넘어선 믿음—을 모두 요구하는 사명으로 보았다. 네루의 비전이 요청한 것은 나라의 인민에 대한 믿음과 또한 한 국가를 창조하는 데서 대중적 에너지를 발산하기 위한 근대화 프로젝트에 대한 믿음이었다. 네루 자신이 이야기하는 몇 가지 두드러진 일화들이 있다. 1958년 12월에 관개 및 전력 위원회에서 연설하면서 그는 "4~5년 전에" 다모다르 계곡 회사에 간 일을 회상했다. 거기서는 "열성적인 젊은 엔지니어가 자신들이 무엇을 하고 있는지 설명했습니다". 네루는 이 남자의 "들뜬 관심"을 보고서 기뻐했고, "흙 바구니를 들고 다니는 수백 명의 남녀"가 있다는 것에 주목했다. 그는 이야기했다.

> 저는 엔지니어에게 물었습니다. "그들이 하는 일에 대한 이유를 설명해주었습니까?" 그가 말했어요. "아니요." 제가 말했습니다. "그렇다면 당신은 당신의 일을 전혀 이해하지 못했군요. 당신의 일은 평범한 노동자에게 자신이 그 계획에서 무엇을 하고 있는지 설명하는 것입니다." ……나중에 나는 흙을 한 장소에서 다른 장소로 나르고 있는 수백 명의 사람을 불렀습니다. 저는 "무얼 하는 거지요?"라고 말했습니다. 그들은 "우리는 이 흙 바구니를 여기서 저곳으로 옮기고 있습니다"라고 말했죠. 그들은 자신들의 작업이 곧바로 커다란 계획의 부분으로 사용되고 있다는 것을 전혀 알지 못했습니다. ……〔하지만〕 그들은 그 계획이 준비되었을 때 궁극적으로 이익을 얻을 사람들입니다. 지역 전체, 즉 그 마을과 다른 곳의 사람들이 자신이 무엇을 하는지 아는 것을 보는 것은 다모다르 계곡 회사에서 일하는 사람들에게 달려 있습니다.[45]

믿음은 궁극적으로 근대화 프로젝트에 대한 믿음과 그것을 국민에게 맡기는 것에 대한 믿음에 관한 것이었다. 댐과 실험실이 "사원"이라고 하는 그 모든 이야기는 세속적인 근대화 종교의 창조에 관한 것이었다. "믿음이 없으면 아무도 아름다운 것을 세우거나 건설할 수 없습니다. 유럽의 장엄한 성당 …… 건설자의 믿음의 구현물을 보십시오"라고 네루는 1948년에 중앙관개위원회에서 말했다. 그러나 "이제 우리는 다른 시대에 살고 있습니다. ……〔우리의〕 공공사업도 멋지고 아름다워야 합니다. 왜냐하면 그 믿음이 있기 때문입니다. 그래서 저는 그 믿음에서 일하는 여러분을 좋아할 것이고, 여러분은 그 믿음과 그 정신을 가지고 일한다면 그 자체가 여러분에게 기쁨이 됨을 알게 될 것입니다".[46] 내가 여기서 인용한 그 많은 연설이 관개와 전력에서 일하는 엔지니어들에게 행해졌다는 것은 우연이 아니다. "여러분 위원회 이름을 읽었을 때, '관개 및 전력'이라는 말이 제 마음을 흥분시킵니다"라고 네루는 1952년 이 집단에 대한 연설에서 말했다. 바로 이것이야말로 그가 같은 연설에서 관개나 전기라는 주제가 그에게 결코 "건조하거나 지루한" 것이 아니라고 설명한 이유이다. 그것은 "모험과 흥분 그리고 인간 진보의 주제"였다.[47] 그는 더 나아가 다음과 같이 연설했다. "저는 여러분, 즉 큰 엔지니어, 중간 엔지니어뿐만 아니라 이 문제에 대한 무언가 흥미로운 접근 방식을 현장의 노동자들에게 전달하기 위해 작은 엔지니어도 좋아해야 합니다. 그가 또한 그것이 돌이나 강철일지라도 살아 있는 물질과 함께 일한다는 것을, 그것이 더 나은 삶을 낳으리라는 것을 깨닫게 하십시오. 그가 여러분이 시작하고 있는 이 모험의 파트너가 되게 하십시오. ……〔그리고〕 다른 결과가 따라올 것입니다. ……노동자와 엔지니어도 진보하고 발전하여 더 나은 남성과 여성이 될 것입니다."[48]

물론 개발 담론의 이러한 영적이고 윤리적이며 이상주의적인 측면은 오늘날 공허하게 들린다. 적어도 일자리 없는 성장과 지능 기계의 시대에 제3세계 정치 지도자들은 나쁜 믿음에서 그것을 불러낸다. 현재의 인도 총리 나렌드라 모디는 아직 구자라트주의 지사였던 2011년 기후변화에 관한 책을 저술했다.[49] 모디의 "녹색 자서전"—이는 구자라트주의 모든 좋은 정책이 한 사람이 자기 주변에서 본 것에 대한 응답에서 비롯된 것으로 그려지는 까닭에 적절한 기술이다—으로 언급되어 온 이 책의 수사학은 네루의 그것과는 현저히 다르다.[50] 과학과 기술은 여기서 정신과 물질 모두의 분열적이고 유토피아적이며 혁명적인 변형의 대리인으로 나타나지 않는다. 이 책 전체를 관통하는 메시지는 조화로, 이 책에는 '작은 것은 아름답다'와 '큰 것도 아름답다'와 같은 제목을 지닌 두 개의 연속하는 장이 있다.[51] 물론 가장 큰 조화는 고대 힌두교 경전인 베다(Vedas)와 그 본질이 모두 이 경전에서 선취된 현대의 기후과학 사이의 조화이다. 모디는 다음과 같이 쓴다. "인간과 자연의 상호보완적 관계에 대한 나의 견해는 대학 시절에 《아타르바 베다(Atharva Veda)》의 《프리트비-수크타(Prithvi-Sukta)》를 연구했을 때 명확한 형태를 취했다. 수천 년 전에 지어진 63개의 수크타〔대구(對句)들〕는 지구온난화와 지구 환경에 대한 피해 그리고 그로 인한 기후변화 논의 중에 다양한 과학적·학문적·분석적 기치 아래 현재 제출되고 있는 지식의 전체 스펙트럼을 포함한다."[52] 실제로 우리는 네루의 시대와 기질에서 멀리 떨어져 있을 수 없었다.

그러나 모두가 근대화주의자인 네루 세대의 지도자들은 단지 나이폴의 "모방하는 사람들"의 예들, 즉 서구 또는 유럽 근대화주의자들의 아무런 독창성도 없는 반쪽 그림자일 뿐이었는가? 그러한 판단은 반식민주의적 민족주의가 제기하는 '독창성'의 문제를 이해하지 못할 것이며—이 장르의 민족주의에 대한 파르타 차테르지의 강력한 분석은 여기서 교훈적이다—, 식민주의 담론에서 모방과 이중성이라는 범주들에 대한 호미 바바의 깊은 통찰력을 지닌 재작업을 완전히 망각할 것이다.[53] 그것은 마치 포스트식민주의 비평이 전혀 일어나지 않았거나 우리 시대에 할 말이 없는 것처럼 이야기하는 것이리라.

라투르는 유럽의 과제로서 '근대성을 지방화하기'에 대해 이야기한다. 유럽이 가져와 전 세계에 퍼뜨리고 있는 까닭에, 그 근대성을 '지방화하기', 즉 그것을 다시 적절한 위치에 놓는 것은 이제 유럽 지식인의 과제이다.[54] 그러나 내가 《유럽을 지방화하기》에서 주장했듯이, 유럽은 근대성의 유일한 창시자가 아니었다. 자신들이 특정한 유럽적 관념의 보편적인 측면으로 본 것에서 용기를 얻은 제3세계 지식인들은 그 과정에서 공동 창시자였다. 근대성의 지구적 프로젝트는 반식민주의적 근대화주의자들의 손에서 두 번째의 독창적인 삶을 얻었다.

근대화하려는 반식민주의적 욕망은 단순히 유럽 근대화주의자의 제스처를 반복하는 것이 아니었다. 사실 네루는 그의 세대의 다른 많은 민족주의자와 마찬가지로 종종—그리고 자기의식적으로—이렇듯 서구를 모방하는, 즉 단순히 흉내 내는 것의 문제를 다루었다. 그는 1962년 12월 28일 뉴델리에서 열린 인도 공학협회에서 연설하며 "우리는 우리의 뿌리를 지켜야 하지만, 동시에 오늘날 세계의 어느 나라도 새로운 세계, 즉 과학과 기술 등의 새로운 세계가 무엇인지 이해하지 않고서는 어떤 의미에서도 성공할 수 없다는 것도 마찬가지로 명백합니다"라고 말했다. 여기서 네루는 다시 그 문제를 계속해서 다루고 있다.

> 여러분은 지난 200년여 동안 세계의 여러 나라, 즉 아시아와 유럽의 나라들에서 커다란 차이가 발생했음을 알 것입니다. 유럽에는 이른바 산업혁명이 있었고, 인간의 삶과 집단과 사회의 삶을 변화시키는 그 혁명이 계속되고 있기 때문입니다. 그리고 그것은 단지 그 사람들에게 복지의 척도를 가져다주는 것만이 아닙니다. ……〔그것은 또한〕 여러 국가를 강화하고 있습니다.

……우리는 그 두 가지를 결합하는 어떤 방법, 즉 우리가 옛것에서의 가치라고 생각하는 것과 새것에서의 가치라고 생각하는 것 사이의 종합을 발견해야 합니다. 다른 나라를 모사하려는 시도만으로는 충분하지 않습니다.[55]

이것은 모방하는 사람의 자아상이 아니었다.

온실가스의 (어떻게 세느냐에 따라) 세 번째나 네 번째 최대 배출국인 인도는 특히 기후변화의 영향에 취약하다. 하지만 인도에서 정치를 추동하는 것은 행성적 지구온난화의 '행성'이 아니라 지구화의 '지구'이다. 즉, 정치적 민주주의와 포스트식민주의적 발전 그리고 최근 경제와 언론의 더 많은 자유화로 야기된, 계급들을 가로지르는 열망의 혁명이다. 기후 문제가 일반적인 논의의 주제가 될 때까지 사회과학자들은 이러한 열망 혁명을 세계의 더 나아간 민주화의 신호, 인간 사이의 더 많은 정의를 향한 발걸음으로 환영했다.[56] 이러한 전망의 역사는 근대화를 향한 20세기의 반식민주의적 추동력이 구현한, 동료 시민들의 복지를 돌보는 세속적 윤리로 되돌아가야만 한다. 앞에서 인용한 구절에서 산업화를 찬양하는 네루에게 다시 한번 귀 기울여보라. "그것은 …… 사람들에게 복지의 척도를 가져다준다." 경제학, 특히 복지경제학의 바로 그 주제는 20세기 초에 이러한 돌봄의 윤리를 확장하고 정부화하는 기예(또는 많은 경제학자가 당시 그렇게 믿었고 여전히 믿고 있는 '과학')로 등장했다. 예를 들어 1929년에 자신의 책 《복지의 경제학(The Economics of Welfare)》의 제3판 서론에서 A. C. 피구는 이렇게 말했다.

경제학자들이 완수하기 위해 노력하는 복잡한 분석은 단순한 곡예가 아니다. 그것은 인간의 삶을 개선하기 위한 도구이다. 우리를 둘러싼 비참함과 누추

함, 몇몇 부유한 가족의 유해한 사치, 가난한 많은 가족에 드리워진 끔찍한 불확실성, 이것들은 무시하기에는 너무 명백한 악이다. 우리 과학이 추구하는 지식은 그것들을 억제할 가능성이 있다. 어둠으로부터 빛이! 그것을 탐구하는 것은 과제이며, 그것을 발견하는 것은 아마도 '정치경제학이라는 음울한 과학'이 그 분과를 마주하는 사람들에게 제공하는 상일 것이다.[57]

실제로 우리가 경제학자 시어도어 슐츠가 1959년 2월 시카고 대학의 시드니 A.와 줄리아 텔러 강의—이 강의는 "우리의 정치적이고 법적인 제도는 인간을 속박에서 해방하기 위해 형성되었다"는 것과 노예제도에 대한 우리의 공유된 혐오를 인정하는 것으로 시작했다—에서 제시한 시장에 토대한 "인적 자본" 관념을 보든지 아니면 한 사람에게 "그의 목적을 촉진할 수 있는" 역량을 주는 데 뿌리박고 있는 "자유로서의 발전"이라는 아마르티아 센의 후기 관념을 보든지 간에, 우리는 타고르, 간디, 네루, 파농, 니에레레 등과 같은 반식민주의 지도자들이 그들 자신의 목적을 위해 새롭게 하고 다시 활성화한 자유로서의 근대성에 대한 유럽의 논의로 되돌아가는 한 무리의 관념을 보고 있다.[58] 경제성장과 복지 분배는 이러한 돌봄의 윤리가 국가와 같은 방대하고 비인격적인 공동체를 위해 확대되어야 할 때, 그러한 윤리의 가장 좋은 담지자인 것으로 보였다. 우리는 오늘날 반식민주의적 민족주의가 길러내고 퍼트린 근대화와 인간 번영에 대한 욕망을 기억하지 않고서는 산디야 차우한과 카우실리야 데비를, 또는 그들의 목소리의 정당성을 이해하지 못한다.

근대적이라는 것의 어려움

인간이 인간 지배적인 삶의 질서에 집착하는 것으로부터 많은 종 가운데 하나의 종인 것으로 순조롭게 이행하는 일이 언제나 가능하진 않다. 자유의 언어가 생태학적으로 바람직해 보이는 것과 멋지게 어울리는, 여성의 생식권과 같은 삶의 특정한 영역이 있을 수 있지만, 인도에서의 에어컨 이야기가 보여주듯이 그러한 것을 인간 삶의 모든 측면에 대해 가정할 수는 없다. 내가 제안하는 것은 정치 사상가의 곤경이 더 깊다는 것이다. 자본세의 제안자들과 포스트휴머니스트들의 통찰은 중요하고 충분히 이해받아야 하지만, 우리는 자연에 대한 "얇은 기술"과 따라서 근대화에 대한 인간의 애착을 이해하기 위해서는 자본/노동과 자연/문화 구별의 원'죄' 이야기를 넘어설 필요가 있다. 인간이 과연 비인간을 위한 대변인으로서 행위할 수 있느냐 없느냐와 상관없이 비인간을 진지하게 받아들이는 정치 체제의 출범이 중요하다고 주장할 수 있겠지만, 그 대화는 20세기의 반식민주의 이데올로기들이 표현하고 세계의 그렇게 많은 지역에서 포스트식민주의적이고 포스트제국주의적인 정치 구성체를 형성하게 된 근대적이고자 하는 욕망을 처리하지 않고서는 그리 멀리 나아가지 못할 것이다. 그리고 이러한 욕망은 여행과 노출 그리고 세계 시민적 대화라는 지구적-제국적이고 팽창하는 우주가 부추겼는데, 이제 그것은 다시 화석연료에서 추출한 에너지의 광범위한 사용으로 가능해졌다. 결국 그리고 산업 문명에 대한 그들의 모든 비판에도 불구하고, 철도·증기선·인쇄기가 없었다면 타고르나 간디는 어디에 있었을까? 그 모든 것은 우리 시대에서처럼 그들의 시대에도 석탄 왕과 그 후계자들의 변치 않는 권력의 현현 아니었던가?

5

행성적 열망

인도에서의 한 자살 읽기

2016년 1월 17일, 달리트 어머니와 낮은 카스트 아버지의 아들인 하이데라바드 대학의 박사과정 학생 로히트 베물라는 달리트 학생 활동을 이유로 자신을 처벌한 대학 당국에 항의하여 스스로 목숨을 끊었다. 자신의 짧고 유망한 삶을 끝냄으로써 베물라는 자기의 몸으로 정치적-윤리적 성명을 발표했다. 그의 유서는 유토피아적인 우주 안의 낮은 카스트/달리트 몸에 대한 숙고였다. 베물라는 이별 메모에서 그가 살았던 사회에서 "사람의 가치"는 언제나 그의 "직접적인 정체성과 가장 가까운 가능성으로 환원"되었다고 썼다. 그는 말했다. "한 표로 또는 숫자로. 하나의 사물로. 사람은 결코 마음으로서 취급되지 않았다. 우주 먼지로 이루어진 영광스러운 것으로서. 모든 분야에서, 연구에서, 거리에서, 정치에서 그리고 죽음과 삶에서."[1] 베물라는 "만질 수 없는 것"이라는 오명을 쓴 달리트의 몸을 초월하는 두 가지 방법을 우리에게 남긴다. 하나는 몸을 전적으로 초월함으로써, 즉 저마다 사회적으로 각인된 몸을 언급하지 않고 "마음"으로 대함으로써, 다른 하나는 그 사람에게서 '개인적인' 몸을 빼앗아 그것을 우주를 구성하는 물질, 즉 우주에서 우리의 몸과 다른 몸을 관통하며 계속해서 순환하는 고대의 원자와 아원자 입자, 베물라의 "우주 먼지"에 연결함으로써 이루어진다. 두 번째 관점은 단순히 수사학적 과장의 문제가 아니었다. 그는 과학도이자 칼 세이건의 열렬한 독자였다. 그는 심지어 자신의 페이스북 게시물 가운데 하나에서 세이건을 인용하여 말하기도 했다. "우리 종은 널리 깨어 있는 정신과 세계의 작동 방식에 대한 기본적인 이해를 지닌 시민을 필요로 하고 또 가질 자격이 있다."[2] 세이건의 "종"에 대한 언급이 호모 사피엔스의 매우 장기적이고 집단적인 역사와 시간을 통한 그 여정을 향해 제스처를 취하는 데 반해, "세계의 작동 방식"이라는 구절은 행성이 인간을 비인간과, 생명체를 비생명체와 연결하는 의사(擬似)체계적 실체로서 어떻게 기능하는지의 이야기에서 인간은 어느 지점에 들어가야 어울리는지에 관한 물음으로 이끈다.

베물라는 칸트의 《실천이성비판(Critique of Practical Reason)》 마지막 장의 첫 문장, 즉 칼리닌그라드에 있는 그 철학자의 묘비에도 새겨진 말들을 읽은 것처럼 보인다.[3] 칸트는 "그에 대해서 자주 그리고 계속해서 숙고하면 할수록, 점점 더 새롭고 점점 더 큰 경탄과 외경으로 마음을 채우는 두 가지가 있다. 그것은 내 위의 별이 빛나는 하늘과 내 안의 도덕 법칙이다"라고 썼다. 베물라는 별이 빛나는 하늘에 대한 칸트의 해석에 동의하지 않았을지도 모른다. 칸트는 "셀 수 없이 많은 세계라는 전자의 견해는 **동물적 피조물**로서 나의 중요성을 **무효로 한다**"고 썼다. 베물라는 자기 자신을 동물성이 아니라 "영광스러운 우주 먼지"로 만들어졌다고 생각했다. 그러나 그는 도덕 법칙에 대한 칸트의 해석—

즉 인간을 "마음"으로 보는 베물라의 견해—에는 동의했을 것이다. 칸트는 도덕 법칙이 "모든 동물성에서 독립적인 생명 …… 이 생명의 조건과 경계에 한정되지 않고 무한한 것에 도달하는 …… 최종 목적지"를 드러냄으로써 "나의 가치를 나의 인격성에 의한 지성의 그것으로서 무한히 높인다"고 썼다. 하지만 그들 둘 다 자신들의 사유에서 몸의 생물적 본성을 이성에 종속시켰다. 칸트는 두 세계가 이성의 작업으로 연결될 수 있다고 생각했다.[4] 죽음을 맞이하는 베물라의 진술을 인류세 가설에 비추어 읽어보면 우리는 인간의 생물적 연관에 중요성을 다시 할당할 수 있는 동시에 이러한 연관을 정치적인 것의 해방적 영역 내부로 가져오는 어려움을 증명할 수 있다.

여기서 나의 출발점은 마사 누스바움이 현대의, 주로 미국의 법철학에서 중요한 역할을 하는 낙인찍기와 혐오감에 대해 행한 몇 가지 고무적이고 생성적인 반성에서 비롯된다.[5] 여기서 나의 관심을 끄는 것은—"혐오가 역사를 통해 집단을 배제하고 주변화하는 데 사용되어왔기" 때문에 우리가 "법의 기초로서의 혐오에 의존하는 것"에 대해 회의적이어야 한다는 그녀의 결론들 가운데 몇 가지가 인도에 적용될 수 있음에도 불구하고—그녀가 행하는 논증의 특정 부분들이 아니라 그녀의 생각이 인간의 진화심리학을 건드리는 점들이다. 물론 누스바움은 그러한 생각을 내비칠 때조차 그 점들에 대해 자세히 설명하지 않는다. 왜냐하면 그것들은 종종 그녀 자신의 해명을 진행하기 위해 그녀가 인식하는 동시에 괄호 칠 필요가 있는 점들이기 때문이다. 그러나 그것들이 바로 이 장에서의 내 관심사이다. 그래서 내 논증은, 누스바움이 인정하지만 더 파헤칠 의무가 없다고 느끼는 것을 추적함으로써, 누스바움 텍스트의 여백에서 이루어진다고 말하는 편이 더 정확할 것이다.

누스바움은 예를 들어 "혐오"의 감정이 아마도 "마법적인 오염의 관념 그리고 바로 우리가 아는 대로의 인간의 삶과 맞지 않는 순수성·불멸성·비동물성에 대한 불가능한 열망"을 포함하여 인간종의 깊은 역사에 속하는 요소들을 수반한다고 인정한다. 그녀는 혐오가 "우리의 진화에서 귀중한 역할"을 수행했을 수 있으며, 그것이 "우리의 현재 일상적 삶에서 유용한 기능"을 수행한다는 것이 단적으로 가능하지는 않지만 실제로 "매우 그럴듯"하다고 시사한다. 아마도 "우리에게서 우리의 인간성이 지닌 문제적 측면을 숨기는" 그것의 기능은 "유용할 것이다. 아마도 우리는 너무나도 곧바로 빨리 썩어버릴 끈적끈적하고 질척질척한 물질로 우리가 이루어져 있다는 사실에 대한 너무나도 생생한 인식을 가지고서는 쉽사리 살아나갈 수 없을 것이다".[6] 그녀는 다음과 같이 쓴다. "곧 죽음을 맞이하게 되고 가장 본질적인 문제들은 우리의 통제를 넘어서 있는 삶을 헤쳐나가려면 어느 정도 자기기만은 필수적일 수도 있다." 누스바움은 그 정도로 남겨둔다. 왜냐하면 그 책에서 그녀의 주된 목적은 "그러한 자기기만적 허구를 법으로 다스리지 않고, 적어도 우리의 공동생활을 함께 형성하는 제도를 만드는 데서 우리는 모두 어린아이〔다시 말하면 아버지 형상 없는 동등한 존재들〕이며, 여러 가지 면에서 우리가 세계를 통제하지 못한다는 것을 인정하는 사회"를 요청하는 것이기 때문이다.[7]

누스바움은 또한 인간과 다른 동물들 사이에 공유될 수 있는 감정에 대한 물음을—그녀의 관점에서는 논리적으로—제쳐놓는다. "나는 감정이 '인간의 경험'이라고 말했으며, 이는 말할 것도 없이 그렇다. 그러나 대부분의 현대 연구자들과 고대 세계의 많은 사람은 또한 어떤 비인간 동물들이 적어도 특정한 종류의 감정을 지닌다고 주장한다. ……하지만 나는 그 문제를 법의 표준적인 자료인 인간의 감정에 초점을 맞추면서 일단 한쪽으로 치워놓고자 한다."[8] 누스바움의 생각은 오로지 인간에게만 초점을 맞추며, 다른 많은 자유주의 사상가들과 마찬가지로 그녀도 행성 위 인간의 전체 숫자와 관계없이 모든 개별 인간에게 잠재적으로 적용될 수 있는 원칙에 대해 생각한다. 누스바움은 "사람들의 평등한 가치와 그들의 자유"라는 가정으로부터—또다시 그녀의 관점에서는 올바르게—나아간다. 왜냐하면 그녀의 주의는 계속해서 인간의 번영에, 다시 말하면 그녀가 생각하기에 그 삶이 자유주의 원칙에 동의하는 제도에 의해 지배받는 모든 개별 인간의 번영에 대해 필수적인 몇 가지 "핵심적인" 법적 원칙을 정교화하는 데 초점을 맞추기 때문이다.[9] 누스바움의 생각은 인간 중심적이며, 이는 그녀의 선택에 따른 것이다.

인도의 '달리트 문제' 또는 '만질 수 없음'의 오랜 문제가 새로운 형태로 근대적 인도 제도 속에서 지속되는 것은 사회 관리를 위한 기초로서의 혐오에 대한 누스바움의 비판과 거부 모두가, 그리고 (베물라가 요약한 대로 하자면) "우주 먼지"로서의 인간의 몸에 대한 칼 세이건의 견해가 왜 **둘 다** 오늘날 관련된 관심사인지를 동시에 보여준다. 그것들은 관련되어 있다. 하지만 또한 어느 정도 서로 대립한다. 브라만교의 사물 도식에서 '만질 수 없는' 사람의 몸이 만질 수 없는 것으로 여겨졌던 까닭은 거기에 어느 정도의 혐오를 유발하는 의미가 들어 있었기 때문이다. 이 혐오감은 달리트의 주변화와 억압의 감정적 원천이었다. 누스바움의 견지에서 "인간들의 평등한 가치" 원칙을 떠맡는 개인화된 몸을 위해, 인간 몸의 지위를 그렇게 깎아내리는 구성체를 거부하는 것은 달리트의 몸을 극복하는 한 가지 방법이다. 그리고 그것은 아마도 달리트가 자신의 몸을 극복한 사람으로 결코 여겨질 수 없으며, 따라서 "마음으로서" 여겨지기를 요구한 베물라의 불평에 호소할 것이다. 하지만 "우주 먼지로 이루어진 영광스러운 것"으로서의 몸은 인간/달리트의 몸을 우주의 여타 모든 것에, 그 몸의 고대적 과거와 현재에 연결된 것으로서 보는 구성체다. 여기서 그 관점은 인간 중심적이지도 않고 인간의 몸을 개별화하는 것도 아니다. 누스바움의 관점에서 인간의 번영이란 모든 개별적 인간이 잠재적으로 번영할 수 있는 조건을 가리키는 데 반해, "우주 먼지"로서의 몸은 개인의 몸을 물리적 우주에 대한 어떤 연결된 관점으로 용해하고 인간의 번영 문제를 넘어선다. 몸에 대한 이러한 관점을 기술하면서 베물라가 **영광스러운**이라는 형용사를 사용하는 것은 아마도 적어도 베물라의 과학적인 눈에 보이는 대로의 몸의 위엄과 기적적인 본성을 의미할 것이다. 그는 분명히 이것을 자신의 "낮은 카스트", 달리트 정체성의 몸에 폭력적으로 가해진 한계를 상상 속에서 벗어날 수 있는 또 다른 강력한 방법으로 보았다.

이 장에서 나는 '달리트 몸', 즉 그에 관해 곧바로 더 많은 것을 이야기해야 할 명백히 추상적인 구성체를 내가 누스바움과 세이건이라는 기호 아래 모아놓은 두 가지 서로 다른 사상 전통의 교차점에 배치함으로써 그러한 몸의 독해를 제안한다. 내가 여기서 행성 시대라고 부른 것은 인간 역사에서 현재 순간을 특징짓는 복잡성을 지닌다. 그것은 다음과 같다. 즉, 우리가 현 세기로 더 깊이 들어가면 갈수록 인간의 번영과 인간들 사이의 정의 문제에 대해 생각할 수 없는 데 반해, 개별적 인간의 몸이 행성 위의 비인간적 요소, 즉 살아 있는 것과 살아 있지 않은 것 모두와 어떻게 연결되어 있는지 언급하지 않고서 이 물음들을 추구하는 것은 결국 인간의 번영을 위태롭게 할 수 있다는 것이다. 기후변화에 관한 문헌과 대지 시스템 과학의 중첩은 나에게 오늘날 행성 위의 인간 숫자와 함께 우리가 우리 자신의 번영을 추구할 때도 이러한 연관성을 점점 더 잘 인식할 필요가 있다는 것을 확신하게 한다. 우리가 "너무나도 곧바로 빨리 썩어버릴 끈적끈적하고 질척질척한 물질"로 이루어져 있다는 사실은 우리의 일상적 인식의 일부가 되어야 할지도 모른다. 그뿐만이 아니다. 인간이 아니라 미생물과 다른 작은 형태의 생명체들이 무게와 수 둘 다에서 행성 위 생명체의 대부분을 구성하고, 대기 중 산소의 비율은 말할 것도 없고 토양의 생산에서부터 인체의 내부적 작용에 이르기까지 생명 드라마에 중심적이라는 점은 기후위기가 전개됨에 따라 인간이 우리의 존재와 번영을 가능하게 하는 행성적 조건들에 대해 생각하는 데서 명심할 필요가 있을 유익한 사실의 지위를 할당받아야 할 것이다.[10]

억압적인 브라만교의 도식에서 상상한 대로의 달리트 몸은 죽음과 폐기물과의 강요된 접촉 때문에 주변화된다. 하지만 그것은 또한, 우선은 상층 계급이 그 주위에 쌓아온 억압의 관계를 보류하면, 내재적으로 비인간 및 비생물과 연결된 것으로 상상되는 인간 몸의 한 예이기도 하다. 우리는 토착 아메리카인, 아메리카 인디언, 인도와 아프리카의 부족들 그리고 오스트레일리아 원주민들의 오랜 종교적 신화에서 유사한 그리고 아마도 훨씬 더 온화한 예들을 발견할 수 있을 것이다. 물론 거기에는 카스트의 맥락에서 달리트가 바로 그러한 지각된 연관성 때문에 주변화되고 억압당했다는 결정적 차이가 존재한다.[11] 로히트 베물라는 인간의 몸, 즉 다른 형태의 생명 및 비생물로부터 떼어낼 수 없는 것으로서의 인간이라는 행성적 개념에서 분명히 사유의 해방적 지평을 발견했다. 이 장에서 내가 하는 일은 인간의 이러한 연결된 형상을 '정치화'하는 것이 여전히 얼마나 어려운지를, 베물라의 해방적 열망의 힘이 왜 계속해서 (현대적 용어로) 정치적이기보다 더 시적인 것으로 머무는지를 보여주는 것이다.

달리트 몸의 비가시성

순다르 사루카이가 주장했듯이 달리트 몸의 현상학은 분명히 인간에게 너무도 중요한 것, 즉 다른 인간의 손길을 박탈당한 달리트에게—그리고 또한 비뚤어진 방식으로 브라만에게—놓여 있다.[12] 따라서 몸의 거동과 수행의 문제는 남아시아의 '불가촉성'의 역사에서 결정적인 역할을 한다. 우리는 아대륙의 달리트 억압의 역사에서 몸과 그 문화적 위치를 이론화하지 않고서는 '불가촉성'을 이론화할 수 없다.

하지만 이 몸에 대해서는 인도의 카스트와 불가촉성에 관한 방대하거나 박학한 문헌의 특징을 이루는 일정한 종류의 망각이 존재한다. 지금 내 생각에 이 점에 대해 징후적이었던 것은《서벌턴 연구》와 같은 자기의식적으로 급진적인 프로젝트에서도 '달리트 문제'가 보이지 않는다는 점이다. 라나지트 구하가 자신의 고전적 저작《식민지 인도에서 농민반란의 기본 양상(Elementary Aspects of Peasant Insurgency in Colonial India)》(1983)에서 든, 인도 시골의 일상적 삶에서 일어나는 신체적 지배와 종속 행위의 사례들은 다는 아니어도 그 대부분이 카스트에 관한 문헌에서 나왔지만, 카스트는 그의—그리고 나중에는 우리의—분석틀에서 거의 없는 범주였다. 우리가 카스트와 그 끔찍한 불평등에 대해 모르는 것 같지는 않았다. 하지만 카스트는 인도 사회의 혁명적 변화, 즉 우리가 아무리 그 정신에서 일치하지 않고 민주적이었다 하더라도 마르크스주의적 전망의 프리즘을 통해 이해한 변화의 정치학을 발전시키고자 한 역사학을 위해 '농민'과 '계급'이라는 범주들로 지양되었다. 인도의 일상적 삶에서 상위 카스트의 구성원에 의한 굴욕의 주체는 몸을 지닌 주체였다. 콧수염을 기르고 우산을 들고 신발이나 가슴 띠를 착용하는 것은 특수한 사회의 지배 집단 구성원들에게 모욕을 주었고 학대와 고문이라는 폭력적 대응을 끌어냈다. 굴욕당한 몸은 카스트와 그 배제의 규칙으로 표시되었다. 하지만 카스트는 칸차 일라이아와 같은 사람들의 비판이 우리의 지적 노력에 놓여 있는 이러한 심각한 빈틈을 인식하게 할 때까지 아주 오랫동안 《서벌턴 연구》에서 논의되지 않은 것이었다.[13]

사실 전통적인 마르크스주의 범주들은 종종 '카스트'에 눈을 감으며, 그것을 '계급' 범주로 접어넣는 경향이 있다. 하지만 그 문제는 《서벌턴 연구》가 출간될 무렵에는 이미 그렇게 인식되었다. 그렇다면 우리 대부분이 성장한 남아시아에 관해 연구하고 아대륙의 서로 다른 부분들에서 다양하게 나타나는 카스트를 경험한 학자들인 우리는 왜 카스트 억압을 그 모습 그대로, 즉 굴욕과 배제의 논리가 몸으로 구현된 관행의 물질성을 통해 표현된 억압의 형태로 인식하지 못했던가? 물론 달리트 고통의 서사에서 달리트 몸의 중심성이 이렇듯 일반적으로 탈락하게 되는 것에 공헌한 많은 요인이 존재한다. 우리는 이른바 카스트 시스템이 사람들을 그들이 태어난 카스트〔자티(jati)〕로 피할 수 없게 한정시키는 구속복이라는 유럽의 허위 보도를 논박하기 위해 카스트 '시스템' 내에서의 사회적 이동성에 관한 사실을 조명하고자 한 1960년대와 1970년대의 수많은 카스트 연구를 지적할 수 있을 것이다.[14] '카스트'라는 범주는 여기서 인도 사회학이라는 떠오르는 학과에 속했다. 달리트와 불가촉성 문제는 카스트 문제로 접혀 넣어졌고, 카스트는 (많은 사람이 카스트는 인종이 아니라고 논증했고, 전적으로 이 문제만을 다룬 CIBA 재단의 책이 있었음에도 불구하고) 인종과 마찬가지로 민주주의, 사회주의 또는 순전한 시장이나 발전 논리가 결국 돌보아야 하는 불평등의 한 형태로 여겨졌다.[15]

카스트 관련 억압에 대한 비판에는 또한 관념론적 경향도 있었다. 이 경향은 인도 민주주의의 평등주의에 깊은 역사적 계보를 부여하기로 계산된 제스처로 바크티 운동—힌두와 이슬람 원천으로부터 반위계적 요소를 빌린 헌신적인 종교 형태—의 해방적 잠재력을 강조함으로써 인도 또는 힌두교의 '영적' 역사를 묘사했다. 이 문헌에 대한 근대적 논의에서 달리트 몸의 문제는 종종 정신의 문제로, 즉 종교 텍스트에서 설명되고 의문시될 수 있는 의식적으로나 무의식적으로 취해진 태도의 문제로 전환되었다. 이것은 일정한 인도어 텍스트들이 1947년 이후 태어난 미성숙한 인도 민주주의가 직면하게 될 문제들에 대한 해결책을 미리 그려 보였다고 간주하는 인도의 문명적 서사였다. 하나의 좋은 예는 유명한 산스크리트어 학자 라그하반이 당시 정보방송부 장관이었던 인디라 간디의 초청으로 1964년 델리에서 행한 파텔 강연이다. 이 강연에서 라그하반은 청중들을 존 스트래튼 홀리의 표현을 빌리자면 "'민주주의'라는 말이 주조되기 전에 존재했던 인도의 민주적 본능의 전면적 파노라마"를 그리기 위해 인도에서 6세기로부터 17세기까지 바크티 운동의 다양한 단계를 둘러보는 계몽 여행으로 이끌었다.[16]

몸 문제에 대한 맹목은 그저 우리가 카스트를 어떻게, 즉 어떤 방법을 통해 논의하는가의 문제가 아니었다. 거기에는 더 많은 것이 있었다. 나는 27세 때 인도를 떠났다. 인도에서 성장한 그 27년 동안 나는 학교나 가정에서든 아니면 사회적 대화에서든 '불가촉성'의 관행을 옹호하는 단 하나의 논증도 들은 적이 없지만, 그것은 여전히 다양한 형태로 일상적 삶에 남아 있었고, 일부는 한층 교묘했다. 물론 지식이 중요했다. 문제를 아는 것은 보통 그 문제를 다루기 위해 준비된 행동이나 정책으로 이어진다. 따라서 인도는 지금까지 불가촉성 문제를 해결하기 위해 독립한 인도에서 그것을 불법이라고 선언하는 주목할 만한 단계부터 시작하여 다양한 조처를 취해왔다. 하지만 차별과 달리트 몸에 대한 오래된 가정에 토대한 관행은 실제로는 전혀 멈추지 않는다. 왜 그러한가?

내가 보기에 여기서 우리는 이를테면 차별의 특수한 관행과 우리가 '선입견'이라고 부를 수 있는 것을 구별할 필요가 있다. 우리는 차별적 관행을 인지적으로 인식하게 되고, 그것을 이용 가능한 다양한 지식 체계로 설명하려고 한다. 이것은 역사와 인류학 또는 법의 다양한 분과가 카스트의 변화하는 현실로부터 자기들의 연구와 조사의 특수한 대상을 창조하는 방법이다. 이러한 지식 시스템은 동시에 입법·경제·정치의 영역에나 심지어는 의식적으로 취하는 태도의 영역에도 놓여 있을 수 있는 개선 행동을 위한 조처를 제안하기도 한다. 선입견은 뭔가 다른 것이다. 그것은 당신이 의식적으로 누군가를 판단하기 전에 그에 대해 형성하는 판단을 가리킨다. 그러한 의미에서 선입견은 가다머가 《진리와 방법(Truth and Method)》에서 설명하듯이 선-판단이다.[17] 이러한 것들을 우리는 우리가 상징적 질서에 들어서고 어른들이 우리에게 세계를 설명하며 그들이 반드시 그래야 하듯이 우리를 그 세계로 인도하는 어린 시절의 초기 단계에서부터 받아들인다. 선입견은 (가다머에서 부르디외로 전환하자면) 아비투스의 부분이 된다. 종종 당신은 같은 사람 안에서 또는 나의 논리가 옳다면 아마도 우리 모두에게서 지식/선입견 분열을 볼 수 있을 것이다.

시간과 공간을 위해 이 점을 자서전적 일화의 도움을 받아 설명하고자 한다. 자서전이 민족지학 연구를 대신하는 데 대해서는 사과하지만, 한 장소에서의 연속적인 27년은 인류학자가 보통 자기 생애 동안 현장에서 보내는 시간보다 훨씬 더 길다. 그래서 아마도 나는 토착민 출신 민족지학자로서 말할 수 있는 어떤 권리를 주장할 수 있을 것이다. 1950년대에 캘커타에서 성장할 때, 학교 교과서에 포함된 청소부 인물에 관한 아주 유명한 벵골어 시가 있었다. 그것은 우리 세대의 벵골인들이 아직도 암송할 수 있는 시행으로 시작하는 단호한 반(反)불가촉성 시였다. "케 볼레 토마레, 본드후, 아스프리샤 아슈치?"(내 친구여, 누가 감히 너를 불가촉이고 불순하다고 부르겠는가?) 19세기의 유명한 합리주의자 아크샤이쿠마르 다타의 손자인 사티엔드라나트 다타가 그 시를 썼다.[18] 다타는 1922년 39세의 나이로 세상을 떠났다. 그는 간디의 열렬한 숭배자였으며, 그래서 그 시는 아마도 간디가 1915년에 인도로 영구적으로 돌아온 후 몇 년 사이에 쓰였을 것이다. 그 시는 분명히 오랜 생명을 누렸다. 간디는 불가촉성에 반대하는 자신의 잡지 〈하리잔(Harijan)〉(1933)을 처음 발행하면서 라빈드라나트 타고르가 영어로 번역한 이 시를 실었으며, 약 40년 후에 원래의 벵골어 버전이 교과서에 실렸다. 고등학교의 벵골어 문학 교사였던 나의 어머니는 너무도 진지하고 열정적으로 불가촉성의 부당함과 그것의 모든 가르침이 어떻게 인간의 평등과 정의의 근본적 원칙에 폭력을 가했는지를 설명하면서 내게 그 시를 가르쳐주곤 했다. 하지만 매일 아침, 도시공사가 우리 지역을 깨끗이 청소하기 위해 임명한 비하리 사람 달리트 라크슈만은 부업으로 우리 거리 집들의 화장실을 청소하곤 했다. (이 두 가지 모두 그 당시 표준 관행이었다.

시 당국은 항상 달리트를 청소부로 임명했으며, 그것은 아마도 오늘날까지도 관행일 것이다. 그리고 청소부들은 그에 더하여 공식 근무 시간 동안 사적으로 고용되기도 함으로써 추가로 돈을 벌곤 했다.) 부모님은 라크슈만과 좋은 관계를 유지했다. 라크슈만은 휴가를 얻어 집에 갈 때마다 돈과 다른 귀중품들을 부모님께 맡기곤 했으며, 부모님은 이런 사교적인 방문 때에 그를 결코 불가촉 사람으로 대하지 않으셨다. 그러나 매일 아침 그가 우리 화장실을 청소하는 크고 축축하고 물이 뚝뚝 떨어지는 자두(빗자루)를 휘두르는 청소부로 우리 집 안으로 들어올 때마다 어머니는 그나 자두가 커튼이나 가구 등을 아무것도 건드리지 못하도록 허둥지둥 달려갔으며, 그 과정에서 집 안에 꽤 당황스러운 소동을 일으키곤 했다. 라크슈만 자신도 이런 순간에는 경직되고 어색한 몸짓을 하며 돌아다니면서 자두를 들고 있는 자기의 몸과 집 안의 가구나 사람들 사이에 '적절한' 거리를 유지하여 폐기물과 오염에 대한 상류층의 감수성이 어떤 식으로든 상하지 않도록 주의하곤 했다. 부유한 가정은 실제로 청소부가 사용하는 별도의 입구, 때로는 별도의 나선형 계단을 설치하곤 했다.

고등학교 시절이 되어 나는 이러한 일상적 사건을 어머니 편에서의 일종의 위선을 표현하는 것으로 생각했다. 어쩌면 어머니는 다타의 시가 말하는 것, 요컨대 인도의 평등주의적 민주주의의 올바른 가치를 가르쳐줌으로써 내게 설명하곤 했던 메시지를 실제로는 믿지 않았을지도 모른다. 나중에야 나는 내가 틀렸을 수도 있다는 것을 깨달았다. 어머니는 내게 불가촉성의 부당함을 설명하는 데서 진지했다. 라크슈만이 우리 집에 들어올 때 두드러졌던 것은 가다머적 의미에서 선입견이었다. 자신의 몸에 대한 내 어머니의 깊이 브라만교적인 감각은 아마도 라크슈만과 물이 뚝뚝 떨어지는 그의 자두가 우리 집안의 어떤 것과 접촉할 수 있다는 생각에 거슬림을 느꼈을 것이다. 그 물은 배설물—실제로 손대서는 안 되는 몸의 연장—을 청소하는 데 쓰였을지도 모르기 때문이다. 초점은 위생에 관한 것이 아니었다. 그것은 달리트로서의 달리트의 몸에 관한 것이었다. 달리트의 억압에 대한 형식적 지식은 달리트의 형상을 역사화하거나 사회화한다. 일단 달리트의 착취를 돕는 역사적 맥락을 알게 되면, 당신은 달리트 삶의 맥락을 변화시킬 것을 목표로 한 정책을 발전시킨다. 그러나 선입견, 즉 당신이 신중하게 판단하기 전에 지니는 판단은 매우 길고 안정된 현재를 구성하는 시간을 지닌 구조를 재생산한다.

새겨넣음과 추상으로서의 달리트 몸

내가 여기서 언급하는 '달리트 몸'은 이미 말했듯이 하나의 추상이다. 이러한 추상적 형상은 달리트 몸에 대한 내 편에서의 본질주의적이고 오리엔탈리즘적이거나 정태적인 시각으로, 요컨대 역사를 부정하는 것으로 잘못 생각될 수도 있으므로, 지상에는 아마도 내가 기술하는 '달리트'에 대응할 수 있는 사람은 하나도 없을 것이라는 경험적 사실에 대한 완전한 인정과 더불어 시작하고자 한다. 지상에는 전통적으로 '불가촉'으로 여겨진 수많은 서로 다른 자티들의 몸들만이 존재한다. 오스트레일리아의 학자 올리버 멘델존과 마리카 비치아니가 언젠가 관찰한 바와 같이, "불가촉천민은 다른 힌두교도들과 마찬가지로 자티들로 조직된다". "차마르·방기·도비·풀라야·파스완·마다기는 인도의 모든 지역에 산재하는 손을 대서는 안 되는 자티들 가운데 일부이다." 그리고 그들은 "지역 차원에서 모든 사람은 손을 대서는 안 되는 것 일반이 아니라 특수한 불가촉의 카스트가 있다는 것을 알고 있다"고 덧붙였다.[19] 달리트 지식인 자신들은 때때로 "손을 대서는 안 되는 것"으로 취급되는 것이 얼마나 많이 시간과 장소의 기능, 즉 상위 카스트들의 기회주의와 이기적 관심에 달려 있는지 설명했다. 푸네에서 차마르의 라비다시(라비다스의 숭배자) 카스트에 속하는 판자비 부모에게서 태어난 A. 슈크라(가명)는 자전적 논고에서 그의 가족이 사회적 상위자들에게서 받은 대우가, 그들이 마을에서 상위 카스트의 물 항아리를 사용하는 것이 허락되지 않았던 시대부터 그가 교육을 받고 같은 사회적 상위자들이 그의 서비스를 필요로 하게 된 시대에 이르기까지 어떻게 변화했는지 언급하고 있다. 그는 "불가촉성의 규칙들이 복잡하고 위선적이라는" 것을 발견했다.[20]

이러한 경험적 다양성과 여러 가지 역사적 변화는 내가 여기서 수행하는 개념적 연습에 의해 부정되지 않는다. 내가 달리트 몸을 대하는 것은 프란츠 파농이 그의 《검은 피부, 하얀 가면(Black Skin, White Masks)》에서 '검은 몸'을 대하는 것과 어느 정도 비슷하다. 파농은 헤겔과 메를로 퐁티를 활용하여 '흑인'은 자기의 검음을 결코 잊을 수 없다는 의미에서 육체적 도식을 지니지 않는다고 시사했다. 그는 이를테면 '인간'이 일상적 존재에서나 잠들었을 때 그런 것처럼 자기의 팔다리나 등의 색깔을 결코 잊을 수 없다는 것이다. 자신의 몸에 대한 흑인의 감각은 언제나 삼인칭 의식을 통해 굴절된다. "백인 세계에서 색깔 있는 남자는 신체 도식의 발달에서 어려움을 겪는다. 몸의 의식은 오로지 부정하는 행위일 뿐이다. 그것은 제삼자의 의식이다."[21]

파농이 논의한 '흑인'의 이러한 몸은 그의 명제를 검증하려는 목적에는 경험적으로 이용할 수 없었을지도 모른다. 파농 자신의 경험적 자아를 포함하여 그가 알고 있던 '흑인'들은 잠든 사이에 전적으로 자신의 피부색에 대한 의식을 모두 잃을 수 있었다. 그러나 그것은 파농의 요점이 아니었다. 그의 추상, 즉 '검은 몸'은 그가 가시화하고 싶어 한 인종차별적 억압의 일정한 구조에 중심적이었다. 여기서 채택된 대로의 '달리트 몸'은 유사한 구성체다. 나는 그것을 인간의 몸 그리고 이른바 그 환경과의 완전히 서로 스며들 수 있는 관계에 대해 우리가 어떻게 생각할 수 있는지 논의하기 위해 사용한다. 지금 인도의 지정 카스트를 구성하는 서로 다른 달리트 집단들의 역사에서 나타나는 경험적 변화는 여기서 나의 관심사가 아니다. 인도의 사회사에서 불가촉성의 역사에서의 다원성과 변화의 요소가 무엇이든 간에, 몸은 현상 그 자체의 중심에 있어야 할 것이다. 인간을 '손댈 수 없는' 존재로 만드는 데로 향하는 관행은 관련된 사람의 몸에 초점을 맞춘다. 오염시키는 것으로서 여겨졌고 지금도 그렇게 여겨지는 것은 그들의 손길, 그림자, 그들의 신체적 기호와 배설물, 그들의 음식 등이다.

카스트에 대한 루이 뒤몽의 고전적 연구 《위계적 인간(Homo Hierarchicus)》은 여기서 도움이 된다. 뒤몽은 "손댈 수 없는 것의 불순함이 브라만의 순수성과 개념적으로 분리될 수 없다는 것은 분명하다. ……특히 불가촉성은 브라만의 순수성 그 자체가 근본적으로 평가 절하될 때까지는 참으로 사라지지 않을 것이다. 이것이 언제나 주목받는 것은 아니다"라고 썼다. 뒤몽은 계속해서 손댈 수 없는 사람의 더럽히는 본성의 체제에서 소와 죽음 사이에 놓인 연관의 중심성에 대해 논의한다.

이러한 연관에서 순수한 것과 불순한 것 사이의 대립이 본질적으로 발전하는 것이 소와 관계가 있다는 것은 주목할 만하다. ……소의 살해는 브라만의 살해에 동화되어 있으며, 우리는 그 산물이 강력한 정화제라는 것을 보아왔다. 그와 대칭적으로 불가촉천민은 죽은 소를 처리하고 그 가죽을 벗겨 작업하는 일을 가지며, 이는 의심할 여지 없이 불가촉성의 주요 특징들 가운데 하나이다.[22]

뒤몽의 강력한 연구는 카스트에 관한 문헌에서 많은 비판을 받아왔으며, 우리가 그의 명제나 방법을 검토할 필요는 없다. 그러나 그가 기술하는 몸에 대한 날카로운 기억은—이는 때때로 다름 아닌 위대한 암베드카르 그 사람에 대한 회상에 의해 매개된다—달리트라고 하는 것의 경험을 개념화하려는 고팔 구루의 강력한 노력에 생명을 불어넣는다. 구루는 회고한다. "19세기 초 푸네에서의 페슈와 통치 시기에 브라만은 불가촉천민으로 하여금 목에 도기 항아리를, 허리에 빗자루를 매달도록 강요했다. 항아리는 침을 뱉는 것이고 빗자루는 마찬가지로 오염시키는 것으로 생각된 발자국을 지우는 것이었다." 암베드카르가 속한 불가촉 카스트인 마하르는 "마을 가운데로 원치 않는 불가촉천민이 도착했다는 것을 종소리로 전달"할 수 있도록 종을 매단 지팡이를 들고 다니라는 요구를 받았다. 구루에게 이러한 과거는 아직 없어지지 않았다. 그는 "따라서 페슈와 통치는" 달리트 몸을 기호가 새겨지는 표면으로 만듦으로써 "오늘날의 생체인식 기술의 원형을 개발한 것으로 보인다"고 말한다.[23]

따라서 나는 (여러 푸라나에서 나타나고 간디의 생각에 영향을 준 유명한 라자 하리 슈찬드라 전설의 돔이나 찬달라의 경우에서처럼) 배설물과 죽은 동물의 가죽 둘 다에 또는 죽음 그 자체에 관여된 것으로 각인된 달리트 몸으로 돌아가고자 한다. 비하르에 있는 '불가촉' 담보 노동자들에 대한 기얀 프라카시의 묘사를 떠올려보라. 지주들은 언제나 경작 철마다 그들에게 땅을 처음 갈아달라고 요청하곤 했다. 왜냐하면 상위 카스트는 첫 번째 쟁기질에 대지가 내뿜는다고 생각된 죽음을 나누어주는 물질을 마주함으로써 자신들의 몸을 위태롭게 하고 싶지 않았기 때문이다.[24] 달리트의 몸은 삶과 죽음 사이의 완충제였다. 그 몸은 인간에게 죽음을 불러올 수 있는 모든 것을 흡수했다. 그러한 몸에 대한 선입견은 상위 카스트가 체화한 자아 아비투스의 일부였고 현재도 그렇다.

나는 여기서 정책이나 법적 논쟁에 들어가고 싶지 않다. 왜냐하면 첫째로는 내가 그렇게 할 역량이 없기 때문이고, 둘째로는 달리트 몸에 대한 선입견은 법적이고 정책적인 조처에서 살아남았기 때문이다(그렇다고 해서 이 조처를 평가절하하는 것은 아니다. 우리는 그것을 필요로 한다). 《서벌턴 연구》는 몸에 대한 물질적 이론이 없었던 까닭에 달리트를 설명하는 데 실패했다. 그 '서벌턴'은 '반란 의식'의 대표였다. 그러나 그것은 내가 돌아오고 싶은 곳이 아니다. 나는 일단 배제의 구조—그것이 '청소부' 카스트의 몸에서 만들어내는 혐오의 반응—가 주어지면, 달리트의 몸을 '지구온난화'라는 이름으로 지나가는 환경 위기의 이 시대에 우리가 행성을 생각할 수 있게 해주는 바로 그러한 몸으로서 생각할 수 있다고 제안하고자 한다. 하지만 그렇게 하려면 우리는 추상적이고 표지가 없는 몸을 권리의 담지자로서 또는 마르크스주의의 '추상적 노동' 범주를 마르크스의 자본 비판에 꼭 필요한 것으로 자리매김하는 근거로서 특권화하는 정치 철학에서의 움직임을 넘어설 필요가 있다. 인류의 번영에 대한 생각은 아마도 행성 위 인간의 총 숫자와 상관없이 (권리의 담지자이자 복지의 수혜자로서) 개별 인간에게 초점을 맞추고 인간과 다른 생명 형식들 사이의 연관 및 그들이 대지 시스템 과정과 맺는 심원한 관계에 관한 모든 물음을 괄호 치는 정치적 사유에 더는 근거할 수 없을 것이다.

내가 앞에서 언급했듯이 파농은 흑인이 "육체적 도식"을 지니지 않는다고 말했다. 예를 들어 흑인이 아닌 사람은 자신의 특정한 몸이 어떻게 보이는지 잊어버리고, 일상적 의식에서 자기 두 손의 색깔이나 모양이나 나이를 반드시 기억하거나 시각화하지 않고서도 두 손을 가졌다는 모호한 인식을 지니는 것과 같은 신체 도식을 인지하는 것이 가능하다. 흑인은 그렇게 할 수 없을 것이다. 그는 잠을 자면서도 자기가 흑인이라는 사실을 결코 잊을 수 없을 것이기 때문이다. 인종이 스스로에 대한 자신의 체화된 감각에 남긴 흔적은 그렇게 깊었다. 우리는 달리트 몸에 대해서도 마찬가지로 생각하고 싶은 유혹을 느낄지도 모른다. 우리는 달리트 사람, 즉 브라만교의 몸 도식이 지배하는 조건에서 이미 배설물과 동물과의 근접성 및 접촉으로 특징지어진 그의 몸이 결코 인간 몸의 일반적 도식을 경험할 수 없다고 논의할 수 있다. 뒤몽이 논의하듯이 브라만의 혐오는 달리트 몸이 지니는 오명과 분리될 수 없다.

하지만 나는 그러한 노선의 사유에 완전히 굴복하기를 거부할 것이다. 배설물과 죽은 동물에 대한 브라만의 혐오와 달리트의 근접성을 분리할 수 없는 이항 대립 안으로 집어넣는 것은 죽은 것이든 살아 있는 것이든 배설물과 동물에서의 살아 있는 물질, 요컨대 미생물의 문제를 간과하는 일종의 휴머니즘에 계속 갇혀 있는 것이다. 인간이 전적으로 홀로 세계의 다른 생명 형식들로부터 추상되어 있는, 인간에 대한 존재론적 사고에서 이러한 사실을 종종 잊는 까닭에, 우리는 달리트의 몸을 아무리 그 구성에서 잘못되어 있다 하더라도 우리 인간의 몸을 살아 있는 것으로 유지하기 위해 우리가 연결할 필요가 있는 다른 모든 살아 있는 몸에 대한 인정이자 그것을 상기시켜주는 것으로서 바라볼 수 있을 것이다.[25] 인간들 사이의 불의에만 초점을 맞추는 친(親)달리트적 사고에서라도 인간 중심적 사유에서 빠져나갈 수 있다면, 우리는 달리트의 몸을 생물적 생명의 한 형식으로서 인간이 생존할 수 있게 해주는 서로 다른 생명-형식들 사이의 모든 연결망을 일깨우는 몸으로서 볼 수 있을 것이다. 달리트의 몸은 그 자체가 비인간 중심적으로 구성되어 있다. 그것은 언제나 살았든 죽었든 동물과 함께하는 인간이며, (폐기물 취급과의 관계와 더불어) 미생물의 세계에 끼워넣어져 있다. 그런 의미에서 달리트의 몸은 내가 행성적 몸이라고 부를 수 있는 바로 그것이다.

이렇게 말하는 가운데 나는 그들이 달리트든 아니든 건강 관리에 적절히 접근할 수 없는 가난한 사람들의 몸의 취약성을 낭만화하려는 의도는 전혀 없다. 또한 우리 자신을 질병과 죽음에 취약하게 만들자는 뜻도 아니다. 인간이 인간 생명에 적대적이거나 적대적이게 된 박테리아와 바이러스에 대해 지닐 수 있는 '우호적인' 관계는 존재하지 않는다. 동시에 우리는 건강의 많은 부분을 우리 몸 안에 사는 우호적이거나 공생하는 미생물들에 빚지고 있는 것도 사실이다. 내 초점은 두 개의 서로 다르지만 관계있는 물음들에 관한 것이다. 우리는 인간을 다른 생명 형식들과 연결된 한 생명 형식으로 어떻게 (다시) 상상하며, 그 경우 우리의 정치를 그러한 지식 위에 어떻게 기초지을 것인가? 우리는 정치적 범주를 보통 심원하게 인간 중심적인 용어들로 상상할 뿐만 아니라 이 모든 연결과의 분리 속에서 상상한다. 그러나 우리는 비인간 생명 형식들이나 심지어는 우리가 피해를 줄 수 있는 (강과 빙하와 같은) 비생명체에 대한 우리의 관계를 설명하기 위해 그 연결들을 확장할 수 있을까?

오늘날 남아시아에서 흔히 볼 수 있는 인간과 동물의 갈등을 살펴보자. 원숭이 서식지 상실로 야기된 델리에서의 이른바 '원숭이 위협'은 일상적인 경험의 문제이다. 인도에서는 자주 언론이 (간단한 구글 검색이 확인해주듯이) 인간-표범 또는 인간-코끼리 갈등에 관해 보도한다. 우리는 한나 아렌트에 반하여 다음과 같이 물을 수 있다. 난민의 형상은 이제 오로지 인간적인 것으로 남을 수 있을까? 우리는 남아시아 도시들에서 달갑지 않은 손님으로 나타나는 표범·원숭이·코끼리 같은 야생동물들도 난민으로 생각해서는 안 되는가? 그리고 생물학자들이 우리의 과거와 미래에서 미생물의 역할(예를 들어 표현형들의 인간적 차이들에 대한 바이러스의 책임)에 대해 어느 정도 확실한 지식을 가지고 있음에도 우리는 미생물과의 관계에 대해 생각하기를 시작조차 하지 않았다. 그러한 사유를 향해 나아가기 시작한다 해도, 우리는 이를테면 인간주의의 맹목적인 빛 속에서 인간을 다른 생명 형식들로부터 고립시키는 것이 아니라, 결국 그 모두가 행성의 지구생물학에 연결되어 있고 그들 자신의 복지를 위해 이러한 연결에 의존하는 다른 생명 형식들과 연결된 한 생명 형식으로서 상상할 필요가 있다.

베물라의 해방적 생각, 요컨대 카스트의 억압과 인도에서 '보트뱅크

(vote-bank, 고정 지지층) 정치'라고 불리는 것에 대한 그의 저항은 두 가지 관점, 즉 인간의 몸을 어떤 표지도 없는 것으로 보는 자유주의적-인간주의적 관점("사람은 결코 마음으로서 취급되지 않았다")과 인간을 "우주 먼지로 만들어진 영광스러운 것"으로서 바라보는 과학에서 파생된 비인간 중심적 관점 사이에서 움직였다. "우주 먼지로 만들어진 영광스러운 것"이라는 마지막 진술은 수사학적 장식이나 낭만적 상상력의 허구가 아니라 실제로 나의 시카고 대학 동료 닐 슈빈이 분명히 설명해준 과학적 사실이다. "각 은하, 별 **또는 사람**은 광대한 범위의 시간과 공간을 가로질러 실체의 탄생과 죽음을 관통해온 입자들의 일시적인 소유자이다."[26]

천체물리학, 지질학, 생물학 그리고 인간 진화의 이야기가 빅 히스토리에서 인간에게 할당하는 장소와 17세기 이후 정치 사상에 의해 할당된 장소 사이의 이러한 균열은 일반적으로 지식의 실용적 구획화의 문제였다. 예를 들어 우리는 인간이 행성 위 인간의 전체 숫자의 산술적 합계라는 것과는 별도로 또한 하나의 생물학적 종, 즉 호모 사피엔스이기도 하다는 것을 알지만, 그 지식은 보통 어떤 특별한 정치적 의미도 없는 것으로 취급된다. 그러나 세계의 생물 다양성이 그 역사 전체에서 처음으로 하나의 생물학적 종, 호모 사피엔스의 활동으로 추동된 '대멸종'의 암울한 전망에 직면할 때, 우리 자신을 생명의 역사에 깊이 내장된 종으로 바라보는 이러한 두 번째 이해에 토대한 정치 감각 창조의 긴급성이 나타나기 시작한다. 하지만 여기에는 로히트 베물라의 생각이 부닥친 문제가 있다. 우리는 아직 그것을 어떻게 해야 할지 모른다는 것이다. 사람들은 포스트인간주의자들을 우리가 존재하는 대로의 정치적 사유와 우리가 필요로 하는 정치적 사유 사이의 균열을 뛰어넘을 수 있도록 도와줄 수 있는 우주론의 비전을 제공하는 이들로 읽을지도 모른다. 그러나 현재 시점에서 이것은 믿음의 도약이다. 그 균열은 정치에 대한 우리 현재의 인간적 감각의 한계로 작용하는 깊은 심연에 대한 인식으로서 존재한다. 후자는 여전히 권리의 담지자나 복지 수혜자로서 개별 인간에게 초점을 맞추지만, 전체로서 인간, 즉 생명의 더 커다란 역사에서 많은 종 가운데 하나의 종에게는 결코 그렇게 하지 못한다. 이것은 로히트 베물라가 해방을 추구하면서 곰곰이 생각했지만 결코 메울 수 없었던 균열이다.

그러나 그 실패가 그와 같은 것이라면 로히트 베물라만의 실패는 아니었다. 우리 시대의 정치 이론가들이 다른 생명 형식들 및 비생물과 인류의 연관을 인정하지 않을 수 없다고 느꼈을 때도, 그들은 단적으로 정치적 사유 내부에서 그러한 연관을 '정치화'할 지적 자원을 갖지 못하고 있었다. 예를 들어 대기 정의에 관한 스티브 밴더헤이든의 책에서 가능한 "기후변화의 정치 이론"에 대한, 다른 점에서는 매력적인 논의에서 일찌감치 나타나는 다음 구절을 생각해보자. 그것은 기후 위기에 대한 비인간 중심적 입장으로 쉽게 인정될 수 있는 것에서 시작된다. 즉 다윈을 따라서 많은 이가 "생명의 망"이라고 부르는 것에 인간이 끼워넣어져 있다는 사실을 명백히 인정하는 입장이다.

> 탄소는 행성 대지에서 생명의 기본적 구성 요소 가운데 하나이며, 이산화탄소는 생물을 포함하여 자연적 탄소 웅덩이들 사이에서 탄소가 전달되는 지배적인 수단이다. **탄소 순환**으로 알려진 교환에서 인간과 다른 동물은 호흡을 통해 산소를 섭취하고 이산화탄소를 내뿜으며, 그에 반해 식물은 이산화탄소를 흡수·저장하고 산소를 방출하여 **지상의 생명을 균형 있게 유지**한다.[27]

밴더헤이든은 온실가스와 "**자연적 온실효과**"가 없다면 행성은 생명 일반과 특히 인간 생명에게 가혹하게 추울 것이라는 사실을 인정한다. 그는 다음과 같이 쓴다. "몇몇 생명체는 지난 빙하기 이후에 보인 것을 넘어선 온도 변동성의 작은 범위 내에서 지속될 수 있는 데 반해, GHG〔온실가스〕 안정성의 1만 년 동안 생성된 기후 평형은 **모든 지상 생명체**의 발전에 책임이 있으며, 그러한 평형에서의 자그마한 변화조차도 생태계의 균형을 급격히 잃게 만들 수 있다."[28] 복잡하고 다세포적인 생명체의 출현은 충적세보다 수억 년 앞서는 까닭에 밴더헤이든은 사실 관계에서 틀렸다. 그러나 그는 행성의 근대 대기를 서로 다른 생명 형식들이 공유하는 실체로서 본다는 점에서 옳다.

하지만 기후 위기가 행성 위의 "모든 지상 생명체"의 "균형"—그러한 "균형"이 무엇을 의미하든 간에—에 관계되며, 따라서 적어도 수천 년이라는 관점에서 생각될 필요가 있다는 것을 완전히 인정함에도 불구하고, 정의와 불평등에 관한 밴더헤이든의 물음은 인간 생명, 오로지 인간 생명만의 문제들 그리고 훨씬 작고 인간적인 시간 척도에서만 실행 가능한 문제들 주위를 돌고 있다. 그 자신이 "인위개변적 기후변화가 행성의 **비인간 종들**에 중대한, 어떤 경우에는 재앙적인 해를 끼칠 것으로 예상되지만"(강조는 필자)이라고 말하고 있지만, 기후 정의에 대한 그의 추구는 정부간기후변화위원회(IPCC)를 따라 오로지 "행성의 인간 거주지와 인구"에만 초점을 맞추고 있다. 밴더헤이든은 이러한 접근을 위한 훌륭하고 실제적인 이유를 제시한다. 우리는 비동물 생명 형식이나 무생물 세계에 대해서는 말할 것도 없고 "동물과 미래 세대"의 대표를 포함하는 지구적 기후 체제를 어떻게 구성해야 할지 아직 모른다는 것이다. 그는 정치 이론가 테런스 볼의 작업을 언급하면서 우리가

"민주적 제도의 대리인에 의해 적어도 그들의 관심에 목소리를 부여함으로써" 이러한 집단을 대표한다고 할지라도 "그들은 필연적으로 입법적 소수자로 남을 것이다"라고 주장한다.[29] 따라서 한편으로는 "지구의 대기는 유한한 재화"이며, 단지 인간에게만 유한한 것이 아니라는 것이 인정된다. 왜냐하면 그것은 "인간 번성의 수단"인 만큼이나 "이 행성 위 생명의 지속에 절대적으로 필요"하기 때문이다. 이것은 과학의 교훈이다. 하지만 다른 한편으로는 기후변화와 관련하여 불평등이라는 재판에 회부되어야 할 쟁점에 관한 한, 이러한 "하나의 대기"의 흡수 능력이—즉 "행성의 **모든** 거주자 사이에 공유되어야만 한다"고 인정되는 것이—비인간 생명 형식들의 정당한 몫이 얼마인지에 대한 논의 없이 **오직** 인간들("세계의 국가들 또는 시민들") 사이에서만 나누어진다![30] 여기서부터 비인간 생명체를 완전히 잊어버리고 지구온난화를 인간 정의의 문제와 동의어로 선언하며 심지어 그것을 인간 정의의 문제가 만족스럽게 다루어지기까지는 치유될 수 없는 문제로 보는 것은 한 걸음밖에 걸리지 않는다. 아래 인용문이 "공평과 책임에 관한 우려는 기각**되어서는 안 된다**"는 등의 도덕적 권고로부터 "인위개변적 기후변화는 …… **하지 않으면 진정으로 치유될 수 없다**"는 등의 조건적 진술로, 마지막으로는 지구 정의와 기후변화 사이의 동일성 관계를 정립하는 진술로 어떻게 움직이는지 살펴보라.

> 공평과 책임에 관한 우려는 재앙적인 기후변화를 피하는 일차적인 목표에 부차적인 것으로서 기각되어서는 안 된다. 왜냐하면 …… 인위개변적 기후변화는 또한 정의의 문제이며, 그래서 국제적 대응이 〔가난한 국가들의 "개발할 권리"를 포함하여〕 정의의 증진을 목표로 하지 않으면 진정으로 치유될 수 없

다. ……지구 정의와 기후변화는 똑같은 일련의 문제들의 현현이다.[31]

나의 두 번째 예는 우리 시대의 저명한 정치 사상가인 공화주의 이론가 필립 페티트에게서 나온다. 페티트는 공화주의에 관한 갈채받은 저서에서 "왜 우리가 다른 종에 대해 그리고 우리의 생태계에 대해 일반적으로 관심을 지녀야 하는지"에 대해 몇 가지 "결정적으로 인간 중심적인" 이유를 제시한다. 그러나 인류, 즉 "우리"가 그의 산문에서 어떻게 두 개의 서로 연결되지 않은 별개의 형상으로 나타나는지 그리고 이러한 연결의 결여도 인지되고 있지 않은지 주목하라. "생태계는 그것이 포함하는 다른 종의 동물들과 함께 자연 속 우리의 위치를 제공한다. 그것은 궁극적으로 우리가 속하는 공간이다"라고 페티트는 쓴다. 그러나 이 "우리"는 개인들의 집합을 산술적으로 합한 것으로, 이를테면 개별 인간을 정의하는 기본적 활동 위에 그려진 시그마 함수이다. "우리는 우리가 먹는 것이다. 그리고 마찬가지로 우리는 우리가 숨 쉬는 것이다. 우리는 우리가 냄새 맡는 것이다. 우리는 우리가 보고 듣고 만지는 것이다." 분명히 먹고 숨 쉬고 냄새 맡고 보고 듣고 만지는 것은 오직 개별 인간의 몸에 의해서만 수행될 수 있는 모든 활동이다. 그러나 같은 페티트는 또한 다음과 같이 쓴다. "우리는 다른 인간들과의, 다른 동물 종들과의, 그리고 우리 안에서 의식되는 더 커다란 물리적 체계와의 물리적·생물학적·심리적 연속성 안에서 살아간다."[32] "물리적·생물학적·심리적 **연속성**", 그렇다면 이 두 번째 "우리"는 개별 인간들의 산술적인 합이 아니다. 그것은 우리를 다른 종에 그리고 우리가 행성적인 것으로 간주할 수 있는 과정에 연결하는 "연속성"의 형상이다. 그것은 "우리 안에서 의식"된다. 하지만 우리는 정치 사상의 대들보로 남아 있는 개인과 자율적 인간 주체의 형상을 무시할 수 없다. 이 문제는 정치적 사유에 특유하다. 우리의 정치 제도가 결국 심원하게 인간 중심적이기 때문이다. 다른 한편 인류학자들은 그들의 글에서 인간과 비인간 사이에 공유되는 결정적 기능 가운데 몇 가지에 생명을 불어넣기 위해 사려 깊게 고군분투해왔다.[33]

그러므로 페티트의 생각도 베물라가 숙고한 것과 같은 균열로 우리를 인도한다. 이제 우리는 인간의 번영 이야기—모든 개별 인간을 자기 시야에 두는 근대화의 고르지 못한 서사—가 이제 인간에 관한 더 깊은 이야기, 즉 이 행성의 생명 역사에서 처음으로 그 광대한 토지 전체와 간접적으로는 대양의 많은 부분도 성공적으로 지배하게 된 생물학적 종으로서 우리의 집단 무의식적 역사에 부닥치게 되었다는 것을 알고 있다. 우리는 인간적인 것의 두 버전—베물라의 표현으로는 "마음으로서 다루어지는 모든 인간"과 "우주 먼지"와 같은 인간—을 새로운 종류의 정치적 사유를 구성하기 위해 어떻게 결합할 것인가? 우리가 이 물음에 만족스럽게 대답할 수 있을 때까지, 근대적이라는 것은 이 책에서 사용한 의미에서 지구적인 동시에 행성적인 시대에 영유하기 어려운 입장으로 남을 것이다.

이것이야말로 베물라의 우주론적 해방의 상상력이 결국 시적으로 남아 있는 이유이다. 왜냐하면 정치적인 것의 사유자들은 아직 과학의 여러 분야가 제공하는 인간의 몸에 대한 이해, 즉 인간의 몸이 그 경계에서 서로 스며들 수 있고, 다른 형식의 생명체와 비생명체가 필연적으로 그것을 통해 교통하는 영역으로 남아 있다는 것을 바탕으로 정치적인 것을 구축하는 방법을 모르기 때문이다.[34] 벵골어 문학의 독자로서 나는 베물라 사상의 날카로운 시문이 베물라와는 매우 다른 배경을 지닌 시인 라빈드라나트 타고르가 언젠가 벵골의 선구자적 과학 보급자인 라메드라순다르 트리베디(1864~1919)에게 쓴 편지를 상기시킨다는 것을 발견한다. 이 편지는 타고르가 노벨 문학상을 받기 약 1년 전에 쓰였다. 날짜는 1912년 2월 29일로 적혀 있다.[35] 편지 내부의 증거로 보면 그 배경은 다음과 같다. 트리베디는 타고르의 오랜 편지들 가운데 일부를 책〔《친나파트라발리(Chinnapatrabali)》〕으로 출판하기 위해 준비하고 있었고, 그 편지들 가운데 하나에서 한 문장을 편집해 삭제한 것으로 보인다. 타고르는 다음과 같이 썼었다. "내가 바닷물에 씻겨진 젊고 습기 찬 땅 위의 잎이 무성한 나무로 자라난 날이 있었습니다."[36] 이것은 트리베디가 빼도 무방하다고 생각한 문장이었다. 왜냐하면 이 편지가 이전에 벵골 잡지에 발췌되어 실렸을 때 타고르에게 적대적인 잡지인 〈사히티야(Sahitya)〉에서 끝없는 웃음을 불러일으켰기 때문이다. 트리베디는 타고르를 미래의 조롱으로부터 보호하려고 했다. 트리베디에게 보낸 타고르의 편지는 특유의 점잖은 유머 감각을 지니고서 편집자의 "의무 수행"(이 문구는 편지에서 영어로 나타난다)에서의 특권을 인정하면서도 저자의 항의할 권리를 행사하려는 시도였다.

타고르의 항의는—베물라의 것과 마찬가지로, 그러나 칼 세이건과 그의 우주론이 존재하기 수십 년 전에—다음과 같이 전개되었다.

> 당신은 언젠가 나무가 되었다는 저의 기억에 대항하여 편집자의 도끼를 들었습니다. 그러나 당신의 이 행동은 불필요한 가지를 쳐내는 일과 같은 것이 아니라, 제 삶의 뿌리를 때리고 있습니다. 왜냐하면 이것은 저의 가장 내밀한 깨달음이기 때문입니다. 저의 삶 내부에는 나무들의 삶에 대한 비밀스러운 기억이 있습니다. 저는 오늘날 제가 인간이기 때문에 그것을 인정할 수

있습니다. 왜 나무뿐이겠습니까? 제 안에는 물질세계 전체에 대한 기억이 축적되어 있습니다. 우주의 모든 진동이 제 온몸에 친족 관계의 전율을 가져다줍니다. 나무와 곤충들의 조용하고 오래된 충일함이 오늘날 제 삶에서 언어를 찾았습니다. 나무에 싹 트고 있는 망고들이 즐거운 정신으로 도취한 듯 보이는 바로 지금 제가 왜 봄을 축하해야 한다고 느낄까요? 왜 당신은 제가 저를 통해 계속 달려나가고 있는 물·땅·나무·새로부터 흘러나오는 엄청난 기쁨의 느낌을 표현하지 못하게 하시는 것입니까? 어째서죠? 사람들이 저를 놀리지 못하도록요?

그러고 나서 그는 다음과 같이 덧붙였다. "상서로운 순간에 제가 여기서 해·달·별·땅·바위·물과 함께 있다는 깨달음이 제 마음속에서 음표의 명료함을 지니고서 울려 퍼질 때마다 제 몸과 마음은 광대한 존재의 친밀한 전율을 경험합니다. 이것은 저를 시적으로 표현하는 것이 아닙니다. 이것은 저의 본성을 이야기하는 것입니다. 제가 시·노래·이야기를 쓴 것은 이런 본성에서 비롯된 것입니다. 저는 이에 대해 조금도 부끄러움을 느끼지 않습니다. 살아 있지 않은 것과 살아 있는 것의 진리 전체가 저의 존재의 완성 상태 속에서 그 자신을 발견하는 것은 제가 인간이기 때문입니다."

이러한 표현의 상당 부분은 인간의 특별함에 대한 하이데거식으로 들리는 명제처럼 보일지도 모른다. 오직 인간에게서만 세계가 스스로를 자각한다는 것이다. 그러나 타고르는 결국 다른 음을 침으로써 생각을 복잡하게 만든다. 그는 자신이 그것과 하나인 요소들에 대해 낯선 이로 남았다. "제 혈류 속의 요동은 바다의 파도의 리듬에 맞춰 춤을 춥니다. 그러나 바다의 파도는 저를 알아볼 수 없습니다. ……제 삶의 기쁨은 나무의 기쁨과 섞입니다. 하지만 나무들은 저를 모릅니다. 그들은 〔제가 그들에 대해 가지는 것과 같은〕 내 기억을 지니고 있지 않습니다. 하지만 이 모든 것에서 웃을 것이 무엇이겠습니까?"[37]

타고르와 베물라의 비전은 같은 것이 아니었다. 자기 자신을 "영광스러운" 우주 먼지로 바라보는 베물라의 생각은 인간에게 "영광"을 부여하지 않았다. 영광은 우주에 속했다. 타고르의 비전은 우주에서 인간으로서의 자기 존재를 찬양하는 것이었다. 그들의 비전은 둘 다 인간적인 것에 대한 확장된 비전, 즉 인간을 살아 있는 것과 살아 있지 않은 것 모두에 연결하는 비전이었다. 타고르 시대에 이것은 시인의 비전이었다. 베물라의 해방적 독해에서 칼 세이건의 천체물리학은 달리트가 겪는 모욕에서 해방된 인간의 형상을 엿보게 했다. 두 사람 모두 그들의 인간적 영혼 속에서 행성적인 것의 초대에 답하면서 정치적 사유의 한계에 대해 생각하고 있었다.

6

지속하는 우화의 폐허에서

2015년은 세계의 평균 표면 온도가 산업화 이전 평균보다 섭씨 1도 상승하여 우리를 섭씨 2도 상승의 문턱, 요컨대 1992년의 유엔기후변화협약(UNFCC)이 "기후 체계에 대한 위험한 인위개변적 간섭"이라고 기술한 것을 피하고자 한다면 건너서는 안 된다고 들은 루비콘강에 더 가깝게 데려간 첫해였다.[1] 한 기상학자가 말했듯이 2016년은 지구온난화에 관한 한 "선을 넘었다(off the charts)".[2] 역사가 줄리아 아드니 토머스는 2014년에 이 행성이 이전에 기후변화의 다른 많은 에피소드와 다섯 번의 대멸종을 겪었기 때문에 "위험에 처했다"는 생각은 순수하게 과학적인 관념일 수 없다고 말했다.[3] 여기서 **위험하다**는 것은 실제로는 과학자들, 정치인들, 정책 입안자들이 세계를 걱정하는 시민으로서 **위험**을 인간의 제도에 대한 위협으로 윤색하면서 사용하는 말이다. 토머스는 다음과 같이 말한다.

인류세를 파악하게 되면서 역사가들은 우리를 위해 '위험에 처한 인간'을 정의하고자 우리의 과학적 동료들에게 의지할 수 없다. ……'위험에 처함'을 단순한 과학적 사실로 취급하는 것은 불가능하다. 그 대신 위험에 처했다는 것은 척도이면서 동시에 가치의 문제이다. 비록 과학과의 연대를 통해 변형된다고 할지라도 오로지 인문과학과 사회과학만이 우리가 잃을지도 모르는 것을 완전하게 표현할 수 있다.[4]

실제로 정부간기후변화위원회(IPCC) 제4차 평가보고서가 발표될 무렵에 인위개변적 기후변화 문제에 관해 쓰인 최초의 일반 서적들 가운데 하나인 팀 플래너리의 《기후 형성자(The Weather Makers)》는 기후변화가 실질적인 위협을 가한 실체는 우리가 이해하고 찬양하게 된 인간의 문명이라고 지적했다.[5] 물론 **문명**은 가치가 실리고 따라서 논쟁이 벌어지는 말인바, 최근 수십 년 동안 인문학자들은 그것을 탈신비화하기 위해 많은 일을 해왔다.[6] 내가 이 점을 여기서 제기하는 것은 단적으로 인문학과 인간과학의 관심사가 21세기에 인간이 직면한 가장 중대한 문제들 가운데 하나를 정의하는 데 얼마나 중심적이었는지를 보여주기 위해서이다. 그 점은 피터 싱어와 같은 도덕 철학자들이 기후변화를 지금까지 인류가 직면한 "가장 커다란 윤리적 도전"이라고 기술할 때 강조된다.[7] 사실 우리는 빅 사이언스의 도움을 받지 않고서는 "인간이 유발한 행성의 기후변화"를 정의할 수 없을 것이다. 그리고 사실 과학과 인문학의 "두 문화"의 문제는 여전히 남아 있다.[8] 그러나 기후변화 과학에서 따라나오는 정의의 문제는 오직 인문학만이 길러낼 수 있는 능력, 즉 어떤 것을 다른 사람의 관점에서 볼 수 있는 능력을 소유할 것을 우리에게 요구한다. 그 능력은 다시 말하자면 "다른 사람의 곤경을 공감

적으로 상상할 수 있는" 능력이다.[9]

오늘날 인간에 대한 이러한 도덕적 요구는 장기적 관점에서 볼 때, 약해지지 않는 지구온난화가 이미 증가하고 있는 비인간 종들의 (인간이 유발하는) 멸종 비율을 인간 그 자신에게 불행한 결과를 초래하면서 가속화할 수도 있다는 생각에서 추가적인 전환이 이루어진다. 프란치스코 교황의 목소리를 포함하여 인간의 정의가 (동물 해방론자들이 이전에 주장했듯이) 지각의 일정한 문턱을 넘은 동물뿐만 아니라 자연적인 재생산적 생명의 세계 전체로, 요컨대 아리스토텔레스가 조에(zoe)라고 부른 것으로 확대되어야 한다고 권고하는 목소리가 높아졌다. 요컨대 생물학적 삶의 영역을 인간의 도덕적 삶의 작업에 종속시키는 이러한 제안은 오늘날 인문학의 결정적 전환점이라고 나는 주장한다. 왜냐하면 그것은 우리의 '도덕적' 삶과 '동물적'(즉 생물학적) 삶을 엄격하게 분리하고 후자는 언제나 사물의 자연적 질서가 돌본다고 가정하는, 누구보다도 임마누엘 칸트에 의해 시작된 전통에서 근본적으로 벗어나기 때문이다. 이러한 분리는 결국 인문학과 물리 또는 생물 과학 사이의 많이 비판받은 틈을 1세기 이상 동안 지탱해온 것이다. 여러 갈래의 환경주의자들이 이러한 균열에 의문을 제기하고 때로는 이를 메우려고 시도해왔지만, 그 틈은 지속하고 있고 극복하기가 쉽지 않았다.

오늘날 우리가 그렇게 하듯이, 인간이 어떻게 자신의 도덕적 능력의 자원을 이용하여 다른 종들 사이에서 생물사회적 종으로서 자신의 삶을 규제할 수 있는지 묻는 것은 인간의 도덕적 삶의 영역 내부로 언제나 그 범위 밖에 놓여 있던 어떤 것, 즉 이 행성 위에서의 자연적 생명의 역사를 가져오는 것이다. 이 문제는 권리 개념을 특정 동물들로 확장하는 것에 관해 쓰여온 글들로는 적절히 대답할 수 없다. 왜냐하면 첫째, 이 논의에서 고려되는 동물의 수는 "지각 문턱"에 의해 제한되고, 둘째, 우리가 오늘날 알고 있듯이 행성 위의 생명체 대부분은 미생물이기 때문이다.[10] 적어도 계몽주의 이후 만들어지고 주류 경제학과 정치사상의 분파들을 포함하여 많은 사회과학 분과들에 여전히 널리 퍼져 있는 가정, 즉 우리가 생물학적 종으로서의 집단적 삶을 고려하지 않고서 집단적인 도덕적 삶을 추구하며 투쟁하는 동안, 행성의 생물권이 우리의 '동물적 삶'을 돌볼 것이라는 가정은 이제 격심한 긴장 아래 있다. 이것은 전통적으로 생물학적 삶과 분리하여 도덕적 쟁점에 대한 논의의 영역에서 이바지해온 인문학에 심각한 함의를 지닌다. 나는 이것을 먼저 기후변화와 행성 위 생명에 대한 인간의 청지기 역할 가능성에 대한 논의 맥락에서 칸트의 몇 가지 관련 저술을 살펴본 다음, 결론적으로 브뤼노 라투르의 사상이 어디에서 앞으로 나아가는 길을 가리키는지 보여주기 위해 그의 작업을 다루고자 한다.

기후변화의 두 가지 서사

우선 기후변화 문제에 대한 두 가지 지배적인 접근법에서 시작해보자.[11] 한 가지 접근법은 이 현상을 단순히 1차원적인 도전으로 바라보는 것이다. 인간은 다가오는 수십 년 안에 온실가스의 배출량을 어떻게 줄일 수 있을까? 이 접근법에서 기후변화는 수십억 명의 인간이 빈곤에서 벗어나도록 하기 위해 보편적으로 받아들여지는 경제 발전의 몇 가지 목적을 인간이 추구하는 데 필요한 에너지를 어떻게 가장 잘 공급할 수 있는지의 문제로 여겨진다. 여기서 제안된 주요 해결책은 기술과 시장 신호가 허용하는 한에서 인류가 빠르게 재생 가능 에너지로 이행하는 것이다. 이에 수반되는 정의의 문제는 가난한 국가와 부유한 국가 간의 관계와 현재와 미래 세대 간의 관계에 관한 것이다. 온실가스가 희소한 자원으로 여겨지는 까닭에 재생 가능 에너지로 이렇게 이행하는 과정에서 국가들 사이의 '온실가스 배출 권리'의 공정한 분배란 무엇일까? 태어나지 않은 인간이 현세대 인간보다 더 나은 삶의 질을 물려받도록 보장하기 위해 살아 있는 사람들이 배출을 억제하면서 얼마나 많은 희생을 치러야 하는지의 문제는 여전히 더 다루기 힘든 것으로 남아 있다. 그 문제의 정치적 힘은 태어나지 않은 자가 자기의 주장을 당장에 압박하지 못한다는 사실에 의해 감소한다. 한스 요나스가 언젠가 말했듯이 "존재하지 않는 자는 압력단체를 갖지 않으며, 태어나지 않은 자는 힘이 없다".[12]

하지만 첫 번째 접근법에 대한 이러한 광범위한 기술 안에는 지속가능한 미래의 자본주의적 유토피아로부터 비자본주의적 유토피아에 걸친 많은 의견 불일치가 자리잡고 있다. 대부분은 이 문제가 주로 화석연료 기반 에너지원을 재생 가능 에너지로 대체하는 문제라고 생각한다. 왼쪽의 다른 몇몇 사람은 재생 가능 에너지로의 전환이 적절하다는 데 동의하겠지만, 여전히 기후 위기를 초래한 것은 끊임없이 '축적'하고자 하는 자본주의의 충동이기 때문에 위기 그 자체는 마르크스의 자본 비판을 새롭게 하고 다시 활성화할 수 있는 또 다른 기회를 제공한다고 주장할 것이다. 다음으로는 현실적으로 경제 규모를 축소하고 역성장시킴으로써 인간의 생태적 발자국을 줄이면서도 모두를 위한 평등과 사회 정의로 특징지어지는 세계를 설계하는 것에 대해 생각하는 사람들이 존재한다. 또 다른 사람들은 '수렴 시나리오'라는 시나리오에서

전 지구적으로 모든 인간이 다소간에 같은 생활 수준에서 살아가는 경제적 평형 상태에 도달하는 것에 대해 생각한다. 여기서 인문학의 역할은 주로 관련된 논의에 공헌하는 (롤스주의 전통과 공리주의 전통에서의) 정치경제학자와 철학자들과 더불어 기후 정의 문제에 한정된다.[13] 하지만 그 모든 단점에도 불구하고 기후 위기를 재생 가능한 에너지 문제로 환원하는 것은 우리가 기후 위기를 둘러싼 정책과 정치의 틀을 개발할 수 있다는 장점을 지닌다.

그러나 기후변화는 단순히 그 자체로 볼 뿐만 아니라 일련의 서로 맞물린 문제의 부분으로 볼 수도 있다. 기하급수적인 인구 증가, 식량 불안, 물 부족, 자원 산업의 확장, 인간-동물 갈등과 다른 종을 위한 서식지 상실 및 온실가스 배출에 이바지하는 경제적 불평등의 증가 등, 이 모든 것은 그 범위에서 행성적이며, 행성 위의 자연적 생명 분포에 영향을 미치는 인류 편에서의 전반적인 생태용량 초과라는 사실에 대해 말해준다. 그렇다면 지구온난화는 단순히 재생 가능 에너지로 전환하는 문제라기보다는 오히려—다른 종은 말할 것도 없고—모든 인간이 공유하는 곤경으로 보인다. 그 경우 많은 과학자가 강조한 인간의 '행위', 즉 인간이 다음 10만 년 동안 행성의 기후를 이미 변화시킴으로써 다음 빙하기를 5만~50만 년쯤 미루게 하는 규모의 인간의 새로운 지구물리학적 행위라는 어려운 문제가 존재한다.[14] 깊은 과거와 깊은 미래를 모두 들여다보는 이 관점 안에서 매우 특별한 도전이 근대성의 상상력을 위해 열린다. 결국 만약 행성적 기후변화의 문제가 이전보다 더 많은 에너지를 소비하는 우리의 필요로부터 발생한다면, 대기 중의 과도한 온실가스는 인간의 번영에 적합한 시간 틀에서는 아직 적절하게 재순환될 수 없는(행성은 인간의 필요에 비해 너무 느리다!) 결과적인 '폐기물'로 쉽게 간주될 수 있을 것이다. 이러한 인간의 '폐기물'은 대양을 산성화하거나 행성의 평균 표면 온도를 높임으로써 다른 생명 형식들에 영향을 미치기 때문에, 위기는 인문학이 우리에게 훈련시키는 어떤 것을 하도록 요구한다. 다른 이들의 '곤경을 공감적으로 상상하라', 여기서 관련된 '다른 이들'은 인간뿐만 아니라 비인간도 마찬가지로 포함한다.

물론 우리의 도덕적 지향에 이러한 변화를 일으킨 것은 온난화라는 물리적 현상만이 아니다. 만약 우리가 진화의 척도에서 이 행성 위 생명의 발전을 지켜보는 누군가를 상상할 수 있다면, 그들은 그 역사의 아주아주 짧은 기간에 먹이사슬의 꼭대기로 올라서는 호모 사피엔스에 대한 이야기를 들려줄 수 있을 것이다. 존 브루크는 인간 역사와 기후변화에 관한 능란한 연구에서 다음과 같이 쓴다. "만약 우리가 인간 진화의 시간 500만 년을 24시간으로 생각한다면, 현생 인류의 30만 년 전체는 약 1시간 30분을, 현생 인류가 아프리카를 떠난 이후의 13만 5000년은 약 30분을, 그리고 플라이스토세가 끝난 후 1만 2000년은 …… 4분여를 차지한다. ……6000년 전쯤에야, 즉 플라이스토세가 끝난 후 전체 시간의 절반 이상이 지난 후에야 비로소 인류의 많은 부분이 농경을 향한 분명한 도정 위에 있었다." 덧붙여 그는 이렇게 지적한다. "대지 시스템의 긴 역사에서 보면 …… 정착 농경의 부상은 단적으로 현생 인류의 출현과 그들의 지구적 식민지화 및 강화로부터 현재의 첨단 기술, 인구 과잉, 기후 불균형 상태에 이르기까지 이어지는 짧고 폭발적인 분출의 단일한 단계로 보인다."[15]

부자–빈자 차이에 관한 더 많은 이야기는 브루크가 이야기해나가는 빅 히스토리에서 좀더 섬세하게 해결할 문제일 것이다. 내가 다른 곳에서 말했듯이 인류의 생태용량 초과는 우리가 인간 내부 불의의 세부사

향에 좀더 다가설 것을 요구하는(그렇지 않으면 우리는 많은 인간의 고통을 보지 못한다) 동시에 그 역사로부터 뒤로 물러설 것을 요구한다(그렇지 않으면 우리는 다른 종들의 고통, 다른 방식으로 말하자면 행성의 고통을 보지 못한다).[16] 다가서는 것과 뒤로 물러서는 것은 서로 다른 척도와 관점 및 서로 다른 수준의 추상 사이를 왕복하는 것이다. 추상의 한 수준이 다른 수준을 취소하거나 부당하게 만들진 않는다. 또한 이러한 수준의 분리는 일상적 삶에서 우리가 때때로 인간의 지질학적 행위를 즐기면서도, 그것을 알지도 못하고 그 이름으로 부르지도 않는다는 점을 부정하지 않는다(서론 참조). 그러나 이 책을 관통하는 나의 요점은 자본주의의 (기껏해야) 500년의 관점에서는 더는 인간의 이야기를 할 수 없다는 것이다.

인간은 우리의 그 모든 분화에도 불구하고 여전히 하나의 종이다. 부자들이 언제나 구명보트를 가지고 있고 따라서 대멸종 사건을 포함한 모든 재난에서 벗어날 수 있다고 하는 그 모든 급진적인 주장이 사실이라고 가정해보자. 그리고 매우 큰 규모의 종 절멸이 일어났고 인간들 사이에서 살아남은 자들은 우연히 특권을 누리고 부유한 계급에 속한 사람들일 뿐이라고 상상해보라. 그들의 생존도 종의 생존을 구성하지 않을까? (결국 인간이 늘 그러한 것처럼 보이듯 생존자들이 지배 집단과 종속 집단으로 분화된다고 하더라도 말이다.)

인류의 생태학적 용량 초과는 다른 종의 삶과 관련되지 않고는 의미를 지니지 않는다. 그리고 그 이야기에서 인간도 지배적인 종이긴 하지만 하나의 종이다. 이것이 자본주의 억압의 이야기를 상쇄하지는 않는다. 또한 어떤 특수한 분과가 이제 인간 존재의 경험을 가장 잘 파악한다고 주장하는 것도 아니다. 인간이라는 실존적 차원을 놓치는 생물학이나 어떤 다른 과학은 시나 종교가 할 수 있는 것과 같은 방식으로 사랑에 빠지거나 신에 대한 사랑을 느끼는 인간의 경험을 결코 담아내지 못할 것이다. 큰 뇌는 우리에게 실제로 규모가 큰 것을 인식할 수 있는 능력을 준다. 그러나 또한 우리 자신의 깊숙이 주관적인 경험과 우리의 개인적 삶을 의미 있는 것으로 경험할 수 있는 능력도 우리에게 준다. 우리는 지식의 통섭을 만들어낼 수 없다. 그러나 확실히 우리는 동시에 많은 관점에서 우리 자신과 인간의 이야기를 바라볼 수 있다.

인간들이 지배적 위치에 오르게 된 현상은—이는 아마도 수만 년 동안 인간들이 친족 집단이나 무리의 얼굴을 마주하는 규모를 훨씬 넘어서서 상상된 공동체에 대한 애착과 소속감을 만들어낼 수 있도록 도와준 큰 뇌의 발달 덕분일 것이다—이제 대니얼 스메일이 우리의 "깊은 역사"[17]라고 기술하는 시대까지 거슬러 올라가는 매우 긴 역사적 시기에 걸쳐 일어난 것으로 많은 사람이 여긴다. 이스라엘의 역사가 유발 하라리는 그의 책 《사피엔스(Sapiens)》에서 이 문제를 잘 설명한다. 하라리는 "초기 석기 도구의 가장 흔한 용도 가운데 하나는 골수에 도달하기 위해 뼈를 깨트려 여는 것이었다. 몇몇 연구자는 이것이 우리의 원래 활동 범위였다고 믿고 있다"고 쓴다. 왜 그러한가? 하라리는 다음과 같이 설명한다. 왜냐하면 "먹이사슬에서 호모(homo)라는 속(屬)의 위치는 아주 최근까지도 견고하게 중간에 있었기 때문이다".[18] 인간은 사자·하이에나·여우가 자기 몫을 챙기고 뼈에 붙어 있는 모든 살을 깨끗이 떼어낸 후에야 비로소 죽은 동물을 먹을 수 있었다. 하라리는 "사람이 먹이사슬의 정상으로 뛰어오른 것은 지난 10만 년 동안, 즉 호모 사피엔스의 부상과 더불어서"일 뿐이라고 말한다.[19] 이것은 진화적 변화가 아니었다. 하라리는 다음과 같이 설명한다.

> 사자와 상어와 같은 피라미드의 정상에 있는 다른 동물들은 수백만 년에 걸쳐 매우 점진적으로 그 위치로 진화했다. 이것은 생태계가 견제와 균형을 개발할 수 있게 해준다. ……사자들이 더 치명적인 존재가 되면서 가젤은 더 빨리 달리도록 진화했고, 하이에나들은 더 잘 협력하도록, 코뿔소는 더 심술맞도록 진화했다. 이와는 대조적으로 인류는 생태계가 적응할 시간을 갖지 못할 정도로 빠르게 정상에 올랐다.[20]

하라리는 추가적으로 중요한 사실을 언급한다. 육식동물의 정상 지위에 빠르게 올라선 결과 인간 자신이 "적응하는 데 실패했다"고 그는 쓴다. 그는 다음과 같이 덧붙인다. "대부분의 최상위 포식자들은 장엄한 생물들이다. 수백만 년의 지배가 그들을 자신감으로 가득 채웠다. 이와는 대조적으로 사피엔스는 오히려 바나나 공화국 독재자에 가깝다."[21]

우리는 인간의 생태 발자국이 (1만 년 이상 전에, 그러나 그 후 몇천 년 동안 그 도가 더해진) 농경의 발명과 더불어 더욱 증가했으며, 그 후 대양이 (약 6000년 전에) 현재의 수준으로 자리잡고 우리가 행성의 모든 지역으로 이동하면서 고대의 도시와 제국 및 도시 질서를 발전시킨 후 다시 증가했다고 말할 수 있다. 하지만 그것은 지난 500년에 걸쳐 다른 민족이 거주하는 먼 땅으로의 유럽의 확장과 식민지화, 그리고 그에 이어지는 산업 문명의 부상과 더불어 다시 증가했다. 그러나 제2차 세계대전이 끝난 후 수송 부문에서뿐만 아니라 농업과 의학 분야에서도 화석연료가 널리 사용되고 그것이 결국 세계의 가난한 사람들도 건강하게는 아니라도 더 오래 살 수 있게 한 덕분에 인간의 숫자와 소비가 기하급수적으로 증가했을 때 인간의 생태 발자국은 극적으로 팽창했다.[22]

학자들은 윌리엄 R. 캐턴 주니어가 《용량 초과(Overshoot)》라는 책에서 개진한 "용량 초과", 즉 "유기체의 개체 수가 그들 자신의 환경을 변화시킴으로써 그들 자신의 삶을 훼손하는 경우"라는 개념을 더욱더 발전시켰다.[23] 인간의 도덕 공동체를 (몇몇) 동물을 포함하는 쪽으로 확대하는 동물 해방/권리에 관한 문헌은 동물에 대한 잔인성과 소비에 대한 인간 요구의 과잉 문제를 모두 인식하고 있다.[24] 인위개변적 기후변화의 맥락에서 인간이 유발한 종 절멸에 관해 연구하는 학자들은 인간이 자기가 거주하는 다양한 생태계에서 종종 그들 자신을 해롭게 하면서 달성한 '과도함'을 오랫동안 인식해왔다.[25] 그에 더하여 일부 대지 과학자들과 다른 학자들이 개진한 '거대한 가속'과 '행성적 경계'에 관한 잘 알려진 논증들은 정확하게는 인간 편에서의 생태용량 초과에 관한 진술들이다. '거대한 가속'에 대한 논문의 저자 가운데 한 사람이 말했듯이 "'거대한 가속'이라는 용어는 대지 시스템의 사회경제적·생물물리학적 영역을 휩쓰는 동시에 기후변화보다 훨씬 더 많은 것을 아우르는 1950년 이후 변화의 전체론적이고 포괄적이며 상호 연결된 본성을 포착할 것을 목표로 한다".[26] 그들의 데이터는 모두가 1950년대 이후에 일어난 일들인 전체 인구, 실질 GDP, 도시 인구, 1차 에너지 사용, 비료 소비, 종이 생산, 물 사용, 운송 등등에서의 기하급수적 증가를 증명한다. 그리고 이에 상응하여 이산화탄소·메탄·아산화질소의 배출, 해양 산성화, 성층권 오존의 상실, 해양 양어, 새우 양식, 열대림, 지상 생물권 퇴화 등과 관련된 "대지 시스템 추세"에서의 기하급수적 상승도 존재한다.[27] 그와 마찬가지로 2009년에 스톡홀름 회복 센터의 요한 록스트룀과 그의 동료들이 제시한, 인간이 건너지 않아야 하는 9개의 '행성적 경계'라는 생각도 인간의 생태학적 과도함을 측정하는 연습이었다.[28] 일부 대지 시스템 과학자들은 최근 "현재의 인위개변적 탄소 방출

속도〔연간 약 10페타그램 C, 1페타그램＝10^{15}그램〕는 신생대(과거 6600만 년) 동안 전례가 없었으며" "기후변화와 해양 산성화의 현재/미래 속도는 많은 종이 적응하기에는 너무 빠르고" 아마도 "해양과 육상 환경에서의 광범위한 미래 멸종"을 초래할 것이라고 보고했다. 우리는 사실상 "미래의 기후 예측을 강요하는 근본적인 도전을 나타내는 유례없는 상태의 시대"에 있다.[29]

해양 생물과 다른 많은 육상 종들은 그들을 사냥하거나 존재하지 못하게 할 수 있는 우리의 증가하는 능력에 적응하는 데 필요한 진화적인 시간을 갖지 못했을 뿐만 아니라, 이제 우리의 온실가스 배출은 거대한 바다의 생물 다양성을 위협하고 따라서 우리를 먹이는 바로 그 먹이망을 위험에 빠뜨린다. 인류세를 증명할 문서 작성 책임을 맡은 국제층서위원회의 분과위원회에 소속된 얀 잘라시에비치와 그의 동료들은 아마도 대기 중의 과도한 이산화탄소보다 더하게 인류세의 장기 기록을 구성하는 것은 화석과 다른 형태의 증거—해저의 대지화(terraforming)와 같은—로서 이 행성의 암석에 남아 있는 인간의 발자국이라고 지적한다. 인간이 추동하는 다른 종의 절멸이 이를테면 다음 몇 세기 안에 대멸종 사건으로 귀결된다면, 인류세라는 세(世) 차원의 이름조차도 지질학적 시기의 위계질서에서 너무 낮을 수 있을 것이다.[30] 최근 기후변화의 맥락에서 글을 쓰는 음악사학자이자 이론가인 게리 톰린슨은 이 문제를 대지 시스템의 관점에서 멋지게 요약했다.

> 수백만 년의 생물문화적 진화에 걸쳐 …… 특정한 시스템들은 호미닌 틈새 구축의 피드백 사이클 **외부에** 남아 있었다. 천문학적 동역학, 지각 구조상의 변화, 화산 활동, 기후 주기 그리고 그와 같은 다른 힘들은 본질적으로 인간

의 문화와 행동이 건드리지 못했다(또는 건드린다 해도 흔적이 남지 않을 만큼 적게 건드렸다). 시스템 이론의 언어에서 이 모든 힘은 사실상 **피드-포워드**(feed-forward) 요소였다. 밖으로부터 피드백 사이클을 '정립'하여 그 사이클 내부의 요소들에 영향을 미치지만, 피드백에 의해 그 자신이 영향받지 않고 남아 있는 외부 제어 ……. 인류세는 …… **언제나 인간의 틈새 구축 외부로부터 피드-포워드 요소로 작용했던 시스템들이 그 내부의 피드백 요소로 변환된** 시스템적 재배열을 가리킨다.[31]

그렇게 보면 잘라시에비치가 최근 논문의 결론 단락에서 말하듯이 "인류세는—공식적이든 비공식적이든—분명히 우리에게 가장 커다란 캔버스에 대해, 즉 인간적 기획의 규모와 본질에 대해 그리고 그것이 대지 시스템의 다른 과정과 어떻게 교차하는지(지금은 '뒤얽히는지'가 더 나은 단어일 것이다)에 대해 하나의 관점을 제공하는 데서 가치를 지닌다".[32] 그러므로 인위개변적 기후변화는 인간이 현재 새로운 갈등을 창조하고 국가들 사이에서와 그 내부에서의 오랜 갈등을 악화시키면서 다양한 규모로—지역적인 것으로부터 행성적인 것에 이르기까지—직면하고 있는 생태학적 문제들의 일반적 복합체로부터 고립시켜 연구할 문제가 아니다. 모든 문제를 한꺼번에 해결하는 단일한 묘책은 없다. 행성 표면 온도의 평균 섭씨 2도 상승을 피하기 위해 재생 가능 에너지로 이행할 수 있게 하는 만트라처럼 작용하는 것은 아무것도 없다. 우리가 직면하고 있는 것은 정말로 사악한 문제, 곤경처럼 보인다. 우리는 그것을 진단할 수 있을지 모르지만, 한 번에 완전히 '해결'할 수 있을 것 같지는 않다.[33]

근대성과 칸트의 도덕의 지질학

내가 주장했듯이 우리의 동물적 삶(즉, 소비자로서의, 한나 아렌트의 표현으로는 **노동하는 동물**로서의 인간)이 만들어낸 문제의 규모에 의해 우리의 도덕적 삶에 제기된 도전이 우리의 '도덕적' 삶과 '동물적' 삶의 가정된 분리를 깨트리고 우리에게 인간종의 '자연사'가 만들어낸 문제에 대한 '도덕적' 해결책을 찾도록 요구한다면, 분명히 인간과학과 특히 인문학은 오늘날 새로운 과제에 직면한다. 왜냐하면 20세기의 상당 부분 동안 인간과학과 물리 또는 생물 과학의 분리를 뒷받침한 것은 바로 이러한 인간종의 동물적 삶과 도덕적 삶 사이의 분리였기 때문이다.[34] 그 주제는 더 많이 연구될 만하다. 그러나 좀더 나이 든 독자들은 1975년에 에드워드 O. 윌슨이 《사회생물학(Sociobiology)》을 출판하여 생물학과 문화 사이의 연관성에 대해 강한 주장을 하고 그 과정에서 다른 많은 확신을 지닌 마르크스주의자들과 사회과학자들을 격분시키는 데 성공했을 때, 이 분리에 찬성하는 생각이 얼마나 시끄럽게 그리고 때로는 신랄하게 목소리를 냈는지 기억할 것이다.[35]

계몽주의 이후 근대성의 서사에서 인간의 도덕적 삶을 그들의 동물적이거나 생물적인 삶과 분리된 것으로 받아들이는 것의 지속적인 중요성은 아마도 임마누엘 칸트가 1786년에 출판된 〈인간 역사의 추측적 기원〉이라는 작은 논문에서 분명히 설명한 우화와 관련하여 가장 잘 연구되었을 것이다. 인간종의 동물적 삶과 도덕적 삶 사이의 대립이 이 논고의 핵심에 놓여 있었다. 이 논고는 《성서》의 〈창세기〉 이야기와 인간의 대지 지배 문제에 대한 매혹적인 독해를 제공한다.[36] 칸트의 논의 목적은 그가 "존경받는 J.-J. 루소의 종종 오해되고 겉보기에 모순된 주장들"로 본 것을 "서로의 그리고 이성과의 합일"로 이끄는 것이었다.

> 저작 《학문예술론(A Discourse on the Moral Effects of the Arts and Science)》과 《인간 불평등 기원론(On the Inequality among Men)》에서 그〔루소〕는 문화와 모든 개별 구성원이 그 소명을 완전히 성취해야 하는 **물리적** 종으로서의 인류 사이의 피할 수 없는 갈등을 완전히 정확하게 보여준다. 그러나 그는 《에밀(Emile)》과 《사회계약론(Social Contract)》 및 다른 저작들에서 다음의 좀더 어려운 물음에 대답하려고 한다. 문화는 어떻게 **도덕적** 종으로서 인류의 소명에 속하는 능력을 개발하고 따라서 그 자신의 도덕적 종과 자연적 종〔둘 다의 구성원〕으로서 그 자신 내부에서 갈등을 끝낼 수 있을 만큼 진보해야만 하는가?[37]

칸트는 인간종이 동시에 "물리적/자연적/동물적"(이 말들은 그의 논고에서 같은 의미로 사용된다) 삶과 도덕적 삶 둘 다를 소유함으로써 발생한 이 갈등 그 자체를 인간 역사에 대한 결정적 영향력으로 간주했다. 왜냐하면 "악덕에 대한 충동"은 "자연적 상태 속에 있는" 인간에게 주어진 "자연적 능력"에서 발생했기 때문이다. 그 충동은 "문화가 전개되면서 그것"과 필연적으로 충돌할 수밖에 없었다. "인간종의 도덕적 소명의 최종 목표"는 기예가 칸트의 표현인 "제2의 자연"이 될 정도로 "그 자신을 완성"하는 데까지 이르지 못할 것이다.[38]

칸트에 관한 방대한 문헌의 다수는 루소의 수수께끼에 대한 그 철학자의 대답을 논의했으며, 일부는 그 대답에서의 일정한 결정적 요소들을 아퀴나스가 가정한 것을 포함하여 고대의 원리들로까지 소급하여 추적했다.[39] 하지만 여기서 나의 목적은 칸트 사상의 뿌리를 역사적으로 파헤치는 것이 아니라 칸트가 인간의 동물적 측면과 도덕적 측면의 관계를 얼마나 정확히 이해하려고 했는지를 해명하기 위하여 칸트의 주장을 재구성하는 것이다. 칸트는 왜 〈창세기〉의 이야기를 사변적으로 독해할 자유를 취할 수 있는지 설명하면서도 사변적인 것이 "허구적인 것"과 같진 않다고 밝히면서 논고를 시작했다.[40] 사변은 "경험에 토대"할 수 있겠지만, 문제의 경험은 "자연", 즉 칸트에게서 그 본질적 구조상 일정하게 유지되는 어떤 것의 경험이었다. 그래서 인간의 역사가 자유의 역사라면, 그 "최초의 기원"에 관한 진술은 만약 우리가 (정의상 일정한) 자연에 대한 경험에 토대한다면 그리고 문제의 기원이 다름 아닌 자연 그 자체에 의해 만들어지는 한에서만 사변적으로 읽힐(즉, 이성에 의해 인도될) 수 있을 것이다. 칸트가 말했듯이 "따라서 인간 본성에서 그 원래의 능력으로부터 이루어지는 자유의 최초 발전 역사는 오직 보고에만 토대할 수 있고" 따라서 역사가의 분야가 되는 "자유의 진보 역사와는 **다른 어떤 것**이다".[41]

물론 칸트는 "우리의 사변이 …… 목표 없이 헤매지 않도록" 인간의 이러한 원래 상태에 대해 어떤 가정을 했다. 그는 인간의 어떤 모습을 당연시했으며—"우리는 우리의 기원을 인간의 이성이 이전의 어떤 자연적 원인으로부터 전혀 끌어낼 수 없는 것으로 만들어야만 한다"—, 따라서 "완전히 날것 상태의 〔인간〕 본성이 아니라" "(어머니의 보살핌 없이 해나가야만 하는 까닭에) **완전히 형성된 성인**으로서의 인간"을 가지고서 시작했다. 그는 또한 "인간"이 실제로 "〔인간이〕 자기의 종족을 번식할 수 있도록, 한 쌍"이라고 가정했으며, 그 쌍은 "인간이 서로에게 가까이 살고 아직 낯선 자였을 것이므로, 전쟁이 일어나지 않도록 **오직 단 한 쌍**"이어야 했다. 칸트에게 이 후자의 가정은 자신이 "인간의 소명의 최고의 목적, 사교성"이라고 본 것을 "성취하기 위한 가장 적절한 조직과 관련해 자연이 잘못했다고 비난받지 않을 수도 있다"는 것을 보장하는 것으로 보였다(왜냐하면 사회화하고자 하는 욕구는 "모든 인간이 그 자손이어야 하는 가족의 단일성에 의해" 최대화될 것이기 때문이다). 게다가 그는 자신의 사변적 논리를 똑바로 유지하기 위해 몇 가지 또 다른 가정을 했다. "그리하여 첫 번째 사람은 **서고 걸을** 수 있었다. 그는 **말할** 수 있었으며(〈창세기〉 2:20), 심지어 **대화할** 수도 있었다. 즉, 그는 일관된 개념들로 말할 수 있었고(2:23), 따라서 **생각할** 수 있었다." 그는 인간의 솜씨에 관한 가정의 이러한 문턱이 그에게 "〔인간의〕 행동과 열정에서 도덕성의 발전만을 고려하게" 한다고 추론했다. 따라서 칸트는 이러한 원래의 인간 한 쌍을 재구성한 후 그들을 곧바로 우리가 오늘날 이미 "인간 문명" 속에서 만들어진 상당한 진보를 지닌 지질학적 충적세로서 볼 수 있는 것의 한가운데에 놓았다. "나는 이 쌍을 육식동물의 공격에 대해 안전이 확보된 장소에, 즉 자연에 의해 영양의 원천을 풍부하게 공급받는 곳, 따라서 이를테면 **동산에** 그리고 언제나 온화한 기후에 놓는다."[42] 칸트는 이러한 것을 몰랐지만, 그가 가정하는 "인간"은 마지막 빙하기가 끝난 후에야 존재할 수 있었다!

칸트의 "인간"은 오로지 본능—"모든 동물이 복종하는 **신의 목소리**"—만이 "처음 초보자를 인도"했을 때 종의 동물적 삶에 완전히 흡수되어 자신의 여정을 시작했다. 그러나 칸트가 인간을 자기의 시야에 둘 무렵에는 이성, 즉 어느 정도 동물의 삶을 넘어서지만 어떤 자연의 설계에 의해 자리에 놓이게 된 능력이 이미 자기와 쌍을 이루는 인간 능력인 상상력과 협력하여 인간 속에서 "그에 대해 …… 어떠한 자연적 충동도 존재하지 않는 것들에 대한 욕구"를 "부추기고" "꾸며내기" 시작했으며, 그 결과 "인간은 모든 동물을 묶는 그러한 한계를 넘어서는 능력으로서 이성을 의식하게 되었다".[43] 결정적으로 중요한 발견이 뒤따랐다. "〔인간은〕 자기 자신 속에서 그 자신의 삶의 방식을 선택하는 능력을 발견했고, 따라서 다른 동물들처럼 단 하나의 것에 구속되지 않았다."[44] 이러한 "내적" 성향의 심화는 인간에게 단순히 동물적이기만 한 욕망을 거부할 수 있는 능력을 부여했고, 그리하여 인간은 사랑할 수 있는 능력을 발전시켰다. 칸트는 "**거부**는 인간이 그에 의해 단순한 감각적 매력에서 관념론적 매력으로, 단순한 동물적 욕망에서 결국 사랑으로, 그리고 후자와 함께 단지 쾌적할 뿐인 것에 대한 느낌에서 아름다움에 대한 취향으로 넘어간 위업이었다"고 썼다. 이것은 "고상함"에 대한 감각의 발달과 더불어 "도덕적 생물로의 인간 형성의 최초의 힌트를 부여"했던바, 그것은 작지만, 칸트에게는 "그럼에도 불구하고 획기적인" 기원이었다.[45] 이성은 또한 인간을 "**미래에 대한** 반성적 **기대**"로 이끌었고, 그다음에는 "인류를 전적으로 동물과의 공동성 너머로" 들어 올려 인간이 자기 자신을—어렴풋할 뿐이지만—"참된 **자연의 목적**"으로 파악할 수 있게 하는 높이로 이끌었다. 인간은 이제 양의 모피가 양을 위해서가 아니라 자기를 위해 "자연에 의해 주어졌다"고 볼 수 있었다. 그리하여 〈창세기〉가 말하는 대지에 대한 인간의 지배가 시작되었다. 그러나 이것은 또한 모든 인간의 평등에 대한 생각으로—"〔인간은〕 모든 인간을 자연의 선물의 동등한 수령자로서 간주해야만 한다"—, 좀더 중요하게는 "인간은 그들의 지위가 어떻든지 간에(〈창세기〉 3:22) 특히 **그 자신의 목적이라는** 주장과 관련하여 〔다른〕 **모든 이성적 존재와 동등한 자**가 되었다"는 생각으로 이어졌다.[46] 물론 이러한 정식화는 모든 인간을 수단이 아니라 그 자신에서의 목적으로 대하는 것에 관한 칸트의 유명한 격

언과 아주 가까운 성질의 것이다.[47]

칸트는 이러한 "인류 초기 역사의 묘사"가 "낙원에서 …… 인류의 나감이 …… 단지 동물적일 뿐인 생물의 원시 상태로부터 인간다움으로, 본능의 도구로부터 이성의 인도로, 한마디로 말해 자연의 보호로부터 자유의 상태로의 이행에 지나지 않는다"는 점을 드러낸다는 것을 날카롭게 깨닫고 있었다.[48] 칸트가 설명하듯이 이것은 도덕적으로 말해서 타락의 이야기여야 했다. 이성이 인간의 가슴에서 꿈틀거리기 전에는 "명령도 금지도 없었고 따라서 위반도 없었다". 그러나 이성은 "동물성 및 그것의 모든 힘"과 동맹을 맺을 수 있었고, 따라서 (예를 들어 전쟁을 일으키는) "세련된 이성의 악덕"을 낳을 수 있었다. 칸트는 다음과 같이 쓴다. "도덕적 측면에서 이 마지막 상태〔순진무구의 상태〕로부터의 첫 번째 발걸음은 **타락**이었다. 자연적 측면에서 삶의 알려진 적 없는 수많은 악〔자연재해, 고난〕은 타락의 결과였다."[49] 우리가 알고 있는 인간 역사의 대부분은 타락에서 뒤따라 나왔다. 거기에는 고난과—너무도 많은 악의, 그러나 또한 모든 좋은 것의 원천인—불평등, 전쟁 그리고 "도시의 화려한 불행 속으로 끌려가는" 인간들이 있었다.[50] 하지만 이것은 또한 인간의 자유 이야기에서 이성의 역할을 복잡하게 만들기도 했다. 인간은 자신들의 종, 즉 "인간의" 지배에 관한 〈창세기〉의 이야기에 따르면 "소의 만족과 노예의 확실성 속에서 살도록 지정된 종으로서가 아니라 대지를 다스리도록" 지정된 종의 소명을 촉진하는 방식으로 이성을 이용할 수 있다.[51] 그러나 이성은 인간을 자신의 소명에 대한 인정을 향해 곧바로 인도하지 않았다(다른 논문에서 칸트는 그럼에도 불구하고 인간이 왜 끝내 자신의 운명을 완수하게 되는지를 설명하게 되지만 말이다). 그리하여 칸트는 다음과 같이 썼다. "따라서 **자연**의 역사는 선으로 시작된다. 그것은 신의 일이기 때문이다. **자유**의 역사는 악으로 시작된다. 그것은 **인간의** 일이기 때문이다."[52]

◆ ◆ ◆

칸트는 이 논고를 마무리하면서 인간의 성공 열쇠는 "섭리에 만족하는 것"이었다고 썼다.[53] 그러나 이것은 바로 인간이 하기가 결코 쉽지 않은 일이었다. 섭리는 인간이 역경으로 여긴 것, 즉 (결국 "국가의 지도자들로부터 인간성에 대한 존경"을 창출한) 전쟁, (개선이 개인이 아니라 종에게서 생기는 것을 보장한) 삶의 짧음, 전적으로 한가하고 수고가 없는 황금시대의 부재를 통해 작용했다.[54] 칸트는 다음과 같이 표현했다. "선에서 악으로 나아가는 것이 아니라 점진적으로 더 나쁜 것에서 더 나은 것으로 발전하는 섭리와 전체로서의 인간적인 것들의 도정에 대한 만족. 그리고 이러한 진보 속에서 자연 자신은 모든 사람에게 그 자신의 것이자 아마도 그의 능력 안에 있는 역할을 수행할 수 있게 했다."[55]

후기 칸트는 《판단력 비판(The Critique of Judgement)》(목적론적 판단에 관한 절)과 〈세계 시민적 견지에서의 보편사의 이념(Idea for a Universal History with a Cosmopolitan Intent)〉(1784)과 〈그것은 이론적으로는 올바르지만, 실천적으로는 쓸모없다는 속언에 대하여(On the Proverb: It May Be True in Theory, But Is of No Practical Use)〉(1793)를 포함한 여러 논고에서 이러한 기본적 요점들을 선취하고 반복하고 정교화하여 발전시킨다. 여기서 칸트는 예를 들어 《판단력 비판》에서 인간의 도덕적 삶을 자연사와 분리하는 주제에 대해 언급한다.

외부적 자연은 인간을 특별히 좋아하는 것과는 거리가 멀다. ……왜냐하면 우리는 자연 파괴적 작용—전염병, 기근, 홍수, 추위, 크고 작은 동물의 공격 그리고 그러한 모든 것—에서 자연이 인간을 다른 동물과 마찬가지로 거의 아끼지 않았다는 것을 알기 때문이다. ……이 모든 것에 더하여 **내적인 자연적 경향들**의 불화는 …… 군주 권력의 억압, 전쟁의 야만성 등을 통해 그를 배반하고 그 이상의 불행으로 몰아넣는다. ……그러므로 인간은 언제나 자연적 목적들의 사슬에 있는 연결고리일 뿐이다. ……지성과 따라서 자기 자신 앞에 자기의 의도적 선택의 목적을 정립하는 능력을 지니는 대지 위의 단 하나의 존재로서 그는 확실히 자격이 있는 자연의 주인이며, 우리가 자연을 목적론적 체계로 간주한다고 가정한다면, 그는 자연의 궁극적 목적이 되기 위해 태어났다. 그러나 이것은 언제나 인간이 자연으로부터 독립적으로 자기 충족적일 수 있는 〔최종〕 목적에 대한 관계를 자연에 부여할 지성과 의지를 가진다는 조건에 달려 있다. ……하지만 그러한 목적이 자연에서 추구되어서는 안 된다.[56]

여기서 중요한 점은 칸트가 인간의 자유에 관한 자신의 이론을 제시하기 위해 동물적 삶과 인간의 도덕적 삶 사이에 가져온 분리이다. 그는 인간의 동물적 삶이 주어진 것이고 항구적이며, 행성(오늘날의 용어로는 **생물권**)에 의해 제공되어야 한다고 가정했다. 인간의 역사와 사유는 대개 "완전하고" 공정한 사교성이라는 자신의 도덕적 운명을 충족시키기 위한 인간의 항구적 투쟁에 관계된 것이었다. "자연은 인간에게 두 가지 다른 목적, 즉 동물 종으로서의 인간을 위한 목적과 도덕적 종으로서의 인간을 위한 또 다른 목적을 부여했다."[57]

뒤얽힌 인간의 도덕적 삶과 동물적 삶

인간종의 '동물적 삶'—(인간 사회의 총체적 불평등에도 불구하고) 우리의 물질적이고 인구학적인 번성—이 이제 대지 위의 자연적이고 재생산적인 생명의 분포에 미치고 나아가서는 인간의 존재를 위태롭게 하는 압력은 날이 갈수록 더 분명해지는 어떤 것이다. 그렇다면 사상가와 철학자들이 기후변화를 현대의 가장 큰 윤리적 도전이라 부르고 '대지에 대한 인간의 지배'라는 성서의 명제를 세속적 형태로 다시 언급하면서 몇 가지 결정적인 도덕적-신학적 물음을 제기해야 한다는 것은 놀라운 일이 아니다. 우리의 동물적/자연적 삶이 비인간의 자연적 삶을 압도하는 지금, 우리는 무엇을 해야 할까? 실제로 자본주의의 문제는 도덕적 성격을 띤 이러한 맥락에서 다시 나타난다. 우리는 화석연료 없는 자본주의를 계속해야 할까? 우리는 자본주의에 대한 대안을 찾아야 할까? 인간은 다시 작은 공동체로 후퇴해야 할까? 유복한 사람들은 덜 소비해야 할까?

이러한 도덕적 물음들은 칸트의 명제들 가운데 하나, 즉 인간의 도덕적 삶은 인간이 "자기 삶의 방식을 선택하고 다른 동물들처럼 단 하나의 방식에만 구속되지 않을 수 있다"고 가정하는 명제의 지속력을 입증한다.[58] 그러나 만약 내가 앞에서 주장한 것이 옳다면, 내가 자세히 이야기한 칸트의 인간 역사 우화는 지금 전례 없는 방식으로 긴장 상태에 놓여 있다고 말할 수도 있다. 한편으로는 많은 사상가가 여전히 자유의 영역을 대표하는 우리의 도덕적 삶에 대한 (암묵적으로 칸트적인) 이념을 가지고 일하지만, 우리는 더 이상 칸트가 다른 많은 사람과 더불어 지녔던 가정, 즉 우리의 동물적 삶의 필요를 행성 그 자체가 돌보리라는 가정을 할 여유가 없다. 우리는 이제 우리의 도덕적 삶이 모든 비인간의 자연적 삶은 아니더라도 우리의 자연적 삶을 책임지기를 바란다. 인간의 지배에 관한 성서의 물음은 이제 행성에 대한 인간의 청지기 역할과 책임에 관한 세속적 물음의 형태를 취하게 되었다.[59]

공간상의 이유로 나는 여기서 그러한 생각의 두 가지 탁월한 예, 즉 프란치스코 교황이 가톨릭 주교들에게 보낸 최근의 유명한 회칙과 아마르티아 센의 최근 논문만을 살펴보고자 한다. 교황의 회칙은 아마도 근대 문명의 깊이 자리 잡은 정신적 위기라는 관점에서 인류의 현재 기후 위기를 읽으려는 지금까지 이용 가능한 유일한 서구적/유럽적 시도일 것이다. 물론 가톨릭 신학 용어 내부의 시도이지만, 그렇다고 해서 그 가치가 줄지는 않는다. (인도의 학자에게 그것은 라빈드라나트 타고르가 자신이 사망한 해인 1941년에 쓴 〈문명의 위기〉라는 제목의 유명한 논문을 연상하게 한다.) 교황은 소비주의적 자본주의의 과도함과 특히 그가 자본주의가 낳고 촉진한 "쓰고 버리는" 문명의 "오도되고" "전제적"이며 "과도하고" "근대적"인 인간중심주의로서 바라보는 것을 대단히 근본적으로 비판한다.[60] 이런 맥락에서 그는 인간의 "지배" 문제로 되돌아온다. "그리스도교 인간학의 부적절한 진술은 인간과 세계 사이의 관계에 대한 잘못된 이해를 불러일으켰습니다. 종종 건네진 것은 전 세계에 대한 프로메테우스적인 정복의 비전이었습니다. 이것은 자연의 보호란 오직 나약한 자만이 마음 쓰는 어떤 것이라는 인상을 주었습니다. 그 대신 우주 만물에 대한 우리의 '지배'는 책임 있는 청지기 직분이라는 의미에서 좀더 적절하게 이해되어야 합니다."[61] 프란치스코 교황은 이 회칙의 다른 곳에서 인간이 이제 신종이라는 견해에 강력하게 그리고 함축적으로 반대하면서 "우리는 하느님이 아닙니다"라고 쓴다. "하느

님의 대지에 대한 책임은 지성을 부여받은 인간이 자연의 법칙과 세계의 피조물들 사이에 존재하는 섬세한 평형을 존중해야 한다는 것을 의미합니다."[62]

아마르티아 센은 비슷한 논증을 하지만, 비그리스도교적 틀 안에서 불교 사상의 몇 가지 신조에 의지한다. 기후 위기와 다른 종에 대한 인간의 책임에 관해 쓰면서 센은 기후변화 논쟁에서 규범적 틀이 필요하다고, 즉 그의 생각에—나는 이에 동의한다—아프리카, 아시아, 라틴아메리카의 대중이 인간 문명의 결실을 누리고 참으로 민주적인 선택을 하는 데 필요한 능력을 획득하고자 한다면, 점점 커지는 인간의 에너지 소비 욕구를 인정하는 규범적 틀이 필요하다고 주장한다. 그러나 센은 또한 인간의 번성으로 다른 종들이 상당한 희생을 치를 수 있다는 것을 인정하며, 따라서 비인간에 대한 인간 책임의 한 가지 형식을 옹호한다. 다음은 그의 논증이 어떻게 이루어지는지 보여준다.

> 파괴의 위협을 받는 종에 대한 우리의 책임을 생각해보라. 우리는 단지 이 종들의 세계 내 현존이 때때로 우리 자신의 삶 수준을 높일 수 있기 때문에만 이 종들의 보존에 중요성을 부여할 수 있는 것이 아니다. ……이것은 《숫타 니파타(Sutta Nipata)》에서 제시된 고타마 붓다의 주장과 직접적이고 즉각적으로 관련된다. 그는 어머니가 아이에 대해 가지는 책임은 그저 아이를 낳아서일 뿐만 아니라 아이 스스로 할 수 없는 많은 일을 아이를 위해 할 수 있기 때문이기도 하다고 주장했다. ……환경적 맥락에서는 우리가 다른 종보다 엄청나게 더 강력하기 때문이라고 주장할 수 있다. ……〔이것은〕 그 삶에 대해 우리가 강력한 영향을 미칠 수 있는 다른 생물들에 대한 수탁 책임을 짊어지는 〔근거가 될 수 있다〕.[63]

물론 "〔적어도 부분적인〕 파괴의 위협을 받는" 종들 가운데 하나가 인간종 자신이라는 사실에는 무언가 아이러니가 존재한다. 인간은 자기 자신에게 책임을 질 필요가 있는데, 그것은 인류의 역사가 보여주듯이 행하기보다 말하기가 더 쉽다. 그러나 "우리가 강력한 영향을 미칠 수 있는 다른 생물들"과 관련하여 인간을 이렇게 인간 중심적으로 부모의 자리에 놓는 데서 따라 나오는 문제들을 생각해보라. 우리는 우리의 행동이 강력한 영향을 미치는 모든 종을 결코 알지 못한다. 종종 우리는 사후의 통찰만을 발견한다. 캐나다의 생태학자 피터 세일은 예를 들어 "〔인간에게〕 재화를 제공할 수 있지만, 아직 발견되고 이용되지 않은 그 모든 종과 우리가 단적으로 알지 못하는 서비스를 제공하는 종들"에 대해 쓴다.[64]

이것은 "대지 생물 자원의 거의 대부분"을 구성하는 생명 형식, 즉 미생물 생명체(박테리아와 바이러스)에 훨씬 더 많이 적용된다. 마틴 J. 블레이저가 《실종된 미생물(Missing Microbes)》에서 관찰하고 있듯이 미생물은 "쥐·고래·인간·새·곤충·벌레·나무를 합친 것보다, 사실상 우리에게 친숙한 대지 위의 모든 가시적인 생명 형식보다 그 수가 더 많을" 뿐 아니라 "무게도 더 많이 나간다".[65] 우리는 바이러스와 박테리아가 부정적이든 긍정적이든 우리의 삶에 영향을 미치는 경우를 제외하고 과연 그것들의 존재가 우리에게 적대적이라고 평가할 위치에 있을 수 있을까? 여기서 또다시 문제는 생태학과 병리학이 종종 우리에게 변화하고 반대되는 관점을 준다는 사실로 인해 복잡해진다. 박테리아와 바이러스는 예로부터 위장 박테리아 헬리코박터 파일로리와 같이 인간 진화에서 결정적이고 종종 긍정적인 역할을 해왔다. 하지만 항생제의 증가와 그에 따른 우리 위장의 생물적 환경 변화 이후 헬리코박터 파일로리는 병원균으로 여겨지게 되었다.[66] 우리는 이러한 생명 형식들이 인간 생명 그 자체의 역할을 포함하여 생명의 자연사에서 해오고 앞으로도 계속해서 하게 될 결정적인 역할에 대해 인지적으로 알고 있을 때도 그것들에 대한 책임 있는 청지기일 수 없다.[67]

이것은 인간이 자신이 보호해야 할 대상이 정확히 누구인지, 자신이 누구를 위해 수탁적인 의미에서 책임을 질 수 있는지 결코 완전히 알지 못할 것이기 때문에, 센이 인간에게 불완전하게 부과하는 책임으로부터 면제될 수 있을 뿐이라는 것을 의미할 것이다. 그러나 여기에는 실제로 칸트의 인간 역사 우화가 현재 사로잡혀 있는 긴장의 증거가 있다. 칸트는 인간의 도덕에 대해 그것이 그 자신의 개요 안으로 생명의 자연사를 가져올 것을 요구하지 않았다. 말할 필요도 없이 그의 작업 틀은 자연의 재생산적인 생명의 역사에 대한 다윈 이전의 이해에 토대했고, 인간이 생명의 역사에서 미생물의 역할을 발견하고 이해하기 시작하기 오래전에 구축되었다. 하지만 우리는 자연의 재생산적인 생명 영역을 포함하기 위해 인간의 도덕과 정의의 영역을 확장하는 문제를 숙고하는 지점에 있다.

물론 인간들 사이의 정의 문제가 전후(戰後) 인문학 전통에서 중심적이었다는 것은 부인할 수 없다. 전 지구적으로 사회 조직의 자본주의적 형식들의 강화는 인간과학들에서 학자들의 정치적 본능을 날카롭게 했다. 더 나아가 20세기 후반 인간적 가치의 역사를 고려하여 우리는 인구의 전체 크기와 그것이 생물권에 대해 지니는 함의와 관계없이 원칙적으로 모든 인간의 삶을 확보하고 그들의 도덕적이고 경제적인 번영을 보장하는 데 헌신하고 있다.[68] 게다가 인구 크기를 줄이기 위한 어떠한 실천적 제안도 실제로는 가난한 사람들에 반하는 제안이 되며, 따라서 도덕적으로 혐오스럽다. 동시에 인간의 복지와 인간 내 정의에 한결

같이 초점을 맞추는 것은 점점 더 부적절해 보인다. 이것이야말로 근대성의 문제를 고민하는 인문학의 사유자들이 응답할 필요가 있는 딜레마이다. 문제는 바로, 인문학과 인간과학이 제공하는 것이 우리 시대의 쟁점들을 논의할 수 있는 관점인 까닭에, 과연 그들이 자신의 신성화되고 깊이 자리 잡은 인간중심주의를 극복하고 비인간의 관점에서도 인간 세계를 바라보기를 배울 수 있을까 하는 것이다.

라투르에게, 앞을 내다보기

브뤼노 라투르는 우리 가운데 많은 사람이 그가 응답하고 있던 문제에 눈뜨기 오래전에 자신의 사유의 기예를 발전시켰다. 그 문제란 자연과 과학을 한편으로 하고 문화와 사회를 다른 한편으로 하는 지속 불가능한 대립을 통해 근대적 사고에 제기된 것이었다. 그는 최근의 《존재 양식들에 관한 탐구(An Inquiry into Modes of Existence)》를 포함하여 다수의 텍스트에서 자신의 사유를 발전시켰다.[69] 하지만 나는 이 글에서 미생물의 생명을 논의해왔기 때문에, 미생물에 관해 이야기하는 그의 고전적인 책 《프랑스의 파스퇴르화》로 눈을 돌리고자 한다.[70] 이는 라투르의 사유가 어떻게 인간의 존재와 앎의 양식에 도전하고, 나아가 인간이 바로 의심의 여지 없이 궁극적으로 너무나도 인간적으로 남아 있는 언어의 활동을 통해 어디서 비인간 중심적인 것의 통고를 받는지 우리가 볼 수 있도록 도와주는 접근법을 발전시키기 위한 도정을 개척하는지 보여주기 위해서이다. 그에 더하여 그 책에서 라투르의 반식민주의 유머가 부분적으로 근대성에 대한 모든 논의에서 거인적으로 현존하는 쾨니히

스베르크의 선량한 오랜 철학자를, 그리고 우리가 그에게 던질 수 있는 모든 가시 돋친 말이 벗어나기가 불가능한데도 불구하고 그를 겨냥하고 있다는 것은 이 장을 위해 여전히 멋진 우연의 일치로 남는다.

파스퇴르의 작업에 관한 연구에서 아주 일찍부터 라투르는 우리가 실험실의 한정된 조건 내에서뿐만 아니라 일상적인 인간의 삶에서 미생물의 작용적 현존에 주목할 수 있게 한다. 라투르는 "판매원은 고객에게 완전히 깨끗한 맥주를 보내지만, 그것은 부패한 채 도착한다"고 쓴다. 왜 그러한가? 왜냐하면 "맥주와 양조자 사이에는 때로는 작용하고 때로는 작용하지 않는 무언가가 있었기 때문이다. 제3의 것, '효모'라고 미생물의 폭로자는 말했다".[71] 미생물의 현존은 라투르에게 "우리는 오직 사회적인 것만 가지고서 사회를 형성할 수 없다"고 알려준다. 우리는 "미생물의 작용"을 더해야 한다.[72] 그리하여 "당신은 박물관에서 에스키모들을 실제로 보여주기로 계획한다. 그들은 대중을 만나기 위해 밖으로 나가지만, **또한** 콜레라를 만나 죽기도 한다. 이것은 매우 성가신 일이다. 왜냐하면 당신이 하고 싶었던 것은 그들을 보여주는 것이었지 죽이는 것이 아니었기 때문이다". 마찬가지로 "우유를 가지고 여행하는 데는 길들지 않은 또 다른 동물, 결핵균이 있으며, 그 균은 아이를 먹이고 싶어 하는 당신의 마음과 함께 스며든다. 그 균의 목표는 당신의 것과는 너무나 달라서 당신의 아이가 죽는다".[73] 따라서 우유가 파스퇴르화 과정과 상품화에 수반되는 정화 프로젝트(4장)를 겪고 미생물이 "박멸된" 이후에야 비로소 우유는 순전히 "사회적인 것", 즉 오로지 어떤 매우 제한되고 기술적으로 생산된 조건에서만 발생할 수 있는 "엄격한 의미에서의 경제적이고 사회적인 관계"를 나타내게 될 것이다.[74] 라투르는 자신의 책 1부를 다음과 같은 지적으로 끝맺는다. "우리가 과학을 그것을 대신하는 소수의 권위로 환원하기를 중단하자마자 다시 나타나는 것은 …… 일군의 인간뿐만 아니라 또한 '비인간'이기도 하다."[75] 그의 프로젝트는 그가 "사회와 과학의 이중 지배"라고 부르는 것으로부터 "비인간들의 해방" 프로젝트가 된다.[76]

미생물은 생명의 역사에서 깊은 시간을 이야기한다. 블레이저는 다음과 같이 쓴다. "약 30억 년 동안 박테리아는 대지 위의 유일한 살아 있는 거주자였다. 그들은 땅과 공기, 물의 모든 부분을 점령하고 생물권을 창조하는 화학적 반응을 일으켰으며, 다세포 생명의 진화를 위한 조건을 정립했다."[77] 그러한 비인간들을 "과학과 사회의 이중 지배"로부터 해방하는 것은 정치적인 것의 어떤 제도적 의미에서 정치적 과제일 수 없을 것이다. 또한 그것은 즉각적인 행동주의 프로그램을 만들어내지 않는다. 그것은 주로 그리고 인간의 통치 제도의 현재 발전 상태에서 인간 세계에 대한 비인간 중심적 관점을 개발하는 문제이다.

라투르는 그의 책 2부 '비환원'에서 비인간의 "해방"이라는 이 프로젝트를 탈식민화의 지적 행위와 비슷한 것으로 바라본다. "사물 자체들?" 그는 특유의 재치로 칸트에게 이러한 수사학적 물음을 제기하고 반박한다. "하지만 그들은 괜찮아, 정말 고마워. 그리고 당신은 어때? 당신은 당신의 비전이 존중하지 않았던 것들에 대해 불평하는 거야?" 칸트 사유의 인간중심주의에 대한 라투르의 비판은 비인간을 위한 작용 공간을 창조하기 위해 식민지화라는 은유 개념을 사용한다. 그는 "백인이 도착하기 전에 아프리카가 백인이 결핍되지 않았던 것처럼 사물 자체들은 아무런 결핍이 없다"고 쓴다. "하지만 당신 없이 완벽하게 잘한 사람들에게 당신이 없다는 것을 유감스럽게 생각하게 하는 것은 가능하다. 일단 사물들이 무로 환원되면, 그것들은 당신에게 그것들을 의식하기를 요구하고 식민지화해달라고 간청한다." 그리고 그는 계속해서 칸트를 식민지 영웅들의 반열에 놓는다. "당신은 조로들, 타잔들, 칸트들, 과부의 수호자들, 그리고 고아가 된 것들의 보호자이다."[78] 더 나아가 그는 다음과 같이 묻는다. "만약 우리가 그 대신 자기 자신에게 남겨진 것들이 아무런 결핍이 없다고 가정할 수 있다면 어떻게 될까?"

이것은 또한 깊은 시간이라는 생각이 그의 비판의 부분이 되는 지점이다. "예를 들어 다른 사람들이 웰링토니아(Wellingtonia)라고 부르는 이 나무는 어떠할까? ……만약 그것이 어떤 것을 결핍하고 있다 하더라도 그것은 결코 당신일 것 같지는 않다. 숲을 베어내는 당신은 나무들의 신이 아니다. ……그것은 당신보다 더 오래되었다. ……곧 당신의 톱에 쓸 연료가 더는 없을지도 모른다. 그 경우 그 나무는 자기의 석탄기 동맹과 함께 **당신의** 힘을 약화할 수 있을 것이다." 그리고 그는 (우리가 정치적으로 생각할 때 하는 일인) 오로지 인간의 시간 척도만으로 계산하는 것의 한계를 충분히 이해시킨다. "지금까지 그것〔나무〕은 잃지도 얻지도 않았다. 왜냐하면 그 이득이나 손실을 따지기 위한 게임과 시간을 규정하는 것은 각 나무이기 때문이다."[79]

그리고 나서 고대의 성서적 사유의 핵심만큼이나 그 하이데거적 변이, 즉 인간이 행성에 대한 지배권을 행사할 특별한 운명을 지닌다고 선언한 것을 겨냥한 하나의 물음의 화살이 나타난다.

> 누가 당신에게 사람이 존재의 목자라고 말했는가? 다른 것들이 베이고 담가지기 위해 자기들의 자리로 몰려든다는 듯이 많은 세력이 목자가 되어 그것들을 인도하기를 원한다. 우리는 너무 많으며, 다른 모든 행위자를 침묵시킬 만큼 강력한 단일 의식으로 합류하기에는 너무 우유부단하다. 당신이 말하는

대상들을 당신이 침묵시키는 한에서, 왜 당신은 그것들이 자기 마음속에 있는 것에 대해 스스로 이야기하도록 하지 않는가? 당신은 프로메테우스의 이중적 비참함을 그렇게 즐기는가?[80]

이것을 나는 우리 시대의 가장 중요한 문명적 물음으로, 즉 교황이 그의 종교의 한계 안에서 제기한 물음으로 간주한다.

라투르의 획기적인 물음은 우리에게 깊은 과거와 미래가 인간 중심의 정치 사상이나 행동에 순응할 수 없다는 것을 상기시킨다. 이것은 인간 내 (부)정의와 불평등 및 억압적 관계에 대한 우리의 통상적 논쟁이 계속되지 않으리라는 것을 의미하지 않는다. 그것은 계속될 것이다. 그러나 호모 사피엔스 종의 도덕적 삶과 생물학적 삶이 더는 서로 분리될 수 없으므로, 우리는 인간의 정치적인 것을 넘어서는—하지만 버리지는 않는—사상 형식에 의지하기를 배워야 한다. 이 행성의 진화와 그 기후 그리고 그 삶의 서로 연결된 이야기들에 대해서는 어떤 인간 중심적 관점에서도 말할 수 없다. 이 다른 이야기들은 필연적으로 깊은 시간의 설명에 기반하고 있다. 그것들은 우리에게 인간이 이 행성의 역사에서 매우 늦게 왔으며, 이 행성이 우리의 도착을 준비하는 데 관여하지 않았고, 우리가 이 행성의 이야기에서 어떤 정점을 나타내지 않는다는 것을 깨닫게 한다. 이것은 미학적·철학적·윤리적 사유의 전망을 열고자 하는 라투르의—그리고 몇몇 다른 학자의—시도가, 현재의 환경 위기들을 이 행성 위에서의 자연적인 재생산적 삶의 더 깊은 역사라는 더 커다란 맥락에 두려고 하는 관점을 우리가 발전시키도록 도와주는 지점이다. 이것은 이 책의 결론 부분에서 다루는 행성성에 대한 논의로 우리를 되돌린다.

3부

행성적인 것 마주하기

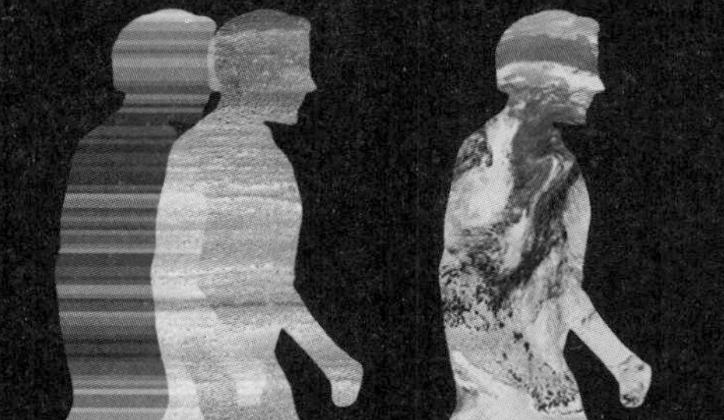

7

인류세 시대

많은 인류세?

인류세는 아마도 지층의 순서와 지질학적 시간에 대한 지층의 관계를 다루는 지질학 분야인 층서학을 정식으로 훈련받지 않은 인문학자들 사이에서 널리 논의되어온 지질학적 시대 구분의 유일한 용어일 것이다. 대지과학자 얀 잘라시에비치는 "서로 다른 분과에서 서로 다른 논리 노선에 따라 서로 다른 목적을 위해 사용되는 많은 인류세가 있다"고 쓴다.[1] 잘라시에비치가 언급하는 서로 다른 인류세들은 무엇이 인류세를 초래했는지, 언제부터 그 연대를 추정해야 하는지, 누가 이 시대의 개시에 책임이 있는지, 그리고 심지어 이 시대의 적절한 명칭은 무엇이어야 하는지에 대한 당파적이고 열정적인 설명들로서 인간과학에서 돌아다니고 있다. 많은 사람은 그 이름의 정치에 대해 논의하고서, 예를 들어 모호하고도 미분화된 인류—'anthropos'—가 이 불확실한 시대를 초래한 데 책임이 있는 것으로 여겨지지 않도록, 그리고 그 비난이 곧바로 하나의 체제, 즉 자본주의나 전 지구적 경제 체제의 문 앞에 놓이도록 이 시대를 좀더 적절하게 '자본세'나 '경제세(econocene)'라고 불러야 한다고 제안한다.

따라서 인류세 논쟁은 대지 역사와 세계사 사이의 항구적인 개념적 교통을 수반한다. 인간 역사상 처음으로—행성의 기후 체계 전체의 변화와 같은—거대한 지질학적 규모로 일어나는 사건들을 우리가 (화석연료를 태우는 등의) 개인·집단·제도·국가의 일상적 삶에서 할 수 있는 일과 의식적으로 연결하는 인간 역사의 독특한 단계를 통과하고 있다는 폭넓은 인식이 지금 우리에게 존재한다. 또한 **인류세**라는 용어를 두고 논란을 벌이는 학자들 사이에서도 그 시작을 언제로 추정하는지(농경의 발명, 유럽에 의한 팽창과 식민지화, 산업혁명 또는 원자폭탄의 최초 실험)와 상관없이 우리가 이미 인류세 **안에** 있다는 동의가—잠정적이기는 하지만—존재한다.

인류세는 대지 역사와 세계사가 각각 포함하는 두 개의 매우 다른 시간 규모—지질학적 시대가 보통 포괄하는 수천만 년(인류세 테제가 옳다면 충적세는 특별히 짧은 시대였던 것으로 보인다) 대 자본주의의 역사를 구성한다고 말할 수 있는 기껏해야 500년—에서 생각할 것을 우리에게 요구한다. 하지만 인류세에 대한 대부분의 논의에서 지질학적 시간의 물음은 시야에서 사라지며, 인간적 세계사의 시간이 지배하게 된다. 대지-역사적 시간을 세계사의 시간으로 이렇게 일면적으로 전환하는 것은 지적 대가를 치른다. 왜냐하면 우리의 매우 인간적인 시간 감각의 규모를 능가하는 대지 역사 과정을 고려하지 않는다면, 우리는 오늘날 인간이 직면하고 있는 곤경의 깊이를 잘 보지 못하기 때문이다. 인류세를 그 선행 시기인 충적세로부터 분리하는 층서적 경계의 문제를 오로지 인간 세계사에서의 사건들과 연결하는 것은 "비록 매우 많은 양이라고 하더라도, 기본적으로는 **그저 시간**일 뿐인 지질학적 시간의 특이성에 반할 것"이라는 잘라시에비치의 인상적인 발언은 내가 인류세 논쟁에 들어가는 입구로서 기능한다.[2] 이 장은 잘라시에비치가 이러한 맥락에서 인간 중심적 사고와 행성 중심적 사고 사이에 도입하는 구별을 발전시킨다.

그러나 인류세 시대의 지질학적 측면을 들여다보는 잘라시에비치의 논증 논리를 추적하기 전에, 우리는 왜 지질학의 시간이 현재 우리의 관심을 스쳐 지나가 멀어져 가는지를 설명하는 것으로 시작할 필요가 있다.

왜 지질학적 시간은 인류세 논쟁으로부터 떨어져 나가는가

행성의 지질학적 역사에서 새로운 시기, 그러니까 지질학적 시간을 가리킴에도 불구하고, **인류세**라는 용어는 처음부터 지질학적 시간이 아니라—그것은 시간 단위가 아니다—행성에 대한 인간 영향의 정도를 측정하는 척도로 사용되었다. 존 벨라미 포스터에 따르면, 1926년 소련의 지구화학자 블라디미르 I. 베르나드스키의 선구적인 저작 《생물권(The Biosphere)》의 출간은 "그의 동료인 소련의 지질학자 알렉세이 파블로프에 의한 〔인위개변(Anthropogene)과 함께〕 인류세라는 용어의 최초 도입에 상응한다".[3] 처음부터 이 용어는 이 행성에 대한 인간 영향의 비상한 규모를 가리켰다. 포스터는 이 주제에 대해 베르나드스키를 인용한다. "인간의 지질학적 역할이라는 개념에서 계속 나아가 지질학자 A. P. 파블로프〔1854~1929〕는 …… 우리가 살아가는 인위개변적 시대를 말하곤 했다. ……그는 올바르게도 사람이 …… 강력하고 끊임없이 증가하는 지질학적 힘이 되고 있다고 강조했다."[4]

이 용어의 최근 부활은 멕시코에서 열린 대지 시스템 과학자들의 회의에서 비롯한다. 거기서 저명한 화학자 파울 크뤼천은 분노하며 다음과 같이 말했다고 한다. "충적세라는 말의 사용을 중단하십시오. 우리는 더는 충적세에 있지 않습니다. 우리는 그 …… 그 …… 그 인류세에 있습니다!"[5] 그 후 2000년에 크뤼천과 호수 생물학자 유진 F. 스토머가 인류세라는 생각을 일반적으로 채택할 것을 제안했을 때, 그들이 가장 앞서 고려한 것은 시간의 문제가 아니었다. 그들은 이 말을 행성에서의 인간 발자국의 크기를 가리키는 편리한 약칭으로 보았다. "대지와 대기에 대한 인간 활동의 〔주요한〕 그리고 여전히 증대하는 영향을 …… 지구적인 것을 포함하여 모든 규모에서 고려하여" 그들은 "지질학과 생태학에서 인류의 중심적 역할"을 기록하는 방법으로서 "현재의 지질 시대"를 위한 용어로 인류세를 추천했다.[6]

인류세라는 용어는 인간이 이제 행성을 지배하고 있어서, 인간의 집단적 영향이 거대한 행성적인 힘의 영향에 비견될 가능성에 대중이 주목할 수 있도록 했다. 고기후학자 데이비드 아처는 분명히 인류세라는 용어를 대지 과정에 미치는 인간의 영향에 대한 대략적인 측정으로 바라보았다. "과거의 지질학적 시기는 일반적으로 기후의 주요 변화나 생물학적 멸종으로 그 윤곽이 그려진다. 따라서 대지가 충적세에서 인류세로 나아갔다는 주장은 인류가 대지 진화의 강력한 힘이 되었다는 진술이다."[7] 그는 심지어 인간의 행성적인 지구물리학적 힘의 성질에 대해 정확한 평가를 제공하기도 했다.

가장 깊고 가장 심원한 기후변화는 수천 년 이상의 시간 척도에서 일어나는 것으로 보인다. 거대한 얼음판이 자라나서는 대개 수천 년의 시간대에 녹는데, 이는 지구 궤도에서의 흔들림에 대한 거대한 반응이다. 자연적 탄소 순환은 궤도에 대한 반응을 증폭시키는 양의 피드백으로서 작용했다. ……인간의 기후 강제력은 빙하기를 통제하는 궤도 기후 강제력을 압도할 잠재력을 지닌다. 인류는 빙하 주기를 추동하는 궤도 변이에 필적하는 기후에서의 힘이 되고 있다.[8]

제안이 이루어지고 10년이 지난 2011년에 인류세라는 용어를 설명하면서 윌 스테펜, 자크 그리네발드, 파울 크뤼천, 존 맥닐은 "인류세 개념은 …… 인간과 지구 환경 사이의 관계에서 이러한 양적 변화를 포착하기 위해 도입되었다. ……인류는 …… 대지 시스템의 기능에 미치는 영향에서 자연의 거대한 힘들 가운데 몇몇과 경쟁하고 있으며" "그 자체로 전 지구적인 지질학적 힘"이 되었다고 되풀이했다.[9] 새로운 지질 시대에 관해 이야기하는 것은 행성에 대한 인간 영향의 단적인 규모를 강조하는 방법이었다.

과학적이든 아니든 행성의 환경에 미치는 인간의 영향에 대한 논의는 결코 도덕적 관심과 완전히 분리될 수 없을 것이다. 인간이 도대체 그렇게 큰 영향력을 가지는 걸까? 인간이 심지어 그 자신의 존재를 위태롭게 하지 않고서 그런 영향을 미칠 여유가 있을까? 이러한 물음들 및 유사한 물음들은 앞에서 언급한 연구자들의 관심과 결코 거리가 멀지 않았다. 이것이야말로 그들이 자신들의 발견을 공표하는 시민적 역할을 떠맡은 이유이다. 그러한 도덕적 관심은 아마도 대지에 대한 인간의 영향을 정량화하려는 시도에 언제나 동반해왔다. 그것은 예를 들어 2000년에 출간된 존 R. 맥닐의 획기적인 저작 《20세기 환경의 역사(Something New Under the Sun: An Environmental History of the Twentieth-Century World)》의 짜임새를 규정하는데, 이 책은 아마도 역사가가 행성의 자원·대기·생물권에 미치는 인간의 영향을 세심하게 기록하려는 가장 주목할 만한 시도일 것이다. 이 책은 맥닐이 처음에 내리는 도덕적 판단에 의해 틀이 규정된다. "알베르트 아인슈타인은 잘 알려졌듯이 '신이 세계를 가지고 주사위 게임을 한다고 믿기'를 거부했다. 그러나 20세기에 인류는 게임의 모든 규칙을 알지 못한 채 행성을 가지고 주사위 놀이를 하기 시작했다."[10] (지금은 인위개변적 기후변화의 과학 발전에서 역사적 중요성을 지닌 것으로 생각되는) "과거 수십 년 동안 대기 중의 이산화탄소 증가"에 관한 1957년의 선구적 과학 논문의 저자들인 로저 리벨과 한스 E. 수스조차도 분명히 순수하게 과학적인 것을 넘어선 단어를 사용하지 않을 수 없었다. 그들은 말했다. "인간은 지금 과거에 일어날 수 없었고 미래에도 재산출될 수 없는 종류의 대규모 지구물리학적 실험을 하고 있다. 몇 세기 안에 우리는 수억 년 동안 퇴적암에 저장된 농축된 유기 탄소를 대기와 대양으로 되돌리고 있다."[11] 1970년대와 1980년대에 기후과학이 발전하면서 커진 경각심은 1989년 정부간 기후변화위원회(IPCC)의 설립으로 귀결되었다. 1957년에 리벨과 수스의 산문에서 여전히 인류 편에서의 거대한 '실험'이었던 것은, IPCC가 1990년대와 2000년대를 통해 다양한 평가보고서를 발표함에 따라, 인류가 직면하고 있는 '위태로운' 기후변화의 위험을 정부들에게 경고하는 메시지로 바뀌었다.

그렇다면 인류세는 그 경력의 시작부터 때로는 같은 텍스트에서 두 가지 삶, 즉 자격을 갖춘 과학자들 사이의 측정과 논쟁을 포함하는 과학적 삶과 도덕적-정치적 쟁점으로서의 좀더 대중적인 삶을 살았다. 인류세가 주로 인간적 영향의 측정으로 파악되는 한에서, 비록 행성의 역사에서 새로운 시기를 알린 영향을 인정한다 해도, 초점은 그 힘과 그것을 휘두르는 자(인류, 자본가 계급, 부유한 국가, 자본주의)에 머물렀고, 지질학적 시간의 문제는 그저 그늘에 묻혔다. 과실과 책임에 관한 도덕적 물음들이 필연적으로 이 논쟁을 지배해왔다. 이것은 만약 우리가 "자연 세계의 표상이 …… 맥락으로부터의 강제적 분리를 통해서가 아니라 존재와 당위, 즉 사물들이 어떻게 있는지와 그것들이 어떻게 있어야 하는지에 대한 우리의 감각 사이의 항상적이고 상호적으로 떠받치는 상호작용을 통해서 안정성과 설득력을 얻는다"는 실라 재서노프의 관찰을 기억한다면 아마도 놀라운 일이 아닐 것이다.[12]

'힘'을 '권력'으로 번역하기, 대지 역사에서 세계사로

인류세 논쟁의 도덕적 측면, 즉 지금까지 일어난 온난화에 대한 역사적 책임의 문제는 우리에게 대지 역사와 지질학 및 지질학적 시간과 깊이 관계된 생각을 세계/인간 역사의 언어로 번역하도록 요구한다.[13] 하지만 이것은 두 가지 중요한 변위 행위, 즉 (그에 대한 뉴턴의 이해를 따르자면) 한 물체가 다른 물체에 물리적으로 행사하는 당기는 힘, 따라서 지질학적 힘으로서의 인류를 가리키는 '힘' 범주를 권력(power)이라는 인간적-실존적 범주와 그 사회학적-제도적 상관물로 대체하여 번역하는 것과 그에 동반하여 인류세 문제를 지질학적 시간의 영역으로부터 인간 역사나 세계사의 시간으로 이동시키는 것을 수반한다.[14]

물리적 힘의 범주를 권력이라는 역사적-실존적 범주로 변위하는 것은 각각 학자들과 활동가들, 두 그룹의 글에서 볼 수 있다. 지구 환경 위기를 조성하는 범죄에 대한 책임과 과실을 부과하기를 원하는 사람들과 지구온난화 위기에서 전체 인류의 미래를 위한 윤리적 지평을 찾는 사람들이 그들이다. 때때로 우리는 같은 텍스트에서 두 경향 모두를 발견할 수 있다. 1990년대 초에 출판된 두 개의 문서, 즉 1990년에 출판된 IPCC의 첫 번째 보고서와 우리가 앞에서(예를 들어 4장에서) 만나본 두 명의 인도 환경운동가인 고 아닐 아가르왈과 수니타 나라인의 1991년 소책자 《불평등한 세계의 지구온난화》를 살펴보자. IPCC의 첫 번째 보고서는 정책 입안자들을 위한 요약문에서 다음과 같이 말했다. "인간의 활동이 증대된 온실효과를 통해 지구의 기후를 부주의하게 변화시킨다는 우려가 존재한다. ……그것은 대지 표면의 온도를 증가시킬 것이다. ……만약 이런 일이 일어난다면, 그로부터 결과하는 변화는 사회에 중대한 영향을 미칠 수 있다."[15] 아가르왈과 나라인은 '인간'이라는 말을 그렇게 포괄적으로 사용하는 것에 반대했다. 그들이 논박하는 직접적인 목표가 최초의 IPCC 보고서가 아니라 그 보고서와 같은 해(1990)에 발표된 '지구 환경'에 관한 세계자원연구소(WRI)의 보고서였지만 말이다.[16] 아가르왈과 나라인이 "환경 식민주의의 훌륭한 예"라고 묘사한 것이 이 보고서였음을 독자들은 기억할 것이다.[17]

우리가 앞에서 언급했듯이 아가르왈과 나라인에게 그것은 마치 기후변화에 관한 이야기가—프랑수아 하르톡의 표현을 빌리자면—잔인하고 불공평한 "역사성의 체제"를 창조하고 있는 것처럼 보였다.[18] 이는 제2차 세계대전 이후 미국과 소련이 영감을 준 근대화의 열린 전망이 그 미래였던, 발전의 세계사적 시대를 폐쇄하겠다고 위협하는 체제였다. 그들은 오늘날 기후변화의 위기에 대해 아시아의 미래가 어떻게 보일 것인지 알 수 없었다. 그들은 기후 이야기가 "에너지를 생산하는 능력, 특히 석탄으로부터 생산하는 능력을 제한함으로써 자신들의 발전에 심각한 제동을 걸기 위한 것"이라는 "많은 개발도상 나라들"의 "두려움"을 공유했다.[19] 이것이야말로 바로 우리가 '기후 정의'를 위한 논증을 세계사에서의 논증으로 볼 수 있었던 이유이다(이것이 기후 정의에 대한 개발도상국들의 주장을 부정하는 것은 아니다). 유럽 제국주의에 관한 특수하고 친숙한 이야기는 아가르왈과 나라인의 소책자 제목과 그 텍스트의 명시적인 제3세계주의 어휘에서 '식민주의'를 언급하는 것으로 암호화되었다. 이것은 그 문제를 곧바로 세계사의 관점에서 정립하는 것이었다.

일단 인류세라는 생각이 의제가 되자 스웨덴 학자 안드레아스 말름과 알프 호른보리 등은 지구온난화가 본성상 '인위개변적'이라는 명제에 대해 일제히 사격을 퍼부으며, 아가르왈과 나라인이 그렇게 했듯이 **인류**(anthropos)라는 말의 사용에 반대했다. 그들은 "기후변화가 '인위개변적'이라고 깨닫는 것은 실제로는 그것이 **사회발생적**(sociogenic)이라고 인식하는 것이다"라고 썼다.[20]

> 증기를 뒤따르는 에너지 기술의 연속—전기, 내연기관, 석유 복합체, 곧 자동차, 유조선, 항공기—은 모두 투자 결정을 통해, 때로는 특정 정부의 결정적인 투입으로, 그러나 드물게는 민주적인 심의를 통해 도입되었다. 새로운 라운드를 부추기는 특권은 상품 생산을 지배하는 계급에 놓여 있었던 것으로 보인다.

그들은 "2008년 현재 선진 자본주의 나라들 또는 '북(北)'이 세계 인구의

18.8퍼센트를 차지했지만, 1850년 이후 배출된 이산화탄소의 72.7〔퍼센트〕에 책임이 있었다"는 사실을 인용하며 물었다. "이러한 사실들이 새로운 지질학적 행위자로서의 **인류**라는 관점과 조화를 이룰 수 있는가?" "불균등한 분배는 근대 화석연료 기술의 **바로 그 존재**를 위한 조건이다"라는 전제에서 출발하여 그들은 "지질학자와 기상학자 그리고 그들의 동료들이 반드시 연구할 채비를 갖추지 못한" 것인 "사회사의 깊이를 탐사할 필요"를 주장했다.[21] 그러한 긴급한 과제를 위해서는 "중요하게는 **문화와 권력**의 이론화를 포함하는 사회과학의 근본적인 관심사"에 계속해서 충실해야 했다. —그리고 "포기"해서는 안 되었다.[22] 그들은 논문을 마무리하면서 다음과 같이 물었다. 그렇지 않으면 어떻게 "우리가 화석〔연료〕 경제의 해체를 상상할 수 있을까?" "기후변화에 대한 종-사고는 신비화와 정치적 마비에 이바지한다."[23]

다른 많은 사람이 그 뒤를 따랐다. 그들 가운데는 특히 사회학자 제이슨 무어가 있었는데, 그는 새로운 지질학 시대에 그가 보기에는 이를 초래한 좀더 직접적인 요인을 시사하는 이름을 부여할 것을 권고했다. 바로 자본세였다.[24] 무어는 이 말이 "추악한 체제에서 추악한 단어"이지만, "자본주의 시대는 미적으로 기분 좋은 별칭을 가질 가치가 없다"고 인정했다.[25] 나는 무어가 결정한 명칭을 지지하거나 비판하고 싶지 않다. 나의 초점은 이 명명법의 적용이 어떻게 다시 한번 '힘'—지구물리학적 힘으로서의 인간—을 세계사에 내재적인 인간적-실존적 권력 범주로 접어 들이는 행위를 수반했는지 보여주는 것이다. 여기서 무어는 이 주제에 대해 약간의 농담으로 시작한다. "〔지배적인 인류세 서사는〕 우리에게 근대 세계의 기원을 영국에서 발견해야 한다고 말한다. ……이 획기적인 변화의 동기가 되는 힘은? 두 단어로 석탄과 증기다. 석탄과 증기 배후의 추동력은? 계급이 아니다. 자본이 아니다. 제국주의가 아니다. 심지어 문화도 아니다. ……당신은 그것을 인류, 미분화된 전체로서의 인류로 추정했다." 그리고 그의 비판은 다음과 같다. "인류세는 쉬운 이야기에 이바지한다. ……왜냐하면 그것은 근대성의 **권력과 생산**의 전략적 관계에 새겨진 자연화된 불평등·소외·폭력에 도전하지 않기 때문이다. ……이러한 삭제, 이렇듯 인류를 집단적 행위자로 높이는 것은 …… **근대의 세계사**로 응집된 자본과 제국의 힘을 인정하지 않고서 집단적 작용인으로서의 인류의 메타이론을 북돋웠다."[26] 말할 필요도 없이 여기서 자본과 관련하여 무어가 사용하는 **힘**이라는 단어는 그 말의 뉴턴적 의미를 내포하지 않는다.

인류세에 대한 사려 깊은 마르크스주의적이고 역사적인 분석을 만들어냈고, 덧붙이자면 자본세라는 용어를 좋아하지 않으며 또한 인류세를 권고하는 대지 시스템 과학자들이 반드시 기후 정의나 인간 분화의 문제를 부인하지 않는다는 것을 인정하는 이언 앵거스는 인류세를 두 가지 별개 현상인 "생물물리학적" 인류세와 "사회경제학적" 인류세로 분리함으로써 똑같은 변위의 결과를 가져온다.[27] 생물물리학적 인류세, 즉 "모든 살아 있는 것들에 대해 심원한 함의를 지니는 대지의 가장 결정적인 물리적 특성에서의 질적 변화"는 중요하지만, "인류세를 적절히 이해하기 위해 우리는 그것을 사회-경제적 현상으로서", 즉 "자본주의 발전 200년의 정점", "그 사이에 충적세가 끝나고 인류세가 시작된 경제적이고 사회적인 변화"의 시기로서 "보아야만 한다".[28]

'힘'을 '권력'으로 변위-번역하는 것은 인간으로 하여금 자신의 행성 발자국의 영향을 완화하기 위해 무언가를 하도록 동기를 부여하기 위해 그들 자신의 시간 척도에 대한 인간적 감각에 호소하는 사람들에 의해서도 이루어진다. 지질학적 시간이라는 생각을 옹호하는 대지 시스템 과학자들도 "더 넓은 사회에서 지질학적 시간 척도는 종종 사회적이고 상호세대적이며 개인적인 시간 척도에서의 비행동을 위한 이유로서('기후는 언제나 변화했다', '산호초는 여러 번 멸종되었지만, 다시 나타났다' 등등) 사용된다"는 점을 인정하는 것이 전략적으로 중요함을 발견했다.[29]

인위개변적 기후변화의 과학자-전달자가 끊임없이 다양한 시간 척도들 사이에서 움직여야 한다는 감각은 예를 들어 아처의 책 《긴 해빙》에 늘 붙어다닌다. 아처의 지질학자의 눈은 인간이 적어도 다음 10만 년의 행성 기후를 이미 어떻게 변화시켰는지 알아보도록 훈련되어 있다. 그러나 그는 이 책의 바로 첫 장에서 이렇게 묻는다. "왜 단적으로 죽을 수밖에 없는 자들인 우리가 지금으로부터 10만 년 후의 기후를 변화시키는 것에 신경을 써야 하는가? ……우리 행동의 대부분을 지배하는 경제학의 규칙은 우리의 초점을 훨씬 더 짧은 시간 틀로 제한하는 경향이 있다." 그래서 아처는 독자들의 자부심과 수치감에 연결될 수 있는 시간 척도를 사용한다. 그는 독자들에게 묻는다. "예를 들어 고대 그리스인들이 몇 세기 동안 수지맞는 사업 기회를 이용하면서 이를테면 더 폭풍우가 몰아치는 세계나 해수면 상승으로 인한 농업 생산의 10퍼센트 손실과 같은 오늘날까지 지속될 수 있었을 잠재적 비용을 알고 있었다면, 어떤 느낌이 들까? 이것은 내가 기억되고 싶은 방식이 아니다."[30] 이것은 사람들을 행동으로 이끌 효과적인 수사법이 아닐 수도 있지만, 물리적 '힘'을 '권력'과 '책임'이라는 바로 그 인간적인 용어로 번역하는 것은 현재 행성적인 인간의 윤리를 탐색하는 모든 텍스트에서 작동한다고 볼 수 있을 것이다.

지질학적 시간과 역사적 시간은 모두 인간의 범주를 표현하지만, 서로 다른 종류의 정서에 물들어 있다. 물론 우리가 희망이나 절망을 말할 수 있는 것은 오직 세계사를 특징짓는 시간 감각 안에서뿐이다. 따라서 인류세 개념을 어느 정도 은유적으로 사용하는 것은 일부 대지 시스템 과학자들 자신이 추천하는 바인데, '힘'에서 '권력'으로의 그들의 빠른 전환에 주목할 수 있을 것이다. "은유로 사용되는 인류세는 새로운 규범적이고 윤리적인 사고를 촉발하는 데 도움이 될 수 있다. 인류가 지금 '지질학적 힘'이 되는 **권력**을 가지고 있다면, 그러한 권력은 신중하고 알뜰하게 사용되어야 한다는 것이 뒤따른다. ……그것은 적어도 인류세가 절망보다는 희망을 상징할 수 있도록 할 것이다."[31] 물론 이것은 인류가 하나이며, 이 '하나'가 개인적 인간이 그렇게 하듯이 자기의 능력("지구물리학적 힘인 권력")을 배려와 책임을 지니고서 사용하면서 행위할 수 있다고 가정한다. 하지만 우주생물학자 데이비드 그린스푼이 최근에 출간한 《인간의 손에 달린 대지(Earth in Human Hands)》라는 폭로성 제목의 책은 내가 힘이라는 물리적 범주와 '의식'과 '권력'이라는 사회적-실존적 범주 사이에서의 코드 전환이라고 생각하게 된 것의 또 다른 예를 우리에게 제공한다. 그는 다음과 같이 쓴다. "우리가 대지에 대한 인간의 광포한 영향의 시대에 있다는 것을 확실히 누구도 부정할 수 없다. 이러한 조야한 방식으로 정의된 인류세는 분명히 존재한다. 그렇다면 왜 그것이 틀림없이 나쁘다고 주장하는가? 당신은 무엇을 제안하는가? 모든 사람이 그들의 타락한 종에 대해 나쁘다고 느낀다는 것을 우리가 확신한다는 것?" 그린스푼은 윤리적 과제란 인류가 **의식적인** 지질학적 힘이 되는 것이라고 생각한다. "우리의 선택은 인간이 가지게 될, 인간의 영향을 받은 지구가 어떤 종류일지에 대한 것이다. 우리는 이 진실을 한탄할지도 모른다. 하지만 우리는 지질학적 변화 행위자가 되지 않기로 선택할 수 있는 선택지를 더는 지니지 않는다. ……어떻게 하는 것이 옳은가? **그것**이야말로 우리의 관심사이어야 한다."[32] 대지과학자 대니얼 슈래그는 인간이 "돌아올 수 없는 지점"에 있다고 쓴다. 그는 다음과 같이 덧붙인다. "인류세에 우리가 아는 대로의 자연의 생존은 〔인간에 의한〕 자연의 통제에 의존할 수도 있다. 이는 사회와 생물학적 다양성의 미래, 대지 시스템을 뒷받침하는 지구생물학적 회로의 미래에 대해 불확실한 입장이다."[33] 인문학자들의 기후변화 논의에서 선구적인 역할을 한 클라이브 해밀턴은 그의 책 《반항하는 대지(Defiant Earth)》에서 인류를 "의식적 힘"에 비유하면서 "새로운 인간중심주의"에 찬성하는 논의를 펼친다. "인간이 이제 자연의 거대한 힘과 경쟁하는 지질학적 시대에 생명의 많은 형식을 포함하여 행성 전체의 미래는 이제 **의식적 힘**의 결정에 달려 있다. 비록 협력하여 작용하는 그것의 기호들이 그저 배아일 뿐(이고, 여전히 태어날 수 있을 뿐)이라고 하더라도 말이다. 이 잔혹한 사실 앞에서 …… 인간의 독특함과 권력을 부정하는 것은 비뚤어진 태도가 된다."[34]

만약 우리가 세계사 학자들 가운데서 인간이 행성에 대한 자기의 물리적 영향에 대해 집단적 책임을 떠맡는 인류를 위한 세계사적 미래라는 비전의 수호성인을 지명해야 한다면, 그것은 윌리엄 H. 맥닐일 것이다. 1994년 웨슬리언 대학에서 열린 세계사 회의에서 맥닐은 세계사 학자들에게 세계사적 역할을 제안하기도 했다. "통찰력 있고 정확한 세계사를 구축함으로써 역사가들은 인류 전체와 그 모든 다양한 부분을 위해 견딜 만한 미래를 촉진하는 데서 겸손하지만 유용한 역할을 할 수 있다. ……인간의 과거 전체에 대한 명확하고 생생한 감각은 우리가 모두 공유하는 것을 분명히 함으로써 미래의 갈등을 완화하는 데 도움이 될 수 있기 때문이다."[35] 이것은 맥닐이 몇 년 후 2002년 논문에서 주장했듯이 과학자들과 세계사 학자들 사이의 지적인 협력을 요구했다. "역사가들이 …… 그들 자신의 전문적 사유와 글쓰기를 사물의 본성에 대한 수정된 과학적 버전과 연결하기 시작할 때이다."[36] 인류의 전체 역사는 종의 역사였다. "우리는 …… 우리의 선행자들과 하나이며, 우리가 통제하지 못하고 그저 희미하게만 이해할 수 있는 과정, 그럼에도 불구하고 우리를 만들고 …… 가장 교란적이며 …… 우리가 그 안에 존재하는 평형 …… 의 다면적 수준을 전복하는 데서 터무니없이 강력한 요인인 그런 과정에 잠겨 있다. ……우리가 어떻게 지금 있는 곳에 도달했는지에 대한 통찰력 있는 역사는 인간의 생존 기회를 개선할 수도 있을 것이다."[37] 1년 후인 2003년에 그는 다음과 같이 썼다. "우리 종 전체가 다른 생명 형식들에 대한 유례없는 위협이 되었다. 장기적 재앙이 앞으로 다가올지도 모른다. 하지만 지금까지는 좋다. 인류의 가장 위대한 시대는 여전히 앞에 놓여 있을 수 있다. 또는 아마도 우리가 대지 위에서 이룬 대단한 경력의 여러 가지 재앙적 종료 가운데 무언가를 향해 황급히 달려가고 있을지도 모른다."[38]

지구 환경 위기를 해결하기 위한 인간의 능력으로 나아가는 전회는 또한 이 행성 위에서의 다양한 기후 체제를 관통하는 존 L. 브룩의 권위 있는 인류 역사 탐구의 끝을 특징짓는다. 브룩은 다음과 같이 쓴다. "최종적 분석에서"

> 우리의 현재 상황은 대지 시스템에 대한 인류의 관계에서 나온 한 위기로서, 또한 동시에 인간 과거의 어떤 큰 파열과 함께 세계적 경제 체제의 장기적 변형에서의 한 순간으로 파악될 필요가 있다. ……필요한 것, 모든 실용주의

자가 그것을 위해 일하고 있는 것, 비관주의자들이 그에 대해 절망하는 것, 그리고 부인하는 자들이 거부하는 것은 …… 지구적 해결책이다. **우리는 지금 우리에게 닥친 대지 시스템 위기를 다룰 수 있는 집단적 능력에서 그 해결책을 쥐고 있다.** 그 능력은 정보에 근거한 정치적 의지로 동원되어야만 한다.[39]

다시 한번 대지 역사 척도에서의 문제에 대한 해결책이 정치와 세계사의 인간적 시간 척도에서 모색된다. 나는 여기서 그 결과로 나타나는 변위에 대해 좀더 말해야 할 것이다.

세계사의 시간

세계사의 시간은 궁극적으로 라인하르트 코젤렉이 인간 역사의 시간으로 확인한 바와 같은 것이다. 인간적-역사적 시간이라는 직물은 코젤렉이 제시하여 유명해졌듯이 코젤렉에게서 역사 그 자체를 위한 "인간학적 조건"을 구성하는 두 가지 기본 범주, 즉 "경험의 공간"과 "기대의 지평"이라는 날실과 씨실로 구성되어 있다.[40] 코젤렉은 오랜 세월 동안 많은 사상가가 인간의 역사적 시간 감각에 대해 생각한 것을 강력하게 표현했다. 예를 들어 아우구스티누스를 떠올려보라. "지나간 것들의 현재는 기억이다. 현재하는 것들의 현재는 직접적 지각이다. 그리고 다가올 것들의 현재는 기대이다."[41]

인간적-역사적 시간도 지질학의 시간도 둘 다 인간이 형성한 것으로 감응이 없지 않다. 그러나 그것들은 앞에서 언급했듯이 매우 다른 유형의 감응을 떠맡는다. 물론 세계사의 순전한 연대기가 과연 우리가 그 안에 쏟아넣는 사건들에 무관심한 공허한 시간의 자루처럼 작용하는 것으로 여겨져야 하는지 아닌지에 관한 논증들이 있었다. 일부 학자들은 도덕적인 이유에서 이러한 생각을 권고해왔다.

> 공허한 시간은 주어진 데이터에 추상적 질서를 가져오는 수학적 방법 이상의 것을 함축하는 의미에서 받아들여져야 한다. 시간은 삶의 잠재적 유대로서, 역사는 삶, 실재적 삶의 공통된 개념을 지니는 하나의 정원으로서 받아들여져야 한다. 이것은 역사적 서사를 위한, 역사를 보편적 실재로서 함께 유지하기 위한 공통된 근거를 제공하는 유일한 방법이다. 우리는 온갖 종류의 역사적 개념과 역사적 시간성을 만들어낼 수 있다. 하지만 우리는 역사들이 서로 접촉을 유지하면서 발생할 수 있는 열린 장으로서의 공허한 시간 개념을 견지해야 할 필요성을 벗어나지 못한다.[42]

이 요점에 대해 코젤렉이 선취한 반박도 상기할 가치가 있다. 그는 언제나 "사회적이고 정치적인 행동 단위, 특정하게 행동하고 고통을 겪는 인간 그리고 자신의 제도와 조직에 얽매여" 있는 역사적 시간을 구축하는 데서 사람들은 아마도 "자연에 대한 수학적-물리학적 이해에서 유래하는 시간의 측정……, 삶이나 제도의 기간이나 길이, 정치적이거나 군사적인 일련의 사건의 결절점이나 전환점 …… 〔등등〕"을 필요로 한다고 인정한다. 그러나 그러한 수학적-물리학적 시간 이해는 인간 역사를 위한 근거로 작용할 수 없다. "결과하는 상호관계에 대한 해석은 이미 자연적이거나 천문학적으로 처리된 시간의 규정들 너머로 이어진다. 이루어진 결정에 대한 정치적 제약들 …… 그리고 그것들의 상호작용이나 의존에서 〔다른 고려 사항들은〕 마침내 우리에게 자연적으로 인과지어져 있다 하더라도 특별히 역사적인 것으로 규정되어야 하는 사회적이고 정치적인 시간 규정들을 채택하도록 강요한다."[43]

코젤렉은 경험이란 "현재하는 과거"이며, 과거의 "합리적 가공"뿐만 아니라 "인식에 현전할 필요가 없는 무의식적인 행동 양식"을 포함할 수 있다고 설명한다. 기대는 "드러내져야 할 것"으로 향한 "현재로 만들어진 미래"이다.[44] 이 둘은 상호 침투할 수 있으며—"오직 기대하지 않은 것만이 놀라게 할 수 있는 힘을 지니며, 이 놀라움은 새로운 경험을 수반한다"—, 코젤렉은 근대적인 것의 시간, 즉 신시대·근대(Neuzeit)에 어떻게 "경험과 기대의 차이가 점점 더 확대되는지", "간절한 기대"가 또한 "자기를 이전의 모든 경험에서 제거하는지"를 설명하는 데 많은 지면을 들인다.[45] 그는 "간단히 말해서 그것은 끊임없이 변화하는 패턴에서 새로운 해결을 가져오고 이를 통해 역사적 시간을 만들어내는, 경험과 기대 사이의 긴장이다"라고 요약했다.[46] 이것은 역사적 시간이 일정한 종류의 인간적 감응에서 분리될 수 없음을 의미한다. 미래의 전망, 희망과 불안을 불러내는 것, 사람들로 하여금 경계하거나 계획하도록 하는 것", 그 모든 것이 역사적 시간을 만드는 데 들어간다.[47] 이것이야말로 '세계사'로서의 기후변화인 것, 희망과 절망의 감정을 포함한 다양한 인간의 감정이 펼쳐지는 무대이다. 우리는 실제로 2015년의 파리 기후 협약을 세계사의 그러한 격렬하고 열광적인 한 조각으로 볼 수 있을 것이다.[48]

이와 대조적으로 우리는 보통 지질학의 시간과 관련되는 인간의 감응은 매우 다르다고 말할 수 있다. 물론 몇 가지 지질학적 시기들, 인물들, 사건들, 예를 들어 공룡의 쥐라기 시대나 1815년 인도네시아 탐보라 화산의 폭발과 같은 것들은 문화적으로 처리된 현상들로서 인간의 시간에 들어왔다.[49] 그러나 대부분의 지질학적 사건들은 그러한 정서적 처리를 겪지 않는다. 우리는—그 사건이 없었다면 인간 생명을 생각할 수 없음에도 불구하고—25억 년 전의 거대한 산소화 사건에 대해서나 4억 4000만 년 이상 전에 일어난 오르도비스기-실루리아기 대멸종 사건에 대해 분명한 감정을 지니지 않는다.

지질학적 시간 생각하기

그렇다면 '단순한' 지질학적 시간—수백만 년의 탄소 순환을 지니는 대지 시스템의 역사가 적절하게 그에 속하는 시간—의 문제는 지구물리학적 힘을 휘두르는 인간의 사상과 인류세라는 새로운 지질학적 시대를 끊임없이 인간의 힘과 책임의 정서적인 과거·현재·미래 속으로 다시 배치하는 이러한 이해의 정경에서 어떻게 분출하는가?

인류세에 관한 최근의 이야기는 지질학자들의 작업과 인간의 역사나 다른 종류 역사의 큰 주제들 사이의 통상적 관계를 뒤집었다.[50] 잘라시에비치는 "지질학자들은 역사에 대해 그리 생각하지 않는 경향이 있다"고 쓴다. 왜냐하면 그들이 결국 한데 모으고자 하는 이야기는 이 행성의 지질학뿐만 아니라 또한 "은하의 다른 별들"을 도는 "수십억 개가 넘는" 행성과 달들의 지질학에 관계되기 때문이다. 우리가 아직 볼 수 없는 "알려진 우주 내의 천억 개 정도의 다른 은하에 존재할 행성체들"은 말할 것도 없다. 그렇다면 지질학자는 "특정하고 낯설며 새로운 사건"을 어떻게 "예를 들어 우리 인간이 초래한 특별한 일련의 과정과 같은" 큰 이야기에 집어넣을 수 있을까? 현재 활동하고 있는 지질학자는 인류세라는 새롭게 제안된 지질학적 시대에 대해 어디서부터 생각하기 시작할까?

잘라시에비치는 지질학자에게 보통의 출발점은 대개 큰 이야기 그 자체가 아니라 "단편들", 즉 "지질학자라는 말을 극단적으로 느슨하게 사용하자면, 어떤 뛰어난 지질학자의 시선을 끈 더 커다란 전체의 작은 파편들"이라고 쓴다. 일단 "처음에는 당혹스러울 정도로 혼돈되게 보였던 것"에서 알아볼 수 있는 패턴들을 발생시키기에 충분한 세부적인 것이 "함께 수집"되면 더 커다란 종합이 "전형적으로 드러난다".[51] 그는 약 3억 5900만 년 전부터 2억 9900만 년 전까지 지속되고 석탄이 풍부한 암석층을 만들어낸 석탄기의 예를 든다. 여러 세대의 지질학자들은 실천적인 "지금 여기의" 목적을 위해 극단적으로 상세하게 이 암석들을 지도화했다. "그러한 석탄을 함유하는 암석이 전적으로 그 밖의 어떤 것, 즉 양서류와 거대한 잠자리가 있고 꽃이나 새 또는 포유동물이 없는 태고 습지 숲 세계의 기억"이라고 하는 더 큰 이야기는 현역 지질학자들의 주된 관심사는 거의 아니었다. "지금 약 6000만 년의 긴 시간 구획으로 분리된" 그 먼 과거의 빅 히스토리, 즉 석탄기 이야기는 이러한 암석들로부터 "상상 속에서 재구성될 수 있지만, 결코 다시는 만지거나 보거나 경험할 수 없다".[52]

하지만 인류세라는 이름과 그 개념을 인간이 행성의 지구생물학에 끼친 영향의 척도—와 비판—로 생각하는 한, 우리는 세계사의 도덕적 견인을 피할 수 없다. 왜냐하면 제국, 식민지, 제도, 계급, 국가, 특수 이익 로비 단체의 문제들, 즉 한마디로 유럽 제국과 자본주의가 창조한 세계 체제는 그 경우 우리의 관심에서 결코 멀지 않기 때문이다. 이것은 분명히 인류세가 아마도 인간과학에서의 많은 학자를—격분시킨

것은 아니라 할지라도—비판적으로 끌어들인 한 지질학 시대를 지칭하고자 유일하게 제안된 이름인 이유이다. 예를 들어 고고학자이자 인류학자인 캐슬린 D. 모리슨은 당면한 과제가 그 개념의 "숨겨진 유럽 중심주의"를 폭로하기 위해 "인류세를 지방화하기"라고 제안했다. 그것은 그녀가 판단하기에 "(어느 정도 균질화된) 유럽의 역사적 경험과 이야기 틀 및 연대기를 세계의 나머지로 확장하려는 노력"을 표현했다. 그녀에게 문제는 계속해서 "인류세 시대에 대한 제안 대부분이 중요한 환경적 영향은 (유럽과 특히 영국의) 산업혁명에서만 시작되었다고 가정함으로써 어느 정도 제한된 역사적 관점을 채택한다"는 것이다. 따라서 "인류세를 지방화하는 것은 우리가 더는 유럽의 농경이나 산업의 역사를 출발점으로 취하지 않는다는 것을" 의미했다.[53] 대신에 모리슨은 다른 가능한 시작을 지적했다. 예를 들어 "인간의 대규모 불지르기"는 아주 오랫동안 "식물의 생장 체제를 재형성했으며", 또는 농경은 "우리 종이 식물뿐만 아니라 토양, 경사지, 수문학, 질병 환경, 야생 식물과 동물의 분포를 재형성하고 인구의 새로운 구성을 가능하게 한 또 다른 주요 수단"이었다.[54] 우리는 행성에 대한 인간의 영향력을 시사하는 불의 통제와 관리를 포함하여 대형 동물상 멸종과 쌀 생산 및 다른 큰 사건들을 이 목록에 추가할 수 있을 것이다.

2015년에 발표된 중요한 논문에서 두 명의 영국 지리학자인 사이먼 L. 루이스와 마크 A. 매슬린은 "인류세 시대의 공식적 확립은 인간과 대지 시스템 사이의 관계에 근본적인 변화를 나타낼 것"이라는 전제에서 출발하여 인류세가 시작되었을 수 있는 두 가지 가능한 시기, 1610년과 1964년을 제안했다. 그들은 지질학적 시간 단위를 정의하기 위해서는 "공식적 기준이 충족되어야만 한다"는 데 동의했다. 하지만 그들에게도 인류세의 시작 시기를 정하는 것은 여전히 필연적으로 도덕적-정치적인 실행이었다. “이른 시작 시기로 정의하는 것은 정치적 용어로 지구적 환경 변화를 ‘정상화’할 수 있다. 다른 한편 산업혁명과 관련된 나중의 시작 시기에 동의하는 것은 예를 들어 산업 시대 동안 특정 국가나 지역에 이산화탄소 배출에 대한 역사적 책임을 부여하는 데 사용될 수 있다.” 그들은 그에 더하여 “인류세의 공식적 정의는 과학자들을 어느 정도까지 인간-환경 관계의 조정자로 만드는데, 이것은 그 자체가 지질학을 넘어선 결과를 지니는 행위이다. 따라서 인류세에 대해서는 다른 시대 정의에 대해서보다 더 많은 관심이 존재한다”.[55]

결국 루이스와 매슬린은 인류세의 시기를 정하는 기준점으로 1964년보다 1610년을 선호했다. 그들은 자신들의 선택에 대해 증거에 토대한 추론을 제공했다. 유럽인의 도착에 뒤따른 아메리카 대륙 인구의 대규모 감소(“1492년 6400만에서 질병에의 노출 …… 전쟁, 노예화, 기근을 통해 600만으로)와 일치하는 대기 중 이산화탄소의 감소(1570년과 1620년 사이에 7~10 ppm).[56] 그러나 그들은 또한 자신들의 선택을 정당화하기 위해 세계사적 논증을 동원했다.

> 1610년 또는 〔핵폭탄 폭발로부터 ‘방사능의 뚜렷한 정점’을 보여주는〕 1964년의 선택은 아마도 환경에 대한 인간 행동의 지각에 영향을 미칠 것이다. 〔1610년은〕 식민주의와 전 지구적 무역 그리고 석탄이 인류세를 가져왔다는 것을 함의한다. 대체로 이것은 사회적 관심, 특히 서로 다른 인간 집단들 사이의 **불평등한 권력관계**, 경제성장, 지구화된 무역의 영향 그리고 화석연료에 대한 우리의 현재 의존을 강조한다. ……폭탄 폭발을 선택하는 것은 행성 범위의 파괴를 위협하는 **엘리트 주도 기술 발전** 이야기를 뜻한다.[57]

그들은 인류세를 대지 역사와 세계사를 하나로 묶는 어떤 것으로 바라보았다. "대지 생물상의 지질학적으로 전례 없는 균질화를 포함하여 구세계와 신세계 주민들의 만남이 초래한 영향은 인류세의 시작을 나타내는 데 이바지할 수 있다. ……그것은 〔마찬가지로〕 세계사에서의 주요한 사건을 표현한다."[58]

루이스와 매슬린의 관점은 강력하게 비판받기도 하고 옹호되기도 했다.[59] 그러나 인류세는 행성에 대한 인간 영향의 척도로 파악되는 한에서 복수(複數)의 시작을 지닐 수 있을 뿐이며, 지질학의 공식적 범주라기보다는 인간의 제도와 도덕에 관한 다수의 이야기를 담지할 수 있는 비공식적 범주로 남아야만 한다. 그 쟁점은 정치적이고 도덕적인 관심과 분리될 수 없다. 그렇다면 예를 들어 층서학자들이 충적세 시대의 문턱을 넘어섰다고 주장할 수 있는 충분한 증거가 행성의 지층에 있는가와 같은 층서학적으로 중요한 물음들은 깊고 얕으며 크고 작은 다양한 인류 역사에 의해 기록된다. 내가 시작으로 삼은 잘라시에비치의 논문은 바로 이 이유로 인해 이 논쟁에서 관심의 대상이 된다. 그것은 아마도 인류세에 대한 10년에 걸친 논쟁에서 처음으로 그가 '단순하게' 지질학의 시간이라고 부르는 것을 볼 수 있기 위해 세계사적 시간의 거미집(또는 나라면 인간 망이라고 말할 것이다)을 제거한다.

잘라시에비치는 주목할 만한 몇 가지 중요한 움직임을 보인다. 그는 "인류세가 단지 15년 전에 멕시코에서 열린 회의에서 파울 크뤼천의 영감을 받은 즉석 작품으로―적어도 실천적인 의미에서―탄생했을" 때, 통상적 절차가 거꾸로 뒤집혔다는 것을 인정한다.[60] 그 아이디어는 "실시간으로 행성적 변화를 감시하는 대지 시스템 공동체"에서 나왔다. 그러나 그들이 반드시 층서학자들은 아니었다. 제4기 연구에 관한 분과위원회의 인류세 전문위원회, 즉 "국제층서위원회의 한 구성기구(지질학적 시간 척도를 감독하는 의사결정기구)"가 설립되었을 때, 이 그룹의 "제1과제"는 "실제로 대지에 **물체로서** 체계적으로 인식되고 인류세 시대에 할당될 수 있는 지층 단위가 존재하는지 알아보는 것"이었다. 지질학자의 용어로 그러한 "'시간' 단위와 평행한 물질적인 시간-암석 단위는 인류세 시리즈라고 불릴 것이다".[61] 이 특별한 논문과 다른 곳에서 잘라시에비치와 그의 동료들은 그러한 시간-암석 단위가 (기술-화석을 포함하여) 어떤 물질로 만들어질 수 있을 것인지 설명하는 데 큰 노력을 기울였다.[62]

인류세에 적합한 층서학적 기록을 찾는 이 탐구는 행성이 충적세 시대의 문턱을 벗어났다는 명제를 뒷받침하기에 충분한 증거가 암석권과 행성의 표면에 있다고 주장할 수 있느냐의 문제에 초점을 맞추고 있다. 층서학자들에게 결정적 물음은 인간의 관점에서 "새로운 경계가 얼마나 지구적으로 중요한가"나 "대지 시스템에서 어떤 주요한 새로운 요인이 미치는 영향의 최초 징후는 언제였는가", 즉 이해할 만하게도 인류세 관념의 도덕적 측면을 둘러싸고 논쟁한 많은 사람의 관심사였던 물음이 아니다. 잘라시에비치는 다음과 같이 표현한다. "층서학적 인류세의 정의 측면에서 〔쟁점인 것은〕 …… 〔우리가〕 인간의 영향을 인식하는 정도로의 변화가 아니라 대지 시스템으로의 변화이다." 층서학적 증거를 가지고서 "행성 시스템이 **인식할 수 있을 정도로** 변화하고 있다"는 것을 보여줄 수 있는 것은 중요하다. 인류세에 대한 공식적 명제를 만드는 과제가 반드시 층서학자가 그 이야기의 범인 찾기에 관심을 지닐 것을 요구하는 것은 아니다. 문제가 되는 것은 암석권에 미치는 영향 자체이다. 그 영향의 장본인은 중요하지 않다. 인류세라는 명칭은 층서학자에게 어떤 특별한 문자적이거나 인간적인 의미를 지니지 않는다. 왜냐하면 "현재 주로 교란하는 힘이 인간종의 활동이라는 것은 단적으로 우연일 뿐이기 때문이다". 잘라시에비치는 다음과 같이 쓴다. "인류세는 그것이" 인간의 행위와는 "다른 어떤 원인을 지닌다고 하더라도, 행성적인 (따라서 지층적인) 효과의 규모 때문에, 단적으로 지질학적 중요성을 지닐 것이다". 그는 "그 경우 실제로 그 개념은 인간이 파악하고 반응하기가 오히려 더 쉬울 것이다"라고 말한다.[63] 우리가 새로운 지질학적 시대를 반드시 공식화할 수 있다면 이러한 층서학적 관점에서 인류세는, 잘라시에비치의 표현대로 하자면, "인간 중심이라기보다는 행성 중심의 현상으로 보인다".[64]

잘라시에비치가 인간 역사의 시간과 구별되는 지질학적 시간에 관한 자신의 요점을 증류해낼 수 있게 하는 것은 그가 말하는 "층서학적 인류세"에 대한 그의 관심이다. 그는 "〔새 시대의〕 경계에 관한 문제는 특히 5만 년 전 지상의 대형 동물군 멸종의 시작으로부터 …… 약 1만 년 전에 시작되는 농경의 발전과 확산을 거쳐 얼마 뒤 도시화의 기원과 확산에까지 이르는, 대지에 대한 인간의 커다란 영향의 지속적이고 진보적인 본성에 관한 상당히 많은 논평을 불러일으켰다"고 쓴다. 그 결과로 생겨나는 고대권이라 불리는 "시대-초월적 인간-변경 표면층"은 때때로 인류세의 "가장 눈에 띄는 반영"으로 여겨져왔다. 그러나 잘라시에비치는 "이것은 지역적 인구의 문화적 상태〔우리는 권력관계를 추가할 수 있다〕를 반영하는 서로 다른 지역에서의 전혀 다른 시대들인 '구석기 시대', '청동기 시대' 등등과 같은 **고고학적 시대 용어들**의 평행물이다"라고 논평한다. 우리는 인류세에 대한 행성 중심적이기보다는 인간 중심적 정의의 이러한 목록에 '자본세'를 추가할 수 있을 것이다. 그리고 잘라시에비치의 말에 따르면 그것들은 모두 "비록 매우 많은 양이라고 하더라도, 기본적으로는 **그저 시간**일 뿐인 지질학적 시간의 특이성에 반할 것이다. (지질 연대학적이든 시대 층서학적이든) 시대 경계는 (수백만 년의 길이일 수 있는) 하나의 시대 간격과 다른 시대 간격 사이에 전혀 지속을 지니지 않는 시간에서의—한순간보다 적은—접촉면일 뿐이다. 그 시대 경계는 본질적으로 그것이 가로질러 작동하는 영역, 즉 고향 행성의 영역 안에서 동시적이다".[65]

인간 중심 사고방식과 행성 중심 사고방식

잘라시에비치가 인간 중심 사고방식과 행성 중심 사고방식을 구별한 것에 잠시 머물러보자. 빙하기-간빙기 순환을 제어하는 밀란코비치 효과에 필적하는 지질학적 힘을 구성하는 인간에 관한 테제의 여러 양상은 실제로 어떤 정치적-정서적 우려에 대해, 따라서 정치나 정책의 형성에 대해 너무 큰 시간적 규모에 관한 생각을 수반한다. 대지 과정 일부는 인간의 관점에서는 극단적으로 느리다. 데이비드 아처가 말하듯이, 행성의 백만 년 탄소 순환은 "인간의 시간 척도에서의 기후변화에 대한 정치적 고려와는 무관하다". 그러나 "결국 지구온난화 기후 사건은 이러한 느린 과정이 작용하도록 하는 한 오래 지속될 것이다".[66] 토양, 화석연료, 생물 다양성은 인간의 시간 척도에서는 재생될 수 없다. 찰스 H. 랭뮤어와 월리 브뢰커는 그들의 책 《거주 적합한 행성을 건설하는 법(How to Build a Habitable Planet)》에서 "생물 다양성은 수백만 년의 시간 척도에서만 회복된다"는 것을 보여준다.[67] 이것들은 모두 인간의 활동에 영향을 받은 사건이나 과정들이지만, 세계사의 시간 척도에서가 아니라 시간의 지질학적 척도에 따라 작용한다.

지질학적 시간은 절대적인 수학적 시간과 동일하지 않다. 지질학자에게는 물질적 측면이 남아 있다. 왜냐하면 지질학적 대상이 없는 지질학적 시간은 없기 때문이다. 결국 우리 논의의 목적을 위해 이러한 시간은 행성의 지층들 안에 쓰여 있다. "그리고 실제로 '지질학적〔층서학적〕 인류세'에 대한 논증의 핵심을 형성하는 것은 방사성핵종, 플라이애시, 미세플라스틱, 슈퍼마켓 닭 뼈 등을 지니는 이 지층들이다"라고 잘라시에비치는 쓴다.[68]

그러나 아무리 우리가 지질학적 시간에 대해 생각한다고 할지라도—그리고 오랜 세월에 걸쳐 그리스도교 신학(자연의 책으로서의 지질학), 천문학, 물리학, 진화생물학 그리고 다른 사상 분야들이 그 역사에 공헌해왔다—그것은 부분적으로 언제나 인간 역사의 시간성 감각이나 척도와는 대립하는 것으로 (지질학 오래전에) 여겨져온 시간의 한 종류에 속한다.[69] 성 아우구스티누스는 이런 종류의 시간을 "우리가 이름을 부여할 수 없는" 숫자로 표현된 것으로 보았다. 뷔퐁은 그것을 "우리 지성의 제한된 힘에 부합하지" 않는 시간으로 생각했다. 다윈은 그 "광대함"을 "이해할 수 없는" 것으로 묘사했다. 19세기 초의 자칭 지질학자들은 그것을, 그들의 위대한 역사가들 가운데 한 사람의 말로 하자면, "어떠한 양적 형상도 그것에 부착시킬 수 없다"고 할지라도 "문자 그대로 인간의 상상력을 넘어서는" 어떤 것으로 받아들이게 되었다.[70] 물론 이 모든 묘사는 그 자체로서 인간의 감응이 베어낸 "공허한 시간"에 대해 이야기하지 않는다. 아우구스티누스와 뷔퐁 그리고 다윈은 모두 이 시간을 인간적이라는 것과의 관계에서만 이야기하고, 따라서 그것을 역사성의 시간에 대한 한계를 나타내는 것으로, 인간 역사의 "의미 만들기"—

기대의 지평과 경험의 지평 사이의 긴장—가 작용하기를 그치는 개념적-시간적 장소로 특징짓는다.[71]

세계사의 이야기는 이제 (우리의 생각에서) 행성이나—우리가 지금 그에 대해 생각하듯이—대지 시스템의 훨씬 더 장기적인 지질학적 역사와 충돌했다.[72] 행성의 역사에 의지하는 대지 시스템 과학은 1960년대에 제임스 러브록이 제출한 가이아 가설의 나중에 실행 가능한 변이를 나타낸다. 우리가 이 행성을 모종의 시스템, 즉 장기적으로 생명을 뒷받침하는 서로 맞물린 과정과 피드백 루프를 움직이는 외부 에너지원(태양)에 의해 유지되는 "안정된 상태 불균형" 시스템으로 볼 수 없었다면, 행성 기후변화에 대한 과학이나 그 문제에 대한 과학적 정식화도 없었을 것이다.[73] 랭뮤어와 브뢰커의 《거주 적합한 행성을 건설하는 법》의 출판 역사는 한 학문 분야로서 대지 시스템 과학의 무언가 젊음을 담아낸다. 브뢰커는 이 책을 1984년에 같은 제목으로, 단독 저자로서 출판했다. 하지만 당시는 랭뮤어와 브뢰커가 제2판에서 지적하듯이 "암흑 에너지와 암흑 물질이 아직 발견되지 않았고, 해령이 거의 지도화되지 않았으며, 해저의 열수 분출구가 거의 알려지지 않았고, 남극의 얼음 코어가 뚫리지 않았으며, '눈덩이 지구' 가설이 완전히 정식화되지 않았고, 지구온난화는 아직 긴급한 주제가 아니었으며, 태양계 밖의 행성은 발견되지 않은" 때였다. 우리는 라투르적 기질에서 과학자들이 '대지 시스템'을 연구 대상으로 생각하는 데는 이 모든 기술과 발견이 필요했다고 말할 수 있을 것이다. 그 책의 2012년 개정판에서 저자들은 "우리 행성의 역사와 이해에 대한 '체계' 접근"을 취하는 것에 더하여 "생명의 논의 …… 대지 역사, 산소의 증가 …… 화산활동과 거주 적합성에서의 견고한 대지의 역할"도 포함시켰다. 그들은 서문에서

"이 책에서 우리가 뚫고 지나가기를 바라는 주제가 하나 있다면, 그것은 인간이 그 산물이자 통합적 부분인 연결된 우주에 대한 것이다"라고 썼다.[74]

대지 시스템 과학은 행성의 기후변화에 관한 생각과 인류세를 이해하는 데 중심적이지만, 우리가 3장에서 보았듯이 과학적 지식의 이러한 학제 간 분과를 추동하는 핵심 물음은 그 모두가 천문학적인 시간 척도는 아니더라도 지질학적으로 고려되는 대지 위에서의 생명의 역사와 그것을 뒷받침하는 대지 시스템 과정에 관한 것이다. 무엇이 행성을 인간의 생명뿐만 아니라 복잡한 생명 일반을 위해 거주 적합하게 만드는가? 인간은 행성의 진화에서 필연적인 자리를 지니는가? 우리와 같은 다른 존재들이 저기 어딘가에 존재하는가?[75] 우리가 3장에서 이미 만나본 랭뮤어와 브로커의 말을 떠올리자면, "결정적으로 알지 못하는 것은 기술 문명이 존재하는 행성의 수명 기간이다. 그러한 문명은 수백 년 안에 자멸하는 것일까 아니면 수백만 년 동안 지속하는 것일까? 그러한 문명이 지속하기 위해서는, 그 종은 …… 행성 자원을 파괴하기보다는 행성의 거주 적합성을 유지해야만 한다".[76]

우주생물학에 아주 중심적이고 지속가능성이라는 인간 중심적 관념과는 너무나도 다른 거주 적합성 문제는 인간이 다른 행성에 존재한다는 어떤 가정도 반드시 수반하지 않는다. 어딘가 다른 곳에서의 기술 문명을 상상하는 데서 우주생물학자들이 가정할 필요가 있는 것은 다만 그들이 SWEIT, 즉 '에너지 집약적 기술을 지닌 종(Species with Energy-Intensive Technology)'이라고 부르는 것의 존재이다.[77] 우주생물학은 대지와 다른 행성들을 우주에서의 상상적 부동점에서 바라본다. "기술 문명이 지속하려면 그것들은 자연적 체계로서의 행성에 대응할 필요가 있을 것이다."[78] SWEIT가 어떻게 행동하느냐에 따라 행성은 "'거주 적합한 행성'인 데서 '거주하고 있는 행성', 즉 행성과 그 모든 생명의 이익을 위해 지구적 규모에서 지성과 의식을 담지하는 행성으로" 갈 수 있을 것이다. 그러나 "유산하고 실패하는 변이"가 있을 수도 있으며, 행성은 생명 진화의 초기 단계로 퇴행하고 감소한 생물 다양성을 겪거나 사실상 죽은 상태로 될 수도 있을 것이다.[79]

내가 논의해온 잘라시에비치의 논문은 외부에서 마치 일련의 연속 촬영 사진을 통해 바라본 것 같은 행성에 대해 비슷한 견해를 보여준다. 25억 년 전의 거대 산소화 사건 이후 "세계는 일련의 산화물과 수산화물이 나타남에 따라 화학적으로 환원되는 세계의 회색과 녹색에서 붉은색·오렌지색·갈색에 이르기까지 색깔을 변화시켰다".[80] 그와 마찬가지로 기술적 지성을 내부화한 '거주하는 행성'에 대한 랭뮤어와 브뢰커의 비전은 대지 위에 기술권이 있다는, 즉 지질학자 피터 해프가 분석적으로 암석권과 대기권 또는 생물권과 구별될 수 있다고 생각하는 층이 존재한다고 한 명제나 우리가 지구 외부의 관점을 채택하기 위해 해야 하는 연구에 가깝다. "인간은 기술의 매트릭스 안에 갇혔으며, 이제 그에 수반하는, 즉 거기서 벗어나는 동시에 살아남을 수는 없는 역학에 사로잡혀 있다. ……기술은 다음 생물학이다."[81]

그러한 역사의 시간은 대지 시스템 과학의 시간으로, 우리의 인지적이고 정서적인 능력에 이용될 수 있긴 하지만, 인간 역사의 관심과 관련해서는 광범위하고 이해할 수 없는 시간이다. 오래된 알튀세르적 용어로 대지 시스템의 역사는 단적으로 '주체 없는 과정'이다. 브뤼노 라투르의 어휘에서 이것은 분산되고 네트워크화된 많은 행위자의 서술인바, 그들 가운데 누구도 인간주의 역사가들이 **행위**(agency)라는 말에 채워넣는 내적 자율성의 감각을 가지고 행위하지 않는다. 하지만 인류세에 관한 사회과학 논쟁에서 지질학적 시간은 인간적인 세계사의 시간에 의해 다시 쓰이게 되고, 인간은 인간과학의 학자들 글뿐만 아니라 종종 대지과학자들 자신의 글에서도 인류세 드라마의 주체로서 등장한다. 왜 그런 일이 벌어지는지는 명확하다. 왜냐하면 대지 시스템 역사의 과학은 인간으로 대표되는 종 및 생명 형식들과 그들에게 의존하거나 공진화하는 생명체들 그리고 그들의 기술의 복합체가 생물권에 미친 해로운 영향을 생산하고 지도화하며 측정한 것과 동일한 기술에 의해 가능해졌기 때문이다. 이러한 종-기술 복합체는 다른 많은 종을 희생시키면서 번영했고, 이제 대지 시스템을 완전히 다른 단계로 밀어넣으려 하고 있다.

랭뮤어와 브뢰커의 것도 포함하여 대지 시스템 과학자들이 현재의 행성 환경 위기 메시지를 전달하기 위해 쓴 텍스트들은 반드시 두 개의 목소리로 말한다. 그것들은 동시에 두 가지 방식으로, 이를테면 인간 중심 방식과 행성 중심 방식으로 생각한다. 이 행성에는 생명의 방대한 이야기와 행성의 거주 적합성에 대한 일반적 물음, 즉 인간이 그에 중심적이지 않은 물음이 존재한다. 그러나 또한 인간 활동이 대지에 미치는 영향이라는 주제도 있다. "인간 문명은 단일 종 최초의 지구적 공동체, 수십억 년 동안 축적된 자원의 파괴, 대기 구성에서의 변화, 네 번째 행성 에너지 혁명, 그리고 대량멸종으로 이어졌다. ……행성 변화의 잠재력은 거의 생명의 기원이나 산소 증가로 야기된 것만큼이나 크다"고 랭뮤어와 브뢰커는 쓴다. 그들은 심지어 새로운 지질 시기의 명칭이 인류대(Anthropozoic) 시대의 더 높은 수준으로 올라가야 할지도 모른다고 제안한다. 그들은 인류대 시대가 "지적인 종이 자기 자신과 그 환경을 파괴하는 까닭에, 유산하고 실패하는 변이일" 수 있다고 경고한다. 랭뮤어와 브뢰커는 다음과 같이 쓴다. "우리가 실패하고 또 다른 형태의 지적 생명이 수천만 년 안에 나타나면, 그들은 보물 상자 대부분이 없는 행성을 발견할 것이고, 행성 문명을 향한 두 번째 노력은 그에 상응하여 좀더 어려울 것이다."[82]

이와 마찬가지로 대지과학자이자 고생물학자인 앤드루 글릭슨과 영장류 동물학자이자 포유동물학자인 콜린 그로브스가 쓴 인류세의 깊은 시간 차원에 관한 책의 결론 페이지에는 다음과 같은 경고가 포함되어 있다.

> 호모 사피엔스는 폐에서 매개하는 산소-탄소 사이클에 의존하는 자신의 생명 과정과 유비적으로 생물권이 행성의 산소와 탄소 사이클에 의존한다는 것을 잃어버렸다. 대량멸종을 자행하는 포유류 종의 현상은 다윈의 진화 관점에서 이루어지는 설명을 거부한다. ……대지에 대한 외경의 감각을 잃은 인간이 이제 막 지각·꿈·신화·전설·부정의 영역 위로 올라서려 한다는 증거는 없다. ……그 대다수가 빠르게 변화하는 기후를 알아차리지 못하고 기존의 이해관계와 그 언론 매체가 왜곡한 정보를 부여받으며 비겁한 지도자들에게 배신당하고 인간의 힘을 넘어선 사건의 단적인 크기에 낙담하여 …… 인류는 전대미문의 재앙으로 흘러 들어가고 있다.[83]

그리고 그들은 이러한 재앙적 과정에 행성 살해(planeticide)라는 이름을 붙인다.[84]

나는 호모 사피엔스를 가능성 있는 행성 비극의 주체로 삼거나 인류 전체를 '하나'로 본다는 이유로 글릭슨과 그로브스를 비난하고 싶어 하는 사회과학 분야의 많은 학자를 상상할 수 있다. 몇몇 사람은 그들 이야기의 '격변설'에 이의를 제기할 수도 있을 것이다. 우리가 보았듯이 많은 사회과학자의 손에서 기소되는 주체는 계급, 선진국, 가부장적 결정 구조, 자본주의적 축적, 유럽 제국과 (여러 땅과 민족에 대한) 식민지화 등등으로 다를 것이다. 크리스토프 보뇌이와 장-밥티스트 프레소와 같은 몇몇 사람은 심지어 과학자들이 인류세를 정의하는 데서 스스로 주장하는 권력과 권위에 의문을 제기할 수도 있을 것이다. "그렇다면 이것은 대지 시스템 과학자들을 인간과학에서 그들의 새로운 지지자들과 함께 흐트러진 행성과 엇나간 인류의 지휘소에 배치하는 예언적 서사이다."[85] 그들은 "전문가에게 완전한 권력을 넘겨주고 모든 공동체가 지니는 특수한 자원들을 상실하는 것"에 반대한다. "다양성을 지닌 지역적 애착의 대상인 자원은 정의로운 생태학적 전이를 위한 본질적인 동력이다."[86] 다른 극단에서는 인류세에서 인간이 일종의 신종인 행성의 효과적 청지기가 됨으로써 자기 자신을 구제할 기회를 보고 싶어 하는 사람들이 있을 것이다.[87]

이 다양한 인간적 관심들은 전적으로 정당하다. 특히 과학자들에게 인위개변적 지구온난화 문제를 정의할 수 있는 어떠한 논란의 여지도 없는 권위가 주어지지 않는다면, 이른바 기후변화를 부인하는 자들의 관심도 포함해서 말이다. 행성 환경 문제뿐만 아니라 인간 세계의 엄청난 불평등에 직면하여 인간이 재생 가능 에너지로의 전환 속도, 지구공학, 기후 정의 쟁점, 탄소의 격리, 빗물 모으기, 식량 안보, 기후 난민 정책, 적응 및 완화 조치 및 그 밖의 관련 쟁점과 같은 그들의 선택지를 둘러싸고 논쟁하는 것은 합리적이다. 과연 인간이 결국 반드시 자기 자신을 계속해서 개선하고 스스로 '현명한' 종임을 증명할 수 있을지는 칸트가 《학부들의 논쟁(The Conflict of the Faculties)》에서 이야기하는 농담을 연상시키는 물음이다. "자신의 환자들에게 날마다 빠른 회복의 희망으로 위로하되, 한 사람에게는 맥박이 더 좋게 뛴다고 하고, 다른 사람에게는 용변에서의 나아짐을, 세 번째 사람에게는 땀 분비와 관련해 같은 것을 약속했던 한 의사는 그의 친구 가운데 한 사람의 방문을 받았다. '친구야, 자네의 병세는 어때?' 이것이 그의 첫 물음이었다. '어때야 해? 나는 그야말로 나아져서 죽어가고 있어!'"[88] 칸트는 잘 알려져 있듯이 여러 요인을 조건으로 하여 인간의 진보를 희망했다. (a) "반복되는 경험에 의한 〔인류의〕 교육", (b) "위로부터의 지혜의 조건"(섭리), (c) 〔그는 생명의 진화 역사에 대한 안목을 가지고 말했다〕 "적어도 아직 인간들이 존재하기 전의 식물의 왕국과 동물의 왕국을 파묻은 …… 것처럼 다른 피조물들을 위한 단계를 개척하기 위해 인류를 밀어낼 자연 혁명의 두 번째 시대가 어떤 우연에 의해 일어나지 않는다고 하는 한에서, 측량할 수 없는 시간의 전망".[89] 과연 인간이 여전히 "측량할 수 없는 시간"의 전망을 지니는가 하는 것은 말할 것도 없이 기후변화에 관한 현재의 논쟁에서 논의할 여지가 있는 점이다.

보뇌이와 프레소는 지구온난화를 지질학적 사건과 "인간의" 책임 또는 호모 사피엔스의 책임 둘 다로 보는 지질학자들과 과학자들이 정치를 파괴할 것을 두려워한다. 그들은 "인류세가 우리를 소환하는 지질학적 척도에서 정치에는 무엇이 남아 있는가?"라고 묻는다. "인류세의 거대한 규모를 고려할 때, 우리는 개인적이고 집단적인 척도에서 여전히 무엇을 할 수 있을까? 위험은 인류세와 그 웅대한 시간 틀이 정치를 **마비시키는** 것이다. 그 경우 과학자들은 우리에게 무슨 일이 일어나고 있는지를 정의하고 무엇이 행해질 필요가 있는지 처방하는 데서 독점적인 지위를 차지할 것이다."[90] 그들은 칸트처럼 "자연의 전능함에 직면하여 …… 인간은 …… 하찮은 것일 뿐이다"라고 느낀다.[91] 하지만 그들이 간과하는 것은 소비주의와 자본주의에 대한 그들의 고발이 기후과학이 주창하는 정책들과 (예를 들어 2015년의 파리 기후 협약에서와 같은) 집단적 책임 의식에서 인류세에 대한 해결책을 찾는 주장들과 동일한 시간적 근거를 공유한다는 점이다. 온갖 차이점에도 불구하고 이러한 서로 다른 입장들은 논의를 오로지 세계사의 시간에만 자리하게 한다.

우리는 지질학의 시간을 모호하게 만드는 변위 과정, 즉 '지질학적 힘으로서의 인간'이 작용하고 있는 것을 볼 수 있으며, 여기서 인류세는 권력과 책임의 문제가 가로지르는 주제이다. 변위는 무엇보다도 우선 (또다시 라투르적으로 이야기하자면) 대지 과정의 매우 분산된 행위를, 유죄성과 책임 모두가 부여될 수 있는 행위의 일종의 단일하고 자율적인 형상(그것이 인류라는 통일된 형상인가 아니면 특수한 계급인가 하는 것은 상관없다)으로 대체한다. 여기서 행위자는 언제나 대지 과정의 분산된 행위에 대한 제유(synecdoche)의 관계에 있다. 다시 말하면 인간이 집단적으로 지질학적 힘으로서 행위할 수 있는 존재 양식은 인간이 개인적으로나 집단적으로 그러한 힘이라는 것을 의식하게 될 수 있는 존재 양식이 아니다. '의식적'이라거나 책임 있는 '힘'이라는 이야기는—그러한 융합을 허락하는 어떤 현실적 역사들에 앞서—인간적이라는 것의 두 가지 서로 다른 양식을 붕괴시킨다.

여기에 수반되는 변위는 다음과 같이 기술될 수 있다. 대지 시스템과학이 (지성이 그 한 부분인) 행성 과정의 산출과 관찰에 관한 것이고 따라서 (인간·계급 등등의) 주체가 아니라 내부적 구성에서 복수인 일종의 '그것'—(행성적 힘으로서의 인간을 포함하는) 불완전하게 맞물린 과정으로 이루어진 불안정한 시스템으로서의 행성—에 관한 것이라면, 그러한 '그것'의 자리는 이제 주체, '나'에 의해 취해진다. 이것은 주체의 본성에 관해 프로이트를 이용하는 라캉의 분석적 포착을 연상시킨다. "**그것이 있었던 곳**, 자아(the Ich)—주체는 …… 존재하게 되어야만 한다."[92] 보뇌이와 프레소는—근거를 지니고서—대지 시스템 과학을 "어디도 아닌 곳에서 봄(a view from nowhere: 입장 없는 관점)"(인간이 이제 인지적으로 이 어디도 아닌 곳에 거주하지만)이라고 기술하고 다음과 같이 묻는다. "'어디도 아닌 곳에서 본 대지'와 '인간종과 대지 시스템 사이의 상호작용' 이야기가 미래를 예측하는 것은 말할 것도 없고 지난 2세기 반 동안 우리에게 일어났던 일에 관계하기 위한 가장 흥미로운 관점이 아니었다면 어떻게 될까? 아마도 우리는 인류세 개념을 그것의 지배적인 이야기에 굴복하지 않고서 …… 전문가에게 완전한 권력을 건네지 않고서 받아들여야 할 것이다." 그들은 르네 샤르의 1949년 시 〈발명가들(Les inventeurs)〉의 말을 인용하여 대지 시스템 과학자들이 위험을 "우리에게 경고하는" 데서 유능하지만, "그들은 '다른 쪽에서 온' 사람들이다"라고 말한다.[93] 그들의 말은 우리가 두 번째 변위, 즉 지질학의 (인간에게) 헤아릴 수 없는 시간이 인간적 관심의 시간에 의해 다시 쓰일 수 있다면, 일어날 필요가 있는 어떤 것이 작동하고 있다는 것을 볼 수 있게 해준다. 권력과 저항의 인간 투사들의 '안쪽에서 밖에(inside-out)' 관점은 대지 시스템 과학의 '바깥쪽에서 안에(outside-in)' 관점을 대체한다. 만약 우리가 대지 시스템 과학자들을—라투르적 기질에서—'대지 시스템'을 위한 대변인들이라고 상상한다면, 행성 역사의 지구생물학적 시간을 인간의 세계사적 시간 안으로 다시 접어 들이는 행위는 또 다른 매혹적인 전이를 결과한다. 그것은 마치 대지 시스템, 즉 행성이 그 구성 요소들 가운데 의식적인 부분인 인간에게—또다시 라캉의 언어를 빌리자면—"내가 너를 보는 곳에서 너는 나를 결코 보지 못한다"고 말하는 듯하다.[94]

지질학적 시간, 일상, 정치적인 것의 문제

나이절 클라크가 직설적으로 말하듯이 인류세는 "정치적인 것을 되돌릴 수 있는 능력을 지니는 힘과 사건들을 가지고서 정치적인 것과 마주한다". 그는 인간주의자들에게 "전적으로 **비인간적인 것**을 받아들이도록" 권유하고, 그들이 "어떤 상상할 수 있는 인간의 현존을 근본적으로 넘어서는 시간 및 공간과 지속적으로 접촉"하게 한다.[95] 인류세는 한편으로는 인간에 관한 이야기다. 그러나 다른 한편으로는 인간이 단지 그 일부분, 심지어 작은 부분일 뿐이고 언제나 그 책임이 있는 것은 아닌 이야기다. 지질학적인 것을 인간의 거주 양식 안으로 들여오기 위해 이 두 번째 인류세에 어떻게 살 것인가 하는 것은 남아 있는 문제이다. 재서노프는 실제로 "인간-자연 관계의 혁명적 재구성에 …… 적응하는 것은 수십 년, 심지어 수세기"가 걸릴 수도 있다고 경고한다.[96]

내가 증명하려고 노력했듯이 그러한 적응을 생각하는 것에 대한 하나의 장애—이자 그와 관계된 인간 취약성의 문제—는 대부분의 현대적 사유에서 '정치적인 것'의 매우 특수한 구성에 대한 애착이지만, 그 과제란 정확하게는 그것을 재구성하는 것일 수 있다. 그러한 애착은, 우리가 결국 정치적인 것 자체를 '마비'시키거나 '무력화'하지 않도록, 지구생물학적인 것을 사유하는 것에 대한 두렵고도 불안한 금지 명령으로서 기능한다.[97] 인간은 정치적인 것(그리고 더 강력한 것들과 덜 강력한 것 사이의 정의에 대한 우리의 요구)을 포기할 여유가 없지만, 우리는 그것을 지금 인간의 조건을 나타내는 곤경에 대한 인식 내부에 다시 놓을 필요가 있다. 정치적 사유는 지금까지 인간 중심적이었으며, '세계'를 인간의 관심 외부에 항구적으로 견지하거나 그것이 인간 역사의 시간으로 분출하는 것을 '외부'로부터의 침입으로 다루어왔다. 이러한 '외부'는 더 이상 존재하지 않는다. 한 시기에 인간에게 '정의로운' 것이 다른 시기에는 우리의 존재를 위태롭게 할 수 있다. 게다가 대지 시스템 과학은 인간의 삶이 행성의 지구-생화학적 과정과 얼마나 결정적으로 뒤얽혀 있는지 드러냈다. 정의에 대한 우리의 관심은 더 이상 인간에 대한 것일 수만은 없다. 그러나 우리는 아직 이러한 관심을 비인간의 우주(즉, 단지 소수의 종만이 아니라)로 확대하는 방법을 알지 못한다. 또한 인간적-역사적 시간의 정서적 구조를, 보통 관여하지 않는 광대한 규모의 지구생물학 시간을 그 구조에 대한 파악 내부로 가져와야 하는 과제도 존재한다. 생물학자 데이비드 레즈닉이 설명하듯이 우리의 진화는 이러한 과제들에 대해서도 우리를 준비시키지 못했다.

> 지질학에서 '갑자기'가 무엇을 의미하는지 상상하기 위한 하나의 유용한 관점은 오늘날 세상이 어떻게 변화하고 있는지 생각하는 것이다. 우리는 여섯 번째 대량멸종의 한가운데에 있다. 지금부터 1억 년 후 우리 시대의 화석 기록은 …… 약 10만 년 전에 인간의 분산 …… 약 1만 년 전 농경 시작의 확산, 산업혁명의 도래, 그러고 나서 인구의 초기하급수적 성장에 대한 극적인 증거를 드러낼 것이다. 현재의 멸종 사건은 홍적세 동안 포유류 대형 동물군의 감소와 함께 시작되었다. ……그 후 전 지구적인 숲의 감소, 사막과 초원

의 확대, 산업 폐기물의 축적, 그리고 멸종 비율의 가속화가 있었다. ……지질학적 기록이 이런 식으로 보존할 것이 확실함에도 불구하고 우리가 대격변을 감지하지 못하는 이유는 우리 삶의 시간 틀과 지질학적 기록의 시간 틀의 차이 때문이다. 우리에게 100년은 긴 시간이다. 화석 기록에서 10만 년이나 심지어 100만 년은 순간으로 나타날 수 있다.[98]

우리는 오늘날 기후변화의 서사를, 17세기 이후 근대성의 일부였고 탈식민화, 시민 자유 운동, 페미니즘 운동, 인권 활동, 지구화의 커다란 물결을 목격한 시대에 확장되고 심화된 정치적인 것에 대한 인간 내적 관심의 친숙한 구조로 접어 들이는 것의 매력을 볼 수 있다. 그러나 그 모든 것은 인위개변적 기후변화의 소식이 인간주의자들의 세계에 전해지기 전이었다. 인류세 시대는 또 다른 물음에 압력을 가한다. 우리가 인간적이고 세계사적인 관점에서 '느리게' 보이는 것이 실제로 대지 역사의 척도에서는 '순간적'일 수 있다는 인식과 함께 일상을 살아갈 때, 살아간다는 것, 정치적이라는 것, 정의를 추구한다는 것은 무엇을 의미하는가? 요컨대 인류세에 사는 것이란 이러한 두 개의 현재에 동시에 거주함을 의미한다는 것은 무엇을 의미하는가? 나는 아직 그 물음에 완전하게나 심지어는 만족스럽게 대답할 수 없다. 하지만 만약 '정치적인 것'이 계속해서 우리에게 '척도를 넘어선 것'으로 느끼게 하는 것에 대해 생각하기를 불안하게 금지하는 것으로 작용한다면, 확실히 우리는 그 물음에 대답하기 시작할 수도 없다.[99]

이 행성에 대한 우리의 감각은 잘 알려져 있듯이 이전에 에드문트 후설이 인간이 누리는 세계의 "존재적 확실성"이라고 부른 것에 뿌리 깊이 토대해왔다. 후설은 다음과 같이 썼다. "세계는 우리, 즉 깨어 있고 언제나 어떻게든 관심을 지닌 주체들에게 미리 주어져 있다. ……사는 것은 언제나 세계의 확실성 속에서 사는 것이다. 깨어 있는 삶은 세계에 대해서, 세계 속에 살고 있는 자로서의 자기 자신에 대해서 깨어 있음이고 세계의 존재적 확실성을 실제로 체험〔erleben〕하고 실제로 결과함이다."[100] 그는 '기하학의 기원'에 관한 짧은 논고, 즉 1934년 빈 강의의 부록으로 포함된 유명한 1936년 텍스트에서 이 점을 반복한다.[101] 우리의 일상 세계 지평에 대응하는 대지는 어떤 객관적 과학의 대상이 될 수 없다.

자크 데리다는 (영어 번역에서) '자연의 공간성의 현상학적 기원에 대한 기초적 탐구'라는 제목이 달린 후설 〈단편〉에서 인용하는데, 거기서 후설은 코페르니쿠스적 세계관—"우리 코페르니쿠스주의자들 …… 근대의 인간들이 …… 대지가 '자연의 전체'가 아니라 세계의 무한한 공간 속의 행성들 가운데 하나일 뿐이라고 말하는" (잘라시에비치가 언급한 '행성 중심' 견해의 무언가를 구현하는) 세계관—과 대지에 대한 우리의 일상적 관계를 구별한다. 그는 "구형의 물체로서의 대지는 …… 확실히 전체로서, 한 사람에 의해 그리고 한 번에 지각될 수 없다"고 말한다. 그것은 "우리의 세계-객관화의 경험적 발생에서 모든 물체를 위한 경험적 근거일 수 있다"고 할지라도 "서로 제약된 각각의 경험들의 근원적 통일로서의 근원적 종합 속에서"만 지각될 수 있다. 후설은 이러한 대지가 움직일 수 없다고 단언한다. "운동이 발생하는 것은 대지 위에서, 대지를 향해 있으며, 대지로부터 출발하지만, 여전히 그 위에서이다. 대지 그 자체는 그에 대한 원래의 관념에 부합하게 움직이지도 않고 정지해 있지도 않다. 운동과 정지가 먼저 의미를 지니는 것은 대지에 대한 관계에서이다." 이러한 근원적 대지의 통일성은 모든 인류의 통일성에서 발생한다. 우리가 또 다른 행성에서 대지를 바라본다고 할지라도, 그 경우 우리는 "하나의 인류를 지닌 단일한 대지의 두 조각"을 가질 것이다. 왜냐하면 데리다가 말하듯이 "모든 인류의 통일성은 대지〔근거〕 그 자체의 통일성을 규정하기" 때문이다.[102]

기후변화는 충적세 시대를 통해 그리고 아마도 더 오랫동안 인간이 누려온 대지의 이러한 존재적 확실성에 도전한다. 우리의 **일상적 생각**은—또다시 인류세와 같은 지질학적 용어들이 현재 대중문화에 보급된 덕분에—후설이 인간의 모든 생각(코페르니쿠스적 생각도)이 실제로 그로부터 발생한 안정적이고 흔들리지 않는 근거로서 당연하게 여긴 대지가 지질학적 시간의 깊이를 거치는 그 긴 여정에서 언제나 적합하고 끊임없는 실체였다는 지질학적 사실에 의해 방향이 잡히기 시작했다.[103] 우리가 행성의 지질학적 역사에서 재앙을 알지 못했다는 것은 아니다. 우리는 알았지만, 그 지식은 대지가 우리의 정치적 목적을 투사하는 안정된 근거를 제공한다는, 우리가 매일같이 지니는 생득적 확신의 감각에 영향을 미치지 않았다. 인류세는 지질학적인 것을 일상으로 끌어들임으로써 그 확실성을 방해한다. 나이절 클라크는 과학적 사실들이 어째서 인간이 소유하게 되는 "대지·하늘·생명·물에 대한 본능적 신뢰"를 결코 완전히 대체할 수 없는지 주목함으로써 위와 같은 관찰을 자신의 매혹적인 책 《비인간적 자연(Inhuman Nature)》을 위한 출발점 가운데 하나로 삼는다. 하지만 오늘날 클라크가 거론한 네 가지 모두 어떻게 문제가 되는지 살펴보라. 우리가 하늘로 온실가스를 방출함으로써 대지를 따뜻하게 데울 때 과연 대지(또는 대지 시스템)가 우리의 신뢰를 존중할지, 과연 신선한 물이 부족해질지, 그리고 어떤 사람들이 예측하듯이 과연 생명이 여섯 번째 대량멸종으로 위협받게 될지 우리는 알지 못한다.[104]

비트겐슈타인은 언젠가 이렇게 말했다. "우리는 사람들이 집을 짓고 허무는 것을 보고 묻게 된다. '이 집은 얼마나 오래 여기에 있었습니까?' 하지만 예를 들어 산에 대해 〔그것을〕 물어본다는 생각에 대해서는 어떻게 되는가?"[105] 우리는 산의 나이에 관해 묻지 않았다. 산을 인간에게 주어지는 대지의 일부로 받아들이기 때문이다. 그러나 그러한 주어짐의 감각은 도전받고 있다. 어쩌면 나는 이제 비트겐슈타인의 물음에 대한 역사가의 대답을 제공할 수 있을 것이다. 지질학적이고 행성적인 것이 우리의 일상적 의식을 압박하는 때, 요컨대 대기 중 이산화탄소가 '과잉'—오직 인간적 관심의 척도에서만 '과잉'—이라거나 재생 가능하고 재생 불가능한(인간의 시간 척도에서만 재생 불가능한) 에너지원에 관해 우리가 이야기하는 때가 온 것이다. 그러한 시대에 살고 인류세에 대해 성찰하는 인간주의자들에게 화산, 산, 대양, 판 구조의 역사, 간단히 말해 행성의 역사에 관한 물음은 지구적 자본과 그것이 만든 세계의 필연적 불평등에 관한 물음만큼이나 비판적 사유의 삶에서 일상적인 것이 되었다.

8

인간학적 개간을 향하여

> 결국 우리는 그 자신의 우월성을 지닌다고 여겨진 종에 대해 어떤 개념을 가져야 할 것인지 알지 못한다.
>
> —임마누엘 칸트, 〈세계 시민적 견지에서 본 일반사의 이념〉(1784)

나는 이 책을 우리가 더 이상 순수하게는 근대 유럽 제국의 논리적이고 역사적인 끝으로 볼 수 있는 지구적인 것의 시대에 있지 않다는 명제를 가지고 시작했다. 제2차 세계대전 이후 몇십 년 동안 지구화의 맹렬한 속도, 추출 자본주의, 기술의 급속한 진화는 심지어 인간 조건에 관심이 쏠린 이들에게도 지금까지 전문가의 영역이었던 대지 시스템의 작동을 드러냈다. 인류세 가설은 이 행성을 복잡한 생명이 거주하기 적합하게 만드는 데서 결정적인 역할을 하는 행성 과정에 대한 우리의 간섭에 관한 것이다. 이 행성은 근대적 인간이—그들이 자기 자신을 근대적이라고 파악하는 한에서—대지와 관계하는 방식의 근저에 놓여 있는 일상적 가정에 의문을 제기하는 인간관을 제공한다. 대중적 과학 문헌이 만들어낸 깊은 행성 역사에 대한 인문학자들 편에서의 점진적이지만 갑작스러운 인식은—이 모든 것은 10년 사이에 일어났다—'던져져 있음'의 경험이라는 하이데거 개념에 비유될 수 있다. 그 인식은 우리가 세계-대지를 **우리의** 거주 장소로 여길 때에도 행성 그 자체의 타자성에 대한 인식의 충격, 즉 우리가 언제나 행성과의 실천적이고/이거나 미적인 관계 속에 있는 것은 아니지만, 그것이 없다면 우리는 존재하지 않는다는 인식을 자각하게 해준다.

3장에서 제시했듯이 행성은 인간과 인간이 자기 자신을 발견하는 장소인 '대지' 사이의 상호성 관계라는 통상적 가정을 파괴한다. 나는 **상호적**(mutual)이라는 말을 예를 들어 '공제 조합(mutual society)'이나 '상호부금(mutual funds)'이라는 표현에서 발견될 수 있는 공동의 보유나 경험이라는 17세기적 의미에서가 아니라 그 이전의 '상호적으로 주고받는' 이라는 14~15세기적 의미에서 사용한다.[1]

이렇듯 인간과 자연 사이에서 가정된 상호성이라는 생각은 그 명칭으로는 아니지만 많은 철학자의 텍스트에 존재한다. 그것은 예를 들어 칸트의 《판단력 비판》에서 선험적인 것의 지위를 획득한다. 이 책의 서론에서 칸트는 다음과 같이 쓴다. "우리는 아마도 무한히 다양한 경험적 법칙들을 담고 있는 자연에 대해 주어진 지각으로부터 연관된 경험을 형성해야 하며, 이 문제는 선험적으로 우리의 지성에 자리를 잡고 있다."[2] 칸트 학자 더글러스 번햄이 말하듯이 "자연은 〔칸트의 철학에서〕 인간에 의해 이해될 수 있는 것**처럼** 존재한다".[3] 하이데거는 인간이 대지를 바라볼 때마다 대지는 인간을 맞이하기 위해 일어선다고 말했다. 인간의 세계와 대지는 투쟁 관계에 있으며, 아직 상호적으로 묶여 있다. 그를 되풀이하자면 "세계와 대지의 대립은 하나의 분투이다".[4] 영어의 strife(투쟁)라는 말과 연관되는 **분투**는 개별 인간과 대지 사이의 상호성 관계가 **반드시 조화의 관계는 아니었고** '도구적 붕괴'의 순간, 즉 하이데거—와 그 이전의 키르케고르—가 불안과 염려라고 특징짓는 순간을 포함한다는 것을 상기시켜주는 것으로 작용한다.

근대 유럽인들은 지질학과 생물학적 진화의 시대인 18세기에 '깊은 시간'을 발견했지만, 근대성은 이를 동시에 잊어버렸거나 단순히 행성 위에 거주하는 인간의 배경으로 취급했다. 깊은 시간의 사건들은 지금까지 대지와 인간 사이에서 경험된 상호성의 시간에 근본적으로 영향을 미치지 못했다. 그러나 이 가정된 관계는 압박을 받고 있다. 우리가—인간의 시간 속에서—인간의 행위에 대한 움직이지 않는 배경으로 간주한 것은 지금 인간의 행위로 인해 변화하고 있고 인류를 위험에 빠트리고 있다. 벤야민이 위험의 순간에 대해 말했듯이, 근대성의 대안적 역사가 우리 눈앞에서 "번쩍이고" 그와 더불어 인간의 과거에 대한 새로운 이해의 가능성이 떠오르는 것은 우리가 깊은 시간의 심연 속으로 던져질 때이다.[5]

오늘날 인간이 '생명 지지 시스템'—단지 인간의 생명만이 아니라 모든 생명을 뒷받침하는 시스템—이 점점 더 붕괴하여 우리를 생명의 여섯 번째 대멸종의 시작으로 안내할 수 있을 정도로 어떤 자연적 힘들을 제압하는 권력을 휘두르고 있다면, 인간—유한하고 개별적인 인간—이 자기 생명·삶의 행성적 측면에 직면하게 된다는 것은 무엇을 의미할까? 우리는 타고르가 자신의 행성성을 시적인 기록에서 표현했던, 또는—타고르보다 약 100년 후에—베물라가 그의 행성성을 유토피아적-정치적 기록에서 표현했던 시대로부터 움직여왔다(5장). 인간의 활동이 일으키는 생명의 파괴, 즉 타고르나 베물라가 숙고하도록 요구받지 않은 문제를 의식하게 된 오늘날 인간은 자신의 개인적이고 유한하며 단독적인 생명을 어떻게 경험할 것인가? 물론 여기서 내가 의미하는 생명은 종종 화학이 생물학으로 이행하는 지점, 즉 깊은 시간 속에서 미생물로부터 대형 동물상에 이르는 다양한 형태를 관통해온 어떤 것으로 이해되는 형이상학적이고 정의할 수 없는 범주이다. 하지만 이 범주는 우리가 "생명은 지금까지 다섯 번의 대멸종에서 살아남았다" 같은 진술을 하거나 우주의 다른 곳에 생명체가 있는지 물어보는 것을 허용한다.[6] 형이상학 수준에서 생명을 정의하는 것에 기록된 위기는 많은 형식에서, 특히 점점 더 중요해지는 인간적인 것과 비인간적인 것 둘 다의 이주와 난민 문제에서 우리의 일상적인 생명 감각에 반영된다.[7]

상호성의 토대

이 책의 2장과 6장에서 보았듯이 세계의 위대하고 이른바 축이 되는 종교들 가운데 여럿은 인간이 대지와 상호성의 특별한 관계에 있다는 생각을 촉진했다. 그러나 나는 20세기 전반기에 이루어진 이 논의의 세속적이고 근대적인 형식에서 시작하고자 한다. '인간'과 대지 또는 세계 사이의 관계는 제1차 세계대전 동안과 두 세계대전 사이에, 특히 '인간'과 그의 문명의 문제가 유럽과 그 밖의 곳의 많은 근대 사상가들에 의해 제기된 1920년대 후반과 1930년대에 격렬한 논의의 주제가 되었다. 유럽에서는 독일 사상가들이 종종 이 논의를 주도했다. 막스 셸러, 헬무트 플레스너, 카를 야스퍼스, 마르틴 하이데거, 지그문트 프로이트

등이 떠오른다. 사르트르의 뛰어난 전기 작가 아니 코엔-솔랄은 사르트르가 독일 사상에, 주로 후설과 야스퍼스와 후기 하이데거 사상에 몰입한 1930년대의 6년간을 상세히 기록한다.[8] 그러나 이러한 생각의 범위는 유럽을 훨씬 넘어서도 감지될 수 있었다. 인도의 타고르는 1930년 5월 옥스퍼드 대학에서 이 주제를 다루는 히버트 강연을 했다. 타고르의 강연은 1931년에 《인간의 종교(The Religion of Man)》로, 몇 년 후에는 벵골어 개정판 《마누셔 다르마(Manusher dharma)》로 출판되었다. 타고르 강연에 주석을 붙인 판본은 없지만, 그는 현대 사상의 영향을 받았음이 틀림없다.[9] 20세기의 두 차례 파괴적인 세계대전 사이 기간에 철학적 인간학의 물음을 추구하는 유럽 사상가들과 타고르의 생각 사이의—훈련에서의 깊은 차이를 허용하는—몇 가지 유사성은 실제로 인상적이다.[10]

나는 여기서 타고르의 이 텍스트로 논의를 시작할 것이다. 물론 타고르는 훈련받은 철학자나 신학자 또는 체계적 사상가가 아니었다. 그는 스스로를 변호하여 이렇게 말했다. "나의 종교는 시인의 종교입니다. 내가 그에 대해 느끼는 모든 것은 지식이 아니라 비전에서 옵니다. 솔직히 나는 악이나 죽음 이후에 무슨 일이 일어나는지에 관한 어떠한 물음에 대해서도 만족스럽게 대답할 수 없다는 것을 인정합니다."[11] 게다가 그의 강연의 정치학은 사실 공격적인 형태의 제국주의와 민족주의 이데올로기를 비판하는 것이었다. 그러나 그의 강연의 몇몇 비판적인 부분들은 그 시대의 사상들이 폭넓게 공유하는 적어도 세 가지의 두드러진 가닥과 가정을 확인할 수 있도록 도와준다. 그것들은 내가 여기서 말하는 상호성의 구조의 근저에 놓여 있는 원칙들이기도 하다.[12] 이 가정들은 (a) 인간의 특별함, (b) 좀더 커다란 사물 도식에 대한 인간의 중심성, 그리고 (c) 인간이 서로 다른 종류들임에도 불구하고 그것들의 총체성으로서의 세계 전체의 비전을 가질 수 있는 능력을 지닌다는 생각이다. 다음 논의에서 나는 타고르와 그 동시대인들이 인류와 자연 각각의 전체를 가리키기 위해 사용한 대문자로 표기된 **인간**(Man)과 **자연**(Nature)을 간직할 것이다.

인간의 특별함 또는 예외로서의 인간

타고르는 호모 사피엔스의 생물학적 진화의 역사를 독해하면서 모든 생물 가운데 왜 인간이 가장 특별한지에 관한 몇 가지 강력하고 세속적인 주장을 했다. 그의 강연의 관련 부분은 우리가 오늘날 '빅 히스토리'라고 부르는 것에서 시작했다. "창조의 복사 에너지로서의 빛은 자그마한 하늘에서 원자들의 원을 그리는 춤을 시작했다. ……행성들은 그들의 불의 욕조에서 나와 오랫동안 태양의 볕을 쬐었다. ……그러고 나서 생명이 이 무대에 등장하는 시간이 다가왔다." 그러나 생명의 역사에서 인간은 특별했다. "〔진화의〕 장이 끝나기 전에 인간이 나타나서 이 진화의 과정을 물리적 확대의 무규정적 행군에서 좀더 미묘하게 완전한 자유로 전환했다."[13] "지능과 육체적 힘의 발달"이 "동물과 인간에게서 생존이라는 목적을 위해 똑같이 필요"했던 데 반해, "인간에게서 독특한" 것은 "그의 불사적 존재의 실현을 점진적으로 심화하고 확대하는 의식의 발달"이었다.[14]

타고르의 주장은 그가 알고 있는 대로의 두 발 보행의 역사에 토대했다. 그의 지식은 두 발의 존재를 인간에게만 배타적인 것으로 보게 했다. 그가 이야기한 진화 역사는 틀렸다. 두 발 보행은 (약 180만 년 전의 호모 속 진화 이전인 "늦어도 500만 년 전에") 호미닌의 특징이었으며, 이러한 발전 정도를 보여주는 선사시대 유인원들도 있었다.[15] 그러나 타고르는 어쨌든 이렇게 주장했다. "그 경력의 시작에서 인간은 자기의 신체 구조에서 자연의 확립된 통치에 대항한 자유를 처음으로 선언했습니다. 진화 도정의 일정한 굴곡에서 인간은 네 발 생물로 남기를 거부했고, 자신의 몸으로 받아들인 그 자세로 인해 그의 몸은 불복종의 영구적 몸짓이 되었습니다"라고 타고르는 말했다.[16] 그는 두 발 보행이 유인원에게는 '자연적이지' 않다는 것을 알아차렸다. "왜냐하면 땅을 걷는 모든 포유류에게 끝에 있는 머리가 무겁게 내리누르는 긴 몸통을 따라 고르게 분포된 두 쌍의 다리를 제공하는 것이 자연 자신의 계획이라는 것은 의심의 여지가 없기 때문입니다. 이것은 모든 운동에 대해 세금을 갈취하는 대지의 아래로 향하는 보수적인 힘의 위협을 받았을 때 대지와 맺은 우호적인 타협이었습니다." 그러나 인간은 영적인 자기주장의 문제로서 자연의 칙령에 도전했다. 타고르는 계속해서 말했다. "인간이 그러한 명백히 분별 있는 합의를 포기했다는 사실은 기본 구성의 반복된 개혁에 대한, 즉 섭리에 의해 제안된 모든 결의에서의 미세한 수정에 대한 그의 타고난 열광을 증명합니다."[17]

타고르의 주장은 유머 없이 이루어지지 않았다. 그는 놀리듯이 이렇게 썼다. "만약 다리 둘로 똑바로 서 있고 나머지 두 다리는 어리석게도 그 옆에 매달려 있는 다리 네 개짜리 탁자를 발견한다면, 우리는 그것이 악몽이거나 적합성에 대한 목수의 관념을 두고서 실질적인 농담에 탐닉하고 있는 그 가구의 어떤 헤아리기 어려운 변덕이 아닐까 걱정해야 할 겁니다." 그는 자기의 두 발로 똑바로 서겠다는 인간 영장류의 선택에서 그와 유사한 '터무니없음'을 인정했다. "인간 해부학에서의 비슷한 터무니없는 행태는 인간이 자연에 의해 규제되는 궤도에 대항하여 기이한 경로를 강요하는 어떤 모순된 혜성의 영향을 받아 태어났다고 추측하게 합니다." 타고르는 또한 인간이 스스로의 진화 역사에서 두 발 보행을 채택하기 위해 치른 모종의 육체적 대가에 대해서도 알고 있었다. 그는 이렇게 말했다. "그리고 의미심장한 것은 인간이 동물 이동의 정통적 규칙에 맞서기 위해 치른 형벌에도 불구하고 자기의 무모함을 고집해야 한다는 점입니다. 인간은 근육의 손쉬운 균형의 도움을 절반으로 줄입니다. 그는 불충분한 뒷받침을 받고 …… 자신의 유아기를 위험한 실험을 거쳐 비틀거리며 통과할 준비가 되어 있습니다. 그에 따라 자신의 생애 내내 법을 지키는 다른 네발짐승이 전혀 겪지 않는, 갑자기 쉽게 넘어지고 마는 비극적이거나 우스운 결과가 초래됩니다."[18] 그러나 이것은 타고르의 인간이 자기의 자유를 위해 치를 준비가 되어 있는 대가였다.

사물들의 중심에 있는 인간

타고르는 이 점을 단적으로 다음과 같이 표현한다. "직립할 수 있는 능력은 우리의 몸에 자세의 자유를 주었고, 사방으로 돌기 쉽게 해주었으며, 우리 자신이 사물의 중심에 있다고 깨닫게 해주었습니다."[19] 세계는 마치 주로 우리를 위한 것처럼 존재한다. "이 세계의 배치 어딘가에 **우리에게** 기쁨을 주는 것에 관한 커다란 관심이 있는 것으로 보입니다. 그것은 우주에서 물질과 힘의 의미 저 너머에 인격의 마법적 접촉을 통해 전해지는 메시지가 있다는 것을 보여줍니다."[20] 그는 약 70세 때 젊었을 적 깨달음의 순간을 언급하며 이렇게 썼다. "내가 열여덟 살 때, 종교적 경험의 갑작스러운 봄날 산들바람이 처음으로 나의 삶에 다가왔습니다. ……어느 날 이른 새벽에 나무 뒤에서 태양이 빛을 내뿜는 것을 지켜보며 서 있던 나는 갑자기 마치 …… 세계의 얼굴에 비치는 아침의 빛이 기쁨의 내적 광휘를 드러내는 것처럼 느꼈습니다."[21]

전체를 보는 자로서의 인간

세계가 오직 인간에게만 자기 자신을 전체로서 건네준다는 세 번째 가정은 단적으로 타고르가 앞에서 말한 것에서 뒤따라 나왔다. 하지만 그는 이것이 과학자들이 연구하는 자연적 '세계'가 아니라는 점을 명확히 했다. "그것은 과학에 대한 그 자신의 증언 배후의 추상적 상징들로 사라지는 세계가 아니라 우리의 인격적 자아에게 자기 현실의 부를 아낌없이 보여주고 우리 인간 본성에 대한 그 자신의 영원한 반응을 지니는 세계입니다."[22]

타고르는 자신의 요점을 납득시키기 위해 인간의 눈의 기능에 초점을 맞추었다. "우리 육체적 망루의 좀더 높은 유리한 관점에서 우리는 우리의 **전망**을 얻었습니다. 그것은 단순히 사물들의 위치에 대한 정보가 아니라〔동물도 그것을 얻습니다〕 사물들의 상호관계와 통일에 관한 정보입니다."[23] 인쇄된 텍스트에서 이 구절은 타고르가 실제로 옥스퍼드에서 청중에게 행한 처음 강연에서 말한 것보다 발전한 버전이었다. "동물이 후각과 시각을 통해 얻는 대상들에 대한 인식은 본질적으로 직접적 필요를 위한 것입니다. 머리를 치켜듦으로써 인간은 더는 단순히 분리된 별개의 대상들만을 보는 것이 아니었습니다. 그는 또한 다양한 사물의 통일에 대한 완전한 전망을 지니기도 했습니다. 그는 자기 자신이 나누어지지 않은 연장의 중심에 있다고 보았습니다. 직립한 자는 가까운 것보다 먼 것을 더 소중히 여겼습니다."[24] 인간에 대한 두 번째와 세 번째 가정의 밀접하게 관련된 본성은 이러한 인용문들에서 명백할 것이다.

물질적으로 공허한 상호성의 세계

아이러니하지만 전형적으로 타고르가 '인간'과 깊은 관계에 있다고 본 '세계'에는 물질성이 아주 조금 실려 있었다. 인간과의 관계에서 상대적으로 공허하지만 포용력을 지닌 '세계'라는 범주는 자기의 광대하고 비어 있는 일체성 속으로, 실제로 존재하는 것의 풍부하고 낯설며 다루기 힘든 다양성을 흡수하여 지워버렸다. (반면에 타고르의 시나 노래는 이 비판에 노출되어 있지 않을 것이다.) 이것은 깊은 시간의 역사적 감각에서 발생할 수 있었던 행성의 타자성에 대한 어떠한 감각도 박탈된 세계의 경험이다. 남아 있는 것은 구조들이 단지 끝없이 반복될 뿐인 불변적인 무한성에 대한 메타종교적 감각이었다. 다음은 타고르가 또다시 1914/1915년경에 쓴 글이다. "모든 것 가운데 가장 놀라운 것은 …… 형상 없는 하나로부터 항상적으로 솟아오르는 형상들의 샘이 얼마나 끊임없는가 하는 것이다. ……나는 내 마음이 사랑으로 가득 차 있다고 느낄 때 태양이 더 밝게 빛나고 달빛이 달콤함으로 더 진하게 느껴진다는 것을 관찰했다. ……이로부터 나의 정신과 마음이 세계와 분리될 수 없다는 것을 나는 안다."[25]

인간과 세계의 상호성에 대한 타고르 자신의 버전—"우리가 우리의 감각과 정신 및 삶의 경험을 통해 지각하는 이 세계는 심원하게 우리 자신과 하나입니다"—은 너무나 관념론적일 수 있지만, 우리가 앞에서 논의한 가정의 구조는 많은 인간주의 텍스트에서 공간과 시간의 중요한 분할선을 가로질러 지속해온 주제들로 작용한다고 볼 수 있다.[26] 그것들은 특히 풍경에 대한 미적이고 정신화된 경험에서, 즉 지질학적 역사의 격렬한 움직임을 인간적-미적 풍경 범주로 동결시키는 책들, 세계 여행자들을 위한 화려한 여행 안내서에서 종종 등장하는 대중적이고 통속적인 버전의 경험에서 두드러지게 나타난다. 실제로 우리는 미적-정신적 범주인 '풍경'이 내가 '상호성'이라 부르는 것의 메커니즘에서 선별 장치로 작용한다고 주장할 수 있다. 그것은 지질학과 생명의 우발적 역사의 재앙적 풍요로움을 우리에게서 숨긴다.

예를 들어 마르틴 헤글룬드의 최근 저서로 종교에 대해 귀에 거슬리는 주장을 하는 《이 생명: 세속적 믿음과 정신적 자유(This Life: Secular Faith and Spiritual Freedom)》에서 한 구절을 들어보자. 헤글룬드는 "늦여름 어느 날 오후에 나는 스웨덴 북부의 한 산꼭대기에 앉아 있다. 내 아래 바다는 고요하고 열린 지평선을 향해 뻗어 있다. 다른 사람은 보이지 않고 소리도 거의 들리지 않는다. 갈매기 한 마리만 바람에 미끄러지고 있다"고 쓴다. 헤글룬드는 전에도 이곳에 와본 적이 있지만, 모든 만남은 신선하고 독특하다. 세계는 반복되고 끊임없이 새로워지는 구조이다. "**이전의 여러 번과 마찬가지로** 나는 공중을 맴돌면서 풍경 위에 머무는 갈매기를 따라가며 넋을 빼앗기는 자신을 발견한다. 내가 기억할 수 있는 한 갈매기는 내 삶의 일부였다. ……하지만 **오늘 오후에 일어나는 방식으로 갈매기를 마주친 적이 없다.** 갈매기가 날개를 펴고 인접한 산을 향해 방향을 틀 때, 나는 **갈매기에게** 바람이 어떻게 느껴지고 풍경이 어떻게 나타날지 상상해보려고 한다."[27] 물론 헤글룬드는 자기가 "갈매기라는 것이 어떤 것인지 결코 알지 못할 것"이라는 점을 재빨리 인정한다. 하지만 그의 마음속에서 또다른 생물과의 이 외로운 만남은—그리고 겉보기에 텅 빈 풍경의 광대함이야말로 이 경우에 그 만남을 '외로운' 것으로 만든다—하이데거식의 근본적인 존재 물음을 낳는다. 그는 "갈매기라는 것이 무엇을 의미하는지" 궁금해한다.[28]

독자가 헤글룬드의 구절에서 알아차리게 될 것처럼, 대지와의 상호성 관계에 대한 그의 감각은 "이전의 여러 번과 마찬가지로" 반복될 수 있는 경험의 구조를 가리킨다. 상호성은 자기의 단독적인 인간적 삶의 고독 내부로부터 자기를 둘러싸고 있는 것과 마주하고, 자신의 시선을 들어올려 마주치는 대상일 뿐만 아니라—똑같이 중요하게—안정된 대상으로서 주변을 경험하는 한 단독적인 인간에게 발생한다. 왜냐하면 그 경험이 반복될 수 있게 하는 것은 풍경의 안정성이기 때문이다. 윌리엄 제임스는 꽤 일찍이 종교적 경험의 다양성에 관한 일련의 강의에서 다음과 같이 말할 때 이러한 상호성의 관념을 가정했다. "종교는 우리에게 …… **개인들이 신적이라고 여기는 것이 무엇이든 그것과의 관계 속에서 자기 자신을 파악하는 한에서 고독 속에 존재하는 개인들의 감정·행위·경험**을 의미할 것이다."[29] 마르틴 부버의 고전적이고 유명한 나-너 관계 개념은 단독적이고 유한한 인간 삶의 담지자가 그 안에 존재하는 이른바 상호성의 또 다른 예이다.[30]

풍경의 미적-정신적 경험에서 인간이 "~과의 관계 속에" 있는 대상은 풍경이며, 그것은 제임스의 도식에서 신적인 것의 자리를 차지한다. 찰스 테일러가 이 "세속 시대"에 결정적인 것으로 여기는 "인간 삶의 충만함"이라는 개념은 단독적 삶들의 경험을 그 참조점으로 지닌다. 그렇지 않으면 "경험"의 문제가 발생할 수 없을 것이기 때문이다. 테일러가 영국 태생의 베네딕토회 수도사이자 요가 수행자 비드 그리피스의 자서전〔《황금 끈(The Golden String)》(1979)〕에서 인용한 내용은 내가 헤글룬드에게서 인용한 구절과 놀라운 유사성을 지닌다. 그 둘 사이에는 약 40년의 시차가 있다. 그리피스는 언젠가 여전히 학교에 있던 어느 날 "저녁에 홀로 걸으면서" 새들의 노래를 두드러지게 새로운 방식으로 경험했다.

> 종달새 한 마리가 내가 서 있는 나무 옆 땅에서 갑자기 나타나 내 머리 위로 노래를 쏟아부었다가는 여전히 노래 부르며 쉬러 내려앉았다. 해넘이가 흐려져가고 땅거미의 베일이 대지를 뒤덮기 시작하면서 고요하게 자라난 모든 것 …… 경외감이 …… 나를 덮쳤다. 마치 천사 앞에 서 있는 것처럼 나는 땅에 무릎을 꿇고 싶은 마음이 들었다. 그리고 나는 하늘의 얼굴을 감히 쳐다볼 수 없었다. 마치 그것이 신의 얼굴 앞의 베일에 지나지 않는 것 같았기 때문이다.[31]

그리피스가—신과 하늘의—"얼굴"을 언급한 것은 신적인 것과의 인접 관계에서처럼 파악되는 마주함의 상호적 행위를 말한다.

우리는 훨씬 더 뒤로 움직여 쇠렌 키르케고르의 1835년 7월 29일자 일기를 살펴볼 수 있다. 거기에 키르케고르는 다음과 같이 썼다. "여관에서 소르테브로(Sortebro, 검은 다리)(아마도 거기서 선페스트를 검사했기 때문에 그렇게 불릴 것이다)를 지나 해변을 따라 열린 땅으로 걷고 있을 때, 거의 1마일 북쪽에서 한 사람이 이 주변에서 가장 높은 지점으로 온다. …… **이곳은 언제나 내가 좋아하는 장소들 가운데 하나였다.**" "종종, 내가 조용한 저녁 여기에 서 있었을 때, 바다는 깊지만 고요한 엄숙함으로 자기의 노래를 읊조리고, 내 눈은 광대한 표면에서 단 하나의 돛도 붙잡지 못하며, 바다만이 하늘을, 하늘만이 바다를 짜 넣었고, 또한 삶의 바쁜 윙

윙거림이 잠잠해지고 새들이 그들의 저녁을 노래했을 때." **종종**이라는 말과 우리를 풍경의 그림으로 다시 돌아가게 하는 **짜 넣음**이라는 말이 불러일으키는 반복의 구조에 주목할 수 있을 것이다. 그러고 나서 내가 앞에서 "세계"의 엷어짐이나 텅 빔으로 묘사했던 과정이 자리를 잡는다. 키르케고르가 그 풍경 속에 홀로 있지는 않았을 것이다. 그의 주위에는 다른 생명체들이 있었지만—그 자신도 몇몇 새들의 존재를 인정하고 있다—그 생명체들은 마치 이 사람과 그가 마주한 세계 사이의 상호성의 보이지 않는 구조를 떠받치듯이 어둠이 내려오면서 그의 시야로부터 떨어져 나간다. "내가 거기에 …… 홀로 고독하게 서 있었을 때, 바다의 힘과 원소들의 싸움은 나의 아무것도 아님을 상기시켜주었고, 반면에 새들의 확실한 비행은 '너희 아버지께서 허락지 아니하시면 참새 한 마리라도 땅에 떨어지지 아니하리라'는 그리스도의 말씀을 상기시켜주었다. 나는 곧바로 내가 얼마나 위대하고도 하찮은 존재인지 느꼈다."[32]

◆ ◆ ◆

물론 상호성의 문제가 단순한 방식으로 마주함의 문제를 수반할 필요는 없다. 우리는 그 문제를 레비나스식으로 하나의 얼굴이 반드시 또 다른 얼굴을 향해 돌아서는 것으로서가 아니라 타자성에의 노출을 통해 얼굴 자체가 구성되는 것으로서 이해할 수 있을 것이다.[33] 좀더 근본적인 요점은 상호성의 구조가 작용할 수 있는 것은 **생명**이라는 말이 유한한 개인의 단독적 삶을 가리킬 때뿐이라는 것이다. 왜냐하면 대지와의 상호성의 '경험'이 그 내부에서 실제로 일어날 수 있는 존재론적 투사는 개별 인간의 경우를 통해서만 발생하는 문제이기 때문이다. 하지만 일단 표현되고 공유되면 이러한 경험은 집단적으로 정서와 경험의 공동체를 형성할 수 있다. 하지만 우리가 생명의 일반적 위기—또 다른 대멸종의 가능성—에 의해, 우리 자신의 생명과 다른 형식의 생명 번성에 결정적인 모든 것에서 행성의 발작적인 지질학적 역사를 목격하는 불가능한 과제로 소환될 때 이러한 상호성의 감각에는 무슨 일이 일어나는가?

대지에서 행성을 바라보기

행성적인 것은 깊은 시간의 작업을 포함한다. 우리는 보통 깊은 시간에 대해 생각하지 않는다. 그것은 우리가 주어진 것으로 간주하는 것의 일부로 남아 있다. 7장에서 나온 비트겐슈타인의 물음을 떠올려보자. 우리는 건물들이 얼마나 오래되었는지 묻는데, 왜 산에 대해서는 똑같이 묻지 않는가? 그렇게 하지 않는 것은 산이나 풍경에 대해 우리가 대지와 맺는 상호성의 관계를 경험할 수 있는 배경 정도로 단순히 생각하기 때문으로 보인다. 바위는 풍경의 한 부분이다. 우리가 풍경 그 자체를 깊은 역사적 시간 속에서—종종 격변적으로—운동하는 것으로 볼 수 있다면 어떻게 될 것인가? 바다가 솟아올라 땅을 물에 잠기게 하거나 가뭄이 땅을 황폐화하고, 추출 자본주의가 바다와 육지에서 '죽은 지역'을 산출하고, 종 서식지가 파괴되며, 풍경이 더 이상 단순히 인간 행위를 위한 배경을 구성하지 않는다면 말이다.[34] 유명한 사진작가 에드워드 버틴스키는 인간과 풍경의 관계에 대한 인상적인 이미지를 포착했다. 한 커플이 스페인 바스크 지방의 암벽으로 둘러싸인 이추룬 해변에서 태양을 즐긴다. 그들 뒤의 주목받지 못하는 암석층은 공룡을 파괴한 6500만 년 전의 대량멸종과 1천만 년 후에 일어나 20만 년 동안 지속된 주요 온난화 사건(PETM)을 둘 다 지켜보았다. 그 커플은 자신들 주변의 바위에 보존된 과거를 언제 알아차릴 것인가?[35]

여기에는 J. B. 홀데인이 그의 유명한 1926년 논문 〈올바른 크기라는 것에 대하여〉에서 논의한 종류의 문제가 놓여 있다.[36] 현대 의학과 공중 보건의 도움을 받았든 안 받았든 인간의 삶은 보통 수십 년 이어진다. 그것은 우리가 서 있는 현상학적 근거이다. 수백만 년은 말할 것도 없고 몇천 년이라도 우리의 경험에 비해서는 너무 방대하다. 이것이야말로 대지와의 상호성이라는 생각을 특징짓는 반복의 구조를 허락하는 것으로, 우리는 앞에서 키르케고르와 그리피스 그리고 헤글룬드로부터 인용한 것에서 표면화한, 한 개인적 삶에서 같은 풍경으로 되돌아간다는 주제에 의해 이를 예시한 바 있다. 불가능한 시나리오, 요컨대 개별 인간이 지질학적이거나 비인간적인 시간 척도에서 살 수 있다고 상상해보라. 우리가 모두 개인으로서 2만 년을 산다면 상호성에 무슨 일이 일어날까? 내가 헤글룬드, 그리피스, 키르케고르를 인용하며 논의한 반복의 구조는 이루어지기가 불가능했을 것이다. 그들은 같은 경험을 하기 위해 그렇게 자주 돌아왔던 자연의 장소에 대해 말할 수 없었을 것이다! 만약 그들이 각자—지질학적 시간 척도에서는 큰 숫자가 아닌—1만 2000년 이상 살았더라면, 그들은 격변하는 지형학적 변화로 인해 그렇게 자주 형태가 바뀐 풍경이 얼마나 불안정한지 보았을 것이다. 거기에는 되돌아갈 만한 어떤 안정된 특징도 없었을 것이다. 상호성의 구조가 가능해지는 것은 그것이 무엇이든지 간에 인간적 시간이 우리에게 무의식적으로 깊은 시간을 공간의 형상, 즉 겉보기에 지속하는 풍경으로 전환함으로써 그 깊은 시간을 잊을 수 있게 하기 때문이다.

그러나 이것이 변화하고 있는 바로 그것이다. 인류세의 위기—거주하기 어려운 행성에 거주할 것이라는 전망—가 우리를 피조물임으로, 즉 인간 문명의 계몽주의 철학자들이 종종 상상했듯, 뷔퐁의 세계 형성사에서의 "일곱 번째이자 마지막 시대"에서와 같은 "최초의 인간들"의 상태로 환원시키는 것으로 보인다. "최초의 인간들, 여전히 최근에도 매우 빈번한 대지의 발작적 운동의 목격자들, 침수에 대한 피난처라고는 오직 산뿐이고, 화산 불에 의해 그런 피난처에서도 자주 쫓겨나며, 자기 발밑에서 진동하는 대지 위에서 전율하고, 모든 원소의 저주에 노출된 …… 모두가 재앙적 공포라는 공통된 느낌에 똑같이 사로잡혔다."[37] 오늘날 깊은 시간의 작업은 우리의 일상적인 인간적-역사적 시간 의식 속으로 침투하기 시작했으며, 뷔퐁의 최초의 인간들처럼 이 행성의 발작적 본성을 목격할 것을 우리에게 요구하고 있다. 그것이 **바로 그** '인류세의 충격'인바, 인간적-역사적 시간의 구조와 상호성의 구조에서의 파열을 알리고, 이 행성 위에서의 깊은 시간 및 생명의 역사와 씨름할 것을 강요한다. 유진 새커는 관련되긴 하지만 다른 맥락에서 그에게 발생한 것임에도 불구하고 그 문제를 꼬집어 말한다.

> 재해, 유행병, 비인간 네트워크의 존재가 우리에게 무언가를 말해준다면, 그것은 '우리를 향해' 존재하는 세계에 더하여 또 다른 세계가 있다는 것이다. 그 세계는 단순히 자체적 세계가 아니며, 우리를 향해 운명지어진 세계도 아니다. 차라리 우리에게 단순히 '자체적'인 것도 아니고 '우리를 향한' 것도

아닌 관점에서 그것을 파악하는 우리 능력의 바로 그 한계를 제시하는 세계이다. 그것은 '우리 없는' 세계(**자기 없는** 생명)이다. 그것은 부수적으로가 아니라 근본적으로 비인간이거나 인간의 것이 아닌 생명의 개념을 생각하는 도전이다.[38]

새커에 이어 나는 이렇게 물을 수 있다. 그 자체가 근대성보다 더 오래되었으면서도 근대적이라는 우리의 감각에 수반되는 대지와의 상상된 상호성 관계에 대한 보통의 확신을 우리에게 주기를 거부하는—'자체적'인 것도 아니고 '우리를 향한' 것도 아닌—행성에 대한 우리의 윤리적-정신적 관계는 어떻게 될 것인가?

대지 시스템인 행성에 관계하기

앞의 물음에 대한 답을 찾기 위해 나는 행성 과학자들 자신에게로 향하고자 한다. 왜냐하면 여기서 실마리를 제공해주는 것은 3장에서 보았던 것처럼 행성이나 대지 시스템과의 인지적 만남을 통해 그들이 만들어내는 아주 깊이 현상학적이고 인간적인 응답이기 때문이다. 예를 들어 이러한 응답들 가운데 다수는 대지 시스템 자체는 아니라 하더라도 행성 전체의 기후를 관리하기 위해 지금 진지하게 고려되고 있는 다양한 계획인 지구공학의 문제를 중심으로 모인다.

지구공학을 옹호하는 사람들은 일반적으로 물리학과 화학처럼 비역사적이고 분석적으로 접근하는 학문에 속한다. 지질학자나 진화생물학자와 같이 이 행성을 역사적으로 연구하는 사람들은 대개 그러한 방책을 경계한다.[39] 나는 절대적으로 지구공학의 바람직함이나 그 반대에 관해 진행 중인 논쟁을 저울질하고 있지 않다는 것을 분명히 한다. 나는 그럴 자격이 없다. 나는 다만 이 과학들이 자기의 개별 실행자들에게 촉구하는 것처럼 보이는 행성 (또는 대지 시스템) 범주에 대한 매우 다른 정신적 관계에 대해 보고하고 있을 뿐이다. 내 관점에서 보기에 개별 인간으로서의 이 과학자들 가운데 일부는 행성적인 것을 지구적인 것 안으로, 따라서 상호성의 구조 안으로 접어 들이기 위해 애쓰고 있는 듯하다.

하버드 대학의 물리학자 데이비드 키스가 이 주제에 관한 그의 유명한 책에서 '기후공학'을 명쾌하고도 매력적으로 옹호한 것이 한 예이다.[40] 그의 기초 전제들 가운데 하나는 인간이 자연을 돌본다는 것(상호성)과 지구공학은 바로 그러한 돌봄의 연속이라는 것이다. 키스는 "자연에 대한 희미한 사랑은 논쟁의 여지가 없다"고 쓴다. 그리고 다음과 같이 덧붙인다. "나는 곤충학자이자 작가인 에드워드 O. 윌슨이 인간은 다른 생명 형식들과 결합하고 싶어 하는 타고난 충동을 지닌다는 그의 생명애(biophilia) 가설을 가지고서 진실의 한 알갱이 이상을 포착했다고 생각한다." 그리하여 키스에게는 우리가 "순진하게 자연과 문명 사이의 날카로운 구별을 주장"하지 않는 한 자연에 대한 돌봄과 지구공학 프로젝트 사이에는 어떠한 갈등도 존재하지 않는다.[41] 인간의 활동이 손대지 않은 자연은 없으며, 그래서 기후공학이나 지구공학은 단순히 그러한 현실의 확장된 버전을 관리할 수 있는 인간의 문제일 뿐이다.

지구공학이 '생명애'의 표현이라는 키스의 견해는 의미심장하다. 생명애는 상호성의 구조에 속한다. 윌슨은 1979년 〈뉴욕타임스〉에 보존에 관한 기사를 쓰면서 **생명애**라는 용어를 만들었다. 그는 1984년 이 주제에 관한 책을 쓴 후 다음과 같이 썼다. "그것은 인간이 다른 생명 형식들에게 지니는 타고난 친근성, 즉 기쁨이나 안전감 또는 경외감이나 심지어 매혹에 의해 …… 불러일으켜진 친근성이 혐오감과 뒤섞였다는 것을 의미한다. 생명애의 …… 하나의 기본적인 현현은 거주를 위한 장소로서의 일정한 자연환경에 대한 선호이다." 이 생각은 워싱턴 대학의 동물학자 고든 오리언스가 사람들에게 "이상적인" 거주지에 관해 물어본 결과, 선택할 수 있다면 대부분이 "그들의 집을 호수나 바다 또는 다른 물가 가까이 자리 잡고 공원 같은 지역에 둘러싸여 있는 돌출된 곳 정상에 앉히기를" 바란다는 것을 발견한 데 토대하고 있었다. "그들이 집에서 가장 보고 싶어 하는 나무는 마치 왕관처럼 수많은 가지를 나무줄기에서 내밀어 땅과 수평으로 펼치고 작고 곱게 갈라진 잎들을 풍부하게 갖춘 것들이다." 윌슨은 "이러한 원형이 인류가 수백만 년 동안 진화해온 아프리카에서 지배적인 유형인 열대 사바나에 들어맞는다"는 것을 깨달았다.[42] 하지만 생명애는 상호성의 제한된 '세계'만을 재생산한다. 그것은 생명체의 대부분을 구성하는 미생물과 박테리아가 아니라 인간에게 보이는 생명 형식들로만 뻗어나갈 수 있다. 캐리 울프가 설득력 있게 주장했듯이 인간의 관점에서 모든 형식의 생명체에게 동등한 가치를 부여하는 것은 불가능하다. "우리는 탄저균이나 콜레라 미생물이 양떼나 인간 유치원을 휩쓰는 데서 자기실현을 이루는 것을 허용할 것인가? 우리가 먹는 동물과 식물의 사체를 처리할 때, 우리는 살모넬라균이나 보툴리누스 중독 미생물에 대해 그들의 동등한 권리를 계속해서 부정할 것인가?"[43]

데이비드 키스와 같은 물리학자들과는 대조적으로 지질학자 앤드루 글릭슨은 대지에 대한 외경(reverence)의 태도를 권고한다. 비록 상실 이야기의 일부로 표현한 것이지만 말이다. 나는 앞 장에서 그를 인용했지만, 그의 말은 현재의 논의 맥락에서 반복할 수 있을 것이다. 글릭슨은 이렇게 쓴다. "대지에 대한 **외경**의 감각을 **잃은** 인간이 이제 막 지각·꿈·신화·전설·부정의 영역 위로 올라서려 한다는 증거는 없다. …… 아마도 어떠한 살아 있는 종도 그 자신의 발명품을 통제하는 데 필요한 지혜와 책임을 지니기를 기대하기는 무리일 것이다. ……〔하지만〕 윤리가 없으면 호모 사피엔스는 살아남을 수 없다."[44] 또한 지질학자 마르시아 비조네루드는 행성에 대한 경고적 접근을 권고한다. 데이비드 키스가 옹호하는 조치인 "대기에 황산염 에어로졸을 쏴 행성을 냉각시킨다는 생각"에 대해 말하면서 그녀는 "그 하늘은 언제나 하얄 것이고" 전혀 푸르지 않을 것이라고 지적한다. 푸른 하늘이 없는 대지를, 우리의 상호성 감각에 무슨 일이 일어나는지를 상상해보라! 그녀는 다음과 같이 덧붙인다. "성층권의 황산염 주입을 옹호하는 가장 큰 목소리는 자연 세계를 상품의 체계로 바라보는 데 익숙한 경제학자들이거나 …… 아니면 자연 세계를 쉽게 이해되는 실험실 모델로 취급하는 물리학자들이다. ……대기와 생물권 및 기후의 길고 복잡한 이야기를 알고 있는 대부분의 대지과학자는 …… 인간이 행성을 관리할 수 있다는 생각이 망상적이고 **위험**하다고 생각한다."[45] 2장에서 인용한 기후과학자 윌리스 브뢰커의 말이 떠오를 수 있다. "때때로 …… 자연은 기후 야수에게 상당히 빠른 발길질을 하기로 결정했다. 그리고 야수는 야수들이 하고자 하는 대로, 요컨대 폭력적이고 약간 예측할 수 없게 응수했다."[46] 윌슨 그 자신은 최근의 저서 《지구의 절반(Half-Earth)》에서 "지금 논의되고 있는 지구공학의 거대하고 위험한 프로그램"을 언급하면서 **위험하다**는 말을 사용했으며, 그 대신 생물 다양성을 구하기 위해 인간은 "예방 원칙"

을 따르고 지구 표면의 절반을 인간 이외의 생명 형식에 남겨두어야 한다고 제안했다.[47]

근대성과 잃어버린 외경

인간주의 역사가는 브뤼노 라투르와 다른 사람들이 정치적 공간에서 이미 인간을 분열시키는 모든 것을 부정하지 않고서 앞으로 나아가는 길로서 제안한 '공동의 것'을 구성하는 새로운 정치적 작업에 이바지하기 위해 어디서부터 어떻게 생각하기 시작하는가? 분명한 것은 아무리 인간의 미래를 생각한다고 하더라도 근대성에 대한 유럽 정치 사상가들이 정립한 다음 한 가지 조건은 정치적인 것에 대한 어떠한 정의에서도 견지해야 한다는 점이다. 즉, 인간은 포식자로부터의 보호가 필요하다는 것이다. 인간의 거주는 언제나 안전하다는 느낌과 관련되었다. 하이데거의 철학에서 단순한 피난처는 거주에 해당하지 않지만, 거주는 '피난처'의 원리를 포함한다. 거주는 인간을 보호한다.

> 거주의 본성은 무엇에 존립하는가? 다시 한번 언어가 우리에게 말하는 것에 귀를 기울여보자. 옛 작센어 wuon, 고트어 Wunian은 옛말 bauen과 마찬가지로 어떤 장소에 머문다는 것을 의미한다. 그러나 고트어 Wunian은 머문다는 것이 어떻게 경험되는지를 좀더 뚜렷하게 말한다. Wunian은 평안함, 안식으로 이끎, 안식에 머무름을 의미한다. 안식을 의미하는 Friede는 자유로운 것, das Frye를 의미하며, fry는 위해와 위험으로부터 보존됨, 무언가로부터 보존되어 보호됨을 의미한다.[48]

안전하다고 느끼는 문제를 포함해야 한다는 이러한 근본적인 거주 요건은 멀리 인간의 깊은 역사로 거슬러 올라간다. 로빈 던바는 남아프리카의 오스트랄로피테신(원숭이와 인간의 특징을 모두 갖춘 두 발 보행 영장류)의 현장에 관해 쓰는 가운데 그 현장 가운데 다수가 "강 계곡 가장자리에 있는" 석회암 동굴이었으며, 이들 동굴은 이 생물들에게 따뜻함과 "잠자리로 쓸 큰 나무가 부족한 지역에서 포식자로부터의 안전"을 제공한다고 말한다.[49] 포식자·약탈자로부터 안전해야 할 필요는 특정한 동물을 길들이기, 농경의 증대, 그리고 결국 도시의 창조와 더불어 그저 늘어날 뿐이었다. 그리하여 어떠한 '근대적인' 인간의 정주나 문명도—오스트레일리아에서 유럽 정착민들에 의한 대규모 딩고 살육의 역사에서 볼 수 있듯이—인간 지배적 삶의 질서, 즉 인간을 크고 작은 포식자로부터 안전하게 지킬 수 있는 능력으로 정의되는 질서로 정의할 수 있을 것이다.[50]

그러나 오늘날 그것은 많은 지역이 단지 인간에게만이 아니라 다른 많은 종에게도 거주 적합하지 않게 될지 모르는 행성에서 안전하다고 느끼는 문제이다. 따라서 보호는 단순히 국민국가의 시민들뿐만 아니라 분명히 국가들 내부에서나 국가들을 가로질러 그 숫자가 증가할 이민자·난민·외국인으로도 확대되어야 한다. 이는 오늘날 그토록 많은 나라의 반이민 정책의 주요 경향과는 정반대이다. 그리고 인간 복지의 정치는 이 행성의 '거주 적합성'이라는 문제, 즉 인간 역사란 이 행성에서의 복잡한 생명 역사의 일부에 불과하며, 생물 다양성은 이 행성을 거주 적합하게 만드는 데서 결정적이라는 인식과 대화해야 한다. 우리는 인류를 한 생물학적 종의 행성 전체에 걸친 디아스포라로서 생각할 뿐만 아니라 또한 이 디아스포라에 대해서도 생명의 소수자 형식을 구성하는 것으로서, 즉 이 행성 위에서의 생물학적 삶의 대들보가 미생물적이라고 생각하기 시작해야 한다. 우리는 현재 상상할 수 없는 것처럼 보이는 질서, 즉 반드시 인간 지배적인 것은 아닌 질서를 향해 나아가야 할 것이다. 그렇다면 우리의 새로운 정치적 사유도 소수자 사상의 지적 유산을 끌어들여야지 사물의 질서에서 자기들의 지배를 가정하는 사람들의 견지에서 나와서는 안 된다.[51] 여기에는 우리를 위해 이미 도표로 만들어진 길은 존재하지 않는다. 우리는 점점 더 모든 정치적이고 경제적인 제도들이 여전히 얼마나 절망적으로 인간 중심적인지 알게 된다. 정치적인 것은 결국 인간의 조건에 대한 새로운 철학적 이해에 근거하여 다시 세워져야 할 것이다.

인간학적 개간을 향하여

그러므로 나는 사유에서의 특별한 연습으로 끝맺고자 한다. 그것은 독일 철학자 카를 야스퍼스가 20세기의 두 세계대전 사이 시기에 '신기원적 의식'이라는 이념을 발전시켰을 때 수행했던 것과 얼마간 유사하다. 나는 야스퍼스와 달리 우리를 여기에 붙들어둘 필요가 없다고 생각한다. 그러나 나는 그의 사상에서 이 연습의 정신이 어느 정도 예시되어 있다는 것을 알게 되었다.

물론 야스퍼스의 사유 맥락은 매우 달랐다. '핵 홀로코스트'는 지구온난화와 같은 종류의 위기 조짐을 나타내지 않는다. 둘 다 본성에서는 인위개변적일 수 있지만, 핵 위기가 재앙적인 비율의 일회적 사건일 수 있는 데 반해, 지구온난화는 많은 세대와 그 이상의 생명에 걸쳐 펼쳐지는 일련의 사건을 일컫는다. 하지만 우리가 알고 있는 대로의 문명을 파괴할 수 있는 그 능력 때문에, 둘 다 우리로 하여금 공통의 것(들)의 문제에 주목하게 하며, 바로 이 점에서 야스퍼스의 사유는 여전히 우리에게 제공할 것이 있을지도 모른다. 그 이념의 두 측면은 내가 여기서 하려고 하는 것과 특별한 관련이 있어 보인다. (a) '신기원적 의식'에 관한 그의 생각은 지구적 위기나 비상사태의 순간에 인류 전체를 역사철학의 대상으로 삼는 특정한 (주로 독일의) 전통에서 유래하며, 여기서 내 생각의 상당 부분은 그 전통을 계승한다. 그리고 (b) 야스퍼스가 이 '신기원적 의식'이라는 범주를 실제 정치의 공간을 배제하는 것이 아니라 관점이나 윤리 면에서 유리한 지점, 즉 그가 '전(前)정치적'이라고 특징지은 어떤 것을 창조하는 사유의 터전을 발견하기 위해 창안했다는 사실. 매우 특별한 의미에서 전정치적인 것, 즉 정치적 삶의 분할을 부정하고 비난하고 탄핵하는 것이 아니라 정치보다 **앞에** 오거나 정치적으로 생각하는 것 **앞에** 오는 어떤 것으로서, 이를테면 정치적인 것에 앞선 자리로서 자기 자신을 자리매김하려고 하는 형식의 의식.

1931년에 독일어로, 1933년에 영어로 출판된 책 《현대의 정신적 상황(Man in the Modern Age)》에서 야스퍼스는 '신기원적 의식'이라는 이념을 "한 세기 이상" 유럽 지식인들을 괴롭힌 문제로 자세히 설명했다. 더 나아가 그는 그것이 "〔거대한〕 전쟁" 이후 긴급해지고, 그때부터 "〔인류에 대한〕 위험의 중대성이 모두에게 명백해진" 문제라고 주장했다.[52] 야스퍼스는 '신기원적 의식'을 위한 맥락을 다음과 같이 설명했다. "인간은 존재할 뿐만 아니라 자신이 존재한다는 것을 안다. 그는 완전히 의식하는 가운데 자신의 세계를 연구하고 자신의 목적에 맞게 세계를 변화시킨다. 그는 '자연적 인과관계'에 개입하는 방법을 배웠다."[53] 따라서 신기원적 의식은 "근대적" 현상, 즉 인간이 "'자연적 인과관계'에 개입"하기를 배운 후에야 비로소 가능한 현상이었다.

야스퍼스는 전에는 그리스도교·유대교·이슬람교와 같이 "한 세대에서 다른 세대로" 전해지는 역사에 대한 "초월론적"이고 보편적인 개념이 있었던 데 반해, 이러한 사슬의 연속성이 16세기에 "인간적 삶의 의도적인 세속화"와 더불어 "단절"되었다고 주장했다.[54] 이것은 유럽이 지구를 지배하는 과정의 시작이었다. "그것은 발견의 시대였다. 세계는 그 모든 바다와 땅에서 알려지게 되었다. 새로운 천문학이 탄생했다. 근대과학이 시작되었다. 기술의 위대한 시대가 밝아오고 있었다. 국가 행정은 전 국민화되고 있었다."[55] 프랑스 혁명은 아마도 철학자들의 작업에서 '신기원적 의식'의 형태로 표현된 최초의 사건이었을 것이다. 그것은 "이성이 인간 사회의 잡초라고 인식한 모든 것을 가차 없이 뽑아 불에 던진 후, 이성적 원칙에 따라 삶을 다시 구성하려는 결심이 그 원동력이었던 최초의 혁명"이었다. 야스퍼스는 비록 "사람들을 자유롭게 하려는 결의가 자유를 파괴하는 테러로 발전했다"고 할지라도 혁명의 사실은 사람들을 "그 이후 그들이 그에 책임이 있다고 여긴 존재의 기초에 대해 불편하게 했는데, 왜냐하면 〔존재는〕 목적에 합치되게 수정되고, 심정의 욕구에 더 가깝게 개조될 수 있었기 때문이다"라고 썼다.[56] 야스퍼스는 칸트·헤겔·키르케고르·괴테·토크빌·스탕달·니부어·탈레랑·마르크스 그리고 누구보다도 우선 니체를 서로 다른 형태의 신기원적 의식의 담지자로 언급하고, 《현대의 정신적 상황》에 관한 그 자신의 의식을 선행하는 형식의 신기원적 의식을 보여주는 두 책인 발터 라테나우의 《시대의 비판에 대하여(Zur Kritik der Zeit)》(1912)와 슈펭글러의 《서구의 몰락(Untergang des Abendlandes)》(1918)과 더불어 자기의 시리즈를 끝맺는다.[57] 물론 우리는 이 목록에 마르틴 하이데거, 한나 아렌트 그리고 선행하는 논의가 제시하듯이 라빈드라나트 타고르의 이름을 포함하여 20세기의 다른 이름들을 추가할 수 있다.

사상의 한 형태로서 신기원적 의식은 두 가지 특성을 가진다고 생각되었다. 그것은 비전문적인 생각이었고, 좀더 중요하게는 해결책을 찾는 것으로 향해 있지 않았다.[58] 야스퍼스는 신기원적 의식이 "인간에게 결론의 안식을 주지 않고서 부여된다"고 말했다. 그러한 의식에 거주하려면 "끈기가 필요하다". 왜냐하면 "그것은 해결할 수 없다는 긴장 속에서의 인내를 요구하기" 때문이다.[59] 신기원적 의식은 궁극적으로 윤리적이다. 그것은 우리가 지구적인—그리고 지금은 행성적인—위기의 순간에 사유하고 있는 세계와 관련해 우리가 어떻게 행동할 것인가에 관한 것이다. 그것은 우리의 행위 지평을 떠받친다. 그래서 나는 독자와 대화하려는 마음에서 이렇게 제안한다. 야스퍼스가 니체를 인용하면서 썼듯이, "진리는 둘이 있을 때 시작된다".[60]

경이와 외경

지질학자 앤드루 글릭슨의 말을 상기해보라. "대지에 대한 외경의 감각을 잃은 인간이 이제 막 지각·꿈·신화·전설·부정의 영역 위로 올라서려고 한다는 증거는 없다. ……아마도 어떠한 살아 있는 종도 그 자신의 발명품을 통제하는 데 필요한 지혜와 책임을 지니기를 기대하기는 무리일 것이다. ……〔하지만〕 윤리가 없으면 호모 사피엔스는 살아남을 수 없다."[61] 외경·지혜·책임·윤리, 이것들은 대지에 대한 정신적 관계를 나타내는 세속적인 말들이다. 우리가 여기서 지질학의 언어를 넘어서 신학을 이웃하고 있다는 것은 의심의 여지가 없다. 외경은 단순히 호기심, 경이로움 또는 생명애에 관한 것이 아니다. '경계하다'를 의미하는 원시 이탈리아어 어근을 지니는 외경(reverence)은 두려움 및 경외와 혼합된 존경의 관계를 암시한다.[62] 우리는 행성과 그 행성 과정을 완전히 이해하지 못한다. 그것은 하이데거와 타고르 등이 그 윤곽을 그려 보인 상호성의 구조에 속하지 않는다. 우리는 언제나 그것의 '노여움'을 예측할 수도 없으며, 그래서 우리는 그것을 경계할 필요가 있다. 이 행성은 2019년의 오스트레일리아 화재가 증명했듯이 우리의 단적인 생존을 위해 (오스트레일리아에서 물을 두고 낙타와 그랬듯이) 다른 종들과 경쟁하는 생물적인 삶으로 우리를 되돌릴 수 있다. (복잡한 생명을 품고 있기 때문에) 기적적이고 위험한 어떤 것을 조심하는 것—언제나 상호성에 포용되는 것은 아니다—, 이것은 향수적이고 경고적인 기록에서이긴 하지만 글럭슨이 이야기하는 정신이다. 향수적인 까닭은 이 행성이 루돌프 오토가 《성스러움의 의미(The Idea of the Holy)》에서 "두려운 신비(mysterium tremendum)"라고 묘사한 어떤 것, 즉 "긴급하고 활동적이며 강력하고 살아 있는" 어떤 것을 지닌다는 것을 인간이 잊어버린 듯하기 때문이다. 도덕적인 아무것도 지니지 않는 "분노"를 표현할 수 있는 것—그것은 인간이 잘못했을 수도 있는 어떤 것에 대해 인간을 벌하지 않는다—, 그것은 우리를 비참한 피조물성의 감각으로 되돌릴 수 있다. 그것의 현존은 그렇게 압도적일 수 있다.[63]

생물 다양성은 현상을 바라보는 인간 학생들에게 기적적인 것의 감각을 불러일으킨다. 왜냐하면 이 행성에서 복잡한 생명체의 도래에는 어떤 불가피성도 없었기 때문이다. 대지 시스템은 복잡한 동물과 식물의 생명이 번성할 수 있도록 허락하는 섬세한 대기—우리의 '근대적' 대기—를 만들어냈다. 그 대기는 약 4억 년 동안 지속되어왔다. 우리는 그 대기에 의존하지만, **그것이 우리를 고려하여 만들어진 것은 아니었다.** 이론적으로 대기는 인간이 나타나지 않았더라도 거기에 있었을 것이다. 인간이 동물로서 나타났을 때, 우리의 동물적 삶은 두려움으로 가득 차 있었다. 우리는 윌리엄 제임스를 흉내 내어 그것이 다양한 고대 종교 경험의 하나의 원천이라고 말할 수 있을 것이다. 가장 중요한 것은 다른 동물과 영혼에 대한 두려움, 비인간과 살아 있지 않은 것에 대한 외경이 있었다는 점이다. 아프리카와 아메리카 대륙 그리고 오스트랄라시아의 고대 종교들은 세계가 주로 또는 심지어 오직 인간만을 위해 창조되었다는 생각을 제시하지 않는다. 두려움은 종의 생존에 결정적이었다. 왜냐하면 두려움이 종들 사이의 관계를 규정했기 때문이다. 그러고 나서 충적세와 인간 문명이 도래했다. 축이 되는 종교들은 우리를 창조 기적의 중심이라고 느끼게 했다. 유럽인들이 다른 민족의 땅을 빼앗고 점점 더 호사를 누리게 된 시기인 17세기와 18세기에 유럽 사상가들은 때때로 인류의 위치와 전망에 대해 지나치게 확신했다. 로크는 《통치론 제2론(Second Treatise of Government)》에서—분명히 신세계를 염두에 두고—땅은 인간에게 물만큼 풍부하다고 알렸다. "어떤 필지의 **땅**의 이러한 **전유**가 땅을 개선함으로써 어떤 다른 사람을 침해한 것은 아니었다. 여전히 충분하고 좋은 것이 남아 있었기 때문이다. 아직 제공되지 않은 것보다 더 많은 것을 사용할 수 있었다. ……누구도 다른 사람이 물을 마심으로써 자기가 손해를 입었다고 생각할 수 없었다. 한 모금 충분히 마셨어도 그는 다른 사람이 갈증을 풀 수 있도록 같은 물을 강 전체만큼 남겨두었다. 그리고 땅과 물의 경우에는 둘 다 충분히 있는 한 완전히 똑같다."[64] 그로티우스는 《해양자유론(Mare liberum)》(1609)에서 대양이 모든 인간의 공동 재산일 뿐만 아니라 우리를 위해 담고 있는 먹을거리의 양에서도 무진장하다고 선언했다. "왜냐하면 아주 많은 사람이 숲이 우거진 땅이나 어떤 개울에서 사냥을 하거나 물고기를 잡으면, 숲이나 개울의 야생동물이나 물고기가 아마도 고갈되겠지만, 그것이 바다에 적용될 수 없다는 이의 제기에는 일반적으로 동의하기 때문이다."[65] 유럽의 석학 카를 폰 린네가 우리, 즉 그 자신의 종을 지혜로운 인간, 호모 사피엔스로 분류하고, 그 옆에 마치 자신에게 말하기라도 하듯이 "너 자신을 알라(nosce ti ipsum)"고 작은 주해를 붙인 것은 1735년이었다. 린네는 그것을 자신의 《자연의 체계(Systema naturae)》(1758) 열 번째 개정판에 포함시켰다.[66] 그리고 같은 세기 후반에 칸트는 확신을 가지고 양의 등에 있는 양털이 우리, 즉 인간을 위해 의도된 것이라고 선언했다.[67] 마지막으로 산업과 자본주의의 근대성이 생겨났고, 그 뒤를 따라 지난 40년 동안 소비의 격렬한 지구화와 민주화가 이어졌다. 우리는 고대인과 원주민, 심지어는 농민의 종교 모두의 기반이 되었던 외경의 문화를 점차 잊어버렸다.[68]

글릭슨은 올바르게도 향수 어린 어조로 이 행성에 대한 외경을 이야기한다. 왜냐하면 유럽에서든 식민지에서든 근대적으로 되는 것은 근본적으로 서로 다른 많은 의미에서 (외국이나 국내의 압제자들에 대한 두려움도 포함하여) 두려움의 극복에 관한 것이었기 때문이다. 독자들은 호르크하이머와 아도르노가 그들의 《계몽의 변증법(Dialectic of Enlightenment)》을 다음과 같은 관찰로 연 것을 기억할 것이다. "진보적 사상의 가장 일반적인 의미에서 계몽은 언제나 인간을 두려움으로부터 해방하고 그들의 주권을 확립하는 것을 목표로 삼았다."[69] 19세기와 20세기의 근대화의 물결을 통해 전기와 기술이 결합하고 도시와 그 주민 수가 증가하자, 인간은 다른 생명 형식들과 자기 세계에 주어진 것의 일부라고 여겼던 것에 대한 두려움—과 그에 대한 외경—을 극복했다.

그렇다면 근대적이라는 것은 세계와 우주에 대한 아리스토텔레스적 경이와 호기심을 유지하지만, 홉스가 말하듯이, 법과 국가에 대한 시민의 정치적 두려움을 제외하고는 (본능이나 충동으로서의 두려움과는 구별되는) 가치로서의 두려움의 모든 감각을 잃는 것이었다. 만약 이것이 사실이라면, 인류세의 역사가는 하나의 과제와 마주하게 된다. 사실 자신의 번성을 위한 조건이자 동시에 그 귀결인 근대 인간은 다른 종에 대한 두려움을 상실했다. 우리가 인간 문명이라고 부르는 것에서 우리의 삶은 결정적으로 우리가 일상적인 일을 하려고 할 때 대부분의 다른 생명 형식들을 두려워할 필요가 없다는 것에 달려 있다. 이것은 근대적 삶의 기본 조건이다. 하지만 우리는 어떻게 이러한 두려움을 잃게 되었을까? 나는 이런 일이 모든 곳에서 동시에 일어나지 않은 까닭을 묻고 있다. 나는 주로 여우, 뱀, 박쥐 그리고 너무도 다양한 개구리와 같은 야생동물에 대한 두려움이 유령과 정령에 대한 두려움만큼이나 현실적이었던 1950년대의 캘커타에서 성장했다. 나중에 전기가 들어오고 사람들이 이동해 와 더 많은 집을 짓기 위해 땅을 개간하면서 이 생명체들은 사라졌다. 도시에서 볼 수 있는 다양한 새들도 줄어들었다. 그 과정은 인도에서 여전히 진행 중이다. 안누 잘레스의 작품이 벵골 남부 순다르반 삼각주 지역의 마을 주민들 사이에서 보여주듯이, 인도와 방글라데시에는 동물(이 경우에는 호랑이)이 여전히 두려움의 대상이 되고 때로는 숭배받는 지역이 있다.[70]

그래서 여기에는 실제로 유럽을 지방화하기 위한 프로젝트가 존재한다. 근대인의—본능이 아니라 가치로서의—두려움 상실의 역사, 즉 의심할 여지 없이 유럽에서 시작되는 과정을 우리는 어떻게 기록하는가? 17세기 근대 (유럽) 정치 사상의 창시자들은 야생동물에 대한 인간의 두려움이 정의상 '자연적' 질서의 일부라고 가정했다. 그러므로 그들의 텍스트에서 인간의 생명과 재산의 보호는 야생동물이 아닌 다른 인간의 약탈적 관행으로부터의 보호를 의미했다.[71] 예를 들어 《시민론(De cive)》(1642)에서 "비이성적인 동물에 대한 권리"를 논하는 홉스는 인간의 거주지가 이미 야생동물에 대한 두려움에서 벗어났다고 가정했다. 이것은 정치적으로 되기 위한 조건이었다. "자연 상태에서는 모두에 대한 모두의 전쟁으로 인해 누구나 그것이 자기의 이익이라고 보일 때마다 정당하게 인간을 제압하거나 죽일 수 있다. 이것은 동물에 대해서는 훨씬 더 사실일 것이다. 다시 말하면 사람들은 길들이거나 유용하게 만들 수 있는 동물을 마음대로 자기를 섬기게 하고, 나머지 해로운 동물과 계속해서 전쟁을 치르게 하여 사냥하고 죽일 수 있다. 동물에 대한 이러한 **지배**의 기원은 **신적인 실정적 권리**가 아니라 **자연의 권리**에 있다."[72] 홉스는 다음과 같이 덧붙인다. "〔자연 상태에서〕 인류의 조건은 확실히 매우 힘들었을 것이다. 왜냐하면 야수들은 너무도 순진무구하게 인간을 먹어 치울 수 있지만, 인간은 야수들을 먹어 치울 수 없었기 때문이다. 그러므로 자연적 권리에 의해 동물이 사람을 죽이는 까닭에, 인간이 동물을 도살하는 것도 같은 권리에 의해서일 것이다."[73] 그렇다면 홉스에게 '야생동물'은 인간이 국가를 건설했을 때 인간 조건의 일부분이 아니라, 이미 인간의 원래 상태의 일부분이었다.

이 행성은 우리 주변 세계에 대한 외경의 느낌을 극복하려는 이러한 추구가 가치 있는 일이긴 하지만 또한 가치 영역에서의 상실이기도 했다는 것을 우리에게 상기시킨다. 그리고 어떤 면에서는 중대한 상실이었다. 단순히 대지에 대한 인간의 지배에 관한 것이 아닌 새로운 정치사상 전통을 구축하는 데서 우리는 거주 장소에 대한 우리의 관계에서 경이와 외경 양자의 요소들을 결합하는 방법을 발견할 필요가 있을 것이다. 그 과제가 집단적이고 역사적으로 그리고 정치적인 것의 기존 공간을 통해 어떠한 성공의 보장도 없이 달성되어야 하지만, 홉스는 우리에게 적어도 수사학적인 출발점을 준다. 그러나 우리는 그 자신의 의도에 반해 홉스를 읽음으로써만 출발점을 발견한다. 《리바이어던》에서 홉스는 사려(prudence)와 지혜(sapience)에 해당하는 두 개의 라틴어 단어를 독자들에게 해설한다. 그는 이렇게 쓴다. "많은 경험이 **사려**이듯 많은 학문(science)이 **지혜**이다. 왜냐하면 우리가 보통 그 둘 다에 대해 지식(Wisedom)이라는 하나의 이름을 갖고 있지만, 라틴어는 언제나 프루덴티아(Prudentia)와 사피엔티아(Sapientia)를 구별하고, 전자를 경험에, 후자를 학문에 돌렸기 때문이다." 홉스는 경험보다 "학문"을 더 높이 평가했다. 그는 사려나 경험은 "유용"하지만, 학문은 "전혀 틀림이 없다"고 말한다. 그는 명확했다. "**이성**은 평화〔pace〕이다. **학문**의 증가는 **길**이다. 그리고 인류의 이익이 **끝**이다."[74] 학문이 없을 때는 경험의 안내와 "자연적 판단"이 있을 수 있다. 왜냐하면 홉스가 보기에 가장 나쁜 잘못은 교조적으로 텍스트에 들러붙는 것, 아는 체함의 잘못이기 때문이다. "하지만 한 사람이 그에 대해 틀림이 없는 학문을 지니지 못하는 어떤 일에서 그냥 지나치는 것, 그 자신의 자연적 판단을 버리고 저자들에게서 읽은 일반적 문장에 의해 인도되고 많은 예외에 복종하는 것은 어리석음의 표시이며, 일반적으로 아는 체함의 이름으로 경멸당한다."[75] 그러나 경험은 학문보다 열등했다. 경험은 학문의 "틀림이 없음"을 갊

어지지 못했고, 더 나쁘게는 언어의 모호성에 대한 어떠한 보장도 아니었으며, 그런 이유로 그것은 질서를 위한 토대를 제공하지 못했다. 따라서 홉스는 언제나 학문, 사피엔티아를 자신의 정치적 질서의 철학에서 순전한 **사려**나 경험보다 더 높은 가치를 지닌 것으로 선호했다. 그는 《리바이어던》에서 이렇게 쓴다. "인간 정신의 빛은 명료한 말들이지만, 정확한 정의로써 먼저 밝혀지고 〔그러고 나서〕 모호함으로부터 순화되어야 한다. 반대로 은유와 무의미한 모호한 말들은 바보의 불〔ignes fatui〕과 같다. 그것들로 추론하는 것은 수많은 불합리 사이에서 헤매는 것이다. 그리고 그것들의 끝은 다툼과 선동 또는 모욕이다."[76] 그는 **사려**를 "**지나간** 시간의 **경험**으로부터 오그라든 **미래의 추정**"이라고 정의하지만, 여기서 미래의 추측은 "오직 경험에만 근거한" 것으로서 취약하다.[77]

오늘날 누구도 말들을 그 내재적 모호성으로부터 순화하거나 그러한 상상된 순화 위에 정치적 질서를 기초하는 것이 가능하다고 생각할 것 같지는 않다. 또한 학문, 즉 과학은 그것이 한때 홉스에게 지녔던 확신을 짊어지지 못할 것이다. 그것이 경험보다 우월하다는 주장도 도전받지 않을 수 없을 것이다. 왜냐하면 우리에게 과학과 기술의 오류 가능성을 말해주고 많은 사람이 그 힘에 대해 정당하게 오랫동안 느껴온 심원한 양면성을 강화하는 것은 바로 우리의 과학과 기술이 생물권에 끼치는 영향에 대한—간접적이고 직접적인—'경험'이기 때문이다. 하지만 다른 한편으로 인간의 숫자와 오늘날 많은 수의 사람들이 누리는 삶의 질 둘 다에서 과학과 기술이 인간 번성의 핵심이었다는 것을 누가 부인하겠는가? 선 또는 악을 위해—어쩌면 선**과** 악을 위해—우리는 바로 우리의 기술적 발명 덕분에 우리의 뇌가 인간 역사에서 다른 어떤 시기에 가능했던 것보다 훨씬 더 많은 자극을 받는 세계에 살고 있다. 그리고 인간의 경제와 인간의 숫자 면에서 '거대한 가속' 시기의 이 같은 번성은 행성 위기에 대한 현재 우리의 감각도 창출했다.

홉스의 논의는 우리에게 하나의 물음을 남긴다. 인간은—타고르와 다른 사람들에 반하여—복잡한 생명의 역사에서 인간이 특별하다거나 좀더 커다란 사물 도식의 중심이라고, 또는 인간이 심지어 전체를 볼 수 있다고 가정하지 않고서 근대의 정치 사상을 새롭게 할 수 있도록 인류세 경험으로부터 배울 수 있을까? 호모 사피엔스는 우리를 갈라놓는 정치적 싸움이 무엇이든 간에 호모 프루덴스(Homo prudens, 사려의 인간)이기를 배울 수 있을까? 나는 인간이 자신이 속한 세계에 대한 외경을 상실한 것을 이해하고자 하는 프로젝트가, 근대 인간이 화석연료를 방탕하게 사용함으로써 가능해졌던 것들을 포함하여 다양한 형태의 지배와 착취에 맞서 투쟁하는 데서 언제나 필요로 했던 도덕적 용기를 부인하는 프로젝트가 아니라는 점을 명확히 해야 한다. 실제로 그러한 도덕적 용기는 글릭슨이 그 상실을 한탄하는 외경의 정신과 쉽게 공존할 수 있다. 여러 가지 면에서 모한다스 간디와 같은 사람은 이러한 두 가지 가치를 자신 속에 구현했다.[78] 호모 프루덴스가 되기를 배우는 것은 도덕적 용기를 잃는 것이 아니다. 도덕적 용기, 예를 들어 레이첼 카슨의 용기를 갖는 것은 인간의 경험으로부터 배우고 인간적인 것의 지배적 비전에 의문을 제기하는 것과는 상반된 것이다.

인간적인 것의 지배적 비전은 내가 행성적인 것이라고 부르는 것에 대한 냉담한 무관심에 인간을 드러내고 노출시킨, 추출적이고 소비주의적인 지구적 자본주의의 집중적 성장과 더 이상 분리될 수 없다. 또한 인간은 이제 시간 관리의 위기에도 처해 있다. 왜냐하면 행성 달력(IPCC가 말하는 것)과 지구의 달력(유엔이 관리하려고 하는 것)은 언제나 동시에 진행될 수는 없기 때문이다. 나는 이것이 사실상 인간에게 심원한 현상학적인 도전이라고 제안하기도 했다. 왜냐하면 우리가 마주하는 몇 가지 문제로 인해 우리의 척도가 작아졌기 때문이다. 우리의 체화된 자아와 우리의 제도들은 지질학적인 시간 척도에 걸친 문제를 다루기 위해 진화하지 않았다. 우리는 깊은 시간의 작품을 주어진 것으로 받아들임으로써 진화했고, 지난 몇백 년 동안 우리 주변의 세계를 '우리를 향해' 존재하는 어떤 것으로 생각함으로써 '근대적'으로 되었다. 그러한 가정을 공유하지 않는 인간 집단이 있었고 여전히 존재한다. 하지만 그들은 세계를 위한 싸움에서 '근대인'에게 패배했다. 주로 인간 역사의 드라마가 펼쳐질 배경을 제공하기 위해 세계가 존재한다는 가정은 (2019~2020년의 거대하고 비극적인 오스트레일리아 화재가 극적으로 예시한) 냉혹한 충격과 만났다. 우리는 이제 이 행성이 인간을 염두에 두고 만들어진 것이 아님을 갈수록 더 알게 된다. 우리가 기후변화, 종 멸종, 해수면 상승, 바다의 산성화, 극단적인 기상 사건, 물과 식량 안보 같은 쟁점들을 다루는 것을 통해 이 행성을 다룰 수밖에 없게 되면서 사람들은 기본적으로 두 가지 종류의 외침을 듣는다. 그것들은 둘 다 현대의 인간 곤경에 대한 인식에서 유래한다. 하나는 행성에 대한 인간의 지배를 확대하고, 한때 '자연'이 있었던 곳에서도 (인간의 계산에 의해) 오직 기술과 인간의 정의만이 우세하도록 보장함으로써 이 행성을 '지능적' 행성으로 만들라는 외침이다.[79] 이는 지구적인 것의 작업을 계속하고 강화하는 것이고, 행성적인 것을 다시 그 범위 안으로 접어넣으려 시도하는 것이다. 다른 외침—내가 판단하기에 현재 유토피아적이지만 절대적으로 중요하고, 이 책에서 인용한 많은 이들의 목소리인 외침—은 더 이상 유럽의 제국들, 포스트식민주의적이고 근대화하는 민족주의, 자본주의적이고 소비주의적인 지구화가 지난 500년 동안 창조한 인간 지배적 질서, 즉 1950년대 이후 가속화되는 사건들의 속도에 속하지 않는 행성을 향해 일하는 것이다. 하지만 인간들은—아마도 서로 다른 수준의 조직들에서 두 선택지의 서로 다른 혼합을 통해—이 상황을 다루기 시작하고 있으며, 그들은 서로 연관되지만 구별되는 두 개의 개념적 실체—지구와 행성—로부터 자기의 행동 방향을 끌어내야 할 것이다. 여기서 지구는 여전히 인간 중심적 구성으로 남아 있고, 행성은 세계에 대한 우리의 서사에서 인간을 탈중심화하고 있다.

로이 스크랜턴은 사려 깊은 저서 《인류세에서 죽는 법 배우기(Learning to Die in the Anthropocene)》에서 이러한 소비주의적이고 자본주의적인 문명의 죽음에 대비하자고 제안했다.[80] 하지만 **이** 문명의 죽음은 가능한 모든 문명 이념의 죽음을 의미하지 않는다. 내가 보기에 문명화된 인간 미래의 어떠한 정의로운 비전도 다음 세 가지 원칙을 받아들여야 한다. (a) 모든 인간의 삶을 보호하고, 그들의 번영을 가능케 하며 보장할 필요가 있다. (b) 거주 적합한 행성에 이바지하는 생물 다양성을 보호해야 한다. 그리고 (c) 현재의 인간 지배적인 대지의 질서에서 철수하는 과정을 시작하고 진전시킬 필요가 있다. 다시 말하면 지속가능성이라는 인간 중심적 이념은 거주 적합성이라는 행성 중심적 이념에 호소해야 할 것이다. 왜냐하면 지구적인 것의 강화가 우리를 행성과 만나게 했다는 나의 명제가 사실이라면, 유럽의 제국들과 자본주의가 만들어냈고 1990년대 이후 이론가들이 숙고했으며 역사가들이 기록하고 분석해왔던 **순수하게** 지구적인 것의 시대는 이제 끝났기 때문이다. 우리는 지구적인 것과 행성적인 것이 마주치는 끝점에 살고 있다.

후기

지구적인 것은 행성적인 것을 드러낸다

브뤼노 라투르와의 대화

브뤼노 라투르(BL) 저는 당신에게 행성적 갈등들 사이에서 방향을 어떻게 잡아야 할지 묻고 싶습니다. 실제로 당신에 따르면 행성에 대한 서로 다른 많은 개념이 있고 정치의 행성적 차원을 느끼거나 의식하게 되는 서로 다른 방법들이 있습니다. 그래서 저는 당신에게 먼저 현재의 보수 혁명과 관련된 견해를 묻고 싶습니다. 그리고 잠시 후 이 용어를 언급할 때마다 하이데거가 등장합니다. 오랜 대지나 반동적 대지라고 불릴 수 있는 이런 유형의 대지를 당신은 어떻게 정의합니까? 왜냐하면 그 경우 우리는 당신이 '행성적인 것의 출현'이라고 부르는 것과 비교하여 다른 것들을 더 잘 자리매김할 수 있기 때문입니다.

디페시 차크라바르티(DC) 발견술적으로 이야기를 단순화하자면, 만약 제가 노동과 자본주의의 역사에서 시작하여 대지와 행성을 그것과 연결한다면, 당신은 대부분의 유럽 언어에서 노동(labor)이 어원적으로 수고와 관련이 있음을 알 것입니다. 그것은 정말로 육체의 물리적이고 고된 노동입니다. 대상은 말일 수도 있고, 아이일 수도 있습니다. 독일어 아르바이텐(arbeiten)은 어원적으로 (열심히 일하는) '고아(orphan)'를 뜻하는 인도유럽어와 관련이 있습니다. 마르크스가 자본주의를 분석할 때 그의 비판 방정식은 기계와 인간, 그리고 심지어는 동물 사이에 있습니다. 《자본(Capital)》 제1권에서 그는 대형 기계 가운데 일부가 어떻게 말의 다리 움직임을 합체하고 있는지, 그 다음으로는 인간의 팔과 다른 신체 부위의 움직임을 합체하고 있는지 기술합니다.[1] 바로 그것이 마르크스가 괴테를 인용해 기계가 작업자에게서 그의 몸을 강탈하고 있다고 말하는 까닭입니다. 하지만 **일/작업**(work)이라는 말은 어원적으로 그리스어에서 에너지를 뜻하는 말과 연결되어 있습니다. 이것은 17세기 뉴턴의 '일'에 대한 정의입니다. 그것은 소비된 에너지입니다. 저는 자본주의가 수고로서의 노동과 함께 그 역사를 시작한다고 생각합니다. 그러나 자본주의는 기술의 발전과 더불어 일을 해내기 위해서는 육체노동이 필요하지 않다는 것을 발견합니다. 기술이 있으면 폭포로 일을 해낼 수 있습니다. 바람으로 일을 해낼 수 있습니다. 기계로, 인공지능으로 일을 해낼 수 있습니다. 일/작업의 영역은 자본주의하에서 확대되는 것입니다. 지난 수십 년 동안 AI의 사용과 더불어 우리는 노동/수고였던 작업의 미래가 불확실하다는 것을 알 수 있습니다. 이것이 보편적 기본소득에 대한 논쟁을 불러일으키고 있고요. 고용되어 일하지 않을 사람들을 어떻게 할 것인가? 일부 사람들만이 일하고 임금이 지급되는 노동을 하게 될 것입니다. 작업이 확대되면서 자본의 범위가 확대되고, 생물권에 대한 우리의 수요도 확대됩니다. 이것은 직접적으로 생물권에 영향을 미치며, 자원 동원으로 인해 깊은 대지에 영향을 미칩니다.

BL 사물의 추출이죠.

DC 옳습니다. 추출 자본주의는 점점 더 생물권에 의존하게 됩니다. 자본주의가 작업의 영역을 통해 깊은 대지로 들어가면 들어갈수록, 내가 행성이라고 부르는 것과 더 많이 마주칩니다.

BL 여기서 생물권이 좋은 용어인가요?

DC 생물권은 임계 지대의 부분입니다. 그래서 자본주의는 깊은 지구뿐만 아니라 임계 지대에 대해서도 더 많은 요구를 하고 있습니다.

BL 그러면 우리가 행성을 발견할 수 있게 해주는 것은 노동입니까? 아니면 자본주의를 통한 그 노동의 터무니없는 확장입니까?

DC 그것은 실제로는 노동의 중요성 감소와 작업의 증가하는 중요성입니다. 이는 마르크스를 얼마간 다소 쓸모없게 만듭니다. 왜냐하면 가치, 추상적 노동, 살아 있는 노동에 대한 그의 모든 개념은 인간의 존재에 토대하는 데 반해, 작업은 인간의 존재를 같은 정도로 요구하지 않기 때문입니다. 저는 산이 저를 위해 작업하게 할 수 있습니다. 이것은 실제로 지렛대의 원리입니다. 자본주의가 팽창하면서 여기서 위기가 만들어집니다. 그 위기는 종종 우리가 사회학에서 작업의 미래 문제라고 부르는 것입니다. 작업의 미래에 무슨 일이 일어날지 말할 때 사회학에서 의미하는 것은 노동, 즉 임금이 지급되는 수고의 미래입니다. 그러나 자본주의는 팽창하여 이 위기를 만들어내고 있으며, 실제로 인간의 지형학적 역할을 증가시킵니다. 요컨대 우리가 행성의 표면을 변형시키는 방법입니다. 사회학자들이 인류세에서는 인간이 가장 큰 대지 이동 행위자라고 말하는 사실입니다.

BL 잠깐만요! 당신은 너무 서두르고 있어요. 우리는 아직 인류세를 보지 못했습니다. 지금까지 우리에겐 그저 들판에서 힘들게 일하는 사람이 있을 뿐입니다.

DC 중언부언이 되는데요.

BL 아직 '행성'은 없습니다.

DC 그래서 우리는 하이데거의 대지로 시작하고, 18세기 토양 화학의 발견과 지속가능성의 개념에서 시작합니다. 이것은 자본주의의 한 수준이 시작되는 곳이죠. 그것이 도입하고 있는 것은 우리가 기술이라고 부르는 것의 역사입니다.

BL 기본적으로 생산이죠.

DC 그러나 카를 슈미트의 용어로 하자면 이것은 당신이 내게 참조하라고 한 책에서 슈미트가 "무연고적 기술"의 이야기라고 부르는 것입니다.[2] 놀랍지 않습니까? 그는 배를 무연고적 기술로 봅니다. 왜냐하면 배 위에서의 삶은 배 안에서의 기술에 완전히 의존하기 때문입니다. 이 기술은 그의 용어로는 무연고적인데, 왜냐하면 땅 위에서의 기술이 그렇듯이 사회에 내장되어 있지 않기 때문이죠. 하지만 기술은 점점 더 훨씬 무연고적이게 되고, 그럴수록 그만큼 더 작업의 영역을 확대할 수 있습니다.

BL 생물권이 한계를 가진다는 것을 당신이 발견하기 전까지 말이죠.

DC 그렇습니다. 하지만 동시에 이것은 깊은 대지를 마주칠 수 있게 해줍니다. 그것은 제가 행성이라고 부르는 것의 부분입니다. 이 수준에서의 작업은 더 많은 지진으로 이어질 수 있습니다. 다음의 것을 고려해보십시오. 화석연료 사용은 이산화탄소 배출을 초래합니다. 화석연료를 찾기 위해서는 깊이 파고들어가야 하며, 작업을 수행하는 정교한 기술과 기계가 필요합니다. 행성 표면의 가열은 지진과 쓰나미 같은 지구물리학적 사건에 공헌합니다. 지질학자 빌 맥과이어의 《거인을 깨우다(Waking the Giant)》라는 책이 있습니다. 이 책의 부제는 '변화하는 기후는 어떻게 지진, 쓰나미, 화산 폭발을 유발하는가' 입니다.[3]

BL 이것은 지구적인 것으로의 움직임인가요?

DC 행성적인 것이 지구적인 것으로 들어오는 곳이죠.

BL 좋습니다. 당신은 지구적인 것이 행성적인 것을 드러낸다고 말했기 때문이죠.

DC 지구적인 것은 행성적인 것을 폭로합니다.

BL 그에 대한 자료가 있을까요?

DC 저는 하이데거 용어에서의 '대지'가 더 오래되었다고 말하고자 합니다.

BL 그 원생적 범위에서 말이죠.

DC 그렇습니다. 지구적인 것은 15세기부터 계속 전진하고 있습니다. 저는 행성적인 것이 20세기 초에 질소 고정, 즉 하버-보슈 공정과 함께 시작된다고 말하고 싶습니다. 왜냐하면 우리는 실제로 행성 과정에 들어가고 있기 때문입니다. 물론 행성적인 것은 대지가 거기서 나오는 것이죠. 지구적인 것은 유럽의 확장과 우리가 사는 구체를 우리를 위한 지구로 만들 수 있는 기술의 발전을 포함하는 역사적 과정에서 비롯됩니다.

BL 그렇죠. 지구적인 것이 없었다면, 우리는 행성적인 것을 발견하지 못했을 겁니다. 그렇다면 행성적인 것은 소급해서 수십억 년을 아우릅니다.

DC 바로 그렇습니다. 그것이야말로 역사적 전망이 열리는 곳입니다.

BL 그렇다면 행성은 지구적인 것에 선행합니다.

DC 옳습니다.

BL 물론 그것이 아주 늦게 도착한다는 것만 제외한다면 말이죠.

DC 그렇습니다. 우리는 그 존재를 늦게 알게 됩니다.

BL 좋습니다.

DC 제가 여기서 말하려고 했던 것은 이러한 것입니다. 제게는 두 장의 사진이 있습니다. 제가 가지고 오지 않았습니다만, 그 사진들은 정말 인상적이죠. 저는 제 이웃의 네 살짜리 아이의 사진 두 장을 나란히 붙였습니다. 아무 자기인식도 없이 한 대지 이동 기계(earth-moving machine: 토공 기계)를 지나쳐 걸어가는 것과 그다음 순간 모래 구덩이에 앉아 모래를 움직이는 모형 기계를 가지고 놀고 있는 사진입니다. 제가 이 이미지들을 활용하는 것은 어린아이가 이 장난감 기계를 사용하는 것이 인간이 하는 일이라고 생각하면서 자라나는 정도로까지 인류세 또는 인류의 대지 이동 행위가 자연스러운 것이 되었다고 말하기 위해서입니다. 그런 의미에서 인간의 행성적 역할은 실제로 개인의 삶, 즉 그들의 전기에서 나타날 수 있죠. 이 아이는 한 동료의 아이입니다. 어느 날 저는 그들의 집으로 걸어 들어가 이 장난감들을 보았죠. 저는 동료에게 외쳤습니다. "이건 인류세 장난감이야!" 그래서 이 아이의 아버지인 제 동료가 이 문제에 관심을 지니게 되었고 이 사진들을 제게 보내주었습니다.

BL 하지만 잠깐요, 이 아이가 놀고 있을 때, 그것은 매우 긍정적이었어요. 오늘날 우리는 아이들이 같은 대지 이동 장난감을 가지고 있는 상황에 부딪힐지도 모르지만, 생태학적 정신을 지닌 부모는 아이를 말리며 "그 끔찍한 것들을 가지고 놀지 마!"라고 말할 수도 있지요.

DC 왜냐하면 우리는 그것들을 인류세 장난감이라고 부르지 않았기 때문입니다. 개발 장난감이라고 불렀죠.

BL 인류세를 가리키거나 개발에서 인류세로 변화하는 말은 언제 시작된 건가요? 거대한 가속은 언제 긍정적인 것 대신에 소름 끼치는 것이 된 건가요?

DC 저는 그것이—(헤겔주의적인 것이 아닌) 인식, 그래서 인식의 시작에 대해 말하는 것은 적절한 용어가 아니지만—확실히 레이첼 카슨에서 《성장의 한계》에 이르기까지, 따라서 1962년에서 1972년까지 시작된다고 말하고자 합니다.[4] 그 10년 사이에 일정한 변화가 일어나죠. 그 변화는 아시아에 도달하지 못합니다. 중국은 1978년에 실제로 '4대 근대화' 운동을 시작합니다. 인도는 1991년에 자유화하고, 이제 근대화하고 있다고 생각합니다. 변화는 대부분 서구에서 일어나지만, 저는 그 점이야말로 진짜 의심이 들 때라고 말하고 싶습니다. 레이첼 카슨이 제대로 된 과학자가 아니라는 이유로 권위자들에 대항하여 수행해야 했던 그런 싸움 말이죠.

BL 그래서 행성적인 것은 기본적으로 근대화인 지구적인 것과 행성 사이에 충돌이 있다는 느낌으로 등장합니다. 그것은 역사의 관점에서 나라마다 서로 다른 식으로 매우 분화되어 있습니다.

DC 지구화보다 더 분화되어 있죠. 개발 이야기는 제국주의와 동시에 진행되기 때문입니다. 제국은 사람들을 발전시키고 있다고 말해요. 1950년대, 특히 1958년 로스토의 성장의 단계들 말이죠. 저는 우리가 개발/근대화를 조직하고 있다고 생각하며 인도에서 자랐습니다. 근대화하는 것이 우리의 야망이었죠. 1950년대로 되돌아가면, 대규모 댐과 같은 기술에 대한 대중적인 변호는 사람들에게 먹을거리를 제공한다는 관점에서 이루어졌습니다.

BL 그러면, 녹색 혁명은 어떤가요?

DC 글쎄요, 그것은 1968년 또는 1969년의 나중 일입니다. 하지만 1950년대에도 예를 들어 댐이 있습니다. 댐의 정당성은 사람들을 먹여 살리는 것이었죠. 1930년대부터 인구 전문가들은 충분한 식량이 있는지 물어보려고 만납니다. 대지의 부양 능력은 충분한가? 내가 보는 흥미로운 것들 가운데 하나는 근대화 이야기가 모종의 세속적 윤리를 지닌다는 점입니다. 그것은 가난한 사람들을 돌보는 세속적이고 비종교적인 방법이죠. 이것이 결국 사람들을 먹이게 되리라는 수사학은 우익과 좌익 사람들이 쓰는 글 모두에 존재합니다.

BL 그렇다면 여기에는 적어도 행성의 한 유형의 시작이 존재합니다. 그것은 아직 '행성적인 것'이 아닙니다. 우리는 '행성적인 것'을 인류세를 위해 유보하는 것인가요?

DC 그렇습니다.

BL 이미 여기에 행성에 대한 느낌이 있지만, 그것은 배경과 자원으로서의 행성이군요.

DC 옳은 말씀입니다.

BL 그리고 문제는 '그 자원이 얼마나 큰가?'입니다.

DC 그것이야말로 한계 문제가 발생하는 방법이죠. 그래서 유한성 문제입니다.

BL 그것은 아직 개발 중입니다. 여전히 지구적인 것이죠. 그래서 지구적인 것은 행성을 지닙니다.

DC 지구적인 것에는 그 자신의 행성의 그림자가 드리워져 있습니다.

BL 그리고 나서 갑자기 1970년대/1980년대에 서양에서 이 행성은 자원으로서 느껴지기도 하고 행성적인 것이 다소 부정적이거나 당혹스럽다고 느껴지기도 합니다.

DC 그것은 1960년대에 제임스 러브록과 그의 동료들에게서 모습을 드러내고 있었지만, 우리는 알아차리지 못했습니다.

BL 하지만 당신에 따르면 가이아와의 연관성은 대지 시스템 과학의 경우만큼 강하지 않습니다.

DC 가이아가 대지 시스템 과학으로 돌연변이한 것입니다.

BL 그렇다면 그 둘 사이에는 갈등이 존재합니다. 하지만 저는 서로 다른 행성 정의들의 다른 특징들 가운데 하나로 돌아가고 싶습니다. 바로 행위의 문제이죠. 왜냐하면 결국 이것이야말로 당신이 기후 문제에 관심을 기울이기 시작한 곳이기 때문입니다. 분명히 지구적인 것을 밀어붙이는 역사의 행위자는 산업이었죠.

DC 그리고 마르크스에게는 노동이었어요.

BL 그리고 물론 그것이 사회주의의 가능성을 제공했던 것입니다. 유감이지 않을 수 없습니다. 이것은 당신이 여러 번 대답한 물음입니다. 이제 행성적인 것에서 역사의 새로운 행위자는 무엇인가요? 누가 그 행위자인가요? 그는 사회주의의 역사로부터 알아볼 수 있는 행위자인가요? 아니면 완전히 새로운 유형의 인간인가요?

DC 상황에 대한 저의 이해는 다음과 같습니다. 1970년대부터 '행위자'의 형상에 무언가가 발생하고 있습니다. 자율적 행위자로서의 매우 인간적인 존재, 이 형상은 1960년대의 민주화하고 포스트제국적인 서구에서 매우 대중적이었죠. 점점 더 서구의 복잡한 사회는 행위의 문제를 다양한 삶의 영역에서 행위를 구획함으로써 다루고 있었습니다. 만약 당신이 어떤 것에 책임이 있거나 비난받을 만하게 여겨지는 곳에서 법으로 다루어질 수 있는 어떤 것에 연루된다면, 대부분 법은 여전히 인격이라는 로크주의적 개념을 사용할 것입니다. 당신은 자율성을 지닌 사람으로 보여질 것이고, 책임을 질 수 있다고 여겨지겠죠. 정신적 이상을 갖고 있다면 당신은 용서받을 것입니다. 반면에 1970년대/1980년대에 이르러〔1980년대 중반에〕 궤양이 스트레스가 아닌 박테리아에 의해 발생한다는 것을 의사들이 발견했을 때, 당신을 치료하는 의사는 당신을 로크주의적 인격으로 대하지 않을 것입니다. 의사는 실제로 이렇게 말하겠지요.

BL 당신은 감염되었어요, 라고요.

DC 당신은 미생물 군집을 갖고 있습니다. 당신 안에는 다른 살아 있는 것들이 있습니다. 어떤 면에서 이것은 당신〔BL〕과 다른 사람들이 배치한 세계이죠. 그것은 연결성의 세계이고 당신이 행위의 분산된 형식들이라고 부르는 것입니다. 당신과 다른 사람들이 이야기한 세계는 실제로 점점 더 가시화되고 있었습니다. 하지만 정치 제도, 법률 제도는 이전 그대로 계속되고 있었습니다.

BL 로크주의적 주체들과 함께 말이죠.

DC 마치 그 지식은 정치적 관련성이 없는 것처럼 말이죠. 저는 그것이 우리가 지금 훨씬 더 증대된 규모로 직면하고 있는 문제라고 생각합니다.

BL 그러면 우리는 더 이상 어디에서도 로크주의적 주체를 가지고 있지 않다는 건가요?

DC 하지만 우리는 여전히 로크주의적 주체인 척해야 합니다. 그것이 우리가 투표하는 방법이죠. 또한 국가들이 서로 이야기하는 방법이기도 합니다. 유엔에서는 모든 국가가 법적이고 정치적인 인격성을 지닙니다. 우리가 큰 나라들이 책임이 있다고 말할 때, 또는 자본주의가 온실가스 배출에 책임이 있다고 말할 때, 우리는 자본주의에 대해 마치 그것이 도덕적/법적 인격성을 가지고 있는 것처럼 말합니다.

BL 그렇다면 과거의 인정된 행위자들과 행성적인 것의 새로운 행위자들 사이에는 단절이 있는 건가요?

DC 글쎄요, 현실적인 단절이 존재하죠. 그리고 우리는 아직 분열을 연결할 정치적 다리를 갖고 있지 않습니다.

BL 그래서 역사의 행위자는 인간이 아니라 '대지에 묶인 자들'입니다.

DC 그들은 대지에 묶여 있고, 인간보다 더 많습니다. 그리고 정치 사상은 인간과 인간이 그 일부이기도 한 이러한 더 큰 복합체 사이의 어떤 연결고리를 구축하려고 시도하지 않았죠. 우리는 아직 인간보다 더 많고 필연적으로 인간을 포함하는 이 행위자를 정치적으로 어떻게 인정해야 할지 알지 못합니다.

BL 당신은 **지상의**(terrestrial)라는 형용사에 편안함을 느끼시나요?

DC 그렇습니다.

BL 로크주의적 주체가 아니라 지상의 주체, 인간인지 인간이 아닌지를 명시하지 않는 형용사죠.

DC 바로 그렇습니다. 하지만 그들을 주체로서 바라보기 위해서는.

BL 그들은 거기에 없습니다.

DC 그들은 거기에 없고, 당신은 **주체**라는 말의 의미를 다시 규정해야 하죠.

BL 어쩌면 우리는 이제 행위에 대한 이 논증으로 다른 것들을 꿰뚫고 나갈 수 있을지도 모릅니다. 대지, 후설과 하이데거 그리고 어떤 면에서 슈미트와 다른 많은 독일인을 사로잡은 그 원생적 대지, 인간 행위자는 거기서 무엇이었을까요? 정치적 구성, 역사의 행위자란 무엇이었을까요?

DC 하이데거라, 어떤 논고인지 저는 잊었습니다만, 그가 대지와 관계하는 두 가지 양식, 즉 대지에 대해 요구하는 것—그 독일어는 herausfordern이죠—과 무언가를 대지의 자비에 맡기는 것을 비교하고 그 구별을 발전시키는 몇몇 문장을 당신은 기억할 겁니다. 그는 농민이 씨앗을 뿌릴 때, 농민은 그 씨앗을 대지의 자비에 맡기고 있다고 말합니다. 하지만 제가 인공 비료를 사용할 때 저는 땅을 가혹하게 다룹니다. 그것은 마치 제가 누군가의 머리에 총을 겨누고 무언가를 강탈하듯이 대지에 대해 요구하고 있는 것과 같습니다. 하이데거는 분명히 자기 자신을 대지의 자비에 맡기는 입장을 선호합니다.

BL 그것은 수많은 헤겔주의적 우여곡절 끝에 행성적인 것에서 살아가는 행위자에게서 그리 멀지 않습니다.

DC 그렇죠, 어쨌든 그/그녀는 그것의 자비에 달려 있다는 것을 발견하는 행위자이죠.

BL 그러니까 그것은 당신이 역사의 혁명적이고 해방적인 행위자를 포기했다고 비난받을 때, 당신이 새로운 행성적인 것에 대해 그렇게 많은 이야기를 할 때 당신에게 핵심이 되는 점입니다. 제가 의미하는 것은 그것이 당신에게 뭐랄까 …….

DC 제가 깊이 숙고하는 문제입니다. 그리고 저는 그것을 헤쳐나가는 길을 생각해내야 하죠. 당신이 "우리는 결코 근대인이었던 적이 없다"고 말할 때, 당신은 당신 자신의 관점에서, 즉 당신이 근대의 헌법을 정의하는 방식에서 옳습니다. 그러나 그 제목의 책을 끝낼 때 당신은 근대인들의 헌법에서 두 가지를 지키고 싶다고 말하는 것으로 마무리합니다. 그 가운데 하나는 인간이 생산한 하이브리드의 확산과 하이브리드를 확산시키는 그 능력입니다. 다시 말하면 당신이 그 책을 마무리하고 있을 때도—그리고 당신이 자신의 관점에서 우리는 결코 근대인이었던 적이 없다고 말한 것은 제 생각에 옳습니다—당신은 우리가 MRI 기계를 가져서는 안 된다고, 화학요법을 해서는 안 된다고 말하는 것이 아니죠. 당신은 그렇게 말하고 있지 않습니다. 그런 이유에서 저는 그 근대의 헌법으로부터 그러한 요소를 보존하고자 하는 욕망을 읽어냅니다.

BL 하지만 행성적인 것에 대한 당신의 정의에는 대지성이 존재합니다.

DC 그렇죠, 먼저 이 점을 마무리하고 나서 거기로 넘어가려 합니다. 바로 인간-정치 사상의 역설이죠. 그리고 저는 그것을 한 문장으로 말해보려 합니다. 17세기부터 정치 사상은 국가의 역할이 생명과 재산의 안전을 제공하는 것이라는 가정하에 세워졌지만, 더 많은 수의 사람들이 이전보다 훨씬 더 오랫동안 더 안전하게 살 수 있도록 하기 위해 우리는 실제로 삶을 좀더 불확실하게 만들었죠. 그러한 안전의 추구는 이제 하나의 지대, 인간에게 매우 안전하지 않은 지대를 만들어냈습니다. 동시에 개인적 삶의 수준에서의 책무가 우리의 모든 제도의 목표로 구축됩니다. 아내가 암에 걸리고 내가 암에 걸리면, 우리는 병원에 가지요. 우리는 모두 개인의 삶을 연장하는 데 전념하며, 제가 말했듯이, 근대의 정치 사상은 그 시작부터 개인을 초점, 즉 삶과 권리의 소유자이자 복지의 수혜자로 만들었기 때문에, 개인에 대한 이러한 초점은 인간의 전체 숫자에 대한 무관심을 의미했습니다. 인간이 얼마나 많은지와는 상관없이 우리는 그들 모두가 같은 권리를 가져야만 한다고 말하겠죠. 그래서 기본적으로 정치 사상에는 생물권에 대한 무관심이 내재합니다.

BL 그것은 지구적인 것에 이르기까지 논리적인 사고방식이었죠.

DC 지구가 행성과 마주칠 때까지 말이죠.

BL 왜냐하면 사람들 대부분이 모두를 위한 근대화라는 생각을 고취하고 있을 때, 모든 사람이 그것을 포기하기 때문이죠.

DC 바로 그것이 보수 혁명입니다. 그렇다면 여기에는 딜레마가 있습니다. 저는 삶의 안전이라는 같은 전제에서 출발하지 않는 정치의 새로운 이념을 세우는 것이 지금 매우 어렵다고 생각합니다. 왜냐하면 저는 우리 모두 그것에 전념하고 있다고 생각하기 때문이죠.

BL 우리는 보호받고 방어하고 안전이 확보되기를 원합니다.

DC 바로 그렇습니다. heimlich〔친숙한/은밀한〕가 무엇인지, '집'이 무엇인지에 대한 하이데거의 이해에서도 우리는 언제나 집에 있는 것도 안전하다는 느낌과 관련이 있다는 것을 발견하게 됩니다. 하지만 동시에 문제는 우리를 안전하게 만들어준다고 생각했던 사물들의 현재 배열이 실제로는 우리를 불안하게 만든다는 것이죠. 그렇다면 당신과 제인 베넷과 다른 사람들, 이른바 신유물론자들이 쓴 종류의 글들을 정치 사상과 어떻게 결합할 것인가, 이것이야말로 열려 있는 과제입니다. 저는 우리가 아직 모른다고 생각합니다. 그리고 이것은 제가 카탈로그에 붙인 당신의 서론을 읽고서 발견한 점이죠. 당신도 그것을 미결 상태로 두고 있어 흥미로웠어요. 당신은 제가 당신을 위해 당신의 임계 지대를 규정할 수는 없다고 말씀하고 계십니다. 그것은 당신이 발견해내야 합니다.

BL 당신은 더 이상 로크주의적 인간일 수 없는, 하지만 대지에 묶여 있거나 지상적인 인간, 즉 우리가 국가라고 부르고 싶어 하지 않을 모종의 실체에게 보호받는 데 여전히 관심이 있는 그러한 인간을 염두에 두고 있음이 틀림없습니다. 우리는 아직 알지 못합니다.

DC 존재해야 할 인간의 현실적 모습이 무엇인지 우리는 모릅니다. 그리고 우리는 또한 인간이 도달할 합의가 너무나 광범위해서 그러한 합의에 대한 많은 해석이 있을 것이고, 그래서 우리가 합의에 도달하자마자 합의가 무너질 것이라고 가정해야 합니다. 이것이 바로 다원적 세계에 관한 슈미트의 요점이죠. 저는 인간이 거주하게 될 미래에 대해 묘사할 수는 없습니다. 하지만 우리가 현재 가지고 있는 사회경제학적-기술적 배치가 언제까지나 계속될 수는 없다고 느낍니다. 후기 자본주의는 모든 사람에게 보호를 제공할 수 없는 까닭에 반(反)정치적이 되었습니다. 따라서 대지 시스템 과학의 행성 과정에 대한 일정한 종류의 인식이 있어야 합니다. 이제 우리는 가이아, 임계 지대 그리고 이러한 변수들을 인식하는 문제로 되돌아갑니다.

BL 다시 한번 그 물음을 묻는 한 가지 방법은 그러한 행성적 견해들 가운데 어느 것이 정치의 가능성을 담보하는지 물어보는 것입니다. 물론 이것은 당신이 많이 연구해온 물음들 가운데 하나입니다. 지구적인 것은—자본주의든 공산주의든—그럼에도 불구하고 지향하는 발전의 정치적 행위와 방향을 귀속시키는 강력한 방법을 지닌다는 것이죠. 우리는 정치적으로 무엇을 해야 하는지, 분개하고 정치적 플랫폼을 구축하며 그들을 위해 싸운다는 것이 무엇을 의미하는지 알고 있었습니다. 대지, 우리가•처음에 이야기했던 원생적 대지는 매우 빠르게 반동적으로 전환했습니다. 왜냐하면 그것은 자본주의에 대한 저항으로서가 아니라 그것에서 벗어나는 일종의 꿈으로서 조직되었기 때문입니다. 그래서 지금 갑자기 지구적인 것이 행성적인 것을 드러냅니다. 분명히 정치적이지 않은 것들이 존재합니다. 대지 시스템 과학, 그것은 행성입니다. 그것은 많은 행성 가운데 하나일 뿐이고, 우리는 그것들을 우주의 나머지 부분과 비교하여 연구합니다. 이는 당신이 그것을 그리 정치적으로 다룰 수 없음을 의미하죠.

DC 하지만 저는 이미 주변에 행성적 정치의 보수 우익적 구성이 존재하는 까닭에 정치적인 것이 행성적인 것에서 따라 나온다고 생각합니다.

BL 물론 그렇죠. 죄송합니다. 깜빡했습니다. 대지, 원생적 대지의 의미에서 그것은 반동적이지 않습니다. 초근대주의적 의미·방향에서 지구적으로 계속해서 행성으로 나아가는 것이 반동적입니다.

DC 어떤 면에서 당신이 묻고 있는 이 물음, 즉 정치의 형태가 어떻게 될 것인가 하는 것은 어디도 아닌 공간에서 제기하는 질문이 아니라 실제로 돈과 강력한 제도를 가진 강력한 사람들이 있는 세계에서 제기하는 질문입니다. 예를 들면 하버드의 물리학자 데이비드 키스가 있지요. 그는 지구공학을 지지하는 책을 썼고, 성층권에 에어로졸 황산염을 뿌릴 수 있게 하는 기술 개발을 위한 상당한 자금을 게이츠 재단으로부터 지원받았습니다. 하지만 한 지질학자가 지적했듯이 만약 에어로졸 황산염을 뿌리고, 숨 쉴 공간을 얻기 위해 100년 동안 그것을 계속 뿌려야 한다면, 그 100년 동안 하늘은 산란된 빛으로 인해 영구적으로 하얗게 될 것입니다!

BL 그렇다면 당신의 정의에서 그것은 그저 지구적인 것입니다.

DC 가이아 확장이죠.

BL 그것은 같은 관점 아래 행성적인 것을 삼켜버립니다. 그리고 사람들을 향한 것 외에는 어떠한 정치적 행위도 제공하지 않죠. 그것은 상황을 그다지 재정치화하지 않습니다.

DC 그렇게 하지 못하죠. 그러나 다른 한편으로는 투쟁이 있어야 합니다. 하지만 제가 말하고 있는 것은 여러 가지 점에서 바로 그것입니다. 왜냐하면 돈/자본이 이미 이 논리를 확장한다는 측면에서 행성의 정치를 만들어내고 있기 때문입니다.

BL 권력 분배 측면에서의 정치죠. 하지만 행위자가 그 자신의 존재를 위해 무언가를 할 수 있는 권력을 부여받아야 한다는 측면에서는 아닙니다.

DC 아니죠, 전혀 아닙니다. 그러나 저는 현재의 진보 정치의 부정적 부분은 이 모든 것과 싸우는 것이라고 생각합니다. 그에 더하여 두 가지 흥미로운 것, 우리가 이야기하지 않은 것이 있습니다. 예를 들어 1988년에 NASA의 기후과학자 제임스 핸슨이 미국 상원위원회에서 인간이 추동한 지구온난화에 관해 증언했을 때, 그리고 곧이어 같은 해에 유엔이 IPCC〔정부간기후변화위원회〕를 설립했을 때, 기후변화 소식이 과학자들과는 다른 정치인들에게 뉴스가 된 때를 생각해보십시오. 그들은 왜 IPCC를 설립했을까요? 바로 몬트리올 의정서의 성공 때문입니다. 그래서 일어난 일은 우리가 가정했던 것이고—이것은 그 이야기의 정치적 부분이 아닙니다—, 우리는 제2차 세계대전 이후 유엔이 적절한 형태라고 가정했습니다.

BL 옳습니다, 안이하게 말이죠.

DC 모든 지구 정치를 다루기 위해 유엔은 또한 지구 정치를 위한 작업 일정이 무한하다고 가정했죠.

BL 그렇다면 당신이 지구적이라고 말할 때, 당신이 의미하는 바는 그 당시 도착한 행성적인 것을 지구 정치가 흡수한다는 것인가요?

DC 그렇습니다. 하지만 제가 말하고자 하는 것은 예를 들어 이스라엘/팔레스타인 문제와 같이 유엔의 가정은 정치에 유한한 일정이 없다는 것입니다. 그러나 기후 위기가 닥쳤을 때, 그것은 두 종류 일정의 충돌이었습니다. 왜냐하면 과학자들은 기본적으로 이 시점까지 x를 하지 않으면 그 결과는 y가 될 것이라고 말하는 유한한 일정을 만들어내고 있었기 때문이죠. 알다시피 섭씨 2도의 온도 상승 수치도 정치적으로 협의한 유한한 일정의 수치였습니다. 기후 문제는 실제로 그것을 위한 거버넌스 모델이 없는 문제였습니다. 유엔은 지구적인 문제들을 다루기 위한 거버넌스 제도가 아니었죠. 그것은 우리에게 지구적인 문제에 대한 거버넌스 모델을 제공합니다. 기후 문제는 두 번째 행성 문제였습니다. 첫 번째 것은 유엔 절차의 매개 변수 내에서 우리가 처리한 오존층 구멍이었죠.

BL 그렇다면 당신에게 행성적인 것이 유엔의 체제 안에서도 해결 불가능한 문제로 나타났던 것은 언제였습니까? 그것은 단지 비효율성 때문인가요?

DC 그것은 매우 점진적으로 나타납니다. 그리고 2015년 파리 기후 거래에서 매우 분명하게 드러납니다. 거기서 가정은 모든 사람이 자기의 목표를 달성하더라도 우리는 대기에서 온실가스를 끌어내는 기술, 요컨대 아직 존재하지 않는 기술을 만들어내지 않으면 위험한 기후변화를 피할 수 없으리라는 것이죠. 당신은 모든 국가가 여전히 같은 지구적 일정에 있는 것처럼 행동하려고 한다는 것을 보기 시작합니다. 나는 여기서 시간을 거래할 수 있고, 저기서 시간을 거래할 수 있습니다. 이것은 실제로는 거버넌스의 깊은 위기를 보여줍니다. 기후 위기가 행성을 시야에 들어오게 했지만, 우리는 행성적 거버넌스 형식을 가지고 있지 않습니다. 지구공학과 이러한 모든 것이 그러한 정치를 대신하고 있습니다. 대중 사이에서는 이미 '좋은 인류세' 논증에 토대한 조치에 대해, 지구적인 것은 아니지만 지역적이고 이질적이며 다양한 형태로 저항하기 위한 논증이 존재합니다.

BL 당신이 말하는 행성적인 것의 특성 안에서 우리는 역사의 리듬을 감안해야 합니다. 그렇다면 원생적 대지는 정의상 언제나 같은 것, 같은 마을, 교회 종입니다. 우리가 그 리듬을 알고 있는 지구적인 것의 역사는 없습니다. 그것은 앞으로 나아가야 했고, 우리는 오늘날 이상하게 들리는 '역사의 가속'이라는 표현을 지니게 되었습니다.

DC 그리고 당신은 실제로 페르낭 브로델을 여기에 데려왔습니다. 브로델은 매혹적인데, 왜냐하면 그는 역사의 행위자로서 개인에 대한 믿음을 전혀 갖고 있지 않기 때문이죠. 《역사에 대하여(On History)》에서 그는 실제로 개인이 "너무나도 자주 단적인 추상이다"라고 말합니다.[5] 온갖 큰 일들이 있지만, 큰 것들은 모두 매우 안정적입니다. 하지만 개인들은 그렇지 않죠.

BL 그렇다면 역사의 가속은 다른 무엇도 아닌 지질학을 위한 것이죠.

DC 정확히 그렇습니다. 그는 그렇게 생각한 것으로 보입니다. 그리고 그것은 인간에게 문제가 되지 않았죠. 최근에 저는 비트겐슈타인의 《확실성에 대하여(On Certainty)》에 나오는 모든 경구를 인간이 당연시하는 것에 대한 그의 실제 사고법대로 가서 읽어볼 수 있겠다고 생각했습니다. 그가 묻는 물음은, 기억하시겠지만, 이러합니다. '사람들은 건물을 보면 그것이 얼마나 오래되었는지 묻지만, 산을 보면 그 산이 얼마나 오래되었는지 절대로 묻지 않는다.' 왜 그럴까요?

BL 그거 이상합니다.

DC 그것은 산이 세계의 주어져 있음의 일부이기 때문이죠. 그러나 오늘날 남아시아의 빙하와 기후 위기에 관해 읽으면서 우리는 히말라야 산맥이 젊은 산맥이라는 것을 깨닫게 됩니다. 오스트레일리아의 석탄은 표면에 가깝습니다. 산이 모두 오래되었고 침식되었기 때문이죠. 우리의 '확실성'은 이제 제가 역사 감각 속으로의 지질학적 의식의 침투라고 부르는 것에 의해 흔들리고 있습니다. 그것은 역사에서 일어나는 구조 변화입니다.

BL 하지만 우리는 그에 관해 많은 일을 해왔고, 그에 더하여 제가 묻고자 하는 물음은 어느 것이 다른 것들을 대체하고 있는가 하는 것입니다.

DC 지구적인 것과 행성 말씀인가요?

BL 글쎄요, 분명히 지구적인 것이죠. 지구적인 것이 행성적인 것을 흡수하려고 한다는, 지구공학에 관한 당신의 주장을 따른다면 말이죠.

DC 태양 에너지에 대해서도 마찬가지입니다. 그것은 행성적인 것을 지구적인 것으로 흡수하려 하고 있습니다.

BL 그리고 그 경우 제가 가이아 노선이라고 부르는 다른 버전들이 있습니다. 거기서 우리는 그럴 수 없다고 말합니다. 행성적인 것은 언제나 존재해왔고, 유일무이하니까요. 그것은 자기에게 유일무이함을 지니며, 그래서 대지 시스템 과학은 어디에서나 똑같습니다.

DC 가이아는 우리의 것입니다. 유일무이하죠.

BL 가이아는 특이합니다. 우리는 점점 더 그 특이성에 빠져듭니다.

DC 매우 흥미로운 점입니다. 당신은 그것을 우주생물학과 외계행성 탐구에 대립시킵니다. 우주생물학에서의 가정은 우리가 특이하지 않다는 것입니다. 언젠가 시리즈가 되리라는 것이죠. 그리고 모든 가이아는 유일무이하게 기괴할 것입니다. 행성들은 비슷하겠지만, 또 다른 행성에 생명이 존재하더라도 가이아는 유일무이하게 기괴할 것입니다.

BL 티머시 렌턴과 세바스티앙 뒤트뢰유의 주장은 다른 행성에서 생명체를 찾는 것은 별개의 문제이지만, 가이아를 찾는 것은 불합리라는 것입니다. 그것은 규범성에 관해 묻는 또 다른 방법입니다. 왜냐하면 만약 우리가 그것을 느끼기 시작하고 역사성에 관심을 기울이게 된다면, 우리는 지구적인 것이 갖지 못했던 새로운 역사성을 배우기 때문입니다. 이 역사성은 우리에게 또한 일종의 규범성을 제공하기를 요청합니다. 그것은 이제 우리가 자연적이라고 생각될 때의 규범성과는 다릅니다. 왜냐하면 우리가 자연적이라고 생각될 때…….

DC 저는 그 설명을 받아들입니다. 그것은 가이아와 대지 시스템 과학을 논의하는 데서 제가 실제로 대지 시스템 과학이 시적 직관, 즉 가이아의 계기에 사로잡혀 있다고 말하는 이유입니다. 아마도 그것이 렌턴과 당신이 가이아를 다시 데려오는 이유일지도 모르죠. 가이아의 특이성에 관한 요점은 바로 가이아의 시에 관한 요점입니다.

BL 그것은 자연이 아닙니다.

DC 그것은 이 모든 시입니다. 그것은 반복되는 과학의 대상이 아닙니다. 그런 의미에서 특이성에 관한 것이죠. 문제는 인간으로서 우리가 그에 관해 배울 때입니다. 그리고 그에 관해 안다는 것에 기적적인 것의 느낌이 있다는 점에는 아무런 문제도 없습니다. 이 행성이 그 생명의 8분의 1을 위해 이러한 갑작스러운 생명-형식들의 폭발을 뒷받침해왔고, 거기에는 기적적인 무언가가 있다는 의미입니다. 저로서는 그것이야말로 당신의 가이아 마주하기 강의로 돌아가는 이유라고 생각합니다. 종교적인 것에 대한 어떤 감각에서 하나의 기적을 감지하는 그 순간을 유지하기는 매우 어렵습니다. 저는 경이와 외경을 구별합니다. 저는 인간이 이 행성에 대한 외경의 감각을 잃었다고 말하는 지질학자를 발견했습니다. 외경(reverence)의 라틴어 어근은 두려움을 지닌 존중, 그것이 나보다 훨씬 더 크다는 종류의 느낌을 의미한다고 시사합니다. 저는 이 물음에 관해 루돌프 오토를 읽어왔습니다.

BL 우리는 두려움에 떨게 하는 자연이라는 아주 오랜 관념으로 돌아왔습니다.

DC 저는 캘커타에서 자랐습니다. 이 이른바 근대적 도시는 영국이 건설했지만, 제가 태어났을 때는 이미 250년이 지났죠. 어렸을 적 저는 여전히 도시의 야생동물들—여우·뱀—을 무서워했습니다. 제가 성장하면서 여우들은 사라졌고, 뱀들도 사라졌고, 섬뜩한 개구리들도 다 사라졌습니다. 오늘날의 아이들은 야생동물을 두려워하지 않아요. 저는 아도르노와 호르크하이머의 《계몽의 변증법(Dialectic of Enlightenment)》을 펼쳤고, 첫 문장은 계몽의 주요 목표가 인간이 두려움을 극복하도록 돕는 것이었다고 말합니다.[6] 저는 언제 정치 사상이 자기 자신 속으로 이러한 두려움의 극복을 합체시켰는가 하는 문제에 많은 관심을 기울였습니다. 저는 1642년에 나온 홉스의 《시민론》를 읽고 있었는데, 홉스가 자연 상태에 야생동물을 포함했다는 것을 깨달았습니다. 그렇다면 역사가에게는 다음과 같은 한 가지 과제가 존재합니다. 저는 근대성이 온갖 두려움의 극복에 관한 것이었다는 점에 동의합니다. 우리는 향수를 불러일으키는 방식으로 이를 상기할 수 있지만, 또한 역사가로서는 어떻게 다양한 종류의 두려움을 극복하게 되었는지에 관한 역사를 쓸 수도 있습니다. 왜냐하면 그 일은 전 세계에 걸쳐 동시에 일어나지 않았기 때문입니다. 저는 여전히 두려움이 대체로 제 삶의 일부인 곳에서 성장했습니다. 생물 다양성의 기적에 대한 우리의 매우 아리스토텔레스적 경이의 감각을 보완하기 위해서는 그러한 외경과 관련된 무언가를 회복해야만 합니다.

감사의 글

내가 이 책을 쓰면서 진 빚은 헤아릴 수 없을 정도로 많다. 나는 일부만 언급할 텐데, 여기서 공식적으로 기억되지 않은 관대한 분들의 용서를 구한다. 어떤 분들은 이름조차 언급할 수 없다! 뒤셀도르프에서 내 강의를 들은 후 화장실에서 내게 다가와 자기를 소개하지도 않고서 유진 새커를 읽으라고 권고한 뒤 떠난 그 신사의 이름을 어떻게 말할 수 있을까! 나는 그렇게 했고 대단히 감사하지만, 그 은인의 이름을 알지 못한다. 내가 알지 못했지만 2009년에 나의 논문 〈역사의 기후〉를 읽고서 내게 예전 방식으로 편지를 써준 찰스 보너는 부끄럽게도 내가 전에 읽지 않은 라이너 쉬르만의 작품을 소개해주었다. 내가 떠올릴 수 있거나 없는 다른 많은 사례가 있다.

하지만 빚지고 있다는 문제를 돌이켜보면 이 책을 쓰는 데서 나는 몇몇 오스트레일리아 친구들에게 처음 빚을 졌다. 고 메러디스 보르스워, 스티븐 헤닝햄, 존 해너쉬, 로저 스튜어트, 로빈 제프리(한때 명예 오스트레일리아인), 캐서린 깁슨, 섈리 혼, 줄리 스티븐스, 마리나 볼링거, 피오나 니콜, 그들은 내가 박사과정 연구를 진행하는 동안 그들의 땅, 그

빛, 수풀, 해변 그리고 그들의 대륙 국가를 지배하는 바다에 대한 사랑을 내게 전해주었다. 2003년 캔버라의 많은 부분과 그 주변의 수풀을 파괴한 화재는 기후변화 현상에 대한 나의 관심을 불러일으켰다. 내가 이 책을 마무리하고 있을 때 오스트레일리아는 다시 불타고 있었다. 그러나 이번에는 대륙 전체가 불타는 것처럼 보였다. 이 책에서의 작업은 사별의 감각과 더불어 시작되고 끝났지만, 곧바로 기후변화와 대지 시스템 과학에 관한 과학 문헌에 몰두하면서 나는 인간과 그들의 과거에 대한 나의 인간주의적 견해에 심원하게 도전하게 되었다. 《행성 시대 역사의 기후》는 그러한 도전에 대한 반응이다. 그러나 내가 이주자로서 물려받은 낯선 땅의 사랑이 없었다면 이 책은 존재하지 않았을 것이다.

그들의 작업이 이 책에 직접적인 지적 영향을 미친 몇몇 친구들에게 진 빚은 똑바로 인정해야겠다. 런던의 인류세 전문위원회 위원장을 맡은 유능한 대지과학자 얀 잘라시에비치는 필요할 때마다 자신의 시간과 조언을 끈질기게 베풀어주었다. 우리 시대의 가장 상상력이 풍부하고 도전적인 지식인 가운데 한 사람인 브뤼노 라투르는 처음부터 계속해서 이 프로젝트에 관심을 갖고 관여했다. 역사적 시대의 저명한 역사가이자 철학자인 프랑수아 하르톡은 이 프로젝트 작업을 진행하면서 또 다른 소중한 친구가 되었다. 나의 동료 빌 브라운의 물질성에 대한 깊은 관심과 탐구는 아마도 그가 아는 것 이상으로 이 프로젝트를 위한 영감과 지속의 원천이었다. 나는 또한 클라이브 해밀턴이 그의 책 《반항하는 대지》를 작업하고 있을 때 그와 가졌던 많은 대화와 서신 교환을 기쁘게 기억한다. 에바 도만스카는 계속해서 프로젝트 전반에 관여하면서 조언과 격려, 논평과 비판 및 제안을 동등한 수준으로 제공했다. 나는 프레데릭 보름스의 초청으로 파리의 에콜 노르말 쉬페리외르

(고등사범학교)에 방문했던 2019년 9월에 이 책의 초고, 특히 마지막 장의 초고를 완성했다. 이때는 마법의 달로 밝혀졌는데, 그것은 특히 학교 교장 마르크 메자르와 그의 아내이자 뛰어난 사르트르 전기 작가인 아니 코엔-솔랄이 로초나와 나를 그들의 사회적이고 지적인 삶으로 사랑스럽게 끌어안아준 자발적인 따뜻함 때문이었고, 또한 그달에 학교와 파리에서 그들과 다른 사람들, 특히 프레데릭 보름스, 피에르 샤르보니에, 크리스토프 보뇌이, 크리스토프 부통, 한네스 바요르(베를린에서), 그리고 말할 것도 없이 하르톡과 라투르와 나눈 많은 자극적인 대화들 때문이었다. 안느벨 밀레빌에게도 특별히 감사드리는데, 그의 조직력이 없었다면 우리의 파리 체류가 그처럼 변혁적인 경험일 수는 없었을 것이다. 나는 또한 캔버라의 대지과학자 앤드루 글릭슨이 인류세에 대한 자신의 생각과 글을 나와 공유해준 데 대해 깊이 감사드린다.

나아가 나는 훌륭한 인문학 저널인 〈비판적 탐구(Critical Inquiry)〉를 운영하는 데 관여하는 재능 있고 배려심 있는 동료들이 이 프로젝트가 시작된 순간부터 이를 양육해주고 뒷받침해준 방식을 매우 기쁜 마음으로 인정해야 한다. 그들의 논평과 비판 그리고 그들 자신의 작업이 준 자극은 내가 요구할 수 있었던 최고의 양육 환경을 제공했다. 나는 (어떤 특별한 순서에서가 아니라) 빌 브라운, 톰 미첼, 로랑 베를랑, 행크 스카치, 제이 윌리엄스, 프랑수아즈 멜처, 리처드 네어, 프랜시스 퍼거슨, 대니얼 모건, 패트릭 자고다, 혼 소시, 오리트 바슈킨, 엘리자베스 헬싱어, 헤더 킨리사이드에게 나의 가장 깊은 감사를 표한다. 시카고 현대이론센터의 동료들, 특히 리사 웨딘, 윌리엄 마자렐라, 빌 수웰, 고 모이시 포스톤, 제니퍼 피츠, 섀넌 도디, 조 마스코, 카우식 선더 라잔 등도 이 프로젝트를 똑같이 지지해주었다. 나의 가장 바쁜 동료들 가운데 두 사람인 제임스 챈들러와 데이비드 니렌버그는 시간을 내어 초고를 읽고 논평해주었다. 그 밖에 그 대학에는 프레드릭 앨브리턴 존슨, 에밀리 오스본, 벤저민 모건, (노터데임 대학에서 온) 줄리아 아드니 토머스 등의 매우 소중한 '기후 집단'이 있었다. 그들은 대학의 노이바우어 콜레기움의 지원을 받아 이 주제에 대한 독서와 세미나를 정기적으로 조직했다. 프레드릭은 역사학과와 그 너머에서 나의 동지였다. 이분들에게 빚진 것을 인정하는 데서 나의 기쁨은 깊지만, 나의 빚은 더 깊다. 이 친구들과 내가 속한 두 학과, 즉 역사학과 및 남아시아 언어와 문명학과의 두 학장과 두 의장, 환상적인 동료와 직원들에게는 그들의 지원과 지난 4반세기의 대학 생활에서의 협력에 대해 큰 '감사'를 전한다.

오스트레일리아 국립대학의 친구들인 아사 도론, 키런 나라얀, 케네스 조지, 미라 아샤르, 마가렛 졸리, 샤밈 블랙, 치라 카스베카르, 윌 스테펜, 리비 로빈, 톰 그리피스, 쿤탈라 라히리-두트, 피오나 젠킨스와 이 대학을 떠나기 전의 이아인 맥칼만, 데브자니 강굴리, 그리고 시드니 기술대학의 친구들인 데블레나 고시, 제임스 굿맨, 톰 모튼, 조너선 마셜, 린다 코너, 스튜어트 로젠와른, 일라리아 바니는 이 프로젝트를 위해 마치 집에 있는 듯이 전혀 부족함 없게 해주었다. 나는 이십 년 동안 나눈 많은 대화에 대해 그들에게 적절히 감사를 표현할 길이 없다. 또한 이 대학들의 당국과 그 직원들에게도 일관된 지원에 대해 감사드린다.

또한 이 프로젝트를 유치하고 그 발전에 영향을 준 다른 개인들과 기관들에 감사드리는 것도 기쁜 일이다. 2007년부터 2008년까지 베를린의 과학재단과의 협력은 내가 특히 에바 일루즈, 미첼 초울리, 안드레아 뷔흘러, 크리스토퍼 쾨니히, 악셀 마이어, 제임스 물렛 같은 훌륭한 대화 파트너를 알게 해주었다. 2008년부터 베른트 셰러는 베를린의 세계문화의 집에서 열린 인류세 관련 여러 행사에 나를 참여시켰다. 이 작업의 일부는 고 크르지슈토프 미할스키와 클라우스 넬렌의 초청으로 빈의 인간과학연구소에서 2013년 연례 강연으로 발표되었다. 예일 대학의 개리 톰린슨과 그의 동료들은 나를 초대하여 인간 가치에 관한 태너 강의(Tanner Lectures in Human Values)를 맡겼다.(2014~2015) 거기서는 마이클 워너, 와이 치 디모크, 대니얼 로드 스메일 그리고 개리 그 자신이 멋진 대담자로 참여했다. 사우스캐롤라이나 대학의 토머스 리캔은 2015년에 나를 일주일 동안 프로보스티얼 펠로우(Provostial Fellow)로 초대했고, 뮌헨의 레이첼 카슨 센터의 로버트 에밋과 함께 나의 첫 논문인 〈역사의 기후〉에 대한 생산적인 공동 연구회를 조직했다. 네타 반 블리에트와 사라 홀의 초청으로 이루어진 2016년의 애틀랜틱 칼리지 방문은 기후와 대지과학 그리고 인문학에 관한 대단히 교훈적이고 활동적이며 오래 지속되는 대화로 귀결되었다. 이던 클라인버그는 이 책 7장의 기초가 된 2017년 '역사와 이론' 연례 강연에 나를 초청했다. 나는 여기에 내가 라미 타르고프의 초청으로 행한 브랜디스 대학의 2017년 만델 강의(Mandel lectures)의 일환으로 제시했던 자료도 포함한다. 엘리자베트 데킬토는 2018년 할레 대학에서 열린 최초 할레 강연에 나를 초대했다. 거기서 내가 그녀 및 크리스티안 헬름라이히, 다니엘 키란카 등과 나눈 대화는 여전히 기억에 남아 있다. 나는 또한 헬싱키 대학 고등연구 콜레기움의 2018년 연례 강연에 이어진 토론에서 많은 것을 얻었다. 마지막 장의 절들은 하버드 신학교에서 2019년 윌리엄 제임스 강연으로 발표되었다. 나는 찰스 할리시, 재닛 자이얏소, 데이비드 램버스가 내가 그 방문에서 그들에게 배운 것이 이 책에 어떻게 들어와 있는지 알게 되기를 바란다. 2018년 호텐스 스필러스가 아프리카인과 아프리카계 미국인 연구에 관한 회의에서 이야기하도록 초청해 준 것은 인류와 우리가 점차 거주하게 되는 인류세 세계 사이의 관계에 대해 많은 것을 내게 가르쳐주었다.

나는 또한 이 작업을 다음과 같은 다양한 기관들에서 발표하도록 초청해준 데서 많은 것을 얻었다. 델리의 정책 연구 센터와 자와할랄 네루 대학, 하버드 대학의 마힌드라 인문학 센터, 뮌헨의 루트비히-막시밀리안-대학, 라이덴 대학, 캐나다의 퀸스 대학, 토론토 대학, 스위스의 인포-클리오, 폴란드의 브로츠와프 대학, 휴스턴의 라이스 대학, 런던의 테이트모던, 방글라데시 역사 협회, 시드니 대학, 캘커타의 프레지던시 대학, 캘커타 대학, 독일의 뒤셀도르프 박물관, 포르투갈 리스본 대학의 과학과 기술사 센터가 운영하는 '인류세 캠퍼스', 인도 코타얌의 마하트마 간디 대학, 펜실베이니아 대학의 인문학 프로그램, 오리건의 리드 칼리지, 버클리와 로스앤젤레스의 캘리포니아 대학, 스탠퍼드 대학, 캘커타의 콜카타 문학 축제, 그리고 캘커타에서 사마르 센과 프라나베시 센 기념 강의 조직자들이 그들이다.

또한 이 연구가 전개되는 다양한 단계에 관여한 한결같고 오래된 친구들에게도 기쁜 마음으로 감사드린다. 호미 K. 바바, 산제이 세스, 라지야스리 판디, 사우라브 두베, 아제이 스카리아, 셸든 폴록, 아르준 아파두라이, 아미타브 고시, 파르타 채터지, 고탐 바드라, 샤히드 아민은 나의 다양한 프로젝트의 많은 측면을 나와 함께 읽고 논쟁하고 논의하는 스파링 파트너로 계속해서 남아 있었다. 그 우정이 참나무처럼 오래되고 강하게 느껴지는 두 물리학자 사비아사치 바타차랴와 소우미야 차크라바르티는 나와 물리과학의 다리 역할을 해주었다. 이전과 현재의 나의 학생들 가운데 많은 이가 교실 안팎에서의 대화를 통해 이 작업을 열렬히 뒷받침했다. 하지만 아렌트에 관한 탁월한 문헌으로 나를 이끌고 인문학과 사회과학의 현대 이론 상황에 관해 많은 논의를 한 나즈물 술탄에 대해서는 특별히 언급할 필요가 있다. 내가 여러 다른 동료에게서 받은 격려와 논평에 대해서도 감사드리지만, 그중 다음의 분들이 곧바로 떠오른다. 나브로즈 두바시, 리즈 채터지, 엠마 로스차일드, 조이스 채플린, 스티븐 그린블랫, 쉬일라 자사노프, 스베르커 쇠를린, 닐 브레너, 스티븐 무에케, 노먼 워르즈바, 아와덴드라 사란, 세바스천 콘래드, 안드레아스 에커트, 우마 다스 굽타, 헤닝 트루퍼, 쿠날과 슈브라 차크라바르티, 대니얼과 엘런 아이젠버그, 프라타마 배너지, 도미니크 보이어, 시메네 하우, 티머시 모턴, 에릭 샌트너, 로버트 피핀, 라구람 라잔, 딜립 가온카르, 찬디 프라사드 난다, 주디트 카레라, 피터 와그너, 토머스 블롬 핸슨, 아니케트 드, 반하르트 말크무스, 라그하벤드라 차토파디야이, 보 스트라스, 리타 브라라, 수닐 암리스, 에바 혼, 헬게 조르다임, 프란츠 마우엘샤겐, 슈루티 카필라, 파이잘 데브지, 미란다 존슨, 아르빈드 엘랑고반, 아르나브 디, 드와이파얀 센, 미날 파탁, 수미트와 타니카 사카르가 그들이다. 슈미트를 읽는 데서 뛰어난 안내자로 판명된 새뮤얼 개럿 자이틀린을 만난 것은 기쁨이었다. 이언 바우콤은 언제나 항상 이 프로젝트에 관대하고 깊은 관심을 기울여왔다. 이언의 새로운 책인 《역사 섭씨 4도: 인류세 시대의 방법 탐구(History 4° Celsius: Search for a Method in the Age of the Anthropocene)》(Duke University Press, 2020)는 나의 작업에 대한 강력한 비판을 제시했고, 행성성에 대한 아킬 음벰베의 최근 글들은 내가 이용하기에는 너무 늦게 내 손에 들어왔다. 나는 또한 이 책에 관심이 있었지만 살아서 보지 못한 세 명의 친구, 크리스토퍼 베일리, 돈 윌라드, 라그하브 반디오파디야이를 고마움과 슬픔을 가지고서 기억한다. 오랜 친구이자 지난 여러 해 동안 나의 연구 조교였던 제라드 시아르니는 언제나 나의 연구와 산문, 발표와 논증을 도와주었다. 그에게 많고 많은 감사를 전한다.

나의 편집자이자 친구인 앨런 토머스는 인내와 이해의 모델이었고, 이 프로젝트가 제 모양을 갖출 시간을 허락해주었다. 동시에 그의 지혜로운 편집 조언은 나를 많은 오류로부터 구해주었다. 이 작업에 대한 관심과 내가 받은 지원에 대해 나는 앨런과 시카고 대학 출판부의 그의 동료들, 특히 랜돌프 페틸로스에게 깊이 감사드린다. 또한 원고 초안을 읽고 유용한 논평을 해준 출판부의 익명의 두 독자에게도 고마움을 표한다.

그리고 이제 깊이 개인적인 감사의 말로 향해야 할 것이다. 2018년부터 2019년까지 용감하게 암을 퇴치하고 내가 연구와 삶을 관리할 수 있도록 도와준 로초나, 그녀 자신의 암과 싸워야 했던 카베리, 그리고 아르코가 이 책에 보인, 그리고 기후변화와의 싸움에 보인 관심에 감사드린다. 루파 마줌다르, 보리아 마줌다르, 샤르미스타 구프투-마줌다르, 아이샤 구프투-마줌다르, 그리고 내가 사랑하는 난감한 도시 캘커타에 있었을 때 그의 존재로 내 삶을 활기차게 해준 샤마파다 레이에게도 고마움을 전한다. 파르타 센 굽타, 우트팔렌두 굽타, 아쇼카 채터지, 수비르 차크라바르티, 넵투네 스리말, 아디티 모디, 파얄 차울라, 데비 프라카시와 탄드라 바수, 리타 차토파디야이, 라자와 차이탈리 다시굽타, 아닐 아차리야, 세만티와 트리디베시 고시, 두르바 반디오파디야이, 샤두자만, 친모이 구하, 산지브 무코파디야이, 사비르 아잠 그리고 아흐메드 카말의 격려와 우정에 감사한다. 2019년 11월과 12월 두 달 사이에 내가 끔찍한 도로 사고에서 회복하는 동안 멀리 떨어진 캘커타에서 나와 음악 모임을 유지해준 삽타르시 가타크에게 감사드린다. 바버라 윌라드, 리사 웨딘과 돈 르노, 네라즈와 메나크시 졸리, 모한과 랄리타 군데티, 빌 브라운과 다이애나 영, 제임스와 엘리자베스 챈들러, 무자파르와 리즈와나 알람 그리고 우리의 많은 박사과정 학생들에게도 우리의 일상적 삶에 있어준 데 대해 감사드린다. 캔버라에서 나의 더 큰 벵골 가족을 구성하는 쿠르시드와 피터 로퍼, 싯다르타와 찬다나 드 그리고 고탐과 루플레카 비스와스에게 고마움을 표한다.

나의 마지막 감사는 그들의 글이 내게 삶의 풍부하고 불안정한 본성을 헤아리도록 가르쳐준 분들에게 드려야 한다. 그들과 함께 그리고 여기서 언급되거나 무심코 잊힌 사람들과 함께 나는 이 대지, 나의 세계들, 지구 그리고 행성을 공유하게 되어 기쁘다.

• • •

저널과 출판물에 게재한 내 논문에서 처음 시도한 생각들을 이 책에 통합할 수 있도록 허락해준 편집자와 출판사에 감사드린다.

- 서론의 한 절은 "Museums between Globalization and the Anthropocene," *Museum International* 71 (2019): 12-19에 실린 자료를 포함한다.
- 1장은 "The Climate of History: Four Theses," *Critical Inquiry* 35, no. 2 (Winter 2009): 197-222의 내용을 보완한 수정본이다.
- 2장은 "Climate and Capital: On Conjoined Histories," *Critical Inquiry* 41, no. 1 (Autumn 2014): 1-23의 수정본이다.
- 3장은 원래 "The Planet: An Emergent Humanist Category?," *Critical Inquiry* 46, no. 1 (Autumn 2019): 1-31로 게재되었다.

- 4장은 나의 논문 "Planetary Crisis and the Difficulty of Being Modern," *Millennium: Journal of International Studies* 46, no. 3 (2018): 1-24를 이용했다.
- 5장은 원래 "The Dalit Body: A Reading for the Anthropocene," in *The Empire of Disgust: Stigma and the Law*, ed. Martha Nussbaum and Zoya Hasan (Delhi: Oxford University Press, 2018): 1-20로 게재되었다.
- 6장의 초고는 "Humanities in a Warming World: The Crisis of an Enduring Kantian Fable," *New Literary History* 47, no. 2/3 (2016): 377-97로 게재되었다.
- 7장은 원래 "Anthropocene Time," *History and Theory* 57, no. 1 (March 2018): 5-32로 게재되었다.
- 8장의 몇 절은 나의 "The Human Condition in the Anthropocene," in *The Tanner Lectures on Human Values*, vol. 35, ed. Mark Matheson (Salt Lake City: University of Utah Press, 2016), 137-88과 "The Planet: An Emergent Matter of Spiritual Concern?," *Harvard Divinity Bulletin* 47, no. 3/4 (Winter 2019): 28-38에서 가져왔다.
- 후기는 Bruno Latour and Peter Weibel, eds. *Critical Zones: The Science and Politics of Landing on Earth* (Cambridge, MA: MIT Press, 2020)에 실린 것을 재수록했다.

2020년 5월 26일

시카고

주

서론　행성적인 것의 고지

1. Steven Nadler, *Spinoza: A Life* (Cambridge: Cambridge University Press, 2001), 220.
2. 나의 “An Era of Pandemics? What Is Global and What Is Planetary about COVID-19,” *In the Moment* (blog), *Critical Inquiry*, October 16, 2020 참조, https://critinq.wordpress.com/2020/10/16/an-era-of-pandemics-what-is-global-and-what-is-planetary-about-covid-19/.
3. Kenneth Ruthven, ed., *Beyond the Disciplines: The New Humanities* (Canberra: The Australian Academy of the Humanities, 1992).
4. 이 주제에 대한 최근의 두 가지 고무적인 논의에 대해서는 Sebastian Conrad, *What Is Global History?* (Princeton, NJ: Princeton University Press, 2016), 그리고 Sumathi Ramaswamy, *Terrestrial Lessons: The Conquest of the World as Globe* (Chicago: University of Chicago Press, 2017) 참조.
5. Jan Zalasiewicz et al., “A General Introduction to the Anthropocene,” in *The Anthropocene as a Geological Time Unit: A Guide to the Scientific Evidence and Current Debate*, ed. Jan Zalasiewicz, Colin Neil Waters, Mark Williams, and Colin Summerhayes (Cambridge: Cambridge University Press, 2019), 2-11. 인문학과 사회과학의 관점에서 인류세 문제를 논의하는 네 개의 매우 중요한 입문서를 제시하자면 다음과 같다. Simon Lewis and Mark Maslin, *The Human*

Planet: How We Created the Anthropocene (London: Penguin Random House, 2018); Jeremy Davies, *The Birth of the Anthropocene* (Berkeley: University of California Press, 2018); Eva Horn and Hannes Bergthaller, *The Anthropocene: Key Issues for the Humanities* (London: Routledge, 2020); Carolyn Merchant, *The Anthropocene and the Humanities: From Climate Change to a New Age of Sustainability* (New Haven, CT: Yale University Press, 2020).

6. 이 논쟁들 가운데 몇 가지가 나의 "The Human Significance of the Anthropocene," in *Modernity Reset!*, ed. Bruno Latour (Cambridge, MA: MIT Press, 2016)에서 논의된다.
7. 이 용어의 공식화가 지니는 유용성에 관한 논증들에 대해서는 Zalasiewicz et al., *The Anthropocene*, 31-40 참조.
8. Andrew S. Goudie and Heather A. Viles, *Geomorphology in the Anthropocene* (Cambridge: Cambridge University Press, 2016), 28에서 인용. 또한 J. R. McNeill and Peter Engelke, *The Great Acceleration: An Environmental History of the Anthropocene since 1945* (Cambridge, MA: Harvard University Press, 2014)의 더 방대한 논의도 참조.
9. Peter Haff, "Technology as a Geological Phenomenon: Implications for Human Well-Being," in *A Stratigraphical Basis for the Anthropocene*, ed. C. N. Waters et al. (London: Geological Society, Special Publications, 2014), 301-2.
10. Haff, 302.
11. 해프의 기술권 개념에 대한 비판은 Jonathan F. Donges et al., "The Technosphere in Earth System Analysis: A Coevolutionary Perspective," *Anthropocene Review* 4, no. 1 (2017): 23-33 참조.
12. Carl Schmitt, *Dialogues on Power and Space*, ed. Andreas Kalyvas and Frederico Finchelstein, trans. and with an introduction by Samuel Garrett Zeitlin (Cambridge: Polity, 2015; 독일어로는 1958년에 처음 출간), 72, 73-74.
13. Peter Haff, "The Technosphere and Its Relation to the Anthropocene," in Zalasiewicz et al., *Anthropocene as a Geological Time Unit*, 143.
14. Jan Zalasiewicz et al., "Scale and Diversity of the Physical Technosphere: A Geological Perspective," *Anthropocene Review* 4, no. 1 (2017): 16.

15. University of Leicester, "Earth's 'Technosphere' Now Weighs 30 Trillion Tons, Research Finds," Phys.org, November 30, 2016, https://phys.org/news/2016-11-earth-technosphere-trillion-tons.html. 계산의 토대는 Zalasiewicz et al., "Scale and Diversity of the Physical Technosphere," 9-22에서 제시되어 있다.
16. Zalasiewicz et al., *Anthropocene as a Geological Time Unit*, 105.
17. Goudie and Viles, *Geomorphology in the Anthropocene*, 33.
18. Zalasiewicz et al., *Anthropocene as a Geological Time Unit*, 71.
19. 나는 인류가 기후변화와 인류세에 관한 논의를 이해하는 것이 인간의 역사나 정치 저술에서 깊은 시간(deep time)을 어떻게 다뤄야 하는지의 물음을 포함한다는 제러미 데이비스의 지적에 근본적으로 동의한다. Davies, *Birth of the Anthropocene*.
20. Naomi Oreskes, "Scaling Up Our Vision," *Isis* 105 (2014): 388. 멸종 문제와 왜 그것이 인간의 존재에 문제를 제기하는지와 관련해서는 Peter F. Sale, *Our Dying Planet: An Ecologist's View of the Crisis We Face* (Berkeley: University of California Press, 2011), 102, 148-49, 203-21, 233의 논의 참조. 또한 Elizabeth Kolbert, *The Sixth Extinction: An Unnatural History* (New York: Henry Holt, 2014)도 참조.
21. Fréderic Worms, *Pour un humanism vital: Lettres sur la vie, la mort, le moment présent* (Paris: Odile Jacob, 2019).
22. 여기서 나는 시사하는 점이 많은 Daniel Lord Smail, *On Deep History and the Brain* (Berkeley: University of California Press, 2008)에서 스메일이 개진하는 명제들 가운데 몇 가지에 약간은 개념적으로 동의하지 않는다는 점을—존경과 경탄을 지니고서—기록해두고자 한다. 그 책은 "린네가 분명 조언했을 것처럼 인류가 역사의 적절한 주제라면, 농업으로의 전환 이전에 석기시대의 그 긴 기간인 구석기 시대가 우리 역사의 일부라는 것은 타당하다"(2)라는 진술과 함께 시작된다. 나도 동의하지만, 스메일은 계속해서 "자율신경계를 구축하는 데 책임이 있는"("상당히 오래된") 유전자와 관련하여 "이 역사는 그 채비가 비록 서로 다른 문화에 의해 서로 다른 방식으로 구축되고 조정되며 개조된다고 할지라도 모든 인간이 공유하기 때문에 세계사이기도 하다"(201)라고 말한다. 참이지만, 자율신경계의 물리적 특징은 인간이 다른 많은 동물과 공유하는 것이며, 그래서 이것은 인간만의 세계사일 수는 없을 것이다. 우리는 아마도 다른 종들이 공유하는 이러한 역사 쓰

기를 향해 나아가야 할 테지만, 그것은 별개의 논의이다. 하지만 인간 뇌의 역사와 그 유연성에 근거한 철학자 캐서린 말라부의 사변은 매우 적절하며, 만약 그것이 향후의 발전으로 입증된다면 실제로 나의 주장 가운데 몇 가지에 도전할 수 있을 것이다. Catherine Malabou, "The Brain of History, or The Mentality of the Anthropocene," *South Atlantic Quarterly* 116, no. 1 (January 2017): 39-53. 또한 그녀의 *What Should We Do with Our Brain?*, trans. Sebastian Rand (New York: Fordham University Press, 2008)도 참조.

23. 인류세가 정치와 정치 사상에 대한 우리의 통상적 이해에 어떤 영향을 미치는지에 관한 생성력 있는 생각들은 Duncan Kelly, *Politics and the Anthropocene* (Cambridge: Polity, 2019) 참조.

24. 뛰어난 논문인 Patchen Markell, "Arendt's Work: On the Architecture of *The Human Condition*," *College Literature* 38, no. 1 (Winter 2011): 36, 37n3 참조. 거기서 그는 작업과 행위의 '상호 의존'에 대해 논의한다. 또한 배터의 다음과 같은 논의도 주목할 수 있다. "행위와 탄생성은 …… 각각에 대한 '모방적' 관계라고 불릴 수 있는 관계 속에 서 있다. 행위는 탄생성의 강화일 수 있을 뿐이며, 결코 그것의 제한, 통제나 지배가 아니다." Miguel Vatter, "Natality and Biopolitics in Hannah Arendt," *Revista de ciencia politica* 26, no. 2 (2006): 155.

25. Hannah Arendt, *The Human Condition*, 2nd ed., with an introduction by Margaret Canovan (1958; Chicago: University of Chicago Press, 1998), 7, 175(이하에서는 *HC*로 표기).

26. Arendt, *HC*, 8-9. 아렌트는 《정신의 삶》에서도 마찬가지로 지적했다. "칸트가 아우구스티누스의 탄생성의 철학을 알았더라면, 그는 **비교적** 절대적인 자발성의 자유가 사람들이 태어난다는 사실, 즉 신참자들이 **시간적으로 그들에 선행하는 세계에** 거듭해서 **태어난다**는 사실에도 불구하고 인간 이성에 더는 당혹스럽지 않다는 데 동의했을지도 모른다." Hannah Arendt, *The Life of the Mind*, 2 vols. (1971; New York: Harcourt, 1978), 2:110, 강조는 필자. Vatter, "Natality," 137-59는 아렌트의 범주인 '탄생성'의 기원과 아렌트에 관한 문헌에서 그것을 다루는 것에 관한 통찰력 있는 논의를 제공한다. 아렌트는 아마도 자기의 생각을 필멸성과 유한성의 지평에서 생각하는 하이데거 전통과 구별하기 위해 탄생성을 강조했을 것이다. 탄생성이 유한성과 필멸성에 대한 하이데거의 강조에 대립하는지 아니면 하이데거

가 탄생을 다룬 것에서 유래한 것인지에 관한 확장된 논의는 Vatter, 138-39 참조. 배터는 이 개념의 독립적 유래를 강조하며, 탄생성의 문제에 대한 발터 벤야민과 아렌트 사이의 연관을 제공하는 매우 흥미로운 관찰을 보여준다. Dana Villa, *Arendt and Heidegger: The Fate of the Political* (Princeton, NJ: Princeton University Press, 1995)는 아렌트가 자신의 철학을 위해 하이데거를 전유하는 것에 대한 유용한 논의를 담고 있다.

27. Arendt, *HC*, 9.

28. Arendt, *Life of the Mind*, 2:109. 또한 Hannah Arendt, "Lying in Politics," in her *Crisis of the Republic* (1969; New York: Harcourt, Brace, 1972), 5도 참조. "인간 행위의 특징은 언제나 새로운 것을 시작한다는 것이며, 이것이 처음부터 출발할 수 있다는 것, 무로부터 창조할 수 있다는 것을 의미하지는 않는다."

29. Hannah Arendt, *The Promise of Politics* (New York: Schocken Books, 2005), 95, Vatter, "Natality," 142에서 인용.

30. 예를 들어 Sheldon S. Olin, "Hannah Arendt: Democracy and the Political," *Salmagundi*, no. 60 (Spring/Summer 1983): 3-19; Hannah Fenichel Pitkin, "Justice: On Relating Private and Public," *Political Theory* 9, no. 3 (August 1981): 327-52; Keith Breen, "Violence and Power: A Critique of Hannah Arendt on 'the Political'," *Philosophy and Social Criticism* 33, no. 3 (2007): 343-72; Jacques Ranciere, "Ten Theses on Politics," *Theory and Event* 5, no. 3 (2001) 참조.

31. 특히 Markell, "Arendt's Work" 참조. 또한 Steven Klein, "'Fit to Enter the World': Hannah Arendt on Politics, Economics, and the Welfare State," *American Political Science Review* 108, no. 4 (November 2014): 856-69도 참조.

32. 주석자들이 이 구별에서 겪은 어려움은 Markell, "Arendt's Work," 15-44에 요약되어 있다. 특히 15~17쪽의 논의 참조. 마켈은 또한 아렌트가 1951년에 전체주의를 사법적 인간들을 "그저 자연적인 존재들"로 환원하는 체계로서 해석한 것과 그녀가 나중에 전개한 '노동'과 '작업'의 구별 사이에 무언가 흥미로운 연결선을 긋고 있다(19쪽 참조).

33. "작업은 …… 노동의 순환적 시간을 깨뜨리고 나온다. 그것은 인간이 **내구성 있는** 대상들을 만들어내는 활동이다." Markell, "Arendt's Work," 22, 강조는 필자. 또

한 27, 32쪽의 논평도 참조. 내가 보기에 내구성은, 아렌트가 '작업'에 부여한 성격을 유지하려면 현재를 넘어서 세대들을 가로질러 확대되어야 한다.

34. Arendt, *HC*, 137. 작업과 행위의 관련성에 대해서는 Markell, "Arendt's Work," 20 참조. 아렌트의 탄생성 이념은 출생 관련 정체성에 찬성하는 논증으로 읽혀서는 안 된다. Vatter, "Natality," 151, 152 참조. "탄생성은 공통의 세계와 관련하여 본질적으로 선행한다." 아렌트의 저술들에서 탄생성에 대한 얼마간 비슷한 해석은 Peg Birmingham, *Hannah Arendt and Human Rights: The Predicament of Common Responsibility* (Bloomington: Indiana University Press, 2006), 76에서 볼 수 있다. "그녀〔아렌트〕는 탄생성의 사건이라는 이중의 기적, 즉 주어진 것의 기적과 시작의 기적에 지속적으로 몰두해왔다."

35. Arendt, *HC*, 173.

36. 아렌트의 논의(*HC*, 167-74)는 작업과 예술의 관계에 대한 성찰로 나아간다. Markell, "Arendt's Work"는 이러한 움직임의 복잡함에 대한 인상적인 주해를 제공한다.

37. 기후변화 맥락에서 상호세대적 윤리와 책임 문제에 대해 비관적이지만 강력하게 다룬 것으로는 Stephen Gardiner, *A Perfect Moral Storm: The Ethical Tragedy of Climate Change* (New York: Oxford University Press, 2011)을 들 수 있다.

38. 인도의 신문 보도들은 라자스탄주 아라발리 지역의 128개 언덕 가운데 31개가 "대규모 불법 채광으로 인해 지난 50년 사이에 사라졌다"고 밝힌다. Amit Anand Choudhary, "A Fourth of Aravali Hills in Rajasthan Gone Forever," *Times of India*, October 23, 2018, https://timesofindia.indiatimes.com/india/31-hills-in-aravali-region-in-rajasthan-disappeared-sc-directs-state-to-stop-illegal-mining-in-48-hours/articleshow/66336416.cms.

39. 지구공학에 관한 논쟁에 대해서는 Clive Hamilton, *Earthmasters: The Dawn of the Age of Climate Engineering* (New Haven, CT: Yale University Press, 2013); David Keith, *A Case for Climate Engineering* (Cambridge, MA: MIT Press, 2013); 그리고 Holly Jean Buck, *After Geoengineering: Climate Tragedy, Repair, and Restoration* (London: Verso, 2019). 세계의 재야만화 가능성에 관한 경고는 Bruno Latour, *Down to Earth: Politics in the New Climatic Regime*, trans. Catherine Porter (Cambridge: Polity, 2018; 프랑스어 초판, 2017) 참조.

40. Kelly, *Politics and the Anthropocene*; Geoff Mann and Joel Wainwright, *Climate Leviathan: A Political Theory of Our Planetary Future* (London: Verso, 2018). 여기서 기술된 시간성 문제는 또한 François Hartog, *Chronos: L'Occident aux prises avec le Temps*, Collection Bibliothèque des Histoires (Paris: Gallimard, 2020)에서 신중하게 다룬 '종말'의 생각을 불러일으킨다.

41. Carl Schmitt, *The Concept of the Political*, trans. and with an introduction by George Schwab (Chicago: University of Chicago Press, 1996), 44-45, 53. 이러한 의미에서 나는 축적을 향한 자본의 만족할 줄 모르는 충동에 대한 해결책을 모든 인간이 자발적으로든 비자발적으로든 받아들일 무언가 단일한 이성적 원리에서 찾는 제안의 실행 가능성에 여전히 회의적이다. John Bellamy Foster, Brett Clark, and Richard York, *The Ecological Rift: Capitalism's War on the Earth* (New York: Monthly Review Press, 2010), 417, 436 참조. 그러한 상태가 비록 어떤 혁명으로 획득된다고 할지라도, 지방적 이해관계를 지닌 어떤 사람들에 의해 왜 다투어질 수 없는 것인지 내게는 전혀 명확하지 않았다. 내가 보기에 인간은 그들의 갈등하는 이해관계, 욕망, 권력 그리고 상상력의 현실을 헤쳐나가야 할 것이다.

42. 나의 *Provincializing Europe: Postcolonial Thought and Historical Difference* (2000; Princeton, NJ: Princeton University Press, 2008), 서론 참조.

43. Zalasiewicz et al., *Anthropocene as Geological Time Unit*, 11.

44. Bernard Williams, *Truth and Truthfulness* (Princeton, NJ: Princeton University Press, 2002), 3. 윌리엄스 진술의 직접적 과녁은 브뤼노 라투르이다. 나로서는 윌리엄스가 라투르에게 불공정하다고 생각한다. 그러나 안타깝지만 그에게도 일리가 있다. 나는 과학 연구에서 윌리엄스가 비판하는 가정 아래 작업하는 것으로 보이는 중요한 저술들을 만나왔다.

45. 결국 만약 과학이 정치 이외에 아무것도 아니라면, (아무리 이해된다고 할지라도) 이 진술 자체의 인식적 지위는 무엇인가? 그것이 과학이나 정치보다 더 확실한가?

46. 인류학자들은 기후변화의 추상적 과학과 인류세를 지역적으로 읽을 수 있는 용어와 관심사로 번역하는, 세계의 많은 부분에 존재하는 실천적-정치적 필요를 종종 기록했다. 예를 들어 Sara de Wit, "To See or Not to See: On the 'Absence' of Climate Change (Discourse) in Maasailand, Northern Tanzania," 그리고 Vimbai Kwashirai, "Perspectives on Climate Change in Makonde District,

Zimbabwe since 2000," in *Environmental Change and African Societies*, ed. Ingo Haltermann and Julia Tischler (Leiden: Brill, 2019), 23-47, 48-70의 논의 참조.

47. 나의 책 *The Crises of Civilization: Exploring Global and Planetary Histories* (New Delhi: Oxford University Press, 2018), 223-43에 실린 논문 "Postcolonial Studies and the Challenge of Climate Change" 참조.

48. C. B. Macpherson, *The Theory of Possessive Individualism: Hobbes to Locke* (Oxford: Clarendon, 1962).

49. 고고학자 캐슬린 모리슨은 "관개 농업 생산물, 특히 쌀을 기본으로 하는 여러 체계화된 고급 요리법"이 "남인도에서 기원후 처음 천년"에 기록으로 나온다고 말한다. Kathleen D. Morrison, "The Human Face of the Land: Why the Past Matters for India's Environmental Future," NMML Occasional Paper, History and Society, New Series, no. 27 (New Delhi: Nehru Memorial Museum and Library, 2013), 16 참조.

50. "Whose Anthropocene? Revisiting Dipesh Chakrabarty's 'Four Theses,'" ed. Robert Emmett and Thomas Lekan, special issue, *Transformations in Environment and Society*, no. 2 (2016), 그리고 나의 논문 "The Politics of Climate Is More Than the Politics of Capitalism," *Theory, Culture, Society* 34, no. 2/3 (2017): 1-13. 논문 〈역사의 기후〉의 초고에서 나의 입장에 대한 의미 있는 페미니즘적 비판이 Richard Grusin, ed., *Anthropocene Feminism* (Minneapolis: University of Minnesota Press, 2017)에서 발견된다. 그 가운데 특히 그루진의 서론과 클레어 콜브룩과 스테이시 알라이모의 논문들 참조. 또한 Tom Cohen and Claire Colebrook, "Vortices: On 'Critical Climate Change' as a Project," *South Atlantic Quarterly* 116, no. 1 (2017): 129-43 참조. 내 견해에 대한 최근의 비판에 대해서는 Dan Boscov-Ellen, "Whose Universal? Dipesh Chakrabarty and the Anthropocene," *Capitalism, Nature, Socialism* 31, no. 1 (2020): 70-83 참조. 이것은 온라인에 게재되어 있다. August 23, 2018, https://www.tandfonline.com/doi/abs/10.1080/10455752.2018.1514060?journalCode=rcns20. 지금까지 기후변화에 관한 내 작업에 제기된 가장 지속적이고 관대하지만 단호한 비판은 Ian Baucom, *History 4° Celsius: Search for a Method in the Age of the*

Anthropocene (Durham, NC: Duke University Press, 2020)에서 찾아볼 수 있다.

51. 우드는 다음과 같이 쓴다. "〈역사의 기후〉에서 디페시 차크라바르티는 기후변화의 지질학적 규모가 비판을 위한 기준 용어를 변화시킨다고 주장했다. ……차크라바르티는 기후변화를 이론화하는 것이 종 차원의 인간 행위 범주와 세계사에 대한 '깊은 시간' 해명, 그리고 더 나아가 섬세한 역사적 분화와 행성적인 깊은 시간 의식 둘 다를 요구한다고 주장했다. 그러나 그의 비판자들은 …… 그의 논증이 이원적이고 '비판'과 '과학' 사이의 제로섬 선택을 포함한다며 희화화했다." Gillen D'Arcy Wood, "Climate Delusion: Hurricane Sandy, Sea Level Rise, and 1840s Catastrophism," *Humanities* 8, no. 131 (2019): 3-4.
52. https://www.sealevel.info/1988_Hansen_Senate_Testimony.html.
53. Edward Said, *Orientalism* (1978; New York: Vintage, 1994).
54. 미국의 학문 무대에서 인문학이 어떻게 이해되는지에 대한 좀더 오랜 기술에 대해서는 Irving Babbit, *Literature and the American College: In Defense of the Humanities* (Boston: Houghton, Mifflin, 1908) 참조. 또 나의 "An Anti-Colonial History of Postcolonial Thought: A Tribute to Greg Dening," *Crises of Civilization*, 28-53도 참조. 그리고 인문학이 20세기에 겪은 변형 감각에 관해서는 그 책에 실린 다른 논문들 참조.
55. James C. Scott, *Weapons of the Weak: Everyday Forms of Peasant Resistance* (New Haven, CT: Yale University Press, 1985).
56. Ranajit Guha, ed., *Subaltern Studies: Writings on Indian History and Society* (New Delhi: Oxford University Press)의 1권은 1982년에 출판되었다.
57. 그 논문의 역사와 그로부터 파생된 영향은 Rosalind C. Morris, ed., *Reflections on the History of an Idea: Can the Subaltern Speak?* (New York: Columbia University Press, 2010)에서 자세히 이야기된다.
58. Alan Reed, ed., *The Fact of Blackness: Frantz Fanon and Visual Representation* (London: Institute of Contemporary Arts, and Seattle: Bay Press, 1996).
59. Homi K. Bhabha, *The Location of Culture* (London: Routledge, 1994).
60. Donella Meadows et al., *The Limits to Growth* (New York: Universe Books, 1972).

61. 고전적 텍스트는 Anil Agarwal and Sunita Narain, *Global Warming in an Unequal World: A Case of Environmental Colonialism* (New Delhi: Centre for Science and Environment, 1991)이다. Rob Nixon, *Slow Violence and the Environmentalism of the Poor* (Cambridge, MA: Harvard University Press, 2011)는 정당하게도 인간의 불평등에 관한 관심과 자본주의 기업의 작용으로 야기된 환경 악화에 관한 관심을 결합하는 포스트식민주의 인문학 텍스트라고 찬양받았다.
62. Sverre Raffnsøe, *Philosophy of the Anthropocene* (Houndmills: Palgrave Macmillan, 2016), 53n1.
63. 칸트의 *Introduction to Logic*과 그의 *The Mistaken Subtilty of the Four Figures*, trans. Thomas Kingsmill Abbott "With a Few Notes by Coleridge" (London: Longmans, Green, 1885), 1. 이 물음들은 칸트에게 오랫동안 머물러 있었다. 칸트의 *Critique of Pure Reason*, trans. Norman Kemp Smith (1929; London: Macmillan, 1980; 독일어 초판은 1781), 635-36 (A805, B833; A806, B834) 참조.

1 네 가지 테제

1. Alan Weisman, *The World without Us* (New York: Thomas Dunne, 2007), 3-5.
2. C. A. Bayly, *The Birth of the Modern World, 1780-1914: Global Connections and Comparisons* (Malden, MA: Blackwell, 2004) 참조.
3. 조제프 푸리에, 루이스 아가시, 아레니우스와 같은 19세기 유럽 과학자들로 거슬러 올라가는 지구온난화 과학의 전사는 많은 대중적 출판물에서 자세히 이야기된다. 예를 들어 유엔의 정부간기후변화위원회 의장(1988~1997)이던 베르트 볼린(Bert Bolin)의 책, *A History of the Science and Politics of Climate Change: The Role of the Intergovernmental Panel on Climate Change* (Cambridge: Cambridge University Press, 2007), 1부 참조. 또한 David Archer and Raymond Pierrehumbert, eds., *The Warming Papers: The Scientific Foundation for the Climate Change Forecast* (Oxford: Wiley-Blackwell, 2011)도 참조.
4. Mark Bowen, *Censoring Science: Inside the Political Attack on Dr. James*

Hansen and the Truth of Global Warming (New York: Dutton, 2008), 1에서 인용.

5. Bowen, 228에서 인용. 또한 "Too Hot to Handle: Recent Efforts to Censor Jim Hansen," *Boston Globe*, February 5, 2006, E1도 참조.
6. 예를 들어 Walter K. Dodds, *Humanity's Footprint: Momentum, Impact, and Our Global Environment* (New York: Columbia University Press, 2008), 11-62 참조.
7. 이러한 진술은 처음 출판되었을 때 마르크스주의 친구들 사이에서 이해할 만한 많은 분노를 일으켰지만, 실제로는 이 책의 전반적인 논증의 핵심인 지구와 행성의 구별로 나아가는 내 여정의 시작이었다.
8. Giovanni Arrighi, *The Long Twentieth Century: Money, Power, and the Origins of Our Times* (1994; London: Verso, 2006), 356; *Adam Smith in Beijing: Lineages of the Twenty-First Century* (London: Verso, 2007), 387-89.
9. 위기의 본성에 관해 일반 독서 대중을 교육할 목적으로 최근에 출판되는 책의 숫자는 이 주제의 점증하는 대중성을 보여준다. 다음은 이 장의 논의에 처음부터 많은 것을 전해준 몇몇 책과 논문이다. Mark Maslin, *Global Warming: A Very Short Introduction* (Oxford: Oxford University Press, 2004); Tim Flannery, *The Weather Makers: The History and Future Impact of Climate Change* (Melbourne: Melbourne Text, 2005); David Archer, *Global Warming: Understanding the Forecast* (Malden, MA: Blackwell, 2007); Kelly Knauer, ed., *Global Warming* (New York: Time, 2007); Mark Lynas, *Six Degrees: Our Future on a Hotter Planet* (Washington, DC: National Geographic, 2008); William H. Calvin, *Global Fever: How to Treat Climate Change* (Chicago: University of Chicago Press, 2008); James Hansen, "Climate Catastrophe," *New Scientist*, July 28-August 3, 2007, 30-34; James Hansen et al., "Dangerous Human-Made Interference with Climate: A GISS ModelE Study," *Atmospheric Chemistry and Physics* 7, no. 9 (2007): 2287-312; and Hansen et al., "Climate Change and Trace Gases," *Philosophical Transactions of the Royal Society*, July 15, 2007, 1925-54. 또한 Nicholas Stern, *The Economics of Climate Change: The "Stern Review"* (Cambridge: Cambridge University Press, 2007).

좀더 최근의 과학적 문헌 및 그와 종류가 다른 문헌에 대한 언급은 이 책의 곳곳에서 발견될 것이다.

10. Naomi Oreskes, "The Scientific Consensus on Climate Change: How Do We Know We're Not Wrong?," in *Climate Change: What It Means for Us, Our Children, and Our Grandchildren*, ed. Joseph F. C. Dimento and Pamela Doughman (Cambridge, MA: MIT Press, 2007), 73, 74.

11. 내가 이 단락을 쓴 이후, 현재의 행성적 온난화 에피소드가 그 기원에서 인위개변적이라는 명제는 더 많은 근거를 얻었을 뿐이다. 이제 그 과학에 대해서 심지어 6~7년 전에도 그러했던 방식으로는 거의 의문이 제기되지 않는다. 내가 덧붙여야 하는 것은 의미심장하게도 지금까지 일반 독자들에게 행성적 기후변화의 문제를 설명하고자 나선, 모두는 아니더라도 대부분의 과학자가 이른바 서구 출신이라는 점이다. 정부간기후변화위원회(IPCC)에는 확실히 전 세계 과학자들이 참여하고 있지만, 이들 과학자 대부분은 전문 영역에서 기여하고 있다. 내가 여기서 의지하는 과학자들은 모두 우리가 서구로 간주하는 곳에서 온 사람들이다. 이것은 어쩌면 한때 제국주의적이었던 서구가 '보편적인 것'을 위해 생산하고 발언할 수 있는 역사적 능력에 대해 무언가를 말해주는 것인지도 모른다. 또한 지구온난화 논의를 위한 공적 영역의 불균형한 성격도 보여준다. 여기서는 이 문제를 조사하지 않지만, 이 책이 지구온난화 문제를 둘러싸고 서구 아카데미가 창조한 공적 영역의 산물임을 부인할 수는 없다.

12. 나의 요점이 비코에 관련된 것인 데 반해, 분명히 18세기에 널리 보급된 또 다른 지적 경향, 즉 자연사와 인간의 역사를 같은 창조 이야기의 일부로 생각한 성서적 세계사들이 있었다. 그 둘의 실제적 분리는 근대 사회과학의 부상과 함께 19세기에 일어났다. Jean-Baptiste Fressoz and Fabien Locher, "Modernity's Frail Climate: A Climate History of Environmental Reflexivity," *Critical Inquiry* 38, no. 3 (2012): 579-98 참조.

13. 이 구별의 오랜 역사는 Paolo Rossi, *The Dark Abyss of Time: The History of the Earth and the History of Nations from Hooke to Vico*, trans. Lydia G. Cochrane (1979; Chicago: University of Chicago Press, 1984)에서 추적하고 있다.

14. Benedetto Croce, *The Philosophy of Giambattista Vico*, trans. R. G. Collingwood

(1913; New Brunswick, NJ: Transaction, 2002), 5. 카를로 긴즈부르그(Carlo Ginzburg)는 내게 콜링우드의 번역에 놓여 있는 문제들을 경고했다.

15. Perez Zagorin, "Vico's Theory of Knowledge: A Critique," *Philosophical Quarterly* 34 (January 1984): 15-30의 논의 참조.

16. Karl Marx, "The Eighteenth Brumaire of Louis Bonaparte," in Marx and Frederick Engels, *Selected Works* (Moscow: Progress, 1969), 1:398. V. Gordon Childe, *Man Makes Himself* (London: Watts, 1941) 참조. 실제로 1960년대에 마르크스 안의 휴머니즘에 대한 알튀세르의 반란은 부분적으로는 마르크스의 텍스트들에 남은 비코의 자취에 대항한 지하드였다. Etienne Balibar, personal communication with the author, December 1, 2007. 나는 비코에 대한 마르크스의 관계에서 나타나는 복잡성에 주의를 기울일 수 있게 해준 에티엔 발리바르와 고 이언 베드퍼드(Ian Bedford)에게 감사드린다.

17. 데이비드 로버츠는 콜링우드를 "외로운 옥스퍼드 역사주의자 …… 중요한 측면에서 크로체의 추종자"로 기술한다. David D. Roberts, *Benedetto Croce and the Uses of Historicism* (Berkeley: University of California Press, 1987), 325.

18. 크로체의 비코 오독에 대해서는 Cecilia Miller, *Giambattista Vico: Imagination and Historical Knowledge* (Basingstoke: Macmillan, 1993), 그리고 James C. Morrison, "Vico's Principle of Verum is Factum and the Problem of Historicism," *Journal of the History of Ideas* 39 (October-December 1978): 579-95의 일반적 논의 참조.

19. R. G. Collingwood, *The Idea of History* (1946; London: Oxford University Press, 1976), 212-14, 216.

20. Collingwood, 193.

21. Roberts, *Benedetto Croce and the Uses of Historicism*, 59, 60, 62.

22. Joseph Stalin, *Dialectical and Historical Materialism* (1938), https://www.marxists.org/reference/archive/stalin/works/1938/09.htm.

23. Fernand Braudel, "Preface to the First Edition," in *The Mediterranean and the Mediterranean World in the Age of Philip II*, trans. Sian Reynolds (1949; London: Collins, 1972), 1:20. 또한 Peter Burke, *The French Historical Revolution: The "Annales" School, 1929-89* (Stanford, CA: Stanford University

Press, 1990), 32-64도 참조.

24. Hans-Georg Gadamer, *Truth and Method*, trans. Joel Weinsheimer and Donald G. Marshall, 2nd ed. (1975; London: Sheed and Ward, 1988), 214-18 참조. 또한 Bonnie G. Smith, "Gender and the Practices of Scientific History: The Seminar and Archival Research in the Nineteenth Century," *American Historical Review* 100 (October 1995): 1150-76도 참조.

25. Braudel, "Preface to the First Edition," 20.

26. Alfred W. Crosby Jr., *The Columbian Exchange: Biological and Cultural Consequences of 1492* (1972; London: Prager, 2003), xxv.

27. Daniel Lord Smail, *On Deep History and the Brain* (Berkeley: University of California Press, 2008), 74-189.

28. Oreskes, "Scientific Consensus," 93.

29. Alfred W. Crosby Jr., "The Past and Present of Environmental History," *American Historical Review* 100 (October 1995): 1185.

30. 제러미 데이비스는 최근 올바르게도 이 장의 초고에서 생물학적 행위와 지질학적 행위 사이의 구별을 과장하는 것에 대해 나를 비판했다. Jeremy Davies, "Noah's Dove: The Anthropocene, the Earth System and Genesis 8:8-12," *Green Letters: Studies in Ecocriticism* 23, no. 4 (2019): 337-49, https://doi.org/10.1080/14688417.2019.1706611. 실제로 나는 나중에 출판한 글에서 이를 인정했다. "우리는 내가 논문 〈기후의 역사〉에서 그렇게 보인 방식으로 인간의 생물학적 행위와 지질학적 행위를 분리할 수 없다" Chakrabarty, "Whose Anthropocene? A Response," in *Whose Anthropocene? Revisiting Dipesh Chakrabarty's 'Four Theses,'* ed. Robert Emmett and Thomas Lekan, Rachel Carson Center Perspectives, Transformations in Environment and History, 2016/2 (Munich: Rachel Carson Center, 2016), 104. 생명 그 자체가 지질학적 힘으로 작용한다는 것은 오래전부터 인정되어왔다. Peter Westbroek, *Life as a Geological Force: Dynamics of the Earth* (New York: W. W. Norton, 1991) 참조. 이 책이 돌아보는 지구/행성 구별은 내가 처음에 정립한 생물학적 행위와 지질학적 행위의 구별을 대신한다.

31. 오스트레일리아 국립대학 자원과 환경 연구 센터 소장인 윌 스테펜(Will Steffen)

의 "Humans Creating New 'Geological Age,'" *Australian*, March 31, 2008에서 인용. 스테펜이 참조한 것은 2005년의 밀레니엄 환경 시스템 평가 보고서였다. 또한 Neil Shubin, "The Disappearance of Species," *Bulletin of the American Academy of Arts and Sciences* 61 (Spring 2008): 17-19도 참조.

32. '자연의 종언'에 관한 빌 매키번의 논증은 "언제나 우리를 더 작게 느끼게 하는 데 이바지해온 분리된 영역"으로서의 자연의 종언을 함축했다. Bill McKibben, *The End of Nature* (1989; New York: Random House, 2006), xxii.

33. 지구온난화 논쟁이 격화되기 전에 쓰인 브뤼노 라투르의 *Politics of Nature: How to Bring the Sciences into Democracy*, trans. Catherine Porter (1999; Cambridge, MA: Harvard University Press, 2004)는 정치의 관념을 자연이라는 분리된 영역의 가정 주위에서 조직하는 전통 전체에 물음을 던지고 이 가정이 동시대의 민주주의 문제에 대해 제기하는 문제를 지적한다.

34. Gadamer, *Truth and Method*, 206. 역사가는 "모든 것이 다를 수 있었으며, 모든 행위하는 개인이 다르게 행위할 수 있었다는 것을 안다".

35. Paul J. Crutzen and Eugene F. Stoermer, "The Anthropocene," *IGBP Newsletter*, no. 41 (May 2000): 17.

36. Paul J. Crutzen, "Geology of Mankind," *Nature* 415, no. 23 (January 3, 2002): 23.

37. Mike Davis, "Living on the Ice Shelf: Humanity's Meltdown," TomDispatch.com, June 26, 2008, https://www.tomdispatch.com/post/174949. 이 논문에 주목하게 해준 로런 벌랜트에게 감사드린다.

38. Crutzen and Stoermer, "The Anthropocene," 17.

39. Crutzen and Stoermer, 17.

40. 다음 참조. William F. Ruddiman, "The Anthropogenic Greenhouse Era Began Thousands of Years Ago," *Climatic Change* 61, no. 3 (2003): 261-93; Paul J. Crutzen and Will Steffen, "How Long Have We Been in the Anthropocene Era?," *Climatic Change* 61, no. 3 (2003): 251-57; Jan Zalasiewicz et al., "Are We Now Living in the Anthropocene?" *GSA Today* 18 (February 2008): 4-8.

41. Zalasiewicz et al., "Are We Now Living in the Anthropocene?," 7. 데이비스는 런던 지질학회를 "1807년에 설립된 세계의 가장 오래된 대지과학자들의 협회"라고

기술한다. Davis, "Living on the Ice Shelf."

42. Libby Robin and Will Steffen, "History for the Anthropocene," *History Compass* 5, no. 5 (2007): 1694-719, 그리고 Jeffrey D. Sachs, "The Anthropocene," in *Common Wealth: Economics for a Crowded Planet* (New York: Penguin, 2008), 57-82는 인간과학을 위한 그 용어 채택의 초기 예들이다.
43. Edward O. Wilson, *The Future of Life* (New York: Vintage, 2002), 102.
44. Christophe Bonneuil and Jean-Baptiste Fressoz, *The Shock of the Anthropocene*, trans. David Fernbach (London: Verso, 2016)은 여기서 그 이야기를 유용하게 복잡화한다.
45. 제임스 핸슨은 제25차 기후변화 당사국 총회(COP, 마드리드)에 대한 논평에서 다음과 같이 지적했다. "엑손의 연구 및 엔지니어링 사장은 기후 위협을 올바르게 기술했다. 기후 시스템은 지연된 대응과 확대되는 피드백을 특징으로 한다는 것이다. 이것들은 서로 합쳐져 선취적 행동의 긴급성을 함축한다. 명백하고도 결정적으로 요구되는 행동은 탈탄소 에너지의 개발이었다. 그 대신 엑손은 '수압 파쇄'와 훨씬 더 커다란 기후 발자국 연료에 대한 지속적인 의존에 투자하기로 선택했다. 그러고는 그들이 청정 석탄과 재생 가능한 것을 위해 애쓰고 있다는 겉치레를 포함한 그릇된 정보 캠페인으로 이를 보완했다. ……하지만 그들은 전 지구의 화석연료 배출이 지속해서 증대하고 있음을 너무도 잘 알고 있었다." James Hansen, "Wheels of Justice," December 26, 2019, http://www.columbia.edu/~jeh1/mailings/2019/20191226 WheelsOfJustice.pdf. 또한 Geoffrey Supran and Naomi Oreskes, "Assessing ExxonMobil's Climate Change Communications (1977-014)," *Environmental Research Letters* 12 (2017), https://iopscience.iop.org/article/10.1088/1748-9326/aa816f도 참조.
46. Wilson, *The Future of Life*, 102.
47. Crutzen and Stoermer, "The Anthropocene," 18.
48. Davis, "Living on the Ice Shelf."
49. Latour, *Politics of Nature* 참조.
50. Wilson, *The Future of Life*, 102.
51. Flannery, *Weather Makers*, xiv.
52. Maslin, *Global Warming*, 147. 화석연료가 어떻게 20세기 민주주의의 가능성과

한계 모두를 창조했는지에 관한 논의는 Timothy Mitchell, *Carbon Democracy: Political Power in the Age of Oil* (London: Verso, 2011) 참조.

53. Davis, "Living on the Ice Shelf."

54. Wilson, *In Search of Nature* (Washington, DC: Island Press, 1996), ix-x.

55. Smail, *On Deep History and the Brain* 참조.

56. Wilson, *In Search of Nature*, x.

57. Michael Geyer and Charles Bright, "World History in a Global Age," *American Historical Review* 100 (October 1995): 1058-59.

58. Geyer and Bright, "World History," 1059.

59. Smail, *On Deep History and the Brain*, 124 참조.

60. Smail, 124-25.

61. Jacques Derrida, "Cogito and the History of Madness," *Writing and Difference*, trans. Alan Bass (Chicago: University of Chicago Press, 1978), 34.

62. Sachs, *Common Wealth*, 57-82.

63. Wilson, foreword to Sachs, *Common Wealth*, xii. 마르크스를 공부한 이들은 여기서 청년 마르크스에 의한 '유적 존재' 범주의 사용을 떠올릴 수 있다.

64. 다음 참조. Kenneth Pomeranz, *The Great Divergence: Europe, China, and the Making of the Modern World Economy* (Princeton, NJ: Princeton University Press, 2000); E. A. Wrigley, *Energy and the English Industrial Revolution* (Cambridge: Cambridge University Press, 2010); Fredrik Albritton Jonsson, "The Coal Question before Jevons," *Historical Journal* 63, no. 1 (2020): 107-26; Andreas Malm, *Fossil Capital: The Rise of Steam Power and the Roots of Global Warming* (London: Verso, 2016).

65. Mitchell, *Carbon Democracy* 참조. 또한 Edwin Black, *Internal Combustion: How Corporations and Governments Addicted the World to Oil and Derailed the Alternatives* (New York: St. Martin's, 2006).

66. 아리기의 《기나긴 20세기》는 자본주의의 운명에서 이러한 흥망성쇠에 대한 훌륭한 길잡이다.

67. Lawrence Guy Straus, "The World at the End of the Last Ice Age," in *Humans at the End of the Ice Age: The Archaeology of the Pleistocene-Holocene*

Transition, ed. Lawrence Guy Straus et al. (New York: Plenum, 1996), 5.

68. Flannery, *Weather Makers*, 63, 64.

69. 내가 이 문장을 10년 전에 쓴 이후 과학자들은 인간이 깨트려서는 안 되는 '행성적 경계'라는 생각을 개진해왔다. Johan Rockström et al., "Planetary Boundaries: Exploring the Safe Operating Space for Humanity," *Economy and Society* 14, no. 2 (2009), http://www.ecologyandsociety.org/vol14/iss2/art32/ 참조.

70. Ashish Kothari, "The Reality of Climate Injustice," *Hindu*, November 18, 2007.

71. 나는 "되돌이켜 볼 때"의 유죄와 "앞을 내다볼 때"의 유죄라는 생각을 2007년 11월 시카고 인문학 축제 때 프랭크 인문학 연구소의 피터 싱어가 주도한 논의에서 빌려왔다.

72. Crutzen and Stoermer, "The Anthropocene," 17.

73. Colin Tudge, *Neanderthals, Bandits, and Farmers: How Agriculture Really Began* (New Haven, CT: Yale University Press, 1999), 35-36 참조.

74. Wilson, *In Search of Nature*, 199.

75. Gadamer, *Truth and Method*, 232, 234. 또한 Michael Ermarth, *Wilhelm Dilthey: The Critique of Historical Reason* (Chicago: University of Chicago Press, 1978), 310-22도 참조.

76. E. P. Thompson, *The Making of the English Working Class* (Harmondsworth: Penguin, 1963) 참조.

77. Louis Althusser and Etienne Balibar, *Reading Capital*, trans. Ben Brewster, 2nd ed. (London: New Left Books, 1977; 프랑스어 초판, 1968), 105. 이것은 명백히 알튀세르가 좋아하는 표현이다. 그는 자서전, *The Future Lasts a Long Time*, ed. Olivier Corpet and Yann Moulier Boutang, trans. Richard Vieasey (London: Vintage, 1993), 218에서 이를 반복한다. 스피노자의 본래 진술은 *Ethics*, trans. Andrew Boyle and G. H. R. Parkinson (London: J. M. Dent & Son, 1992), 1부, 정리 17의 주석, 보충 2, 19쪽. "왜냐하면 신의 본질을 구성할 지성과 의지는 우리의 지성과 의지와는 하늘과 땅만큼이나 차이가 있지 않으면 안 되고 그것들은 단지 명칭만 일치할 뿐이기 때문이다. 이는 마치 별자리의 개〔시리우스〕와 실제로 짖어대는 동물인 개 사이에 이름 말고 아무 데도 닮은 점이 없는 것과 마찬가지다."

78. Ursula Heise, *Imagining Extinction: The Cultural Meanings of Endangered Species* (Chicago: University of Chicago Press, 2016), 224.

79. Jacques Derrida, *The Animal That Therefore I Am*, ed. Marie-Louise Mallet and trans. David Wills (New York: Fordham University Press, 2008). Heise, *Imagining Extinction*도 이 문제에 대해 아주 교훈적이다.

80. 근대 일본과 미국의 맥락에서 정립된 '신유물론적'이고 공진화적인 역사를 쓰고자 하는 사려 깊고 주목할 만한 시도에 대해서는 Timothy J. LeCain, *The Matter of History: How Things Create the Past* (Cambridge: Cambridge University Press, 2017) 참조.

81. 내 생각에 하이즈는 이에 이의를 제기하지 않을 것이다. 왜냐하면 그녀는 "그것〔종〕이 그 자신의 일련의 수사적·상징적·법적·사회적·제도적 구조에 의해 지각과 경험 그리고 집단적 자기확인의 영역으로 번역되지 못할 원칙적인 이유는 없다"고 쓰고 있기 때문이다. *Imagining Extinction*, 225.

82. Geyer and Bright, "World History," 1060.

83. Michel Foucault, *The Order of Things: An Archaeology of the Human Science* (1966; New York: Vintage, 1973), 368.

84. Geyer and Bright, "World History," 1060.

85. Alan Weisman, *The World without Us* (New York: Thomas Dunne, 2007) 25-28 참조.

86. 내가 '구명보트' 비유를 사용한 것은 무슨 일이 있더라도 부자는 언제나 '구명보트' 같은 것을 가진다고 주장하려고 하는 많은 좌파 비판자의 도덕적 분노를 끌어냈다. 부자는 그 정의상 어떠한 위기 상황에서도 가난한 자보다 그들이 활용할 더 많은 자원을 가진다는 것을 나는 부정하지 않는다. 그러나 독자는 앞의 단락에서 나의 구명보트 비유의 요점이 자본주의가 경향적으로 겪는 경기 순환—부자들이 극복할 수 있는 것—과 그 가혹함으로 인해 부자들이 살고 싶어 하는 행성의 부분까지 거주할 수 없는 곳으로 만드는 기후 위기 사이의 구별을 알아듣게 하는 것이었음을 알아챌 것이다. 캘리포니아와 오스트레일리아에서 발생한 화재에 대한 언급은 그 점을 전달하기 위해서였다. 구명보트 비유를 문자 그대로 읽으면서 트집을 잡는 것으로는 얻을 것이 많지 않다.

87. David N. Stamos, *The Species Problem: Biological Species, Ontology, and*

the Metaphysics of Biology (Lanham, MD: Lexington Books, 2003)과 Jody Hey, *Genes, Categories and Species: The Evolutionary and Cognitive Causes of the Species Problem* (New York: Oxford University Press, 2001) 참조.

88. Theodor Adorno, "Negative Universal History," in *History and Freedom: Lectures 1964-1965*, ed. Rolf Tiedemann, trans. Rodney Livingstone (2006; Cambridge: Polity, 2009; originally in German, 2001) 참조. 본래 이 제안에 영감을 준 것은 Antonio Y. Vasquez-Arroyo, "Universal History Disavowed: On Critical Theory and Postcolonialism," *Postcolonial Studies* 11, no. 4 (December 2008), 451-73였다. 또한 Harriet Johnson, "The Anthropocene as a Negative Universal History," *Adorno Studies* 3, no. 1 (July 2019): 47-63의 명확한 논의도 참조.

89. Heise, *Imagining Extinction*, 224.

90. Jason Moore, *Capitalism in the Web of Life* (London: Verso, 2015), ix.

91. John Bellamy Foster, Brett Clark, and Richard York, *The Ecological Rift: Capitalism's War on the Earth* (New York: Monthly Review Press, 2010), 395.

92. Adorno, "Negative Universal History," 96.

93. Johnson, "Anthropocene as a Negative Universal History," 60-1.

94. 이것은 실제로 라투르가 그의 저작의 많은 곳에서 다루는 문제이다.

95. 이 모든 것에 대해서는 Philippe Descola, *Beyond Nature and Culture*, trans. Janet Lloyd (Chicago: University of Chicago Press, 2013; 프랑스어 초판은 2005); Eduardo Vivieros de Castro, *Cannibal Metaphysics: For a Post-Structural Anthropology*, ed. and trans. Peter Skafish (Minneapolis, MN: Univocal, 2014; 프랑스어 초판은 2009); Deborah Bird Rose, *Dingo Makes Us Human: Life and Land in an Australian Aboriginal Culture* (Cambridge: Cambridge University Press, 2000) 참조.

96. 이 책의 마지막 장 참조.

2 결합된 역사들

1. Bryan Lovell, *Challenged by Carbon: The Oil Industry and Climate Change*

(New York: Cambridge University Press, 2010), 75.

2. Intergovernmental Panel on Climate Change, *Climate Change 2007: The Physical Science Basis*, ed. Susan Solomon et al. (2007; Cambridge: Cambridge University Press, 2008), 446, box 6.2 참조.
3. Lovell, *Challenged by Carbon*, xi.
4. David Archer, *The Long Thaw: How Humans Are Changing the Next 100,000 Years of Earth's Climate* (Princeton, NJ: Princeton University Press, 2009), 6.
5. Archer, 11.
6. Curt Stager, *Deep Future: The Next 100,000 Years of Life on Earth* (New York: St. Martin's, 2011), 2장 참조.
7. David Archer, *The Global Carbon Cycle* (Princeton, NJ: Princeton University Press, 2010), 21.
8. 위험의 공적 지각을 통계적 분석과 정치적·법적 조정에 의한 위험 관리와 연결하는 일련의 사려 깊은 논문들을 Cass R. Sunstein, *Risk and Reason: Safety, Law, and the Environment* (New York: Cambridge University Pres, 2002)에서 볼 수 있다.
9. Charles S. Pearson, *Economics and the Challenge of Global Warming* (New York: Cambridge University Press, 2011), 25n6.
10. 이 주제에 관한 하나의 고전적 텍스트가 Frank H. Knight, *Risk, Uncertainty, and Profit* (1921; London: Forgotten Books, 2012)이다. 나이트는 경제학 분과에 대해 내가 사용한 **기예**(art)라는 말에 반대했을 것이다. 왜냐하면 그는 경제학을 과학의 부분이라고 생각했기 때문이다. 그는 자신의 책을 다음과 같은 진술로 시작한다. "경제학 또는 좀더 적절하게 이론경제학은 사회과학 가운데 정밀과학의 탁월함을 열망한 유일한 것이다." 물론 그는 "자연의 힘에 대한 현재 우리의 놀라운 지배"를 보장한 데 대해 물리학을 찬양한다(3, 5). 근대적 삶의 다양한 측면에서 불확실성의 역할에 대한 전반적인 문제는 Helga Nowotny, *The Cunning of Uncertainty* (Cambridge: Polity, 2016) 참조.
11. 예를 들어 Nicholas Stern and Michael Jacobs, *The Economics of Climate Change: The Stern Review* (New York: Cambridge University Press, 2007), 200에 실린 도표 참조. 또한 Eric A. Posner and David Weisbach, *Climate Change Justice* (Princeton, NJ: Princeton University Press, 2010), 2장도 참조.

12. 고 마틴 와이츠먼은 일련의 논문에서 기후변화에 기인한 후생 손실에 대한 보통의 비용–편익 분석이 온도 상승을 어떻게 낮은 수준으로 가정하는지 강조했다. 지구 평균 표면 온도의 섭씨 10~20도 상승에서 귀결하는 피해 함수 계산의 불확실성은 경제적 계산을 혼란에 빠트린다. 와이츠먼은 다음과 같이 말한다. "기후변화 분석에 포함된 …… 깊은 구조적 불확실성의 엄청난 크기를 좀더 공공연하게 인정하고, 종래의 IAM(Integrated Assessment Model, 통합평가모형)에 토대한 CBAs(비용–편익 분석)가 시사하는 인공적 취약성이 …… 좀더 통상적인 비기후변화 CBA 상황들과 비교하여 특별하고도 전에 없이 오도하고 있다는 것을 정책 입안자들에게 더 잘 설명하는 것만으로도, 지구온난화와 관련해 무엇을 해야 할 것인지에 관한 공적 논의의 수준을 높일 수 있다." Martin L. Weitzman, "Some Basic Economics of Extreme Climate Change," Harvard Environmental Economics Program, Discussion Paper 09-10, February 19, 2009, p. 26, https://scholar.harvard.edu/files/weitzman/files/heep_discussion_10.pdf. 또한 Weitzman, "GHG Targets as Insurance against Catastrophic Climate Damages," *Journal of Public Economic Theory* 14 (March 2012): 221-44도 참조.
13. Archer, *Global Carbon Cycle*, 22. 러브록 자신은 가이아 개념을 적어도 은유로서 옹호한다. James Lovelock, *The Vanishing Face of Gaia* (New York: Basic Books, 2009), 13 참조. 브뤼노 라투르와 팀 렌턴의 가이아에 관한 최근의 공동 작업은 그 문제의 이러한 생기론적 측면을 확대하고 발전시킨다. 이것은 그들이 가이아와 대지 시스템 과학을 비판적으로 구별하는 이유이다. Bruno Latour and Timothy N. Lenton, "Extending the Domain of Freedom, or Why Gaia Is So Difficult to Understand," *Critical Inquiry* 45, no. 3 (Spring 2019): 659-80 참조. 또한 Timothy Lenton, Sebastien Dutreuil, and Bruno Latour, "Life on Earth Is Hard to Spot," *Anthropocene Review* (근간)도 참조.
14. Archer, *Global Carbon Cycle*, 1.
15. Wallace S. Broecker and Robert Kunzig, *Fixing Climate: What Past Climate Changes Reveal about the Current Threat—and How to Counter It* (New York: Hill and Wang, 2008), 100.
16. James Hansen, *Storms of My Grandchildren: The Truth about the Coming Climate Catastrophe and Our Last Chance to Save Humanity* (New York:

Bloomsbury, 2009), 71.

17. Archer, *Long Thaw*, 95.

18. John Broome, *Climate Matters: Ethics in a Warming World* (New York: W. W. Norton, 2012), 128, 129.

19. Paul N. Edwards, *A Vast Machine: Computer Models, Climate Data, and the Politics of Global Warming* (Cambridge, MA: MIT Press, 2010), 438-39, 강조는 필자.

20. Edwards, *Vast Machine*, 431.

21. Edwards, 439.

22. Pearson, *Economics*, 26, 31.

23. Pearson, 30.

24. Sunstein, *Risk and Reason*, 103.

25. Hansen, *Storms of My Grandchildren*, 176.

26. Sunstein, *Risk and Reason*, 129n40.

27. Pearson, *Economics* 참조. 선스타인은 "지구온난화를 포함하는 최악의 경우 시나리오"가 최소 극대화 원칙의 적용을 요구한다는 것을 인정하지만, "부분적으로 '탄소 배출권 거래' 시스템이 대안보다 비용이 훨씬 덜 드는 까닭에 가장 유망한 것으로 보일" 때, 재생 가능한 것으로의 점진적 이행을 가정하는 "'탄소 배출권 거래' 시스템"을 권고한다. Sunstein, *Risk and Reason*, 129. 이것은 결국 최소 극대화 원칙을 예방 원칙으로 대체하자는 것이다. 우리는 지구온난화와 관련된 '불확실성'의 도전이 보통의 위기관리 전략이 그 문제에 대한 적절한 대응이라고 가정하는 학자들 사이에서 얼마나 거의 이해되지 않고 있는지를 추론할 수 있을 뿐이다.

28. Stephen M. Gardiner, "Cost-Benefit Paralysis," *A Perfect Moral Storm: The Ethical Tragedy of Climate Change* (New York, 2011), 8장 참조.

29. Peter Newell and Matthew Paterson, *Climate Capitalism: Global Warming and the Transformation of the Global Economy* (New York: Oxford University Press, 2010), 7, 강조는 필자.

30. Sunita Narain, Newell and Paterson, *Climate Capitalism* 책 표지의 추천사.

31. John Bellamy Foster, Brett Clark, and Richard York, *The Ecological Rift: Capitalism's War on the Earth* (New York: Monthly Review Press, 2010), 47.

32. United Nations, Department of Economic and Social Affairs, *Promoting Development, Saving the Planet* (New York: United Nations Publishing Section, 2009)에서 Sha Zukang, "Overview," https://www.un.org/en/development/desa/policy/wess/wess_archive/2009wess.pdf 참조.

33. Sha, viii.

34. Sha, xviii.

35. Sha, 3.

36. Anil Agarwal and Sunita Narain, *Global Warming in an Unequal World: A Case of Environmental Colonialism* (1991; repr., New Delhi: Centre for Science and Environment, 2003) 참조.

37. 〈유엔 환경개발회의 보고서(리우데자네이루, 1992년 6월 3~14일): 부록 Ⅰ. 환경과 개발에 관한 리우 선언〉), 제7원칙, 1992년 8월 12일, https://www.un.org/en/development/desa/population/migration/generalassembly/docs/globalcompact/A_CONF.151_26_Vol.I_Declaration.pdf. 기후변화에 관한 유엔 협약에 따른 교토의정서, 제10조, 1997년 12월 10일, https://unfccc.int/sites/default/files/resource/docs/cop3/l07a01.pdf.

38. Agarwal and Narain, *Global Warming in an Unequal World*, 4-9, 인용은 9.

39. '지구 인구' 문제의 발생사는 다음에서 제공된다. Alison Bashford, *Global Population: History, Geopolitics, and Life on Earth* (New York: Columbia University Press, 2014).

40. Jairam Ramesh et al., "Climate Change and Parliament," in *Handbook of Climate Change and India: Development, Politics, and Governance*, ed. Navroz K. Dubash (New York: Earthscan, 2012), 238. D. 라구난단은 인도가 기후변화에 관한 여러 국제 포럼에서 주창한 "기후 정의"가 어떤 "깊은 과학적 이해"보다도 "지정학적 평가"에 의해 더 많이 알려졌다고 주장한다. D. Raghunandan, "India's Official Position: A Critical View Based on Science," in Dubash, *Handbook of Climate Change and India*, 172, 173.

41. Y. P. Anand and Mark Lindley, "Gandhi on Providence and Greed," 1, https://www.academia.edu/303042/Gandhi_on_providence_and_greed에서 인용. 간디는 이것을 1947년 힌디에서 그의 비서 피아렐랄 나이야르에게 말했다고

한다. 나이야르는 이를 자신의 책, Pyarelal Nayyar, *Mahatma Gandhi: The Last Phase* (Ahmedabad: Navajivan, 1958), 2:552에 실었다. 아난드와 린들리는 간디가 직접 서문을 써준 책인 J. C. Kumarappa, *Economy of Permanence* (1945)의 저자이자 간디주의 경제학자 J. C. 쿠마라파 작업의 영향을 받았다고 말한다. 흥미롭게도 인도의 《기후변화에 대한 국가 행동 계획》은 간디의 말을 "대지는 사람들의 필요를 채우기에 충분한 자원을 갖고 있지만, 결코 사람들의 탐욕을 충족하기에는 충분히 갖고 있지 않다"고 부정확하게 바꿔 쓰며, 따라서 간디가 전형적으로 개인의 도덕적 책임감을 강조한 점을 놓치고 있다. Government of India, *National Action Plan on Climate Change*, 1, http://moef.gov.in/wp-content/uploads/2018/04/NAP_E.pdf.

42. Peter Galuszka, "With China and India Ravenous for Energy, Coal's Future Seems Assured," *New York Times*, November 12, 2012, https://www.nytimes.com/2012/11/13/business/energy-environment/china-leads-the-way-as-demand-for-coal-surges-worldwide.html?_r=0.

43. Galuszka.

44. Amitav Ghosh, *The Great Derangement: Climate Change and the Unthinkable* (Chicago: University of Chicago Press, 2016), '정치'를 다루는 제3부.

45. P. W. Anderson, "More Is Different: Broken Symmetry and the Nature of the Hierarchical Structure of Science," *Science*. 177, no. 4047 (August 4, 1972): 393-96. 이 엄청나게 통찰력 있는 논문을 내게 소개하고 그 함의를 논의해준 사비야사키 바타카리야에게 감사드린다.

46. Vaclav Smil, *Harvesting the Biosphere: What We Have Taken from Nature* (Cambridge, MA: MIT Press, 2013), 221, 그리고 Tom Butler, Daniel Lerch, and George Wuerthner, "Introduction: Energy Literacy," in *The Energy Reader: Overdevelopment and the Delusion of Endless Growth*, ed. Thomas Butler, Daniel Lerch, and George Wuerthner (Sausalito, CA: Watershed Media, 2012), 11-12 참조.

47. 이 문제가 지닌 몇 가지 복잡성은 Radhika Govindrajan, *Animal Intimacies: Interspecies Relatedness in India's Central Himalayas* (Chicago: The University of Chicago Press, 2018), 4장 '외부자 원숭이, 내부자 원숭이'에서 섬세하게 포착된

다. 이 선구자적 연구에 주목하게 해준 스네하 아나바라푸에게 감사드린다.

48. Hansen, *Storms of My Grandchildren*.

49. Curt Stager, *Deep Future: The Next 100,000 Years of Life on Earth* (New York: St. Martin's, 2011), 62-6. 또한 Hansen, *Storms of My Grandchildren*, 145-46의 논의도 참조.

50. Michael Denny and Lisa Matisoo-Smith, "Rethinking Polynesian Origins: Human Settlement of the Pacific," LENScience, Senior Biology Seminar Series, http://www.hokulea.com/wp-content/uploads/2015/03/Rethinking-Polynesian-origins.pdf 참조.

51. Burton Richter, *Beyond Smoke and Mirrors: Climate Change and Energy in the Twenty-First Century* (New York: Cambridge University Press, 2010), 2. 호모 사피엔스의 출현 이후 기후 다양성에 대한 인간 적응의 긴 이야기는 John L. Brooke, *Climate Change and the Course of Global History: A Rough Journey* (Cambridge: Cambridge University Press, 2014)에서 능숙하게 이야기된다.

52. P. K. Haff, "Technology as a Geological Phenomenon: Implications for Human Well-Being," in "A Stratigraphical Basis for the Anthropocene," ed. C. N. Waters et al., special issue, *Geological Society of London* 395 (2014): 301-9, https://sp.lyellcollection.org/content/395/1/301 참조.

53. Will Steffen, Paul J. Crutzen, and John R. McNeill, "The Anthropocene: Are Humans Now Overwhelming the Great Forces of Nature?" *Ambio* 36 (December 2007): 614-21 참조.

54. 이에 대한 오스트레일리아의 예에 대해서는 Lesley Johnson, *The Modern Girl: Girlhood and Growing Up* (St. Leonards, New South Wales: Allen and Unwin, 1993) 참조.

55. Assa Doron and Robin Jeffrey, *The Great Indian Phone Book: How the Cheap Cell Phone Changes Business, Politics, and Daily Life* (Cambridge, MA: Harvard University Press, 2013) 참조.

56. Jan Zalasiewicz, "The Human Touch," *Paleontology Newsletter* 82 (March 2013): 24, https://www.palass.org/sites/default/files/media/publications/newsletters/number 82/number82.pdf. 스밀의 연구에 대한 잘라시에비치의 요

약은 대단히 도움이 되긴 하지만, 기억해야 할 것은 스밀의 노력 대부분이 독자에게 여기서 보고된 변화를 측정하는 데 포함된 방법론적 도전을 상기하도록 하는 데로 향해 있으며, 관련된 숫자가 얼마나 근사치이고 잠정적인가 하는 것이다. 잘라시에비치의 수치는 Smil, "Harvesting the Biosphere: The Human Impact," *Population and Development Review* 37 (December 2011): 613-36에 토대한다.

57. Smil, *Harvesting the Biosphere*, 252.

58. John Broome, *Climate Matters: Ethics in a Warming World* (New York: W. W. Norton, 2012), 112-13.

59. Archer, *Long Thaw*, 2.

60. Emile Durkheim, *The Elementary Forms of Religious Life*, trans. Joseph Ward Swain (1915; Mineola, NY: Dover, 2008), 134, 139.

61. Fazlur Rahman, *Major Themes of the Qur'an* (Chicago: University of Chicago Press, 2009), 12-13.

62. Rahman, 13.

63. 인간과 신 사이의 특별한 관계를 힌두교와 불교가 혼합된 관점으로부터 주장하는 흥미로운 텍스트는 〈인간의 종교〉(1931)로 출판된 라빈드라나트 타고르의 1930년 옥스퍼드 히버트 강연이다. 거기서 타고르는 신을 인간사에 무관심한 것으로 파악한 힌두교 신학적 입장에 대한 인식을 보여주지만, "제한되지 않은 우주적 활동의 영이라는 이념이 아니라 그 의미가 인간적인 것과 다를 수 없는 선과 사랑의 적극적 이상에 있는 무한자인" 무한성에 대한 불교적 이해에 찬성하여 그것을 거부했다. Rabindranath Tagore, "The Religion of Man," in *The English Writings of Rabindranath Tagore*, vol. 3, *Miscellany*, ed. Sisir Kumar Das (New Delhi: Sahitya Akademi, 1999), 111.

64. Ernest Partridge, "Nature as a Moral Resource," *Environmental Ethics* 6 (Summer 1984): 103.

65. 예를 들어 Lawrence Buell, "The Misery of Beasts and Humans: Nonanthropocentric Ethics versus Environmental Justice," *Writing for an Endangered World: Literature, Culture, and Environment in the U.S. and Beyond* (Cambridge, MA: Belknap Press of Harvard University Press, 2001), 224-42 참조.

66. Feng Han, "The Chinese View of Nature: Tourism in China's Scenic and Historic Interest Areas" (PhD diss., Queensland University of Technology, 2008), 22-3, https://eprints.qut.edu.au/16480/1/Feng_Han_Thesis.pdf. 이 논문에 주목할 수 있게 해준 켄 테일러에게 감사드린다. 물론 한평은 유진 하그로브를 떠올리게 한다. Eugene C. Hargrove, "Weak Anthropocentric Intrinsic Value," *Monist* 75 (April 1992): 183-207, 그리고 Karyn Lai, "Environmental Concern: Can Humans Avoid Being Partial? Epistemological Awareness in the Zhuangzi," in *Nature, Environment, and Culture in East Asia: The Challenge of Climate Change*, ed. Carmen Meinert (Leiden: Brill, 2013), 79 참조.

67. 예를 들어 Bryan G. Norton, "Environmental Ethics and Weak Anthropocentrism," *Environmental Ethics* 6 (Summer 1984): 131-48 참조. 노턴은 최초로 약한 인간중심주의를 제안한 이였으며, 그 이후 많은 사람이 이를 받아들였다.

68. James Lovelock, *The Vanishing Face of Gaia* (New York: Basic Books, 2009), 35-36.

69. Lovelock, 36.

70. Slavoj Žižek, *Living in the End Times* (New York: Verso, 2010), 332, 333-34. 위의 1장도 참조.

71. Ursula Heise, *Imagining Extinction: The Cultural Meanings of Endangered Species* (Chicago: University of Chicago Press, 2016), 223.

72. Stager, *Deep Future*, 2장 참조.

73. Gayatri Chakravorty Spivak, *An Aesthetic Education in the Era of Globalization* (Cambridge, MA: Harvard University Press, 2012), 338.

74. Raymond T. Pierrehumbert, *Principles of Planetary Climate* (New York University Press: Cambridge, 2010) 참조.

75. 내가 행성적인 것과 지구적인 것의 점증하는 갈라짐에 대해 말하는 까닭은 두 용어를 같은 뜻으로 사용하는 확고한 전통이 존재하기 때문이다. 예를 들어 Carl Schmitt, *The Nomos of the Earth in the International Law of the Jus Publicum Europaeum*, trans. G. L. Ulmen (New York: Telos Press, 2006), 86-88, 173, 351, 그리고 이어지는 3장 참조.

3 행성: 인간주의적 범주

1. "역사성의 체제(regimes of historicity)"라는 표현은 내가 프랑수아 하르톡에게 빚진 것이다. 나는 그의 연구에서 이 생각을 빌려왔다. **체제**라는 말은 일종의 질서화, 역사적 시간의 질서화를 함의한다. 하르톡은 "왜 '형식'이 아니라 '체제'인가?"라고 묻는다. 이 물음에 대해 하르톡은 그 말이 프랑스어에서 지니는 "일정한 정도의 …… 혼합과 합성의 관념과 언제나 잠정적이거나 불안정한 평형"의 연상과 따라서 질서의 잠정적 상태를 언급함으로써 대답한다. François Hartog, *Regimes of Historicity: Presentism and Experiences of Time*, trans. Saskia Brown (New York: Columbia University Press, 2015), xv.
2. Martin Heidegger, "The Origin of the Work of Art," in *Poetry, Language, Thought*, trans. Albert Hofstadter (New York: Harper and Row, 1975), 42. 분명히 해야 하는 것은 내가 대지 시스템 과학의 실행자들이 합쳐놓은 추상적이고 **비가시적인** 존재를 가리키기 위해서는 (인용이 아니라면) 대문자로 시작하는 **대지**(Earth)라고 쓴다는 점이다. 구체—말하자면 1972년의 '푸른 대리석' 사진—로서의 대지를 포함하여 다른 모든 경우에는 소문자 **대지**(earth)를 사용한다.
3. Heidegger, 46.
4. Heidegger, "Building Dwelling Thinking," in *Poetry, Language, Thought*, 149.
5. Heidegger, 150.
6. Heidegger, "Origin of the Work of Art," 48-9. 분명히 해야 하는 것은 내가 **대지**나 **세계**와 같은 하이데거의 용어들을 사용하는 것이 개념적인 차원이지 언어학적이지는 않다는 점이다. 다시 말하면 하이데거가 개진하는 바에 정확히 상응하는 단어들을 모든 언어가 지니고 있진 않다는 사실로 인해, 하이데거의 개념들을 이해할 수 있는 우리의 능력이 결코 치명적으로 손상되지는 않는다고 나는 가정한다.
7. Hans-Georg Gadamer, "The Truth of the Work of Art," in *Heidegger's Ways*, trans. John W. Stanley (Albany, NY: State University of New York Press, 1994), 99.
8. Gadamer, "Martin Heidegger—85 Years," in Gadamer, *Heidegger's Ways*, 117.
9. Andrew S. Goudie and Heather A. Viles, *Geomorphology in the Anthropocene* (New York: Cambridge University Press, 2016), 7.
10. Heidegger, "Origin of the Work of Art," 47.

11. 하이데거는 다음과 같이 쓴다. "우리는 나무 앞에 와서 그것을 대면하고 있으며, 나무는 우리를 대면하고 만난다. 여기서 어느 것이 만나고 있는가? 나무인가 아니면 우리인가? 아니면 둘 다인가? 또는 아무도 아닌가? 우리는 와서—단지 우리의 머리나 우리의 의식으로가 아니라 바로 우리가 존재하는 그대로—꽃 피어난 나무를 대면하고 있으며, 나무는 나무인 그대로 우리를 대면하고 만난다." Heidegger, *What Is Called Thinking?* trans. J. Glenn Gray (1954; New York: Harper and Row, 2004), 42.

12. 하이데거는 세계와 인간 사이의 이원적 상호성 관계를 정립한다(인간이 언어 안으로 들어온 후에만 말이다. 언어 없는 인간은 아마도 다른 동물들과 같을 것이다). 그에 의해 언어는 하이데거의 표현으로 "존재의 집"이 되며, 인간은 존재의 현전하게 됨이 그에게 허용되는 존재가 된다. 그리하여 존재의 본질, 즉 존재의 물음은 인간적인 것과 묶인다. "왜냐하면 그의 본질은 사유 속에서 그가 보호한다는 점에서 존재의 현전하게 됨을 기다리는 자, 그것을 돌보는 자라는 것이기 때문이다." Martin Heidegger, "The Turning," in *The Question Concerning Technology and Other Essays*, trans. William Lovitt (New York: Harper Torchbooks, 1977), 42. 이렇게 가정된 상호성 관계의 위기는 내가 8장에서 좀더 자세하게 논의한다.

13. 시적으로 그리고 정치적으로, 라투르는 인간이 가이아를 대면할 수 있게 하는 인격과 얼굴을 가이아에 부여한다. Bruno Latour, *Facing Gaia: Eight Lectures on the New Climatic Regime*, trans. Catherine Porter (Medford, MA: Polity, 2017), 280-84 참조.

14. 칸트의 1756년 논문은 이와 관련하여 매혹적이다. Immanuel Kant, "On the Causes of Earthquakes on the Occasion of the Calamity That Befell the Western Countries of Europe towards the End of Last Year," "History and Natural Description of the Most Noteworthy Occurrences of the Earthquake That Struck a Large Part of the Earth at the End of the Year 1755," and "Continued Observations on the Earthquakes That Have Been Experienced for Some Time" (1756), 이 논문들의 영어 번역은 모두 Olaf Reinhardt in Immanuel Kant, *Natural Science*, ed. Eric Watkins (Cambridge: Cambridge University Press, 2012), 330-36, 339-64, 367-73에 실려 있다. 또한 Edgar S. Brightman, "The

Lisbon Earthquake: A Study in Religious Valuation," *American Journal of Theology* 23 (October 1919), 500-518; Jose Oscar de Almeida Marques, "The Paths of Providence: Voltaire and Rousseau on the Lisbon Earthquake," *Cadernos de Cadernos de Historia e Filosofia da Ciencia* 15, no. 1 (2005): 33-57; 그리고 Dipesh Chakrabarty, "The Power of Superstition in Public Life in India," *Economic and Political Weekly*, May 17, 2008, 16-19도 참조.

15. Andrea Westermann, "Disciplining the Earth: Earthquake Observation in Switzerland and Germany at the Turn of the Nineteenth Century," 그리고 Frank Oberholzner, "From an Act of God to an Insurable Risk: The Change in the Perception of Hailstorms and Thunderstorms since the Early Modern Period," *Environment and History* 17 (February 2011): 53-77, 133-52 참조.
16. Carl Schmitt, *Dialogues on Power and Space*, trans. Samuel Garrett Zeitlin, ed. Frederico Finchelstein and Andreas Kalyvas (Malden, MA: Polity, 2015). 이 텍스트에 주목하게 해준 브뤼노 라투르에게 감사드린다.
17. 행성성에 관한 스피박의 사유는 그녀의 *Death of A Discipline* (New York: Columbia University Press, 2003)에서 상세히 논의된다. 행성성에 대한 스피박의 통찰을 더 살펴보려면 Elizabeth M. DeLoughrey, "Planetary Militarized Radiations," *Allegories of the Anthropocene* (Durham, NC: Duke University Press, 2019), 63-97; Benjamin Morgan, "*Fin du Globe*: On Decadent Planets," *Victorian Studies* 58, no. 4 (Summer 2016): 609-35 참조. 또한 행성성에 관한 다른 자극적인 관념들에 대해서는 유진 새커(Eugene Thacker)의 *In the Dust of This Planet* (Washington, DC: Zero Books, 2011)도 참조.
18. 다음 절은 내가 "Planetary Crises and the Difficulty of Being Modern," *Millennium: Journal of International Studies* 46, no. 3 (2018): 259-82에서 처음 개진한 명제를 확대하고 상세히 논의한다.
19. 나는 이러한 정식화를 분명히 하는 데서 캐서린 말라부에게 빚지고 있다. Chakrabarty, "Afterword," *South Atlantic Quarterly* 116 (January 2017): 166 참조.
20. Joyce E. Chaplin, *Round about the Earth: Circumnavigation from Magellan to Orbit* (New York: Simon and Schuster, 2013) 참조.
21. Thomas Hobbes, *Leviathan*, ed. and with an introduction by C. B. Macpherson

(1651; Harmondsworth: Penguin, 1976), 186.

22. Hannah Arendt, *The Human Condition*, 2nd ed., with an introduction by Margaret Canovan (1958; Chicago: University of Chicago Press, 1998), 250.

23. Carl Schmitt, *The Nomos of the Earth: In the International Law of the Jus Publicum Europaeum*, trans. G. L. Ulman (New York: Telos, 2003).

24. 또한 Schmitt, *Dialogues on Power and Space*의 논의도 참조.

25. Schmitt, *Nomos of the Earth*, 328.

26. Schmitt, 329.

27. Schmitt, 352.

28. Schmitt, 87.

29. Schmitt, 88.

30. Schmitt, 173.

31. Schmitt, 351.

32. Schmitt, *Land and Sea*, trans. Simona Draghici (1954; Washington, DC: Plutarch Press, 1997), 11.

33. Benjamin Lazier, "Earthrise; or, The Globalization of the World Picture," *American Historical Review* 116 (June 2011): 602-30, 그리고 Kelly Oliver, "The Earth's Refusal: Heidegger," in *Earth and World: Philosophy after the Apollo Missions* (New York: Columbia University Press, 2015), 111-62 참조.

34. Heidegger, "The Age of the World Picture," in *The Question Concerning Technology and Other Essays*, trans. William Lovitt (New York: Harper and Row, 1977), 152.

35. Heidegger, "Plato's Doctrine of Truth," trans. Thomas Sheehan, in *Pathmarks*, trans. Sheehan et al., ed. William McNeill (1967; New York: Cambridge University Press, 1998), 182.

36. Heidegger, "Age of the World Picture," 129-30. '인간학'에 대한 하이데거의 주해를 위해 이 논문에 덧붙인 보론 10(153쪽) 참조. **대지·세계·행성**이라는 말들을 하이데거가 어떻게 사용하는지에 대한 논의에 관해 더 많은 것을 보기 위해서는 Oliver, "Earth's Refusal" 참조. 또한 Dana R. Villa, "The Critique of Modernity," *Arendt and Heidegger: The Fate of the Political* (Princeton, NJ: Princeton

University Press, 1996), 171-208도 참조.

37. J. R. McNeill and Peter Engelke, *The Great Acceleration: An Environmental History of the Anthropocene since 1945* (Cambridge, MA: Belknap Press of Harvard University Press, 2014) 참조.

38. Raymond T. Pierrehumbert, *Principles of Planetary Climate* (New York: Cambridge University Press, 2010) 참조. 그리하여 동료 지질학자들이 지적하듯이 (천문학의 방법이 아니라) 대지과학 방법에 따라 수행된 다른 행성들에 관한 작업을 포함하여 '대지와 행성 과학' 연구에 특화된 대학 학과들이 존재한다.

39. James Hansen, *Storms of My Grandchildren: The Truth about the Coming Climate Catastrophe and Our Last Chance to Save Humanity* (New York: Bloomsbury, 2009), xiv-xv.

40. Spencer R. Weart, *The Discovery of Global Warming* (Cambridge, MA: Harvard University Press, 2008); Joshua P. Howe, *Behind the Curve: Science and the Politics of Global Warming* (Seattle: University of Washington Press, 2014); Clive Hamilton, *Defiant Earth: The Fate of Humans in the Anthropocene* (Malden, MA: Polity, 2017); 그리고 Ian Angus, *Facing the Anthropocene: Fossil Capitalism and the Crisis of the Earth System* (New York: Monthly Review Press, 2016) 참조. 또한 Joseph Masco, "Bad Weather: On Planetary Crisis," *Social Studies of Science* 40 (February 2020): 7-40; DeLoughrey, "Planetary Militarized Radiations"; Perrin Selcer, *The Postwar Origins of the Global Environment: How the United Nations Built Spaceship Earth*((New York: Columbia University Press, 2018)도 참조.

41. Weart, *Discovery of Global Warming*, 144-45 참조.

42. Tim Lenton, *Earth System Science: A Very Short Introduction* (New York: Oxford University Press, 2016), 1.

43. The International Geosphere-Biosphere Programme, "Earth System Definitions," http://www.igbp.net/globalchange/earthsystemdefinitions.4.d8b4c3c12bf3be638a80001040.html.

44. Angus, *Facing the Anthropocene*, 29에서 인용.

45. Latour, "Third Lecture: Gaia, a (Finally Secular) Figure for Nature," in Latour,

Facing Gaia, 75-110에서 이 문제에 대한 브뤼노 라투르의 매혹적인 논의 참조. 또한 Bruno Latour and Tim Lenton, "Extending the Domain of Freedom, or Why Gaia Is So Hard to Understand," *Critical Inquiry* 45 (Spring 2019): 659-80도 참조.

46. Timothy M. Lenton and Andrew Watson, *Revolutions That Made the Earth* (New York: Oxford University Press, 2011), vii.

47. Lenton, *Earth System Science*, 17. "생명 형식의 역사를 아무리 오래 생각한다고 할지라도, 가이아는 전혀 지구가 아니며 얇은 생명 막, 표면, 즉 대기 속으로 그리 멀리까지 침입하지 못하고 또한 밑으로 깊은 대지 속으로 멀리 내려가지 않는 몇 킬로미터밖에 되지 않는 외피라는 것을 우리는 인정해야 한다. 그것이야말로 가이아에 대한 지구적 버전으로부터 지금 몇몇 과학자가 말하는 '임계 지대'로 옮겨가는 것이 중요한 이유이다." Latour and Lenton, "Extending the Domain of Freedom," 676.

48. Lee R. Kump, James F. Kasting, and Robert G. Crane, *The Earth System* (Upper Saddle River, NJ: Prentice Hall, 2004), 3, xi, 강조는 필자. 얀 잘라시에비치는 다음과 같이 쓴다. "대지 표면이 (지금 우리에게) 가장 직접적이고 중요한 과정이 일어나는 곳이라는 것은 참입니다. 그러나 기본적인 화학적 순환들 대부분은 대지 표면 내의 더 짧고 더 긴 우회로와 변형들을 포함하며, 몇몇 경우들에서는 확실히 더 깊은 맨틀에 이르고 어쩌면 더욱더 나아갈 것입니다. 대지의 물 대부분은 대지의 맨틀에서 유래했을 수 있습니다(그리고 우리 대양의 대부분은 십억 년의 시간 척도로 매우 느리기는 하지만 서서히 다시 거기로 빠지고 있는 듯하지요). 지각/암석권 내의 더 얕은 지대는 여전히 지질학적이긴 하지만 더 짧은 시간 척도에서 활동적입니다." Jan Zalasiewicz, 저자에게 보낸 이메일, October 6, 2018.

49. Zalasiewicz, 저자에게 보낸 이메일, October 6, 2018 참조. 잘라시에비치는 그 세계의 더 깊은 부분이 분명히 대지 시스템의 부분이라고 생각한다.

50. Erle C. Ellis, *Anthropocene: A Very Short Introduction* (New York: Oxford University Press, 2018), 31, 32에서 인용.

51. 러브록 자신은 다음과 같이 쓴다. "대지 시스템 과학의 아이디어는 …… 1965년 9월에 캘리포니아의 제트 추진 실험실에서 내게 떠올랐다. 그것을 언급하는 첫 논문은 1968년에 〈미국 비행학회지〉에 게재되었다. ……가이아 가설은 그 이름을

얻기 이전 시기에 떠올랐다." James Lovelock, *The Vanishing Face of Gaia: A Final Warning* (New York: Basic Books, 2009), 159. 그러나 그는 이 과학의 이름으로 '진통제(anodyne)'를 고려했다. 왜냐하면 그는 대지 시스템 과학과 가이아 이론의 관계를 "우호적인" 것으로서 간주한 데 반해, "가이아를 이해하는 것은 작용하는 시스템들의 동역학에 대한 **본능적** 친숙성을 요구하며, 이것은 대지과학이나 생명 과학의 통상적인 부분이 아니다"라고 생각했기 때문이다. 161, 167, 강조는 필자. 또한 Lovelock, "What Is Gaia?," in *The Revenge of Gaia: Earth's Climate Crisis and the Fate of Humanity* (New York: Basic Books, 2007), 15-38도 참조.

52. Lovelock, *Gaia: A New Look at Life on Earth* (1979; New York: Oxford University Press, 1995), 7-8, 강조는 필자.

53. Ayesha Ramachandran, *The Worldmakers: Global Imagining in Early Modern Europe* (Chicago: University of Chicago Press, 2015), 24.

54. Ramachandran, 56. 친절하게도 아직 출간되지 않은 "The Person of Natura" (2017)을 읽게 해준 데이비드 오스본에게도 감사드린다. 하지만 스베레 라픈쇠는 이메일 대화에서 다음과 같은 점에 주목한다. "카타스코포스라는 원래의 스토아적 개념은 확실히 '위로부터의 시선'으로 기술될 수 있습니다." 그에 반해 그는 "그것이 이미 고대에 '밖으로부터'의 시선으로 특징지어질 수는 없습니다"라고 생각한다. "키케로의 《스키피오의 꿈》에서 스키피오 아이밀리아누스는 여전히 '다만' 카르타고와 로마를 아주 조그맣게 찾아보기 위해 세계의 가장 높은 곳에서 내려다보고 있을 뿐입니다. 나중에야 비로소 그리스도교화한 구경꾼이 참으로 '밖으로부터의 관찰자'가 되기를 목표로 할 수 있습니다." Sverre Raffnsøe, 필자에게 보낸 이메일, July 9, 2019.

55. Ronald Weber, *Seeing Earth: Literary Responses to Space Exploration* (Athens: Ohio University Press, 1985)의 논의 참조.

56. Lenton and Watson, *Revolutions*, 301.

57. Lovelock, *Gaia*, 8.

58. Timothy Morton, *Hyperobjects: Philosophy and Ecology after the End of the World* (Minneapolis: University of Minnesota Press, 2013) 참조.

59. Delf Rothe, "Global Security in A Posthuman Age? IR and the Anthropocene

Challenge," in *Reflections on the Posthuman in International Relations: The Anthropocene, Security and Ecology*, ed. Clara Eroukhmanoff and Matt Harker (Bristol: E-International Relations, 2017), 92. 하이데거의 물러서 있음이라는 말에 대한 모턴의 최근 주해는 여기에 도움이 된다. "'물러서 있음'은 경험적으로 뒷걸음침이나 뒤에서 움직임을 의미하지 않는다. 그것은 …… **그렇게 볼 수 없는 것을 마주한다는 것**을 의미한다." Timothy Morton, *Humankind: Solidarity with Nonhuman People* (London: Verso, 2019), 37, 강조는 원저자.

60. Lenton and Watson, *Revolutions*, vii-viii. Latour and Lenton, "Extending the Domain of Freedom," 그리고 이 책의 끝에 전재된 라투르와 나의 대화 참조.

61. Hannah Arendt, *The Human Condition*, 2nd ed., with an introduction by Margaret Canovan (1958; Chicago: University of Chicago Press, 1998), 264.

62. Lazier, "Earthrise," 그리고 Chakrabarty, "The Human Condition in the Anthropocene," in vol. 35 of *The Tanner Lectures on Human Values*, ed. Mark Matheson (Salt Lake City: University of Utah Press, 2016), 137-88 참조.

63. Lovelock, *Gaia*, xiv.

64. John Milton, *Paradise Lost*, ed. John Leonard (New York: Penguin Books, 2000), 20.

65. Mary R. Albert and Geoffrey Hargreaves, "Drilling through Ice and into the Past," *Oilfield Review* 25 (Winter 2013/2014): 4-15; P. G. Talalay, "Perspectives for Development of Ice-Core Drilling Technology: A Discussion," *Annals of Glaciology* 55, no. 68 (2014): 339-50; 그리고 Richard B. Alley, "Going to Greenland," *The Two-Mile Time Machine: Ice Cores, Abrupt Climate Change, and Our Future* (Princeton, NJ: Princeton University Press, 2000), 17-30 참조.

66. Paul Warde, "The Invention of Sustainability," *Modern Intellectual History* 8, no. 1 (2011): 153-70의 논의 참조. 워드는 그 이후 *The Invention of Sustainability: Nature and Destiny, c. 1500-1870* (New York: Cambridge University Press, 2018)에서 더 방대하고 매혹적인 논증을 전개했다.

67. Stephen Morse, *Sustainability: A Biological Perspective* (New York: Cambridge University Press, 2010), 6에서 인용. Emma Rothschild, "Maintaining (Environmental) Capital Intact," *Modern Intellectual History* 8, no. 1 (2011): 193-212

는 근대 경제학자들의 지속가능성 논의와 1920년대와 1930년대의 자본 이론에 대한 그들의 논쟁 사이에서 흥미로운 연관을 끌어낸다. 디나 K. 크라이젤은 《옥스퍼드 영어사전》을 인용하여 "'지속가능한(sustainable)'은 1976년까지 환경 충격을 최소화한다는 의미에서는 사용되지 않았으며, 1924년까지는 '일정한 수준에서 유지될 수 있는'을 의미하기 위해 사용되었다"고 쓴다. Deanna K. Kreisel, "'Form against Force': Sustainability and Organicism in the Work of John Ruskin," in *Ecological Form: System and Aesthetics in the Age of Empire*, ed. Nathan K. Hensley and Philip Steer (New York: Fordham University Press, 2019), 105.

68. Warde, "The Invention of Sustainability," 153.
69. Warde, 168, 170. 폰 리비히의 작업에 대한 카를 마르크스의 깊은 관심은 Paul Burkett, "Introduction to the Haymarket Edition," *Marx and Nature: A Red and Green Perspective* (Chicago: Haymarket Books, 2014), xix에서 주해가 이루어지며, John Bellamy Foster, *Marx's Ecology: Materialism and Nature* (New York: Monthly Review Press, 2000)에서 상세하게 논의된다.
70. Donald Worster, *Shrinking the Earth: The Rise and Decline of Natural Abundance* (New York: Oxford University Press, 2016), 140, 141, 강조는 필자. 보그트에 관해 더 많이 알려면 Selcer, *Postwar Origins of the Global Environment*, 68-70 참조.
71. Worster, 140에서 인용. 환경이라는 관념의 지적이고 제도적인 역사에 대해서는 Paul Warde, Libby Robin, and Sverker Sorlin, *The Environment: A History of the Idea* (Baltimore, MD: Johns Hopkins University Press, 2018), 그리고 Selcer, *Postwar Origins of the Global Environment* 참조.
72. 신자유주의가 지속가능성의 관념 또는 구호를 채택한 것에 대한 지속적인 비판에 대해서는 Ruth Irwin, *Heidegger, Politics and Climate Change: Risking It All* (New York: Continuum, 2008) 참조.
73. P. A. Larkin, "An Epitaph for the Concept of Maximum Sustainable Yield," *Transactions of the American Fisheries Society* 106 (January 1977): 1-2. Jennifer Hubbard, "In the Wake of Politics: The Political and Economic Construction of Fisheries Biology, 1860-1970," *Isis* 105 (June 2014): 364-78은 유럽과 북미에서 어업 경영에 적용된 생물학의 지나치게 정치적이고 경제적인 본

성을 기록하고 있는 탁월한 논문이다. 라킨에 대한 간단한 전기적 주해는 Social Networks and Archival Context의 다음 항목, https://snaccooperative.org/ark:/99166/w6fj6xxx 참조.

74. Morse, *Sustainability*, 5-6.

75. Jeffrey T. Nealon, *Plant Theory: Biopower and Vegetable Life* (Stanford, CA: Stanford University Press, 2016), 53-54.

76. Charles H. Langmuir and Broecker, *How to Build a Habitable Planet: The Story of Earth from the Big Bang to Humankind* (Princeton, NJ: Princeton University Press, 2012), 537.

77. "그것은 이 수준 이상으로—아마도 석탄기에서는 약 30퍼센트로—또는 (페름기-트라이아스기 경계의 추정적인 '산소 위기'에서는) 그 이하로 모형화되어왔습니다." Zalasiewicz, 필자에게 보낸 이메일, October 6, 2018.

78. Langmuir and Broecker, *How to Build a Habitable Planet*, 458.

79. Kump, Kasting, and Crane, *Earth System*, 225.

80. Lenton, *Earth System Science*, 44.

81. Lenton, *Earth System Science*, 44-46; Lovelock, *Gaia* 6, 59-77; Langmuir and Broecker, *How to Build a Habitable Planet*, 458-63; 그리고 Kump, Kasting, and Crane, *Earth System*, 159, 225-29 참조.

82. Anthony D. Barnosky et al., "Has the Earth's Sixth Mass Extinction Already Arrived?" *Nature* 471, 7336 (March 3, 2011), 51-57 참조. 주의해야 하는 것은 이 논문에서 종 멸종에 관한 계산이 기후변화를 포함하지 않고서 이루어졌다는 점이다.

83. Langmuir and Broecker, *How to Build a Habitable Planet*, 589-95.

84. William E. Connolly, *Facing the Planetary: Entangled Humanism and the Politics of Swarming* (Durham, NC: Duke University Press, 2017) 참조.

85. Langmuir and Broecker, *How to Build a Habitable Planet*, 593. 농업에 대한 생물 다양성의 중요성을 언급하는 가운데 컴프와 캐스팅 및 크레인은 여기서 실제적인 물음이 생물 다양성이지 단순히 세계가 과연 70억, 90억, 120억의 사람을 먹일 수 있는지가 아니라는 점을 지적한다. "근대 농업이 지닌 잠재적 문제는 충분히 생산적이지 않다는 것이 아니라 그것이 획일적이라는 것이다." Kump, Kasting,

and Crane, *Earth System*, 374.

86. Connolly, *Facing the Planetary*, 4.

87. Langmuir and Broecker, *How to Build a Habitable Planet*, 580.

88. 여기서 내가 긋고자 하는 구별은 플라톤의 《국가》에서 논의된 유명한 동굴의 비유를 특별히 언급하고 있는 하이데거의 논의에서 단적으로 유래하는 것은 아니지만, 그로부터 영감을 얻고 있다. Heidegger, "Plato's Doctrine of Truth," trans. Thomas Sheehan, in *Pathmarks*, trans. Sheehan et al., ed. William McNeill (1967; New York: Cambridge University Press, 1998) 136-54 참조.

89. Geoff Mann and Joel Wainwright, "Planetary Sovereignty," *Climate Leviathan: A Political Theory of Our Planetary Future* (New York: Verso, 2018), 129-56 참조. "행성적 주권"은 여기서 지구온난화를 관리할 모종의 세계 정부나 세계 질서를 가리킨다. 또한 Duncan Kelly, *Politics and the Anthropocene* (Cambridge: Polity, 2019)도 참조.

90. Quentin Meillassoux, *After Finitude: An Essay on the Necessity of Contingency*, trans. Ray Brassier (New York: Continuum, 2009), 10.

91. Carl Schmitt, "Dialogue on New Space," *Dialogues on Power and Space*, ed. Andreas Kalyvas and Frederico Finchelstein, trans. and with an introduction by Samuel Garrett Zeitlin (1958; Cambridge: Polity, 2015), 73, 74.

92. Ellis, *Anthropocene*, 144.

93. Ellis, 157.

94. Lenton, *Earth System Science*, 107, 117.

95. Langmuir and Broecker, *How to Build a Habitable Planet*, 645.

96. Langmuir and Broecker, 650, 강조는 원저자.

97. Langmuir and Broecker, 599-600.

98. Langmuir and Broecker, 668.

99. Timothy M. Lenton and Bruno Latour, "Gaia 2.0: Could Humans Add Some Level of Self-Awareness to Earth's Self-Regulation," *Science*, September 14, 2018, 1068, 강조는 필자, https://science.sciencemag.org/content/sci/361/6407/1066.full.pdf.

100. "정치적 세계는 단일한 세계가 아니라 다원적 세계이다." Carl Schmitt, *The*

Concept of the Political, trans. George Schwab (1932; Chicago: University of Chicago Press, 2007), 53.

101. 이 모든 것에 관해서는 Mark Williams et al., "The Anthropocene Biosphere," *Anthropocene Review* 2, no. 3 (2015): 196-219 참조. 우리는 국가 간의 취약한 2015년 파리 기후 협약조차도 금세기 말까지는 인간이 대기에서 이산화탄소를 끌어내는 기술—즉 "음의" 배출을 산출하는 기술—을 갖게 될 것이라고 단순하게 가정한다는 점을 기억해야 한다. Johan Rockström et al., "The World's Biggest Gamble," *Earth's Future* 4 (2016): 465-70, 그리고 Oliver Geden, "The Paris Agreement and the Inherent Inconsistency of Climate Policy Making," *WIREs Climate Change* 7 (November/December 2016): 790-97 참조.

102. Felix Guattari, *The Three Ecologies*, trans. Ian Pindar and Paul Sutton (New Brunswick, NJ: Athlone, 2000), 66. 하지만 가타리는 그가 분석한 세계에서 "도널드 트럼프와 같은 인간"의 부상에 대해 예언했다(43).

103. 물론 여기서는 라투르의 이름이 이 논증의 개척자로서 언급되어야 한다. 가타리의 견해에 대한 논의를 위해서는 Jane Bennett, *Vibrant Matter: A Political Ecology of Things* (Durham, NC: Duke University Press, 2010), 113 참조.

104. 나는 이 점을 노먼 위르즈바와의 논의에 빚지고 있다. 아직 출간되지 않은 다음 논문을 공유할 수 있게 해준 그에게 감사드린다. Norman Wirzba, "Rethinking the Human in an Anthropocene World." 내가 여기서 말하는 것은 또한 조이스 채플린이 최근에 말한 몇 가지 언명에 동조하는 것이기도 하다. "인류세라는 용어는 …… 인류를 촉진하는 동시에 감축한다. ……우리의 집단적 행위는 거대한 가속을 구성한다. ……우리를 위해 만세? 실제로는 아니다. 최종 결과는 우리가 …… 우리의 번성을 위해 자연 자원에 의존하고 이것들이 …… 드물게 될 때 상처받기 쉬운 또 다른 종일 뿐이라는 것을 단적으로 상기시키는 것이었다." Joyce Chaplin, "Can the Nonhuman Speak? Breaking the Chain of Being in the Anthropocene," *Journal of the History of Ideas* 78 (October 2017): 512.

105. 5장 참조.

106. Holly Robertson, "Snipers to cull up to 10,000 camels in drought-stricken Australia," *Phys.Org*, January 8, 2020, https://phys.org/news/2020-01-snipers-cull-camels-drought-stricken-australia.html.

107. 라투르는 Bruno Latour, *Down to Earth: Politics in the New Climatic Regime*, trans. Porter (Medford, MA: Polity, 2018)에서 이 문제에 대한 몇 가지 생각을 분명히 설명한다.

108. Bennett, *Vibrant Matter*, 119.

109. Bennett, 13. 하이데거의 철학에서 대지 윤리를 발전시키려는 켈리 올리버의 시도는 그 정신에서 얼마간 비슷하다. Kelly Oliver, "The Earth's Refusal: Heidegger," in *Earth and World: Philosophy after the Apollo Missions* (New York: Columbia University Press, 2015) 참조.

110. Zalasiewicz, *The Earth after Us: What Legacy Will Humans Leave in the Rocks?* (New York: Oxford University Press, 2008), 1.

111. "그러고 나서 나는 나 자신에게로 향해 '너는 누구냐?'라고 물었다." Saint Augustine, *Confessions*, trans. R. S. Pine-Coffin (London: Penguin, 1961), 212.

4 근대적이라는 것의 어려움

1. Michael B. Gerrard and Gregory E. Wannier, eds., *Threatened Island Nations: Legal Implications of Rising Seas and a Changing Climate* (Cambridge: Cambridge University Press, 2013), xvii, 다음에서 인용. Edvard Hviding, "Climate Change, Oceanic Sovereignties and Maritime Economies in the Pacific"(대양 인류학 강의 시리즈에서 제출된 논문, University of Hawaii at Manoa, Center for Pacific Islands Studies, and East-West Center, Pacific Islands Development Program, February 13, 2017). 이 논문을 공유해준 흐비딩 교수에게 감사드린다.

2. Anil Agarwal and Sunita Narain, *Global Warming in an Unequal World: A Case of Environmental Colonialism* (1991; repr., New Delhi: Centre for Science and Environment, 2003), 20n1.

3. Agarwal and Narain, 1.

4. François Hartog, *Regimes of Historicity: Presentism and Experiences of Time*, trans. Saskia Brown (New York: Columbia University Press, 2015). 하르톡은 유럽에서 18세기와 19세기에 걸쳐 있고, 두 번의 세계대전과 함께 종언했으며, 20세기 말에 "현재주의"—현재로 붕괴해 들어오는 미래—에 굴복한 유럽의 근대적인

"역사성의 체제"(열린 미래의 전망)를 이야기한다. 우리는 식민지에서 벗어난 새로운 국가들이 냉전 시기 동안 소련과 미국 양쪽 모두에서 울려 나오는 근대화의 주문에 빠져든 1950년대부터 근대적 역사성의 비슷한 체제가 유럽 바깥에서 개시되었다고 주장할 수 있을 것이다.

5. Agarwal and Narain, *Global Warming in an Unequal World*, 1.
6. Ellen Barry and Carol Davenport, "Emerging Climate Accord Could Push A/C out of Sweltering India's Reach," *New York Times*, October 12, 2016, https://www.nytimes.com/2016/10/13/world/asia/india-air-conditioning.html.
7. Michael Greenstone, "India's Air-Conditioning and Climate Change Quandary," *New York Times*, October 26, 2016, https://www.nytimes.com/2016/10/27/upshot/indias-air-conditioning-and-climate-change-quandary.html?r=0.
8. Barry and Davenport, "Emerging Climate Accord."
9. Ranajit Guha, "The Small Voice of History," in *The Small Voice of History: Collected Essays* (New Delhi: Permanent Black, 2009) 참조.
10. Anthony D. Barnosky and Elizabeth A. Hadly, *End Game: Tipping Points for Planet Earth* (London: William Collins, 2015), 41.
11. Barnosky and Hadly, 50-51.
12. Barnosky and Hadly, 43. 또한 Robin Jeffrey and Assa Doron, *Waste of a Nation* (Cambridge, MA: Harvard University Press, 2018), 47-54에서 제공된 통계도 참조.
13. Barry and Davenport, "Emerging Climate Accord."
14. Arjun Appadurai, *The Future as a Cultural Fact: Essays on the Global Condition* (London: Verso, 2013), 187.
15. Barry and Davenport, "Emerging Climate Accord."
16. Greenstone, "India's Air-conditioning."
17. Elizabeth A. Povinelli, *Geontologies: A Requiem to Late Liberalism* (Durham, NC: Duke University Press, 2016); Déborah Danowski and Viveiros de Castro, *The Ends of the World* (Cambridge: Polity, 2016); William E. Connolly, *Facing the Planetary: Entangled Humanism and the Politics of Swarming* (Durham, NC: Duke University Press, 2017); Michael S. Northcott, *A Political Theology*

of Climate Change (Grand Rapids, MI: William B. Eerdmans, 2013).

18. Jane Bennett, *Vibrant Matter: A Political Ecology of Things* (Durham, NC: Duke University Press, 2010), 108.

19. *Premendra Mitra Rachanabali* (Calcutta: Granthalaya, 1976), 7의 시 'Kabi' 참조. 이 시는 아마도 1920년대에 처음 출판된 후 미트라의 시 선집인 《프라트마(Prathama)》(1932)에 다시 실렸을 것이다. 이 구절의 현대적 인기는 1944년 4월 5일에 있었던, 벵골의 많은 언어를 말하는 지식인이라고 일컬어지는 베노이쿠마르 사라카르와의 유명한 대화에서 그것을 감탄하며 언급하는 것에서 입증된다. *Benoy Sarkarer Baithoke (Bingsho shotabdir bongo sanskriti)*〔벵골어〕, vol. 2, 하리다스 무코파디야이, 십찬드라 다타, 헤멘드라비조이 센, 크시티 무코파디야이, 수보드크리슈나 고샬 그리고 만마타나트 사르카르와의 대화(Calcutta: Dey's, 2003), 584. 이 시는 또한 1960년대의 내 고등학교 수업 계획서에 들어 있었다.

20. 예를 들어 Andreas Malm, *Fossil Capital: The Rise of Steam Power and the Roots of Global Warming* (New York: Verso, 2016) 참조.

21. Bruno Latour, "*Onus orbis terrarum*: About a Possible Shift in the Definition of Sovereignty," *Millennium: Journal of International Studies* 44, no. 3 (2016): 318. 필리프 데스콜라는 자연/문화 대립에 유사한 "이점"을 부여한다. "나는 그러한 감옥(자연-문화 대립)이 이점을 지닌다는 것을 인정할 준비가 되어 있다. 이원론은 그 자체로 악이 아니며, 그것을 생태학적으로 우호적인 환경 철학의 방식으로 순전히 도덕적인 이유에서 비난하거나 식민지 팽창으로부터 성적 정체성과 계급 구별의 물화를 포함하여 재생 불가능한 자원의 파괴에 이르기까지 현대의 모든 악에 대해 그것을 비난하는 것은 순진하다. 우리는 적어도 이원론에 대해 자연이 그 자신의 법칙에 종속해 있다는 보증뿐만 아니라 자연과학의 발전에 대한 엄청난 자극 때문에도 신뢰를 줄 필요가 있다. 우리는 또한 인간이 자연에 대한 자신의 통제력을 높이고 자신의 본능을 좀더 효율적으로 훈련함으로써 점차 문명화된다는 믿음뿐만 아니라 진보를 향한 열망으로 인해 생기는 특정한 **이점**, 특히 정치적 이점에 대해서도 그것에 빚지고 있다." Philippe Descola, *Beyond Nature and Culture*, trans. Janet Lloyd (Chicago: University of Chicago Press, 2013), 80-1, 강조는 필자.

22. Jan Zalasiewicz, Colin N. Waters, Mark Williams, and Colin P. Summerhayes

eds., *The Anthropocene as a Geological Time Unit: A Guide to the Scientific Evidence and Current Debate* (Cambridge: Cambridge University Press, 2019), 44.

23. Zalasiewicz et al., *Anthropocene as a Geological Time Unit*, 44. '근대적' 삶을 특징짓는 물질성의 하이브리드적 본성에 대한 확대된 고찰은 Kylie Ann Crane, "Concrete and Plastic: Thinking through Materiality" (교수자격 취득 논문, Universität Potsdam, 2019). 이 교수 자격 취득 논문을 공유해준 크레인 박사에게 감사드린다.

24. Zalasiewicz et al., 43.

25. Amartya Sen, *Development as Freedom* (New York: Anchor Books, 2000, and *On Ethics and Economics* (New York: Basil Blackwell, 1987).

26. Bruno Latour, *We Have Never Been Modern*, trans. Catherine Porter (Cambridge, MA: Harvard University Press, 1993. 라투르의 논증은 필리프 데스콜라의 뛰어나고 사려 깊은 책인 *Beyond Nature and Culture*, 86에서 간결하게 요약되어 있다.

27. Bruno Latour, *An Inquiry Into Modes of Existence* (Cambridge, MA: Harvard University Press, 2013).

28. Bruno Latour, *The Pasteurization of France*, trans. Catherine Porter (Cambridge, MA: Harvard University Press, 1988); *Politics of Nature: How to Bring the Sciences into Democracy*, trans. Catherine Porter (1999; Cambridge, MA: Harvard University Press, 2004). 또한 6장의 논의 참조.

29. Bruno Latour, *Facing Gaia: Eight Lectures on the New Climatic Regime*, trans. Catherine Porter (Cambridge: Polity, 2017).

30. Descola, *Beyond Nature and Culture*, 87.

31. Latour, *We Have Never Been Modern*, 9, 31; 그리고 그의 *War of the Worlds: What about Peace?* (Chicago: Prickly Paradigm Press, 2002), 31. 또한 Descola, *Beyond Nature and Culture*, 1장 참조.

32. Bruno Latour, 기포드 강의, 강의 6, "Gaia's Estate," 비공식 배포본, 126.

33. Aimé Césaire, *Discourse on Colonialism*, trans. Joan Pinkham (New York: Monthly Review Press, 1972), 25.

34. 나는 이러한 논쟁적 구절을 현대 파키스탄에서 물 소비의 정치학을 연구하는 마이라 하이야트 박사에게 빚지고 있다.
35. 1930년대와 1940년대에 인구수 증가로 인해 식량 안보를 둘러싸고 불거진 지구적 관심의 역사에 대해서는 Alison Bashford, *Global Population: History, Geopolitics, and Life on Earth* (New York: Columbia University Press, 2014) 참조.
36. Jawaharlal Nehru, 공개 연설 "in Hindustani," Calcutta, July 14, 1949, *Selected Works of Jawaharlal Nehru*, 2nd ser., vol. 12, edited by S. Gopal et al. (New Delhi: Jawaharlal Nehru Memorial Fund, 1991), 241.
37. 네루가 1947년 12월 산업 회의에서 한 연설. *Independence and After: A Collection of the More Important Speeches of Jawaharlal Nehru from September 1946 to May 1949* (New Delhi: Publications Division, Government of India, 1949), 155에서.
38. Jawaharlal Nehru, *Glimpses of World History* (Gurgaon: Penguin, 2004); Nehru, *The Discovery of India* (New York: Oxford University Press, 1989).
39. 이에 관해 더 많은 내용은 7장 참조.
40. Nehru, 1948년 12월 5일, 중앙관개위원회 제19차 연례회의 연설, in *Independence and After*, 386. 또한 1949년 11월 25일 루르키 대학에서 네루의 집회 연설도 참조(모두 인도 라디오 테이프, Nehru Memorial Museum and Library 제공). 그것은 히말라야에 관한 그리고 그 산들 및 그 강들과 관련된 다양한 계획이 어떻게 "전력 및 물과 운하 그리고 관개와 더 많은 식량을" 생산할 것인지에 관한 요점을 반복한다. Jawaharlal Nehru, *Selected Works of Jawaharlal Nehru*, 2nd ser., vol. 14, pt. 1, edited by S. Gopal et al. (New Delhi: Jawaharlal Nehru Memorial Fund, 1992), 227.
41. Baldev Singh, ed., *Jawaharlal Nehru on Science and Society: A Collection of His Writings and Speeches* (New Delhi: Nehru Memorial Museum and Library, 1988), 94-95.
42. Nehru, *Independence and After*, 152.
43. 1954년 4월 10일에 바브나가르(사우라슈트라), 중앙소금연구소 개소식에서 행한 연설, Singh, *Nehru on Science and Society*, 120.
44. Nehru, *Independence and After*, 385-86.

45. 1958년, 11월 17일, 뉴델리에서 열린 중앙 관개 및 전력 위원회 제29회 연례회의에서 한 네루의 개회 연설, Singh, *Nehru on Science and Society*, 173.
46. 1948년, 12월 5일, 뉴델리에서 열린 중앙관개위원회 제19회 연례회의에서 한 네루의 연설, Nehru, *Independence and After*, 391.
47. 1952년, 11월 17일, 뉴델리에서 열린 중앙 관개 및 전력 위원회의 제25주년을 기념하는 제23회 연례회의에서 한 네루의 개회 연설, Singh, *Jawaharlal Nehru on Science and Society*, 94-95.
48. Singh, 99.
49. Narendra Modi, *Convenient Action: Gujarat's Response to Challenges of Climate Change* (New Delhi: Macmillan, 2011).
50. Steve Howard, foreword to Modi, *Convenient Action* 참조. 하워드는 런던 기후 그룹의 최고 행정 관리이다.
51. Modi, *Convenient Action*, 43-64, 66-82의 '작은 것은 아름답다(Powergudas of Gujarat)'와 '큰 것도 아름답다(Sardar Sarovar Project)'라는 제목의 두 장 참조.
52. Modi, *Convenient Action*, 13.
53. Partha Chatterjee, *Nationalist Thought and the Colonial World: A Derivative Discourse?* (London: Zed, 1986); Homi K. Bhabha, *The Location of Culture* (London: Routledge, 1994) 참조.
54. Latour, "*Onus orbis terrarum*."
55. 1962년, 12월 28일, 뉴델리에서 열린 인도 공학협회의 제20회 연례회의에서 한 연설, in Singh, *Nehru on Science and Society*, 241.
56. Arjun Appadurai, "The Capacity to Aspire: Culture and the Terms of Recognition," in *The Future as a Cultural Fact: Essays on the Global Condition* (London: Verso, 2013), 179-95 참조.
57. A. C. Pigou, *The Economics of Welfare*, 3rd ed. (London: Macmillan, 1929), vii. 이러한 진술과 우리 시대 탁월한 경제학자의 펜에서 나오는 '대중'을 돌보는 문제에 관한 다음과 같은 진술 사이에는 정당한 연속성의 요소가 존재한다. "중국 대중의 역량은 지금 인도 대중의 그것보다 치명적으로 중요한 많은 측면에서 엄청나게 뛰어나다. 그들은 상당히 더 오래 살고, 훨씬 더 안전한 유아기와 유년기를 가지며, 병과 질병에 더 효과적으로 대처할 수 있고, 대부분 읽고 쓸 수 있

다, 등등." Amartya Sen, *Commodities and Capabilities* (New Delhi: Oxford University Press, 2003; 1987), app. A, p. 50.

58. Theodore W. Schultz, "Investment in Man: An Economist's View," *Social Service Review* 33, no. 2 (1959); 109-17; Amartya Sen, "Freedom and the Foundations of Justice," in Amartya Sen, *Development as Freedom*, 74 참조. 또한 Elizabeth Chatterjee, "The Asian Anthropocene: Electricity and Fossil Developmentalism," *Journal of Asian Studies* 79, no. 1 (February 2020): 1-22도 참조.

5 행성적 열망: 인도에서의 한 자살 읽기

1. *Times of India*, January 19, 2016에 전재된 베물라의 유서.
2. 2016년 11월 10일 베물라의 페이스북 포스트. "Remembering Rohith Vemula". 페이스북 페이지는 https://www.facebook.com/rohith352?ref=br_rs.
3. Sverre Raffnsøe, *Philosophy of the Anthropocene: The Human Turn* (Basingstoke: Palgrave Macmillan, 2016), 10.
4. Immanuel Kant, *Critique of Practical Reason*, ed. and trans. Lewis White Beck, 3rd ed. (1956; New York: Macmillan, 1993), 169-70.
5. Martha C. Nussbaum, *Hiding from Humanity: Disgust, Shame, and the Law* (Princeton, NJ: Princeton University Press, 2004).
6. Nussbaum, 14. 또한 72, 83, 89, 91-93, 94-95, 116도 참조.
7. Nussbaum, 17.
8. Nussbaum, 23-24, 50.
9. Nussbaum, 61.
10. Paul G. Falkowski, *Life's Engine: How Microbes Made Earth Inhabitable* (Princeton, NJ: Princeton University Press, 2015); Martin J. Blaser, *The Missing Microbes: How Killing Bacteria Creates Modern Plagues* (New York: Henry Holt, 2014); Eugene G. Grosch and Robert M. Hazen, "Microbes, Mineral Evolution, and the Rise of Microcontinents: Origin and Coevolution of Life with Early Earth," *Astrobiology* 15, no. 10 (2015), https://www.

liebertpub.com/doi/10.1089/ast.2015.1302#.

11. 이 문제에 대해서는 예를 들어 Deborah Danowski and Eduardo Viveiros de Castro, *The Ends of the World* (Cambridge: Polity, 2016) 참조.

12. Sundar Sarukkai, "Phenomenology of Untouchability," in *The Cracked Mirror: An Indian Debate on Experience and Theory*, ed. Gopal Guru and Sundar Sarukkai (New Delhi: Oxford University Press, 2014), 157-99.

13. Ranajit Guha, *Elementary Aspects of Peasant Insurgency in Colonial India* (New Delhi: Oxford University Press, 1983), 2장 참조. 또한 Kancha Ilaiah, "Productive Labour, Consciousness and History: The Dalitbahujan Alternative," in *Subaltern Studies: Writings on South Asian History and Society*, ed. Shahid Amin and Dipesh Chakrabarty (Delhi: Oxford University Press, 1996), 165-200도 참조. 일라이아는 다음과 같은 말로 시작했다. "주류 역사학은 달리트 바후잔의 관점을 인도 역사의 저술에 짜넣기 위해 아무것도 하지 않았다. 《서벌턴 연구》도 예외가 아니다."

14. 고 M. N. 스리니바스 교수는 이 문헌들에서 전개된 '산스크리트화' 같은 기본적인 개념적 도구들 가운데 몇 가지를 제공하는 데서 개척자로 활동했다. 물론 앙드레 베테유(André Beteille)는 이 시기의 또 다른 지적 투사였다.

15. Ciba Foundation, *Caste and Race: Comparative Approaches*, ed. Anthony de Reuck and Julie Knight (Boston: Little, Brown, 1967) 참조.

16. John Stratton Hawley, *A Storm of Songs: India and the Idea of the Bhakti Movement* (Cambridge, MA: Harvard University Press, 2015), 24.

17. Hans-Georg Gadamer, *Truth and Method* (London: Sheed and Ward, 1979), 239-40.

18. '불가촉성' 문제와 맞서 싸우기 위해 간디가 발간한 잡지 《하리잔》의 창간호 첫 페이지에는 라빈드라나트 타고르가 번역한 이 시가 실려 있다. *Harijan* (Poona), 1, no. 1 (1933년 2월 11일): 1, https://www.gandhiheritageportal.org/journals-by-gandhiji/harijan 참조.

19. Oliver Mendelsohn and Marika Vicziany, *The Untouchables: Subordination, Poverty and the State in Modern India* (Cambridge: Cambridge University Press, 1998), 6.

20. A. Shukra, "Caste: A Personal Perspective," in *Contextualising Caste: Post-Dumontian Approaches*, ed. Mary Searle-Chatterjee and Ursula Sharma (Oxford: Blackwell, 1994), 171.
21. Frantz Fanon, *Black Skin, White Masks*, trans. Charles Lam Markmann (1952; New York: Grove Press, 1967), 110. 또한 David Macey, "Adieu foulard, Adieu madras," in *Frantz Fanon's "Black Skin, White Masks": New Interdisciplinary Essays*, ed. Max Silverman (Manchester: Manchester University Press, 2005), 22의 논의도 참조.
22. Louis Dumont, *Homo Hierarchicus: The Caste System and Its Implications*, trans. Mark Sainsbury, Louis Dumont, and Bhasia Gulaiti, 영문 개정판, (Chicago: University of Chicago Press, 1980; 프랑스어 원전은 1966), 54.
23. Gopal Guru, "Experience, Space, and Justice," in Guru and Sarukkai, *Cracked Mirror*, 84-87.
24. Gyan Prakash, *Bonded Histories: Genealogies of Labor Servitude in Colonial India* (Cambridge: Cambridge University Press, 2003).
25. 이 주제에 관한 문헌의 요약을 위해서는 *Applied Microbiology: Open Access* 3, no. 2 (2017), https://www.longdom.org/open-access/role-of-microbes-in-human-health-2471-9315-1000131.pdf 참조. 또한 Julia Adeney Thomas, "History and Biology in the Anthropocene: Problems of Scale, Problems of Value," *American Historical Review*, 119, no. 5 (December 2014): 1587-1607도 참조.
26. Neil Shubin, *The Universe Within: The Deep History of the Human Body* (New York: Vintage Books, 2013), 33.
27. Steve Vanderheiden, *Atmospheric Justice: A Political Theory of Climate Change* (Oxford: Oxford University Press, 2008), 6, 강조는 필자. 또한 79쪽의 논의도 참조.
28. Vanderheiden, 7, 강조는 필자.
29. Vanderheiden, 264n8.
30. Vanderheiden, 79, 104.
31. Vanderheiden, 251-52.

32. Philip Pettit, *Republicanism: A Theory of Freedom and Government* (Oxford: Oxford University Press, 1999), 137, 강조는 필자.

33. 예를 들어 Eduardo Kohn, *How Forests Think: Toward an Anthropology beyond the Human* (Berkeley: University of California Press, 2013) 참조. 콘의 작업은 에두아르도 비비에로스 데 카스트로, 필리프 데스콜라 등의 작업에서 영감을 얻었다.

34. 그 두 가지를 결합하고자 하는 훌륭한 노력에 대해서는 Samantha Frost, *Biocultural Creatures: Toward a New Theory of the Human* (Durham, NC: Duke University Press, 2016) 참조.

35. 1912년 2월 29일로 날짜가 적힌 그 편지는 Rabindranath Tagore, *Chithipotro*〔편지들〕, ed. Bhabatosh Datta, vol. 15 (Calcutta: Visva-Bharati, 1995), 71-73에 수록되어 있다. 220쪽의 바바토시 다타의 편집 노트에는 그 편지가 캘커타의 가장 오랜 공공 도서관 가운데 하나인 차이타니야 도서관(1889)의 설립자인 구르하리 센 앞으로 쓰였다고 잘못 제시되어 있다. 이러한 서신 왕래의 배경은 Prasantakumar Pal, *Robijiboni*〔로비의 삶〕, vol. 6 (Calcutta: Ananda, 1993), 247-48에서 찾아볼 수 있다. 내가 이 편지에 주목할 수 있게 해주고 그 역사적 맥락을 두고 토론해준 산지브 무코파디아이에게 감사드린다.

36. 원래 편지는 Rabindranath Thakur〔Tagore〕, *Rabindrarachanabali*, vol. 11, 《친나파트라발리》 (Calcutta: Government of West Bengal, 1961), 74에 실려 있다.

37. Tagore, *Chithipotro*, 15: 72.

6 지속하는 우화의 폐허에서

1. Tim Lenton, "2°C or not 2°C? That Is the Question," *Nature* 473 7 (May 5, 2011): 7, http://www.nature.com/news/2011/110504/pdf/473007a.pdf. 그 구절의 정확한 표현에 대해서는 *United Nations Framework Convention on Climate Change* (New York: United Nations, 1992), 4, https://unfccc.int/resource/docs/convkp/conveng.pdf의 제2조 참조.

2. Eric Holtaus, "When Will the World Really Be 2 Degrees Hotter Than It Used to Be?," *FiveThirtyEight*, March 23, 2016, http://fivethirtyeight.com/features/

when-will-the-world-really-be-2-degrees-hotter-than-it-used-to-be/. 이 논문에 주목하게 해준 제임스 챈들러에게 감사드린다.

3. Jan Zalasiewicz and Mark Williams, *The Goldilocks Planet: The Four Billion Year Story of Earth's Climate* (Oxford: Oxford University Press, 2012).
4. Julia Adeney Thomas, "History and Biology in the Anthropocene: Problems of Scale, Problems of Value," *American Historical Review* 119, no. 5 (December 2014): 1588.
5. Tim Flannery, *The Weather Makers* (Melbourne: Text, 2007), 22장 '문명: 탄원의 소리로부터?'
6. Dipesh Chakrabarty, *The Crises of Civilization: Explorations in Global and Planetary Histories* (New Delhi: Oxford University Press, 2018).
7. Peter Singer, "Climate Change: Our Greatest Ethical Challenge," 2015년 10월 23일, 시카고 대학 강연.
8. 이에 관해 더 많은 것을 위해서는 나의 "The Future of the Human Sciences in the Age of Humans: A Note," *European Journal of Social Theory* 20, no. 1 (2017): 39-43 참조.
9. Martha C. Nussbaum, *Not for Profit: Why Democracy Needs the Humanities* (Princeton, NJ: Princeton University Press, 2012), 7.
10. Sue Donaldson and Will Kymlicka, *Zoopolis: A Political Theory of Animal Rights* (New York: Oxford University Press, 2011), 15와 일반적으로는 2장; Robert Garner, *The Political Theory of Animal Rights* (Manchester: Manchester University Press, 2005), 14-15, 125-28; Robert Garner, *A Theory of Justice for Animals: Animal Rights in a Nonideal World* (New York: Oxford University Press, 2013), 3, 133. 이 연구 영역에서 부딪힌 철학적-도덕적 딜레마와 문제들에 대한 고무적인 논의는 Cary Wolfe, *Before the Law: Humans and Other Animals in a Biopolitical Frame* (Chicago: University of Chicago Press, 2013) 참조.
11. 다음 두 단락에서 나는 Robert Emmett and Thomas Lekan, eds., "Whose Anthropocene? Revisiting Dipesh Chakrabarty's 'Four Theses,'" *RCC Perspectives: Transformations in Environment and Society* 2016, no. 2 (2016), http://www.

environmentandsociety.org /perspectives/2016/2/whose-anthropocene-revisiting-dipesh-chakrabartys-four-theses의 내 '응답' 논문에 의지한다.

12. Hans Jonas, *The Imperative of Responsibility: In Search of an Ethics for the Technological Age*, trans. Hans Jonas with David Herr (Chicago: University of Chicago Press, 1984), 22.

13. 예를 들어 Steve Vanderheiden, *Atmospheric Justice: A Political Theory of Climate Change* (New York: Oxford University Press, 2008) 참조.

14. 앞의 1장과 2장 참조.

15. John L. Brooke, *Climate Change and the Course of Global History* (New York: Cambridge University Press, 2014), 121-22.

16. Dipesh Chakrabarty, "The Human Significance of the Anthropocene," in *Modernity Reset!*, ed. Bruno Latour (Cambridge, MA: MIT Press, 2016), 189-99. 나는 이 점에 관한 헤닝 트루퍼와의 논의로부터 도움을 받았다.

17. Daniel Lord Smail, *On Deep History and the Brain* (Berkeley: University of California Press, 2007).

18. Yuval Noah Harari, *Sapiens: A Brief History of Humankind* (New York: Harper Collins, 2015), 11.

19. Harari, 11.

20. Harari, 11-12. 이와 비슷한 요점을 한스 요나스는 인간의 기술적 변화의 속도를 자연적 진화로 초래된 변화의 속도와 비교하는 가운데 지적했다. "자연적 진화는 작은 것들에 작용하고 결코 전체를 위해 작동하지 않으므로 그 단일한 움직임에서 수많은 '실수'를 허용할 수 있다. 따라서 그것의 인내심 있고 느린 과정이 소수의 똑같이 작은 '적중'을 선택한다. ……인내심도 없고 느리지도 않은 근대 기술은 …… 자연 진화의 많은 극미한 단계를 소수의 거대한 단계로 압축하고 그러한 절차를 통해 자연의 '안전한 작동'을 앞서 나간다." Jonas, *Imperative of Responsibility*, 31. 또한 '공생 균형에 대한 인간의 교란'에 관한 절, 138도 참조.

21. Harari, *Sapiens*, 11-12.

22. 예를 들어 인도의 많은 사람이 여전히 굶주림과 영양실조로 죽어가고 있긴 하지만, 그 나라가 겪은 마지막 대기근은 1943년에 있었다.

23. William R. Catton Jr., *Overshoot: The Ecological Basis of Revolutionary*

Change (Chicago: University of Illinois Press, 1980), 95-96; D. Cocks, *Global Overshoot: Contemplating the World's Converging Problems* (New York: Springer, 2013).

24. Lewis Regenstein, "Animal Rights, Endangered Species and Human Survival," in *In Defense of Animals*, ed. Peter Singer (New York: Basil Blackwell, 1987), 118-32; Peter Singer, "Down on the Factory Farm," in *Animal Rights and Human Obligations*, ed. Tom Regan and Peter Singer (1976; Englewood Cliffs, NJ: Prentice Hall, 1989), 159-68 참조.

25. Jessica C. Stanton et al., "Warning Times for Species Extinction due to Climate Change," *Global Change Biology* 21 (2015): 1066-77; Rodolfo Dirzo et al., "Defaunation in the Anthropocene," *Science* 345, no. 6195 (2014): 401-6; Celine Bellard et al., "Impacts of Climate Change on the Future of Biodiversity," *Ecology Letters* 15, no. 4 (April 2012): 365-77; Gerardo Ceballos et al., "Accelerated Modern Human-Induced Species Losses: Entering the Sixth Mass Extinction," *Science Advances*, June 19, 2015, 1-5 참조.

26. Will Steffen, Wendy Broadgate, Lisa Deutsch, Owen Gaffney, and Cornelia Ludwig, "The Trajectory of the Anthropocene: The Great Acceleration," *Anthropocene Review* 2, no. 1 (2015): 1-18.

27. Steffen et al., 1-18.

28. Rockström, J., "Planetary boundaries: exploring the safe operating space for humanity," *Ecology and Society* 14, no. 2 (2009): 32, http://www.ecologyand society.org/vol14 /iss2 /art32/.

29. Richard E. Zeebe et al., "Anthropogenic Carbon Release Rate Unprecedented during the Past 66 Million Years," *Nature Geoscience* 9 (March 21, 2016): 325-29, https://www.nature.com/articles/ngeo2681.

30. "다음 두 세기 안에 지구온난화와 여섯 번째 대멸종이 벌어진다면, 세(世)는 〔지질학적 시간표의〕 위계질서에서 너무 낮은 범주로 보일 것입니다." Jan Zalasiewicz, 필자와의 개인적 편지, 2015년 9월 30일.

31. Gary Tomlinson, "Two Deep-Historical Models of Climate Crisis," *South Atlantic Quarterly* 116, no. 1 (January 2017): 19-31.

32. Jan Zalasiewicz, "The Geology behind the Anthropocene"(미출간 원고, 2015), 12. 이 논문을 나와 공유해준 잘라시에비치에게 감사드린다.

33. Frank P. Incropera, *Climate Change: A Wicked Problem—Complexity and Uncertainty at the Intersection of Science, Economics, Politics, and Human Behavior* (New York: Cambridge University Press, 2016)의 상세하고도 탁월한 논의 참조.

34. 이 분리는 근대 사회과학이 일련의 식별 가능한 분과들로 발달하게 된 19세기에 형식화되었다. Fabien Locher and Jean-Baptiste Fressoz, "Modernity's Frail Climate," *Critical Inquiry* 38, no. 3 (2012년 봄): 579-98.

35. 그러한 지적 전쟁의 무용담은 Eric M. Gander, *On Our Minds: How Evolutionary Psychology Is Reshaping the Nature-versus-Nurture Debate* (Baltimore: Johns Hopkins University Press, 2003), 3장에 개괄되어 있다.

36. 이 논고에 대한 다른 자극적이고 비판적인 독해에 대해서는 Bonnie Honig, *Political Theory and the Displacement of Politics* (Ithaca, NY: Cornell University Press, 1993), 19-24 참조.

37. Immanuel Kant, "Speculative Beginning of Human History (1786)," in *Perpetual Peace and Other Essays on Politics, History, and Morals*, trans. and with an introduction by Ted Humphrey (Indianapolis, IN: Hackett, 1988), 54. 각 괄호 안의 말들은 그 논고의 이 판본에 따른 것이다.

38. Kant, "Speculative Beginning of Human History," 54-5. **동물적·자연적·물리적**을 동의어로 사용하는 것에 대해서는 54쪽의 주 참조.

39. Daniel P. Sheilds, "Aquinas and the Kantian Principle of Treating Persons as Ends in Themselves," (PhD diss., Catholic University of America, 2012), 제1, 2장에서 논의한 문헌과 그 결론 참조.

40. 나는 다음과 같은 호니그의 언명에 완전히 동의한다. "우화가 생활 형식의 창설에 관해 말하는 이야기들은 일상적으로 우리의 현재를 구성하고 유지하는, 지금은 좀 더 미묘하고 퇴적되어 있긴 하지만 그에 못지않게 활동적인 과정과 관례의 강력한 예증으로서 변함없이 이바지한다." Honig, *Political Theory*, 19.

41. Kant, "Speculative Beginning of Human History," 49, 강조는 필자.

42. Kant, 49-50, 강조는 원저자.

43. Kant, 50-51, 강조는 원저자.

44. Kant, 51.

45. Kant, 52, 강조는 원저자.

46. Kant, 52-53, 강조는 원저자.

47. 칸트의 이 명령에 대한 풍부하고 복잡한 독해에 대해서는 다시 Honig, *Political Theory*, 27-34 참조.

48. Kant, "Speculative Beginning of Human History," 53.

49. Kant, 53-54.

50. Kant, 56-57.

51. Kant, 57.

52. Kant, 54.

53. Kant, 57-58.

54. Kant, 57-59.

55. Kant, 59.

56. Immanuel Kant, *The Critique of Judgement*, trans. James Creed Meredith (1928; Oxford: Clarendon, 1973; 독일어 초판, 1790), pt. 2, 93-94.

57. Kant, "Speculative Beginning of Human History," 55n.

58. Kant, 51.

59. 여기에 포함된 몇 가지 쟁점에 관한 비판적 논의는 이 장이 토대하는 논고에 대한 데이비드 바우마이스터의 비판적이지만 관대한 독해 참조. David Baumeister, "Kant, Chakrabarty, and the Crisis of the Anthropocene," *Environmental Ethics* 41, no. 1 (2019): 53-67. 나의 비판이 이성이 현재의 위기에서 수행할 수 있는 역할을 다 드러내지 못한다는 그의 지적에 나는 동의한다. 이러한 맥락에서 또한 Clive Hamilton, "The Delusion of the 'Good Anthropocene': Reply to Andrew Revkin," 2014년 6월 14일, https://clivehamilton.com/the-delusion-of-the-good-anthropocene-reply-to-andrew-revkin/도 참조.

60. Pope Francis, *Encyclical on Climate Change and Inequality: On Care for Our Common Home*, introduction by Naomi Oreskes (Brooklyn, NY: Melville House, 2015), 72-74.

61. Pope Francis, 73.

62. Pope Francis, 42, 43.

63. Amartya Sen, "Energy, Environment, and Freedom: Why We Must Think about More Than Climate Change," *New Republic*, August 25, 2014, 39.

64. Peter F. Sale, *Our Dying Planet: An Ecologist's View of the Crisis We Face* (Berkeley: University of California Press, 2011), 223. J. R. 맥닐과 피터 엔겔크는 그들의 책, J. R. McNeill and Peter Engelke, *The Great Acceleration: An Environmental History of the Anthropocene since 1945* (Cambridge, MA: Harvard University Press, 2014), 87에서 20세기에 멸종한 100만 종의 4분의 1은 대개 "과학자들이 그들을 기술하기 전에 사라졌으며" "생물학에 알려지지 않은" 생물이었다고 주해한다.

65. Martin J. Blaser, *Missing Microbes: How the Overuse of Antibiotics Is Fueling Our Modern Plagues* (New York: Picador, 2014), 13-14, 15, 16.

66. Blaser, 9장.

67. Luis P. Villarreal, "Can Viruses Make Us Human?," *Proceedings of the American Philosophical Society* 148, no. 3 (2004년 9월): 296-323; Linda M. van Blerkom, "Role of Viruses in Human Evolution," *Yearbook of Physical Anthropology* 46 (2003): 14-46.

68. 앞의 2장 논의 참조.

69. 특히 Bruno Latour, *We Have Never Been Modern*, trans. Catherine Porter (Cambridge, MA: Harvard University Press, 1993); *Politics of Nature: How to Bring the Sciences into Democracy*, trans. Catherine Porter (1999; Cambridge, MA: Harvard University Press, 2004); *An Inquiry into Modes of Existence: An Anthropology of the Moderns*, trans. Catherine Porter (Cambridge, MA: Harvard University Press, 2013) 참조.

70. Bruno Latour, *The Pasteurization of France*, trans. Alan Sheridan and John Law (Cambridge, MA: Harvard University Press, 1993), 193; *Politics of Nature*; *Inquiry into Modes of Existence*.

71. Latour, *Pasteurization of France*, 32, 33.

72. Latour, 35.

73. Latour, 33-34.

74. Latour, 39, 43.

75. Latour, 149-50.

76. Latour, 150.

77. Blaser, *Missing Microbes*, 12-13.

78. Latour, *Pasteurization of France*, 193.

79. Latour, 193.

80. Latour, 192-94. 클레어 콜브룩은 인류세에 관한 논의 맥락으로 데리다를 끌어들이는 논고에서 많은 포스트인간주의 사유를 통해 울려 퍼지는 물음을 제기했다. "대지가 **우리의 자리**라는 개념이 바로 우리로 하여금 우리 삶의 양식의 황폐화를 보지 못하게 한 것 아닌가?" Claire Colebrook, "Not Symbiosis, Not Now: Why Anthropogenic Change Is Not Really Human," *Oxford Literary Review* 34, no. 2 (2012): 189.

7 인류세 시대

1. Jan Zalasiewicz, "The Extraordinary Strata of the Anthropocene," in *Environmental Humanities: Voices from the Anthropocene*, ed. S. Oppermann and S. Iovino (London: Rowman and Littlefield International, 2017), 124. 이 논고를 공유해준 얀 잘라시에비치에게 감사드린다. 여기서 나의 논증은 결코 인류세를 공식화하자는 제안이 비준될 것을 가정하지 않으며 또 가정할 필요도 없다. 나는 이 장에서 내가 사용하는 잘라시에비치의 논증도 마찬가지로 그것을 가정하지 않는다고 생각한다.

2. Zalasiewicz, "Extraordinary Strata," 9.

3. John Bellamy Foster, *Facing the Anthropocene: Fossil Capitalism and the Crisis of the Earth System*에 대한 서문, by Ian Angus (New York: Monthly Review Press, 2016), 11.

4. Foster, 11.

5. Paul J. Crutzen and Eugene F. Stoermer, "The Anthropocene,"에 대한 Will Steffen의 주해, in *The Future of Nature: Documents of Global Change*, ed. Libby Robin, Sverker Sorlin, and Paul Warde (New Haven, CT: Yale University

Press, 2013), 486.

6. Paul J. Crutzen and Eugene F. Stoermer, "The Anthropocene," *IGBP Newsletter* 41 (2000): 17, 1장에서 인용한 바 있다.
7. David Archer, *The Long Thaw: How Humans Are Changing the Next 100,000 Years of Earth's Climate* (Princeton, NJ: Princeton University Press, 2009), 64.
8. Archer, 6.
9. Will Steffen, Jacques Grinevald, Paul Crutzen, John McNeill, "The Anthropocene: Conceptual and Historical Perspectives," *Philosophical Transactions of the Royal Society A* 369, no. 1938 (2011): 843.
10. John R. McNeill, *Something New Under the Sun: An Environmental History of the Twentieth-Century World* (New York: W. W. Norton, 2000), 3.
11. Roger Revelle and Hans E. Suess, "Carbon Dioxide Exchange between Atmosphere and Ocean and the Question of an Increase of Atmospheric CO_2 during the Past Decades," *Tellus* 9, no. 1 (1957): 18-27. 이 글은 *The Warming Papers: The Scientific Foundation for the Climate Change Forecast*, ed. David Archer and Raymond Pierrehumbert (Oxford: Wiley-Blackwell, 2011), 277에도 실린다.
12. Sheila Jasanoff, "A New Climate for Society," *Theory, Culture and Society* 27, no. 2/3 (2010): 236.
13. 내가 아는 한 인류세라는 용어의 가장 탁월하고 독창적이며 박식한 문헌학은 로버트 스톡햄머의 논문, Robert Stockhammer, "Philology of the Anthropocene," in *Meteorologies of Modernity: Weather and Climate Discourses in the Anthropocene*, ed. Sarah Fekadu, Hanna Straβ-Senol, and Tobias Doring, Yearbook of Research in English and American Literature 33 (Tubingen: Narr, 2017), 43-64이다.
14. 물론 때때로 '힘'과 '권력'은 느슨하게 같은 것을 의미하기 위해 사용된다. 하지만 설명의 명확성을 위해 나는 그것들을 각각 '자연적' 역사와 '사회적' 역사에 속하는 것으로 다루고자 한다. 이것은 자의적 구별이 아니다. '권력' 범주의 역사적-실존적 본성은 Foucault, *History of Sexuality*, vol. 1, *An Introduction*, trans. Robert Hurley (New York: Vintage Books, 1978), pt. 3, chap. 2, 92-97에서 권력의 본

성을 기술하는 데서 푸코의 유명론적 실행을 가능케 하는 것이다.

15. *Climate Change: The IPCC Scientific Assessment*, ed. J. T. Houghton, G. J. Jenkins, and J. J. Ephraums (Cambridge: Cambridge University Press, 1991), '정책 입안자 요약문' xiii.

16. Anil Agarwal and Sunita Narain, *Global Warming in an Unequal World: A Case of Environmental Colonialism* (1991; repr., New Delhi: Centre for Science and Environment, 2003), 1, 20n1.

17. Agarwal and Narain, 1.

18. François Hartog, *Regimes of Historicity: Presentism and Experiences of Time*, trans. Saskia Brown (New York: Columbia University Press, 2015). 물론 하르톡은 유럽에서 18~19세기에 걸쳐 있고 두 차례의 세계대전과 더불어 끝났으며 20세기 말에 '현재주의'—현재로 무너져내리는 미래—에 굴복한 근대적 '역사성의 체제'의—유럽 중심적인 것은 아닐지라도—유럽적인 이야기에 관해 이야기한다. 덧붙이자면, 우르술라 하이즈는 인류세를 정확히 하르톡의 '현재주의'에 대한 기술을 상기시키는 용어로 "이미 도달한 미래로서" 기술한다. Ursula K. Heise, *Imagining Extinction: The Cultural Meanings of Endangered Species* (Chicago: University of Chicago Press, 2016), 203, 219-20. 최소한 서구의 상상력에서 미래에 대한 역사의 관계를 다루는 다른 논증은 Zoltan Bóldizsar Simon, *History in Times of Unprecedented Change: A Theory for the 21st Century* (London: Bloomsbury Academic, 2019) 참조.

19. Agarwal and Narain, *Global Warming in an Unequal World*, 1.

20. Andreas Malm and Alf Hornborg, "The Geology of Mankind? A Critique of the Anthropocene Narrative," *Anthropocene Review* 1, no. 1 (2014): 66. Matthew Lepori, "There Is No Anthropocene: Climate Change, Species-Talk, and Political Economy," *Telos* 172 (Fall 2015): 103-24도 유사한 논점을 제기한다.

21. Malm and Hornborg, "The Geology of Mankind?," 64, 66.

22. Malm and Hornborg, 62, 강조는 필자.

23. Malm and Hornborg, 67.

24. Jason W. Moore, *Capitalism and the Web of Life: Ecology and the Accumulation of Capital* (London: Verso, 2015). 도나 해러웨이는 "지난 2014년에 제이슨

무어와 알프 호른보리가 보낸 개인적 이메일에서 그들은 내게 말름이 아직 대학원 생이었던 2009년, 스웨덴 룬드의 한 세미나에서 자본세라는 용어를 제안했다고 말했다. 나는 그 용어를 독립적으로 2012년의 공개 강연에서 처음 사용했다"고 쓴다. Donna Haraway, "Anthropocene, Capitalocene, Plantationocene, Chthulucene: Making Kin," *Environmental Humanities* 6, no. 1 (2015): 163n6. 하지만 Christian Schwagerl, *The Anthropocene: The Human Era and How It Shapes Our Planet*, trans Lucy Renner Jones (Santa Fe and London: Synergetic Press, 2014), 65n132는 그 용어의 또 다른 기원을 제공한다. "'자본세(Kapitalozan)'라는 용어는 …… 독일 대외관계위원회의 논의에서 베를린 자유대학의 엘마르 알트파터 교수가 주조했다."

25. Moore, *Capitalism*, 173n13.

26. Moore, 169-71, 강조는 필자.

27. Ian Angus, *Facing the Anthropocene: Fossil Capitalism and the Crisis of the Earth System* (New York: Monthly Review Press, 2016), 231-32, 여기서 그는 자본세를 "범주 오류"라고 묘사한다. "자본주의는 600년 된 사회적이고 경제적인 체계인 데 반해, 인류세는 60년 된 대지 시스템 시대이다. ……새로운 시대는 자본주의가 먼 기억이 된 이후에도 오랫동안 계속될 것이다."

28. Angus, 109-10. 인위개변적 기후변화를 인간들 사이의 불평등을 통해, 따라서 '문화와 권력'의 이론화에 대한 호소를 통해 분석하고자 하는 말름, 호른보리, 무어 및 그 밖의 사람들의 움직임은 놀랍지 않다. 이것은 많은 세계사 분석가들이 일찍이 지구의 환경 문제와 그 역사를 다뤘던 방법이다. 그것은 지구의 환경 문제가 인간의 불평등, '개발주의 프로젝트'의 부상, 1500~1800년 시기의 세계 부분들에서의 국가 권력, 근대성의 조건 아래에서 자연의 변화하는 인간적 구성에 의해 어떻게 매개되었는지에 초점을 맞췄다. 예를 들어 William Cronon, ed., *Uncommon Ground: Rethinking the Human Place in Nature* (New York: W. W. Norton, 1996); Alf Hornborg, J. R. McNeill, and Joan Martinez-Alier, eds., *Rethinking Environmental History: World-System History and Global Environmental Change* (Lanham, MD: Altamira, 2007); Edmund Burke and Kenneth Pomeranz, eds., *The Environment and World History* (Berkeley: University of California Press, 2009) 참조. '개발주의 프로젝트'라는 표현은 케네스 포메란츠의

것이다. 버크와 포메란츠의 책에 대한 서론 참조.

29. Jan Zalasiewicz, Will Steffen, Reinhold Leinfelder, Mark Williams, and Colin Waters, "Petrifying Earth Process: The Stratigraphic Imprint of Key Earth System Parameters in the Anthropocene," *Theory, Culture, Society* 34, no. 2/3 (2017): 98.
30. Archer, *Long Thaw*, 10.
31. Zalasiewicz et al., "Petrifying Earth Process," 16, 강조는 필자.
32. David Grinspoon, *Earth in Human Hands: Shaping Our Planet's Future* (New York: Grand Central, 2016), 242-43.
33. Daniel Schrag, "Geobiology of the Anthropocene," in *Fundamentals of Geobiology*, ed. Andrew H. Knoll, Donald E. Canfield, and Kurt O. Kornhauser (Oxford: Blackwell, 2012), 434.
34. Clive Hamilton, *Defiant Earth: The Fate of Humans in the Anthropocene* (Cambridge: Polity, 2017), 41, 강조는 필자.
35. William H. McNeill, "The Changing Shape of World History," in *World History: Ideologies, Structures, and Identities*, ed. Philip Pomper, Richard A. Elphick, and Richard T. Vann (Malden, MA: Blackwell, 1998), 39-40. 이러한 견해는 세계사의 또 다른 선구적인 학자이자 맥닐의 시카고 대학 동료인 마셜 호지슨이 인류의 매우 커다란 규모의 역사에 대해 생각한 것과 어느 정도 다르다. "만약 세계사가 철학적으로 가능하다면, 어쨌든 두 가지 중요한 제한에 종속해 있을 것이다. 그것은 인류를 처음부터 괴롭힌 사건들 모두나 심지어는 대부분을 다룰 수 있을 것 같지 않다. 게다가 그뿐만 아니라 특수한 작은 공동체의 미묘한 역사가 지닐 수 있는 유형의 인간적 의미를 담지할 수 있을 것 같지 않다." Marshall Hodgson, "The Objectivity of Large-Scale Historical Inquiry: Its Peculiar Limits and Requirements," in *Rethinking World History: Essays on Europe, Islam, and World History*, ed. Edmund Burke III (Cambridge: Cambridge University Press, 1993), 258. 호지슨의 지적 배경과 시카고 대학에서 맥닐과 그의 상호작용에 관한 매혹적인 설명은 Michael Geyer, "Marshall G. S. Hodgson: The Invention of World History from the Spirit of Nonviolent Resistance"(근간) 참조. 나는 가이어 교수에게서 시카고 대학에 보관된 호지슨의 논문들이 "아주 약간

의 과학과 테야르 드 샤르댕에 대한(특히 인간중심주의의 잘못에 관한) 몇 가지 매우 집중적이고 비판적인 논의"를 담고 있다는 것을 알게 되었다. 저자와의 개인적 서신 교환, 2017년 2월 11일.

36. William H. McNeill, "Passing Strange: The Convergence of Evolutionary Science with Scientific History," *History and Theory* 40, no. 1 (2001): 5.

37. McNeill, 15.

38. William H. McNeill, "At the End of an Age?," *History and Theory* 42, no. 2 (2003): 251, 252.

39. John L. Brooke, *Climate Change and the Course of Global History: A Rough Journey* (Cambridge: Cambridge University Press, 2014), 578-79, 강조는 필자.

40. Reinhart Koselleck, "'Space of Experience' and 'Horizon of Expectation': Two Historical Categories," in *Futures Past: On the Semantics of Historical Time*, trans. Keith Tribe (1979; Cambridge, MA: MIT Press, 1985), 270.

41. Saint Augustine, *Confessions*, trans. R. S. Pine-Coffin (London: Penguin, 1961), 11.20.269.

42. Lucian Hölscher, "Time Gardens: Historical Concepts in Modern Historiography," *History and Theory* 53, no. 4 (2014): 591.

43. Reinhart Koselleck, "Time and History," in *The Practice of Conceptual History: Timing History, Spacing Concepts*, trans. Todd Samuel Presner et al. (Stanford, CA: Stanford University Press, 2002), 110. 또한 코젤렉의 논문, "Concepts of Historical Time and Social History," 같은 책, 115-30과 존 자미토(John Zammito)의 비평문, "Koselleck's Philosophy of Historical Time(s) and the Practice of History," *History and Theory* 45, no. 1 (2004): 124-35도 참조.

44. Koselleck, "'Space of Experience' and 'Horizon of Expectation,'" 272.

45. Koselleck, 274, 275, 284.

46. Koselleck, 275.

47. Koselleck, 274. 크리스토프 부통은 코젤렉에 대한 그의 주해에서 다음과 같이 지적했다. "〔코젤렉의〕 …… 범주들 '죽을 수 있는 능력과 죽일 수 있는 능력'은 …… 역사의 기본적인 초월론적 구조이다. 코젤렉에 따르면 폭력적 죽음의 위협은 수렵꾼-채집꾼으로부터 원자 시대에 이르는 모든 역사의 배경이기 때문이다. 서로 죽

일 수 있는 능력이 없다면 '우리가 모두 아는 역사들은 존재하지 않을 것이다.'" Christophe Bouton, "The Critical Theory of History: Rethinking the Philosophy of History in the Light of Koselleck's Work," *History and Theory* 55, no. 2 (2016): 178.

48. Andrew Light, "Climate Diplomacy," in *The Oxford Handbook of Environmental Ethics*, ed. Stephen Gardiner and Allen Thompson (Oxford: Oxford University Press, 2017).

49. W. J. T. Mitchell, *The Last Dinosaur Book: The Life and Times of a Cultural Icon* (Chicago: University of Chicago Press, 1998); Bernd Scherer, "Die Monster," in *Das Anthropozan: Zum Stand der Dinge*, ed. Jurgen Renn and Bernd Scherer (Berlin: Matthes und Seitz, 2016), 226-41; Wolfgang Behringer, *Tambora und das Jahr ohne Sommer: Wie ein Vulkan die Welt in die Krise stürzte* (Munich: C. H. Beck, 2016) 참조.

50. 나의 "The Human Significance of the Anthropocene," in *Modernity Reset!*, ed. Bruno Latour (Cambridge, MA: MIT Press, 2016) 참조.

51. Zalasiewicz, "Extraordinary Strata," 1.

52. Zalasiewicz, 3. 윌리엄 스미스, 즉 "화석은 그것이 발견된 암석에 관한 정보를 더해준다는 것을 최초로 인식한 영국의 측량사" 이야기는 잘라시에비치의 요점을 예증한다. David N. Reznick, *The "Origin" Then and Now: An Interpretive Guide to the "Origin of Species"* (Princeton, NJ: Princeton University Press, 2010), 268. 또한 "The Carboniferous Period," University of California Museum of Paleontology, http://www.ucmp.berkeley.edu/carboniferous/carboniferous.php도 참조.

53. Kathleen D. Morrison, "Provincializing the Anthropocene," *Seminar* 673 (September 2015): 75.

54. Morrison, 79.

55. Simon L. Lewis and Mark A. Maslin, "Defining the Anthropocene," *Nature* 519, no. 7542 (2015): 171.

56. Lewis and Maslin, 175, 176.

57. Lewis and Maslin, 177. 괄호 안에 인용된 텍스트는 176쪽의 것이다.

58. Lewis and Maslin, 175.

59. Clive Hamilton, "Getting the Anthropocene So Wrong," *Anthropocene Review* 2, no. 1 (2015): 1-6; Jan Zalasiewicz et al., "Colonization of the Americas, 'Little Ice Age' Climate, and Bomb-Produced Carbon: Their Role in Defining the Anthropocene," *Anthropocene Review* 2, no. 2 (2015): 117-27; Simon L. Lewis and Mark A Maslin, "A Transparent Framework for Defining the Anthropocene Epoch," *Anthropocene Review* 2, no. 2 (2015): 128-46 참조.

60. Zalasiewicz, "Extraordinary Strata," 3.

61. Zalasiewicz, 4.

62. 최근의 진술에 대해서는 Zalasiewicz et al., "Petrifying Earth Process" 참조.

63. 지질학적 시기들의 명칭은 보통 그것들을 존재하게 했을 수 있는 요인들과 거의 관계가 없다. 따라서 백악기라는 명칭은 "초크를 의미하는 라틴어에서 유래"하며, 쥐라기는 "프랑스-스위스 국경의 쥐라 산지에 따른 것"이고, 트라이아스기는 "중부 유럽 대부분을 가로질러 그것이 세 부분으로 나누어진 성격을 지니기 때문인데, 두 부분은 사암 형성물이고 …… 석회암에 의해 분리되어 있다". 실루리아기는 "고대 브리튼의 한 부족 명칭에서 유래"하며, 캄브리아기는 "웨일스를 가리키는 로마 명칭에 따른 것"이고, 데본기는 "영국의 데본셔라는 주에 따른" 명칭 등등이다. 왜 그 원칙이 "층서학적 인류세"에 적용되지 않아야 하는가? Martin J. S. Rudwick, *Earth's Deep History: How It Was Discovered and Why It Matters* (Chicago: University of Chicago Press, 2014), 142-43 참조.

64. Zalasiewicz, "Extraordinary Strata," 11.

65. Zalasiewicz, 9, 강조는 필자.

66. David Archer, *The Global Carbon Cycle* (Princeton, NJ: Princeton University Press, 2010), 21.

67. Charles H. Langmuir and Wally Broecker, *How to Build a Habitable Planet: The Story of Earth from the Big Bang to Humankind* (Princeton, NJ: Princeton University Press, 2012), 591.

68. Jan Zalasiewicz, 필자와 나눈 서신, 2017년 2월 27일. 또한 Jan Zalasiewicz et al., "Chronostratigraphy and Geochronology: A Proposed Realignment," *GSA Today* 23, no. 3 (2013): 4-8과 Jan Zalasiewicz, Mark Williams, and

Colin Waters, "Can an Anthropocene Series Be Defined and Recognized?," *Geological Society, London, Special Publications* 395 (March 2014): 39-53 도 참조. Bronislaw Szerszynski, "The Anthropocene Monument: On Relating Geological and Human Time," *European Journal of Social Theory* 20, no. 1 (2017): 193은 이 점에 관한 계몽적인 논의를 담고 있다.

69. 이 점을 주제로 함께 논의해준 프레드릭 알브리튼 존슨(Fredrik Albritton Jonsson)에게 감사드린다.

70. St. Augustine, *Concerning the City of God against the Pagans* 〔1467〕, trans. Henry Bettenson and introduced by John O'Meara (1972; Harmondsworth: Penguin, 1984), 12.14.13.486. 뷔퐁은 Paolo Rossi, *The Dark Abyss of Time: The History of the Earth and the History of Nations from Hooke to Vico*, trans. Lydia G. Cochrane (Chicago: University of Chicago Press, 1987), 108에서 인용했다. 다윈은 Pascal Richet, *A Natural History of Time*, trans. John Venerella (Chicago: University of Chicago Press, 2007; first published in French, 1999), 212와 Martin J. S. Rudwick, *Worlds before Adam: The Reconstruction of Geohistory in the Age of Reform* (Chicago: University of Chicago Press, 2008), 564에서 인용했다. 깊은 과거의 광대함에 대한 다윈의 응답에 대해서는 Joe D. Burchfield, "Darwin and the Dilemma of Geological Time," *Isis* 65, no. 3 (1974): 300-321 참조.

71. 인간 역사의 (근대적) 시간과 지질학적 과거의 시간 사이의 관계는 Szerszynski, "The Anthropocene Monument"에서 고무적으로 논의된다. 거기서 저자는 18세기와 19세기 초의 지질학이 "대지의 역사를 산출하기 위하여 …… 얼마나 박학하고 고답적인 역사의 실천에 의지했는지" 보여준다(115). 하지만 거기에는 역사적 시간과 지질학적 시간을 구축하는 방법들에서 차이가 남아 있다. "인간 문화의 역사가들은 과거 기록들과의 비교를 위해 검토할 수 있는 혁명이나 집단 히스테리의 근대적 예들을 갖고 있다. 그러나 …… 지질학적 사건들의 복잡성, 모든 지질학적 환경과 지질학적 기간에 대한 우리의 경험 결여, 그리고 각각의 사건의 특이성에 대한 우리의 관심을 고려하면, 지질학자들은 단적으로 현재를 과거로 투사할 수 없다." Robert Frodeman, "Geological Reasoning: Geology as an Interpretive and Historical Science," *GSA Bulletin* 107, no. 8 (1995): 965.

72. 앞의 2장 참조.

73. Langmuir and Broecker, *How to Build a Habitable Planet*, 16-17.

74. Langmuir and Broecker, xv.

75. 예를 들어 Langmuir and Broecker, *How to Build a Habitable Planet*의 바로 그 첫 쪽 참조.

76. Langmuir and Broecker, 650.

77. Adam Frank and Woodruff Sullivan, "Sustainability and the Astrobiological Perspective: Framing Human Futures in a Planetary Context," *Anthropocene* 5 (March 2014): 32-41 참조.

78. Langmuir and Broecker, *How to Build a Habitable Planet*, 668.

79. Langmuir and Broecker, 645-46, 668.

80. Zalasiewicz, "Extraordinary Strata," 5.

81. Peter Haff, "Technology as a Geological Phenomenon: Implications for Human Well-Being," in *A Stratigraphical Basis for the Anthropocene*, ed. C. N. Waters et al., Geological Society, Special Publications, vol. 395 (London: Geological Society, 2014), 302. 이 논증은 지성과 주관성/의식 간의 매우 흥미로운 구별에 이바지한다. 만약 우리가 지성을 서로 다른 생명 형식의 문제 해결 속성으로 생각한다면, 우리는 그것을 '주관성'을 지니지 않는 생명 형식들에서 발견한다. 다시 말하자면, 의식이란 뇌의 발전 결과로 파악될 수 있는 것이다. 작은 산을 쌓아 올리는 흰개미는 마천루 건설자가 향할 필요가 있는 것과 동일한 구조 문제를 해결해야 한다. Andrew Y. Glikson and Colin Groves, *Climate, Fire and Human Evolution: The Deep Time Dimensions of the Anthropocene* (Cham, Switzerland: Springer, 2016), 185-87의 논의 참조.

82. Langmuir and Broecker, *How to Build a Habitable Planet*, 645-46.

83. Glikson and Groves, *Climate, Fire and Human Evolution*, 193, 194-95.

84. Glikson and Groves, 194. 만약 인간 활동이 결국 종의 여섯 번째 대량절멸로 이어진다면, 그것은 행성에 대해서는 "최초"일 것이다. 이전에 한 종이 대멸종 사건을 일으킨 적은 없었다. 그것들은 모두 "소행성 충격, 일군의 화산 분출, 빙하시대 그리고/또는 대양 성분에서 커다란 변화 징후의 일정하고 강력한 조합"에 의해 일어났다. Reznick, *The "Origin,"* 310. 또한 Andrew Glikson and Emily Spence,

"Planet Eaters: Chain Reactions, Black Holes, and Climate Change," app. D to Andrew Glikson, *The Event Horizon: Imagining the Real* (Canberra: published by the author, 2016), 92-95도 참조. 여기서 나는 또한 지질학자로서 글릭슨이 비공식적 용어를 유지하기를 선호하며, 초기·중기·후기 인류세에 관해 이야기하기를 선택하고, 그 용어를 특정한 층서학적 시리즈를 가리키기보다는 행성에 대한 인간의 영향을 표현하는 것으로 사용함을 언급해야 할 것이다.

85. Christophe Bonneuil and Jean-Baptiste Fressoz, *The Shock of the Anthropocene: The Earth, History, and Us*, trans. David Fernbach (London: Verso, 2016), 80.
86. Bonneuil and Fressoz, 94.
87. Mark Lynas, *The God Species* (Washington, DC: National Geographic, 2011).
88. Immanuel Kant, "An Old Question Raised Again: Is the Human Race Constantly Progressing?," in *The Conflict of the Faculties*, trans. Mary J. Gregor (1979; Lincoln: University of Nebraska Press, 1992), 169. 루이스 벡은 이 특별한 논고를 1957년에 번역했다(속표지에 있는 편집자 노트 참조).
89. Kant, 159, 161, 169.
90. Bonneuil and Fressoz, *Shock of the Anthropocene*, 80, 강조는 필자.
91. Kant, "An Old Question," 161.
92. Jacques Lacan, "On the Network of Signifiers," in *The Four Fundamental Concepts of Psycho-analysis*, trans. Alan Sheridan and ed. Jacques-Alain Miller (Harmondsworth: Penguin, 1977), 45.
93. Bonneuil and Fressoz, *Shock of the Anthropocene*, 94, 95.
94. Lacan, "The Line and Light," in *Four Fundamental Concepts*, 103.
95. Nigel Clark, "Geo-politics and the Disaster of the Anthropocene," *Sociological Review* 62, no. S1 (2014): 27-28. 또한 Nigel Clark, "Politics of Strata," in "Geosocial Formations and the Anthropocene," special issue, *Theory, Culture and Society* 34, no. 2/3 (2017): 1-21도 참조.
96. Sheila Jasanoff, "A New Climate for Society," *Theory, Culture and Society* 27, no. 2/3 (2010): 237.
97. 시작을 위해서는 Nigel Clark and Yasmin Gunaratnam, "Earthing the *Anthropos*?

From 'Socializing the Anthropocene' to Geologizing the Social," *European Journal of Social Theory* 20, no. 1 (2017): 111-31과 Bronislaw Szerszynski, "The Anthropocene Monument: On Relating Geological and Human Time," *European Journal of Social Theory* 20, no. 1 (2017): 146-63 참조.

98. Reznick, *The "Origin,"* 311.

99. 이 점에 관한 논의에 대해 티머시 모턴에게 감사드린다.

100. Edmund Husserl, *The Crisis of European Sciences and Transcendental Phenomenology: An Introduction to Phenomenological Philosophy*, trans. David Carr (Evanston, IL: Northwestern University Press, 1970), 142-43.

101. Edmund Husserl, *Crisis of European Sciences*에서 부록으로 추가한 "The Origin of Geometry", 358.

102. Jacques Derrida, *Edmund Husserl's "Origin of Geometry": An Introduction*, trans. and with a preface by John Leavey Jr., ed. David B. Allen (New York: Nicolas Hay, 1979), 83-84.

103. Jan Zalasiewicz and Mark Williams, *The Goldilocks Planet: The Four Billion Year Story of the Earth's Climate* (Oxford: Oxford University Press, 2012).

104. Nigel Clark, *Inhuman Nature: Sociable Life on a Dynamic Planet* (London: Sage, 2011), 5. 나는 여기서 논의한 후설 텍스트에 주목하는 데서 클라크에게 빚지고 있다.

105. Ludwig Wittgenstein, *On Certainty*, ed. G. E. M. Anscombe and G. H. von Wright, trans. Denis Paul and G. E. M. Anscombe (1969; New York: Harper, 1972), 13e.

8 인간학적 개간을 향하여

1. *Oxford English Dictionary*, 3rd ed., s.v. "Mutual," https://www.oed.com/view/Entry/124381.

2. Immanuel Kant, *The Critique of Judgement*, trans. James Creed Meredith (1928; Oxford: Clarendon, 1973; 독일어 초판은 1790), 24.

3. Douglas Burnham, *An Introduction to Kant's "Critique of Judgement"*

(Edinburgh: Edinburgh University Press, 2000), 31.

4. Martin Heidegger, "The Origin of the Work of Art," in *Poetry, Language, Thought*, trans. Albert Hofstadter (New York: Harper and Row, 1975), 49.

5. Walter Benjamin, "Theses on the Philosophy of History," in *Illuminations*, trans. Harry Zohn, Thesis 6 (London: Fontana/Collins, 1982; 독일어 초판은 1955), 257.

6. **생명·삶**은 **죽음**과 마찬가지로 여전히 다루기 힘들고 정의할 수 없는 말로 남아 있다. 유진 새커가 표현하듯이, "생명은 살아 있는 것을 이해할 수 있게 하지만 그 자체에서는 생각될 수 없고 존재를 지니지 않으며 그 자신이 살아 있지 않은 것이다". 새커는 Cary Wolfe, *Before the Law: Humans and Other Animals in a Biopolitical Frame* (Chicago: University of Chicago Press, 2013), 57에서 인용. John Gribbin, *In the Beginning: The Birth of the Living Universe* (London: Penguin, 1994)이라는 책의 '생명 그 자체'라는 제목의 장에서 천체물리학자에서 과학 저술가로 변신한 존 그리빈은 이렇게 말한다. "생명의 정의를 써 내려가려고 시도하는 것은 시간의 정의를 써 내려가려고 시도하는 것과 마찬가지다. 우리는 모두 누군가가 시간이 무엇인지 설명해줄 것을 우리에게 요구할 때까지는 그것이 무엇인지 알고 있는 것처럼, 우리는 모두 누군가가 생명이 무엇인지 설명해줄 것을 우리에게 요구할 때까지는 그것이 무엇인지 알고 있다"(45). 화학자 애디 프로스는 그 주제에 관해 책의 부제가 책 제목의 물음에 대한 대답으로서 이바지하는 책을 썼다. Addy Pross, *What is Life? How Chemistry Becomes Biology* (Oxford: Oxford University Press, 2014). 또한 3쪽에서와 자연발생론과 생물학적 진화에 관한 8장의 논의도 참조. 분석철학자 마이클 톰슨은 Michael Thompson, *Life and Action: Elementary Structures of Practice and Practical Thought* (Cambridge, MA: Harvard University Press, 2008), 2장 '생명에는 실재적 정의가 주어질 수 있는가?'에서 생명의 사유 불가능성에 대해 숙고한다.

7. 나는 이 점들 가운데 여럿에 관해 프레데릭 보름스와의 논의에서 도움을 받았다. 그의 책, Frédéric Worms, *Pour un humanism vital: Lettres sur la vie, la mort et le moment présent* (Paris: Odile Jacob, 2019) 참조.

8. Annie Cohen-Solal, *Sartre: A Life* (London: Heinemann, 1987; 프랑스어 초판은 1985), 91-93, 95, 117.

9. 이 진술에 대한 내가 아는 유리한 예외는 타고르의 생각을 오귀스트 콩트와 존 스튜어트 밀의 그것과 비교하는 나의 동료 마사 누스바움의 논문이다. Martha Nussbaum, "Reinventing Civil Religion: Comte, Mill, Tagore," *Victorian Studies* 54, no.1 (Autumn 2011): 7-34 참조. 내 생각에 콩트와 타고르의 한 가지 중요한 차이는 타고르가 시민적 의미에서라도 종교의 공식화에 관해 어떠한 생각도 가진 적이 없다는 점이다.

10. 그 생각의 이론적 복잡성과 내적 차이에도 불구하고 '인간의 특별함'이라는 주제는 이 문헌에 스며들어 있다. 거기서 대부분 논증은 현대 생물학의 전제들에서 시작하며, 인간과 동물의 발전에 중심적인 '인간과 동물 사이의 대조적 비교'를 행한다. Joachim Fischer, "Exploring the Core Identity of Philosophical Anthropology through the Works of Max Scheler, Helmuth Plessner, and Arnold Gehlen," *Iris*, April 1, 2009, 153-70의 탁월한 논의 참조. 피셔는 이렇게 쓴다. "셸러가 '자연에서 인간의 위치'를 기술하기 위해 도입하는 핵심 개념들은 Neinsagenkönner〔아니라고 말할 수 있는 자〕, Weltoffenheit〔세계 개방성〕, 그리고 문제가 되는 생물이 어떤 것을 Gegenstand-Sein〔대상-존재〕를 가지는 것으로 간주하는 능력이다"(158-59). 타고르 논증과의 광범위한 유사성에 주목할 수 있을 것이다. 나는 이러한 참조 연관을 한네스 바요르에게 빚지고 있다.

11. Rabindranath Tagore, "The Religion of Man," in *The English Writings of Rabindranath Tagore*, vol. 3, *Miscellany*, ed. Sisir Kumar Das (New Delhi: Sahitya Akademi, 1999), 127.

12. Tagore, 83-189.

13. Tagore, 87.

14. Tagore, 88.

15. Robin Dunbar, *Human Evolution: Our Brains and Behavior* (New York: Oxford University Press, 2016), p. 115. 또한 p. 98도 참조: "……늦어도 400만 년 전에 우리는 동아프리카와 남아프리카에 확고히 집중된 아프리카의 두 발 보행 유인원의 특유한 계보를 지닌다." 또한 Simon L. Lewis and Mark A. Maslin, *The Human Planet: How We Created the Anthropocene* (London: Penguin Random House, 2018), pp. 82-88의 '두 다리는 좋다'라는 제목의 장에서 이루어진 논의도 참조.

16. Tagore, "The Religion of Man," 103.

17. Tagore, 103.

18. Tagore, 103.

19. Tagore, 104.

20. Tagore, 126, 강조는 필자.

21. Tagore, 121.

22. Tagore, 89.

23. Tagore, 104.

24. Tagore, "Lecture 1, Man," in *The English Writings of Rabindranath Tagore*, vol. 3, *Miscellany*, ed. Sisir Kumar Das (New Delhi: Sahitya Akademi, 1999), 194.

25. Rabindranath Thakur [Tagore], "Amar jagat," in his *Sanchay*, vol. 12 in *Rabindra rachanabali*, centenary edition (Calcutta: Government of West Bengal, 1961), 565.

26. Tagore, "The Religion of Man," 89.

27. Martin Hägglund, *This Life: Secular Faith and Spiritual Freedom* (New York: Pantheon Books, 2019), 173, 강조는 필자.

28. Hägglund, 173.

29. William James, *The Varieties of Religious Experience*, vol. 1 of *Writings* (New York: Library of America, 1987), 36, 강조는 필자.

30. Martin Buber, *I and Thou*, trans. Ronald Gregor Smith (Edinburgh: T. and T. Clark, 1937).

31. Bede Griffiths, *The Golden String* (London: Fount, 1979), 9. Charles Taylor, *A Secular Age* (Cambridge, MA.: Harvard University Press, 2007), 5에서 재인용.

32. Søren Kierkegaard, *Papers and Journals: A Selection*, translated and introduced by Alastair Hannay (London: Penguin, 1996), 26-27, 강조는 필자.

33. Emmanuel Levinas, *Otherwise than Being, or Beyond Essence*, trans. Alphonso Lingis (1978; Dordrecht: Kluwer Academic). Baichwal, and Nick de Pencier, *Anthropocene* (Göttingen: Steidl, 2018), 21.

34. 앞 장의 논의 참조.

35. Edward Burtynsky, Jennifer Blaichwal, and Nick de Pencier, *Anthropocene* (Göttingen: Steidl, 2018), 21.

36. https://ia800207.us.archive.org/20/items/OnBeingTheRightSize-J.B.S.Haldane/rightsize.pdf 참조.

37. Georges-Louis Leclerc, le comte de Buffon, *The Epochs of Nature*, trans. Jan Zalasiewicz, Anne-Sophie Milton, and Matuesz Zalasiewicz (Chicago: University of Chicago Press, 2018), 119. 생물·피조물이라는 관념에 관한 중세의 신학적 문헌은 유진 새커가 보여주듯이 그 복잡성에서 풍부하고 방대하다. 나는 그 말을 최소주의적 의미에서 사용하며, 피조물과 그 창조자의 관계에 관한 신학적 물음을 무시한다. 새커는 이렇게 쓴다. "생물·피조물은 독특하다. 왜냐하면 그 본질이 초자연적 기원을 지닌다고 주장될 수 있는 반면, 그 존재는 자연의 영역 내부에서 일어나기 때문이다. 그리고 그 존재는 오직 '살아 있는' 것으로서만 기술될 수 있다." Eugene Thacker, *After Life* (Chicago: University of Chicago Press, 2010), 106.

38. Thacker, *After Life*, xv.

39. Marcia Bjornerud, *Timefulness: How Thinking Like a Geologist Can Help Save the World* (Princeton, NJ: Princeton University Press, 2018), 13의 논의 참조.

40. David Keith, *A Case for Climate Engineering* (Cambridge, MA: MIT Press, 2013).

41. Keith, *Case for Climate Engineering*, xvi-xvii.

42. Edward O. Wilson, *Naturalist* (Washington, DC: Island Press, 1994), 360.

43. Cary Wolfe, *Before the Law: Humans and Other Animals in a Biopolitical Frame* (Chicago: University of Chicago Press, 2013), 59-60.

44. Andrew Y. Glikson and Colin Groves, *Climate, Fire and Human Evolution: The Deep Time Dimensions of the Anthropocene* (London: Springer, 2016), 194. 유럽의 역사에서 어머니 형상으로서의 땅에 대한 외경의 문제에 대해서는 Philip John Usher, *Exterranean: Extraction in the Humanist Anthropocene* (New York: Fordham University Press, 2019), 1장의 논의 참조.

45. Bjornerud, *Timefulness*, 157.

46. Wallace S. Broecker and Robert Kunzig, *Fixing Climate: What Past Climate Changes Reveal about the Current Threat—and How to Counter It* (New York: Hill and Wang, 2008), 100.

47. Edward O. Wilson, *Half-Earth: Our Planet's Fight for Life* (New York: W. W. Norton, 2016), 89, 194-95.

48. Martin Heidegger, "Building Dwelling Thinking," in his *Poetry, Language, Thought*, trans. Albert Hofstadter (New York: Harper and Row, 1971), 148-49.

49. Robin Dunbar, *Human Evolution: Our Brains and Behavior* (New York: Oxford University Press, 2016), 125-26.

50. 딩고 이야기는 Deborah Bird Rose, *Dingo Makes Us Human: Life and Land in an Australian Aboriginal Culture* (Cambridge: Cambridge University Press, 2000) 참조.

51. 내가 소수자 견지의 사유로서 기술한 것의 잘 다듬어진 예로 Faisal Devji, *The Impossible Indian: Gandhi and the Temptation of Violence* (Cambridge, MA: Harvard University Press, 2012)를 들 수 있다.

52. K. Jaspers, *Man in the Modern Age*, trans. Eden and Cedar Paul (New York: Henry Holt, 1933; 독일어 초판은 1931), 1. 폴 발레리가 1919년에 쓴 유명한 두 통의 편지, Paul Valéry, *Crisis of the Mind* (*La crise de l'esprit*)도 여기서 떠오른다. Edward J. Hundert, "Oswald Spengler: History and Metaphor—the Decline and the West," *Mosaic: An Interdisciplinary Critical Journal* 1, no. 1 (October 1967), 103-17 참조.

53. Jaspers, *Man in the Modern Age*, 4.

54. Jaspers, 5-6.

55. Jaspers, 6.

56. Jaspers, 7-8.

57. Jaspers, 8-16.

58. 적절한 한 예는 야스퍼스 자신의 책, *The Atom Bomb and the Future of Man*, trans. E. B. Ashton (Chicago: University of Chicago Press, 1963)이다. 이보다 일찍 1961년 판은 *The Future of Mankind*라는 제목으로 출판되었다. 독일어 원본은 1958년에 출간되었다.

59. Jaspers, *Atom Bomb*, 10, 12-13.

60. Jaspers, 222, 223, 307.

61. Andrew Y. Glikson and Colin Groves, *Climate, Fire and Human Evolution: The Deep Time Dimensions of the Anthropocene* (London: Springer, 2016), 194.

62. *Oxford English Dictionary*, 3rd ed., s.v. "reverence," https://www.oed.com/view/Entry/164755#eid25518919; *Etymological Dictionary of Latin*, ed. Michiel de Vaan (Leiden: Brill, 2010), s.v. "vereor," https://dictionaries.brillonline.com/search#dictionary=latin&id=la1800.

63. Rudolf Otto, *The Idea of the Holy: An Inquiry into the Non-rational Factor in the Idea of the Divine and Its Relation to the Rational*, trans. John W. Harvey (Mansfield Center, CT: Martino, 2010; *Das Heilige*〔1917〕로부터 영어 번역이 처음 이루어진 것은 1923), 4, 5장, 20~21, 24쪽의 논의 참조. 내가 오토를 읽을 수 있도록 독려해준 데이비드 램버트와 찰스 할리세이에게 감사드린다. 오토는 'tremendum mysterium'을 'awful mystery(두려운 신비)'로 옮긴다(25).

64. John Locke, *Second Treatise of Government*, ed. and with an introduction by C. B. Macpherson (1690; Indianapolis, IN: Hackett, 1980), 21.

65. Hugo Grotius, *Mare liberum*, ed. and annotated by Robert Feenstra (Leiden: Brill, 2009; 라틴어 초판은 1609), 121. 또한 Davor Vidas, "Oceans in the Anthropocene—and Rules of the Holocene," in *Welcome to the Anthropocene: The Earth in Our Hands*, ed. Nina Mollers, Christian Schwagerl, and Helmuth Trischler (Munich: Deutsches Museum, 2015), 56-59의 논의도 참조.

66. Jeffrey H. Schwartz, "What Constitutes *Homo sapiens*? Morphology versus Received Wisdom," *Journal of Anthropological Sciences* 94 (2016): 1-16; Bernard Wood and Mark Collard, "The Meaning of Homo," *Ludus vitalis* 9, no. 15 (2001): 63-74.

67. 칸트에 대한 언급은 6장 참조. 유럽에서 '풍요주의적(cornucopian)' 사상의 기원에 대해서는 Fredrik Albritton Jonsson, "The Origins of Cornucopianism: A Preliminary Genealogy," *Critical Historical Studies* 1, no. 1 (2014): 1-18 참조.

68. Eduardo Viveiros de Castro, *Cannibal Metaphysics,* trans. and ed. Peter

Skefish (Minneapolis, MN: Universal, 2014; 프랑스어 초판은 2009), 65-75의 '다민족주의'에 관한 논의와 Philippe Descola, *Beyond Nature and Culture*, trans. Janet Lloyd (Chicago: University of Chicago Press, 2013; 프랑스어 초판은 2005), 129-43의 '복원된 애니미즘'에 관한 장 참조.

69. Theodore Adorno and Max Horkheimer, *Dialectic of Enlightenment,* trans. John Cumming (London: Verso, 1979; 독일어 초판은 1944), 3.

70. Annu Jalais, *Forest of Tigers: People, Politics, and the Environment in the Sundarbans* (New Delhi: Routledge, 2010), 그리고 Vijaya Raghavan, *Feeding a Thousand Souls: Women, Ritual, and Ecology in India—An Exploration of the Kōlam* (New York: Oxford University Press, 2019), 제9, 10장. 주목해야 할 것은 아이러니하게도 환경 위기와 인간 정착지의 팽창으로 거주지를 빼앗긴 원숭이, 표범, 코끼리 그리고 심지어는 코뿔소가 먹이와 물을 찾아 인간의 정착지로 내몰리면서 야생동물에 대한 두려움이 오늘날 인도 대도시의 특정 부분들에서 되돌아오고 있다는 점이다.

71. 야생동물과 가축의 구별을 언급하면서 데스콜라는 다음과 같이 말한다. "이러한 …… 구별이 신석기 혁명에 선행하는 시기에, 다시 말하면 인간 역사의 대부분 동안 전적으로 의미 있을 수 있었던 것 같지는 않다." Descola, *Beyond Nature and Culture*, 35.

72. Thomas Hobbes, *On the Citizen*, ed. and trans. Richard Tuck and Michael Silverthrone (1998; Cambridge: at the University Press, 2006; 라틴어 초판은 1642; 재판은 1647), 105.

73. Hobbes, *On the Citizen*, 106.

74. Thomas Hobbes, *Leviathan*, ed. and with an introduction by C. B. Macpherson (1651; Harmondsworth: Penguin, 1976), 116-17.

75. Hobbes, *Leviathan*, 1부, 5장, 117.

76. Hobbes, 116-17.

77. Hobbes, 1부, 3장, 98.

78. 간디의 윤리에 대한 최근의 감동적인 논의에서 아자이 스카리아는 간디가 식민 통치로부터의 자유를 위한 투쟁에서 자기의 인민을 이끌면서 말한 '두려움 없음'이 무엇을 의미하는지 설명했다. "그〔간디〕가 용기와 두려움 없음 둘 다로 번역하

는 구자라트어 Abhay는 간디의 어휘에서 결정적인 용어이다"라고 스카리아는 쓴다. 그것은 인간 지배적 질서의 수립에 관한 것이 아니었다. "그것은 다른 종류의 용기, 즉 물리적인 것이 아니라 도덕적인 용기를 의미한다. 무엇보다도 도덕적 용기는 자기 자신에게 물음을 던지고, 자신의 행위가 옳은지 그른지 반성하는 것을 포함한다. ……내적으로 분열된다는 것은 양심을 계발한다는 것, 자기 자신의 행위의 옳고 그름에서 시작하여 옳고 그름에 관해 자기 자신과 끊임없이 대화할 수 있게 된다는 것이다." Ajay Skaria, "Gandhi and the Cowardice of Hindutva," *Wire* (India), October 2, 2019, https://thewire.in/history/gandhi-and-the-cowardice-of-hindutva.

79. 이것은 지구공학 선택지를 선호하는 사람들만의 입장이 아니다. 그것은 좀더 광범위하게 견지되었다. 우리는 예를 들어 지구온난화가 중요하고 피할 수 없는 문제로 파악되기 전에 동물의 권리와 복지에 대해 쓰인 글에서 이런 입장을 만나게 된다. Martha C. Nussbaum, *Frontiers of Justice: Disability, Nationality, and Species Membership* (Cambridge, MA: Harvard University Press, 2006), 348-52에서 동물을 위한 정의의 문제를 아리스토텔레스의 경이론에 근거해 다루는 누스바움의 논의 참조.

80. Roy Scranton, *Learning to Die in the Anthropocene: Reflections on the End of a Civilization* (San Francisco: City Light Books, 2015).

후기 지구적인 것은 행성적인 것을 드러낸다: 브뤼노 라투르와의 대화

1. Karl Marx, *Capital*, vol. 1, bk. 1 *The Process of Production of Capital*, trans. Ben Fowkes (London: Penguin, 1990; 독일어 초판은 1867), 492-639의 15장 '기계와 근대 산업' 참조.

2. Carl Schmitt, *Dialogues on Power and Space*, ed. Andreas Kalyvas and Federico Finchelstein, trans. Samuel Garrett Zeitlin (Cambridge: Polity Press, 2015; first published in German, 1954).

3. Bill McGuire, *Waking the Giant: How a Changing Climate Triggers Earthquakes, Tsunamis, and Volcanoes* (New York: Oxford University Press, 2012).

4. Rachel Carson, *Silent Spring* (Boston: Houghton Mifflin, 1962); Donella H. Meadows et al., *The Limits to Growth: A Report for the Club of Rome's Project on the Predicament of Mankind* (New York: Universe Books, 1972).
5. Fernand Braudel, *On History*, trans. Sarah Matthews (Chicago: University of Chicago Press, 1980; 프랑스어 초판은 1969), 10.
6. Theodor W. Adorno and Max Horkheimer, *Dialectic of Enlightenment* (New York: Herder and Herder, 1972; 독일어 초판은 1947).

찾아보기